U0516139

北大国际关系理论创新丛书

总主编 唐士其

世界主要国家和地区的国家安全研究

历史、理论与实践

于铁军 庄俊举 主编

National Security Studies in Major Countries
and Areas of the World:
History, Theory, and Practice

社会科学文献出版社
SOCIAL SCIENCES ACADEMIC PRESS (CHINA)

本书作者简介

（按文章顺序排序）

唐士其 北京大学国际关系学院院长、北京大学区域与国别研究院院长、《国际政治研究》主编、北京大学博雅特聘教授、北京大学东西方文化研究中心主任。主要研究领域包括西方政治思想史、当代西方政治哲学、比较政治学。主要著作包括《美国政府与政治》《国家与社会的关系》《西方政治思想史》《全球化与地域性》《理性主义的政治学》《具体和可能的"是"：海德格尔思想重探》等。

于铁军 北京大学国际关系学院国家安全学系主任、教授，北京大学国际战略研究院院长，《中国国际战略评论》（中英文版）执行主编。在北京大学获得法学学士（1990）、硕士（1997）和博士学位（2000），曾先后在东京大学、斯坦福大学、哈佛大学和麻省理工学院留学或做访问学者。教学和研究领域为国家安全与战略、东亚国际关系、国际关系史和国际政治理论等。

祁昊天 北京大学国际关系学院国家安全学系助理教授，北京大学国际战略研究院特约研究员、国际安全与和平研究中心副主任、中外人文交流研究基地秘书长、全球风险政治分析实验室项目主任。主要研究领域包括科技变迁与国家安全、军事战略与技术联动、冲突管控、社会科学方法论，目前关注的研究议题包括人工智能军事应用的影响和治理、相关数据库集和仿真系统创研等，主持国家自然科学基金委员会、国家社科基金相关项目。

王逸舟 南京大学区域国别研究院院长、北京大学国际关系学院教授、中国国际关系学会副会长，国家社科基金重大项目"新时代中国大国外交能力建设"负责人。曾任中国社会科学院研究生院世界经济与政治研究系主任、博士生导师、中国社科院世界经济与政治研究所副所长、《世界经济与政治》杂志主编、《国际政治研究》主编、北大国际关系学院副院长、北京大学博雅特聘教授。主要著作包括《当代国际政治析论》《西方国际政治学》《恐怖主义溯源》《全球政治和中国外交》《迷人的国际关系》等。

贾庆国 北京大学国际关系学院教授，教育部中外人文交流基地主任，北京大学全球治理研究中心主任。1988年1月在美国康奈尔大学取得博士学位。先后在北京外国语大学、美国佛尔蒙特州立大学、北京大学、美国康奈尔大学、美国加州大学圣迭哥分校和澳大利亚悉尼大学任教，并分别于1985~1986年和2001~2002年在美国布鲁金斯学会从事研究工作。现任第14届全国政协常委、最高检察院特约检察员；曾担任第10届全国政协委员，第11、12、13届全国政协常委。现任中华日本学会副会长、中华美国学会副会长和中国国际关系学会副会长，以及美国、日本、韩国、新西兰、香港及国内十余家知名学术刊物编委。主要研究领域包括中美关系、中国外交和台海两岸关系。已出版专著1部、合著3部、主编10部，在国内外知名学术刊物和学术论文集上发表中英文学术论文160余篇。

庞 珣 北京大学国际关系学院教授、博士生导师，北京大学全球风险政治分析实验室主任，国际期刊 *Political Analysis* 副主编，中国民主同盟中央教育委员会、中央社会委员会副主任，主要研究领域为全球风险政治与全球治理、国际安全与冲突管控、社会科学复杂系统因果推论，以及大数据与人工智能的社会科学应用等。美国华盛顿大学（圣路易斯）政治学博士，北京大学国际关系学院法学学士和硕士、北京大学中国经济研究中心（现名国家发展研究院）经济学双学士。

戴惟静 北京大学国际关系学院助理教授，博士毕业于莫斯科国立大学政治学系。主要研究领域为欧亚研究、俄罗斯外交。曾在《国际政治研究》《莫斯科大学学报》等国内外权威学术期刊发表多篇中俄文学术论文。译著《俄罗斯与西方：从亚历山大一世到普京——国际关系中的荣誉》。

于　江　中国国际问题研究院副院长、习近平外交思想研究中心专职副秘书长。研究领域包括习近平外交思想、中国对外政策。发表《加强党对外工作的集中统一领导》《深刻领悟习近平外交思想的人民立场》《关于习近平外交思想与总体国家安全观的战略思考》《大国意识与独立自主：法国的国家安全研究》《历史是最好的老师：读〈悲剧的必然性：亨利·基辛格和他的世界〉》《统筹全球发展倡议和全球安全倡议的几点思考》《三大倡议与全球治理体系改革和建设》《在多极化进程中共筑高水平中非命运共同体》等论文。参与撰写《习近平外交思想研究论文集》《推动构建人类命运共同体》等著作。

卢　晓　北京大学国际关系学院助理教授、北京大学德国研究中心研究员。北京大学、早稻田大学学士，曼海姆大学硕士、博士。主要研究领域包括欧洲政治、德国政治、政党政治和政治学方法等。曾在 *American Political Science Review*、*Political Analysis*、*Political Science Quarterly*、*Journal of Theoretical Politics*、*China International Strategy Review*、《世界经济与政治》、《国际政治研究》等刊物上发表论文。合作主持英国国家学术院项目。

王梓元　外交学院讲师，天普大学历史学硕士、伦敦政治经济学院国际关系学硕士、博士。主要研究领域包括国际关系理论、国际安全和近现代国际关系史。研究成果发表在 *International Security*，*Journal of Chinese Political Science*，*The Chinese Journal of International Politics*，以及《国际政治研究》《世界经济与政治》《外交评论》《国际政治科学》等国内外期刊。

楼春豪　中国现代国际关系研究院副院长、研究员，荣获国家级人才称号。主要从事印度和南亚的区域国别研究。出版专著《印度财团的政治影响力研究》，发表中英文论文数十篇。

吴昊昙　中共中央党校（国家行政学院）国际战略研究院副教授，主要研究领域包括国家安全、中东政治和全球安全治理。以色列耶路撒冷希伯来大学伊斯兰与中东研究专业硕士，北京大学国际关系学院国际政治专业博士。曾为国家留学基金委公派哈佛大学联合培养博士生、红十字国际委员会（驻日内瓦）实习研究员，约旦大学校际交换生；曾在约旦、以色列、巴勒斯坦、黎巴嫩等多国就全球安全治理进行田野调查。在《国际政治研究》《国际观察》《阿拉伯世界研究》等核心期刊上发表学术论文多篇，出版专著《联合国难民署难民遣返行为模式研究》。

宋文志　北京大学朝鲜（韩国）语言文化系副教授。主要研究领域包括朝鲜半岛近现代史、朝鲜半岛国际关系等。在 *Pacific Focus*、*The Korean Journal of Defense Analysis*、《国际政治研究》、《东北亚论坛》等国内外刊物发表论文数篇。

师小芹　退役大校、浙江大学公共管理学院全职兼任研究员、原中国人民解放军军事科学院战略研究部研究员。主要研究领域包括大战略、国家安全，以及外交和战略决策等。出版专著《论海权与中美关系》，译著《21 世纪海权指南》，在海上安全战略、南海研究、澳大利亚研究和大国关系研究等领域发表多篇学术论文和承担若干科研项目。

陈晓晨　华东师范大学外语学院国别与区域研究所副所长、华东师范大学亚洲和太平洋地区研究中心执行副主任、研究员。主要研究领域包括区域国别学（全球与区域治理）、太平洋岛国研究等。在北京大学国际关系学院获法学博士学位。长期从事智库工作，参与决策咨询，主要著作包括《新时期太平洋岛国地区合作：全球背景下的考察》《南太平洋地区主义：历史变迁的逻辑》《美国大转向：美国如何迈向下一个十年》《寻路非洲：铁轨上的中国记忆》等。担任中国太平洋学会太平洋岛国研究分会副会长等。

赵　毅　国防大学国家安全学院教授、研究生导师，先后在南京政治学院、国防大学研究生院和北京大学国际关系学院获得学士、硕士和博士学位。主要研究领域包括中国国家安全、东南亚及南海地区形势。发表中英文学术文章 30 余篇，主编教材 3 部。多次赴非洲执行教学任务，曾赴日本、泰国、印尼、新加坡、美国、英国等地出席国际会议、客座研究和学术交流。曾获"全军教学成果"二等奖、"国防大学优质大课奖"、"国家安全学院优质理论课奖"、"优质选修课奖"等，曾被评为学院"优秀党员"和"优秀教员"。任现职以来多次立功受奖。

张　春　云南大学国际关系研究院研究员，主要研究领域包括非洲区域国别、国际发展合作、跨境安全治理、中国特色外交理论等。主要著作包括《美国思想库与一个中国政策》《设计未来：东北亚安全机制的路线图》《中非关系国际贡献论》《地方参与中非合作研究》《新型全球发展伙伴关系研究》《共建"一带一路"高质量发展的实现路径研究》等八部；发表专业学术论文 150 余篇，主持主持国家社科基金重大项目 2 项。曾任英国皇家国际事务研究所（Chatham House）、美国国际暨战略研究中心（CSIS）等近 10 家全球及非洲顶级智库访问学者，多次参与涉非涉美二轨对话机制。

北大国际关系理论创新丛书总序

唐士其

北京大学国际关系学院的直接前身是成立于 1963 年的北京大学国际政治系。作为中国最早的三个国际政治系之一，北大国政系自建系以来，即致力于国际关系基础理论的研究、学科体系的建立和发展，以及课程建设和教材编写等开创性的工作，为中国国际关系相关学科的发展奠定了重要的基础。

改革开放既为中国国际关系学科的发展带来了人们期盼已久的春天，同时也给这个学科带来了巨大的压力和挑战。40 余年来，中国国际关系学科取得了长足的进步，相关教学科研单位几乎遍及全国，学科体系和学术体系业已初步建立，这个学科的中国话语体系也呼之欲出。

在新的形势下，如何继承和发挥北大国关优秀的学术传统，在中国国际关系学科的发展过程中做出自身应有的贡献，一直是这些年我们不断在思考和探索的。一方面，学院始终鼓励老师们找准并发挥自己的学术兴趣和学术专长，跟踪和探究各自研究领域的前沿动态，推动相关研究的持续深化，使北大国关的学术水平保持国内领先地位。另一方面，学院也通过对新的教学和研究领域的开拓，引领国内国际关系学科的发展。这些年，我们先后率先成立了外交学专业、国际政治经济学专业、比较政治学专业、国际组织与国际公共政策专业，以及国家安全学专业等，使国际关系的学科结构更为齐整、完善。

与国内其他的国际问题教学和研究单位相比，北大国关具有自己的特色。一是我们的研究领域比较全面，几乎涵盖了国际关系研究中所有的区域和功能性领域；二是我们始终重视研究的历史性和理论性；三是我们有比较高的国际化水平。这样的一些特点，使我们有可能从自身的角度，对中国的国际问题研究进行某种总结和前瞻。这一考虑，就是我们开始编写和出版"北大国际关系理论创新丛书"的初衷。我们的打算是，主要依靠学院的师资力量，以每年一本论文集的形式，从历史、理论和政策等不同角度，对国际关系研究中的一些重大问题领域进行集中阐述，展现国内外相关研究的最新成果、北大国关学者的思考、该问题对中国的实践意义以及中国的应对方式等，既向国内外同行展示北大国关在这些问题上的学术成果，也能为相关问题的研究者和学习者提供一种相对全面的借鉴和参考。我们希望，只要有可能，我们就一个问题一个问题地写下去，最终汇集成为中国国际问题研究的百科全书。

当然，这样一项工作，单靠北大国关一个单位恐怕难以完成，所以我们也期待学界同仁的支持、参与、批评和指正。

北京大学国际关系学院院长

唐士其

2022 年 6 月 9 日

目　录

一　国家安全学学科建设和理论探讨

二　国外的国家安全研究

　三　国家安全研究的主要机构和人物 ……………………………… ／353
　结　语 …………………………………………………………………… ／356

第十六章　"人的安全"与地区主义：太平洋岛国地区安全
　　　　　研究 …………………………………………… 陈晓晨／357
　一　太平洋岛国地区安全的理论视角 ……………………………… ／359
　二　太平洋岛国地区安全研究的议题 ……………………………… ／365
　三　太平洋岛国地区安全研究力量与路径方法 …………………… ／372
　结　语 …………………………………………………………………… ／375

第十七章　差异性与多样性：东南亚国家对国家安全的
　　　　　认知 …………………………………………… 赵　毅／377
　一　内外兼顾型的国家安全思想 …………………………………… ／378
　二　以内部安全为主的国家安全思想 ……………………………… ／381
　三　特殊类型的国家安全思想 ……………………………………… ／386
　结　语 …………………………………………………………………… ／389

第十八章　化边缘为中心：非洲的跨境安全研究 ………… 张　春／390
　一　非洲跨境安全研究的现实根源 ………………………………… ／392
　二　非洲跨境安全研究的理论视角 ………………………………… ／397
　三　非洲跨境安全研究的议题领域 ………………………………… ／402
　四　非洲跨境安全治理的机制与实践研究 ………………………… ／407
　结　语 …………………………………………………………………… ／412

·5·

《世界主要国家和地区的国家安全研究：历史、理论与实践》导读

于铁军

近年来，世界形势纷繁复杂，百年未有之大变局加速演进，地缘政治和国家安全问题重新引起各国的普遍关注。在中国，自 2014 年习近平总书记创造性地提出总体国家安全观以来，国家安全问题以及中国国家安全体系和能力建设得到了前所未有的重视，国家安全研究随之也进入了快车道，作为一个学科的国家安全学应运而生。目前，国家安全学的学科边界、核心议题、基本概念、理论体系和研究方法等，还有诸多需要讨论的地方。有鉴于此，我们编辑《世界主要国家和地区的国家安全研究：历史、理论与实践》一书，作为北京大学国际关系学院出版的"北大国际关系理论创新丛书"之第二卷，旨在对世界主要国家和地区的国家安全研究的历史、理论与实践状况进行较为系统的考察，以为我国的国家安全学学科建设和自主理论体系建设提供些许镜鉴。

一　贯彻总体国家安全观，推进中国国家安全体系和能力现代化

2022 年 10 月，在代表党的第十九届中央委员会所作的二十大报告中，习近平总书记以前所未有的高度和力度阐述了建设中国式现代化强国和实现中华民族伟大复兴新征程中的国家安全问题，将国家安全问题定位为"国家安全是民族复兴的根基，社会稳定是国家强盛的前提。"并特别指出，"必须坚定不移贯彻总体国家安全观，把维护国家安全贯穿党和国家工作各方面全过程，确保国家安全和社会稳定。"据统计，党的二十大报告全文中有 29 次提到

"国家安全"，远超党的十九大报告中的 18 次和党的十八大报告中的 4 次。报告集中论述国家安全的部分在党的十九大报告中只有不足 200 字的一个段落，这次在党的二十大报告中则作为报告的第十一部分，单列一个一级标题"推进国家安全体系和能力现代化，坚决维护国家安全和社会稳定"，分"健全国家安全体系""增强维护国家安全能力""提高公共安全治理水平""完善社会治理体系"四个子标题、用 1000 余字的篇幅，对国家安全问题做了系统阐述，位置排在"国防和军队现代化建设"部分之前，表明党和国家领导人对新时期国家安全问题的高度重视，也是党的二十大报告的一个突出特点。

在 2024 年 7 月召开的党的二十届三中全会通过的决议中，国家安全体系和能力建设作为贯彻落实党的二十大作出的战略部署，进一步全面深化改革、推进中国式现代化的一个重要组成部分再次得到强调："国家安全是中国式现代化行稳致远的重要基础。必须全面贯彻总体国家安全观，完善维护国家安全体制机制，实现高质量发展和高水平安全良性互动，切实保障国家长治久安。"国家安全、国家安全战略及国家安全体制和能力现代化建设成为新时代治国理政的核心问题之一。

（一）国家安全与国家安全战略

所谓国家安全，简单来说就是指国家的核心利益免于威胁。如果对一个国家而言，客观上不存在威胁，其国民主观上也感受不到恐惧，那么我们便认为该国是安全的。中华优秀传统战略文化中有关国家安全的论述源远流长，内容十分丰富；现代国家安全的概念则来自 1940 年前后为二战阴云所笼罩的美国。在"总体战"的背景下，"国家安全"（national security）一词的出现，打通了国内事务与国外事务、外交与国防、军队与地方，以及国家物理安全与价值观安全之间的界限，迅速成为一个广泛使用的概念，尤其是在 1947 年美国通过《国家安全法》并随之建立国防部、中央情报局和国家安全委员会等一系列国家安全机构之后，其影响延续至今。

在中国，2015 年《中华人民共和国国家安全法》将国家安全界定为："国家安全是指国家政权、主权、统一和领土完整、人民福祉、经济社会可持续发展和国家其他重大利益相对处于没有危险和不受内外威胁的状态，以及保障持续安全状态的能力。"（第一章第二条）

与国家安全紧密相连的概念是国家安全战略，指一国综合运用政治、经济和军事等各种力量、手段来追求国家利益目标、维护国家安全的艺术。一般而言，一国的国家安全战略通常包括三个要素，即国家利益目标、对这些目标构成的威胁来自何方，以及采取何种手段来控制、减少乃至消除这些威胁。世界主要国家如美国、俄罗斯和日本等都定期或不定期地公布本国的国家安全战略，作为指导本国国家安全政策的行动指南。美国从里根政府时期开始正式发布成文的《国家安全战略》，拜登政府的《国家安全战略》于 2022 年 10 月公布；俄罗斯最新版的《国家安全战略》公布于 2021 年；日本 2013 年首次发表《国家安全保障战略》，2022 年 12 月公布新版《国家安全保障战略》。在中国，2015 年 1 月，中央政治局会议审议通过了《国家安全战略纲要》；2021 年 11 月，党中央又审议通过了《国家安全战略（2021~2025 年）》，对构建与新发展格局相适应的新安全格局，统筹做好重点领域、重点地区、重点方向国家安全工作作出总体部署。

（二）总体国家安全观的发展脉络与核心要义

总体国家安全观是以习近平同志为核心的党中央创造性地提出和发展的，具有鲜明的中国特色。2014 年 4 月 15 日，习近平总书记在中央国家安全委员会第一次会议上的讲话中指出："当前我国国家安全内涵和外延比历史上任何时候都要丰富，时空领域比历史上任何时候都要宽广，内外因素比历史上任何时候都要复杂，必须坚持总体国家安全观，以人民安全为宗旨，以政治安全为根本，以经济安全为基础，以军事、文化、社会安全为保障，以促进国际安全为依托，走出一条中国特色国家安全道路。"这段话言简意赅地总结了总体国家安全观提出的国内外背景，以及其所包含的宗旨、根本、基础、保障和依托等"五大要素"。

2017 年党的十九大报告中将坚持总体国家安全观纳入新时代坚持和发展中国特色社会主义的基本方略，并写入党章，突出强调"统筹发展和安全"，与"增强忧患意识，做到居安思危"一起，作为我们党治国理政的一个重大原则，标志着我们党对国家安全基本规律的认识达到了新高度。此外，党的十九大报告还提出要"统筹外部和内部安全、国土安全和国民安全、传统安全和非传统安全、自身安全和共同安全，完善国家安全制度体系，加强国家安全能力建设，坚决维护国家主权、安全、发展利益"。

2020 年 12 月 11 日中共中央政治局第 26 次集体学习时，习近平总书记就贯彻总体国家安全观又提出"十个坚持"的要求，即坚持党对国家安全工作的绝对领导、坚持中国特色国家安全道路、坚持以人民安全为宗旨、坚持统筹发展和安全、坚持把政治安全放在首要位置、坚持统筹推进各领域安全、坚持把防范化解国家安全风险摆在突出位置、坚持推进国际共同安全、坚持推进国家安全体系和能力现代化、坚持加强国家安全干部队伍建设。"十个坚持"的提出，标志着总体国家安全观已经形成一个较为完整的体系。

在 2021 年 11 月 11 日党的十九届六中全会通过的《中共中央关于党的百年奋斗重大成就和历史经验的决议》（以下简称《决议》）中，维护国家安全被列为党的十八大以来所取得的十三项重大成就之一，并对总体国家安全观设专章进行了阐述，强调要以系统思维做好国家安全工作"五个统筹"，即统筹发展和安全，统筹开放和安全，统筹传统安全和非传统安全，统筹自身安全和共同安全，统筹维护国家安全和塑造国家安全。

党的二十大报告中关于总体国家安全观的表述是，"我们要坚持以人民安全为宗旨、以政治安全为根本、以经济安全为基础、以军事科技文化社会安全为保障、以促进国际安全为依托，统筹外部安全和内部安全、国土安全和国民安全、传统安全和非传统安全、自身安全和共同安全，统筹维护和塑造国家安全，夯实国家安全和社会稳定基层基础，完善参与全球安全治理机制，建设更高水平的平安中国，以新安全格局保障新发展格局。"

总体国家安全观所涵盖的重点领域，开始时包括政治、国土、军事、经济、文化、社会、科技、信息、生态、资源、和核安全等 11 个领域；后来根据国内外政治经济和安全形势的发展，2021 年发表的《决议》中又增加了海外利益、太空、深海、极地、生物等五个领域，并将原来的信息安全更名为网络安全。在 2022 年 4 月出版的由中共中央宣传部和中央国安办组织编写的《总体国家安全观学习纲要》中，又增加了金融、粮食、人工智能和数据等四个领域，从而使总体国家安全观涵盖的领域扩展到 20 个。

由上可知，总体国家安全观是党的十八大以来，以习近平同志为核心的党中央顺应时代发展大势，把马克思主义国家安全理论和当代中国安全实践、中华民族优秀传统战略文化有机结合而创立并不断发展的。作为习近平新时代中国特色社会主义思想的"国家安全篇"，总体国家安全观是我们党历史上第一个被确立为国家安全工作指导思想的重大战略思想，具有重大意义，为谋划做好新时代国家安全工作提供了根本遵循和行动指南，也是我们理解二十大报告中有关国家安全论述的基础。

（三）推进国家安全体系和能力现代化，为中华民族伟大复兴保驾护航

这次党的二十大报告对国家安全问题予以前所未有的重视，可从以下几点来加以理解。

首先，这是我党基于对当前及未来相当长一段时间内中国所面临的复杂严峻的国际及国内环境的清醒认识所作出的战略判断。在俄乌冲突爆发，中美战略博弈不断加剧，新冠疫情延宕反复，世界经济持续低迷，粮食、能源、金融、经济危机此起彼伏等各种传统安全与非传统安全因素的共同作用下，中国和平发展所面临的外部压力空前增大。有鉴于此，党的二十大报告指出，"当前，世界之变、时代之变、历史之变正以前所未有的方式展开""世界又一次站在历史的十字路口"，我们"准备经受风高浪急甚至惊涛骇浪的重大考验"。面对各种严峻挑战，如何通过强化国家安全来保持自身的社会稳定与经济持续发展，同时也通过"完善参与全球安全治理机制"，为动荡不安的世界注入更多的稳定性和确定性，展现中国作为一个负责任大国的担当，便成为中国以中国式现代化全面推进中华民族伟大复兴新征程中所面对的一个突出课题。报告对此予以特别关注，应是题中应有之义。

第二，报告关于国家安全的论述将重点放在"推进国家安全体系和能力现代化"上面，并且提出了一系列施策方略。相对于此前中央文件中有关国家安全问题的论述，党的二十大报告的论述更实更细，显示出对这方面的深思熟虑，为我们未来的工作指明了努力的方向。

自 2014 年"总体国家安全观"提出以来，国家安全体系、制度和能力建设取得了历史性、开创性成就，包括成立了中央国家安全委员会及其常设机构国家安全委员会办公室；加紧构建形成国家安全法律制度体系，以国家安全法为引领，制定出台国家情报法、反恐怖主义法、境外非政府组织境内活动管理法、国防交通法、网络安全法、核安全法、外商投资法、数据安全法等一系列国家安全法律法规。另外，围绕总体国家安全观涉及的诸多领域，加强相关部门之间的协同配合，形成一体推进共同维护国家安全的协同联动工作格局。

尽管取得了很大的成绩，但随着我国社会结构发生深刻变化、利益格局深度调整，国内改革发展稳定任务更加艰巨繁重；同时，百年变局叠加世纪疫

情，经济全球化遭遇逆流，大国博弈日趋激烈，我国现代化建设面临前所未有的复杂严峻形势，现有国家安全体系和能力建设方面还有待进一步完善和强化。为此，报告中特别提到，要"完善高效权威的国家安全领导体制""强化国家安全工作协调机制""完善……风险监测预警体系、国家应急管理体系，完善重点领域安全保障体系和重要专项协调指挥体系"，要"全面加强国家安全教育，提高各级领导干部统筹发展和安全能力，增强全民国家安全意识和素养"。

当前，维护国家安全的任务既重大又紧迫，需要动员广大群众广泛参与，需要各级领导干部和全民整体国家安全意识和素质的普遍提高，而这些又都需要更为科学的国家安全学学科建设、高质量的国家安全研究，以及国家安全教育的普及和深化，需要大量专业人才充实各级工作岗位，这对我们的国家安全高等教育提出了新的要求。

第三，报告关于国家安全的论述紧密结合最新的国际国内形势，在总体国家安全观的指导下，对一些涉及国家安全的新现象、新问题予以了特别关注，并将安全与发展两大问题紧密结合起来，深刻诠释了两者之间的逻辑关系，即安全是发展的前提，发展是安全的保障。报告中在"国家安全"部分明确提出，要"以新安全格局保障新发展格局"，要"健全反制裁、反干涉、反'长臂管辖'机制"，要"加强重点领域安全能力建设，确保粮食、能源资源、重要产业链供应链安全，加强海外安全保障能力建设"。在报告的第四部分"加快构建新发展格局，着力推动高质量发展"中，则特别提到"增强国内大循环内生动力和可靠性"，以及"在关系安全发展的领域加快补齐短板，提升战略性资源供应保障能力"等。

这些阐述表明，发展与安全这两大问题已经是"一体两翼"，高质量发展与推进国家安全体系和能力现代化的总体要求彼此呼应，共同构成了中国式现代化的支撑条件。这与此前习近平主席于2021年9月提出的"全球发展倡议"和2022年4月21日在博鳌亚洲论坛上提出的"全球安全倡议"交相呼应，值得我们加以深入领会。

鉴于"安全是发展的前提，人类是不可分割的安全共同体"，习近平主席于2022年4月提出的"全球安全倡议"尤其应该予以重视。"全球安全倡议"的主要内容可以概括为"六个坚持"：坚持共同、综合、合作、可持续的安全观，共同维护世界和平和安全；坚持尊重各国主权、领土完整，不干涉别国内政，尊重各国人民自主选择的发展道路和社会制度；坚持遵守联合国宪章宗旨和原则，摒弃冷战思维，反对单边主义，不搞集团政治和阵营对抗；坚持重视各国合理安全关切，秉持安全不可分割原则，构建均衡、有效、可持续的安全架构，反对把本国安全建立在他国不安全的基础之上；坚持通过对话协商以和平方式解决国家间的分歧和争端，支持一切有利于和平解决危机的努力，不能搞双重标准，反对滥用单边制裁和"长臂管辖"；坚持统筹维护传统领域和非传统领域安全，共同应对地区争端和恐怖主义、气候变化、网络安全、生物安全等全球性问题。这"六个坚持"构成一个环环相扣的整体，具有丰富的内涵，体现了我国对全球安全问题的深刻思考，下一步我们要加快推动全球安全倡议为更多国家和人民所接受、所践行，并在这一过程中进一步推进我国国家安全体系和能力的现代化。

党的二十大报告将"以中国式现代化全面推进中华民族伟大复兴"作为下一阶段党的中心任务。而国家安全作为"民族复兴的根基"，要为全面建成社会主义现代化强国、实现第二个百年奋斗目标保驾护航，就必须在推进国家安全体系和能力现代化方面下更大的功夫，真正建立"大安全大应急框架"，综合协调维稳、外交、国防、情报、危机管理等关涉国家安全各主要部门的工作，这样才能实现"构建全域联动、立体高效的国家安全防护体系"的目标。在这方面，我们要本着"古为今用，洋为中用"的态度，除了深入总结我党长期以来的国家安全实践经验，汲取中华战略文化精粹之外，世界一些主要国家如美国、俄罗斯、日本等的国家安全体制机制和能力建设可为我们提供某些经验教训及参考借鉴。

二 立足中国：探索建设有中国特色的国家安全学学科体系和理论体系

如前所述，新时期党中央对国家安全问题的重视是前所未有的，这对高等院校的国家安全教学与研究提出了更高的要求。2018 年 4 月，教育部发布《关于加强大中小学国家安全教育的实施意见》，明确表示要"设立国家安全学一级学科"；2020 年 9 月，教育部印发《大中小学国家安全教育指导纲要》；同年 12 月，国务院学位委员会、教育部下发文件，将"国家安全学"设为"交叉学科"门类下的一级学科。这些举措既是贯彻落实总体国家安全观、构筑国家安全人才基础、夯实国家安全体系和能力建设的战略举措，也是立足国情、顺应发展的必然选择，为全面加强国家安全学科学研究和人才培养奠定了制度基础。在此背景下，国家安全学的学科建设和理论探索开始在高校陆续展开。

2021年10月，为响应党和政府加强国家安全研究与教学的号召，根据学校的总体部署和安排，北京大学国际关系学院决定在全国高校中率先成立国家安全学系，并于2022年4月召开了成立大会，开始在建设有中国特色的国家安全学学科体系、学术体系、话语体系和教学体系方面展开北大探索，旨在更好服务国家安全战略，培养更多忠诚可靠、素质优良、视野开阔、务实管用的国家安全人才，在以中国式现代化全面推进中华民族伟大复兴的新征程中贡献自己的力量。《世界主要国家和地区的国家安全研究：历史、理论与实践》一书便是我们为此而作出的一项努力。

本书第一部分的六篇文章是北京大学国际关系学院六位学者关于中国国家安全学学科建设和理论体系的探讨。唐士其、于铁军、祁昊天的《立足中国，面向世界：建立具有中国特色的国家安全学学科体系》认为，总体国家安全观的提出对国家安全研究和学科发展提出了丰富、复杂、综合与集成的思想与实践要求。构建未来大安全格局需要系统思维和整体、复合的研究路径，这既是借鉴国外相关学科发展的经验使然，更是我国自身安全环境与维护国家安全目标的要求。我国国家安全学学科的复合型发展方向，需要厘清该学科同时所具有的交叉与综合属性，需要综合运用自然科学、社会科学、人文学科多领域成果并聚焦解决现实中的国家安全问题。从科研、教学、咨政服务三大职能出发，国家安全学作为兼有综合性和交叉性、兼具内生性与复合性的新兴学科，其发展需要在学理建构、实践指导、社会分工等多个层面综合考量、多方协作。国家安全学虽然在学科设置上属于交叉学科门类，但其内涵不应缺失综合性学科的属性，即它不是机械的交叉，而是超越交叉的有机融合，这样才能够真正实现在传统基础学科的接合部"填补真空"这一政治和学术要求。

祁昊天的《国家安全学学科建设思考》认为，国家安全学学科建设需在厘清学科动力、内涵和边界的基础上，构建统分结合的学科体系、平台体系、学术与实践共同体。为达此目标，国家安全学学科建设需深入领悟和阐释总体国家安全观的思想内涵与要求，构建国家安全理论体系，总结世界各国的安全战略和历史经验，深化重点领域机制与治理研究，建立学理与实践相结合的人才培养体系，不断提高和完善咨政能力。他还介绍了北京大学国家安全学近年来学科建设的一些基本情况。

王逸舟的《国家安全研究的理论与现实：几点思考》认为，安全是一种不受威胁或不感到危险的状态，而不是纯粹物理层面的隔离或保障。国家安全有着极其多层多元的构成。全球化、信息化大背景下国家安全的界定与维护，明显区别于旧时代的内容。从人类思考安全的历史进程观察，可以看出一种不断深化与进化的线索，这对于确立今天的安全思想、目标和行动有着重要的参考价值。要认识今天和未来的中国国家安全，离不开对过往不同时期国家安全状态以及方针的借鉴吸收。通过梳理国家安全研究类型可以发现日益多样的探索路径与工具，对它们各自优劣的比较则有助于建立均衡合理、适应新时期需求的安全研究架构。就政策层面而言，保持安全与发展的平衡，是中国总体国家安全的支点与枢纽，其中尤其须重视吸取一些大国的经验教训。从学理角度来看，新的思维与工具，如"层化"研究思路或许能帮助研究者拓展更大空间。

贾庆国的《对国家安全特点与治理原则的思考》一文认为，虽然近年来世界各国越来越重视国家安全问题，并把它放在国家治理中越来越重要的位置，但不少人对国家安全的理解还存在较大偏差，主要表现在要么笼统抽象地谈论国家安全，要么只是关注国家安全的某一个方面，对国家安全涉及问题的系统性则讨论不多，即使那些为数不多的讨论也不够全面和深入。有效的国家安全治理，需要全面、系统、深入地厘清"国家安全"概念的内涵和外延，以及国家安全与其他价值之间的关系，并在此基础上探讨国家安全治理的原则和路径。国家安全是一个内涵极为丰富的概念，具有多面性、关联性、变动性、相对性、非唯一性、主观性和社会性等特征。深入研究和把握国家安全要有总体安全思维，要从总体安全的角度全面审视我们面临的挑战，借鉴中外历史经验和教训，并在此基础上加以认真应对。因此，国家安全治理的路径选择至少应遵循总体、全面、兼顾、适度、平衡、顺势与合作等原则。

唐士其、庞珣的《综合安全论：风险的反向界定和政治逻辑》指出，随着世界进入高度不确定时代和全球风险时代，安全概念发生了巨大变化。原有的以威胁为对立物的对安全的理解，将军事视为安全的最后保障同时也是对安全的终极威胁，对不断涌现的非军事安全挑战或进行军事化的理解或排除在安全研究范畴之外，严重阻碍了国家安全的学术和政策研究。以风险反向界定的综合安全，将安全目标与军事手段相分离，强调安全问题中不确定性的深刻复杂和多元主体的互动，弥合传统安全和非传统安全之间的人为割裂，将前者的权力政治逻辑和后者的利益政治逻辑统一于综合安全的风险政治逻辑。以威胁为对立物的安全是自上而下的"供给侧"安全，而综合安全是自下而上的"需求侧"安全，两种不同安全的要素在逻辑顺序和排列结构上具有显著差异，贯穿于安全问题形成和发展的整个过程。克服传统安全困境和应对新安全挑战，亟须厘清综合安全要素结构关系、形成系统分析框架，从而为应对不确定性的世界和构建综合安全提供新思路和开辟新路径。

祁昊天的《国家安全系统理论刍议》一文认为，基于本体论、认识论和方法论的视角，可以在理解和贯彻总体国家安全观的基础上，实现学理层面对国家安全总体性和安全领域多维、多元、多尺度集成的阐释与把握。国家安全学的学理建构需要兼顾宏观体系化与微观精细化的要求，国家安全理论和学科探讨的复杂系统转向已具备从自发向自觉、从零散向体系的基础和条件。推动国家安全学科的系统化学理探索也拥有跨学科系统路径研究的对标、参照和借鉴可能。从复杂自适应系统的角度理解国家安全，有助于在充分承认不同领域特性和细化其关联方式的基础上实现局部与整体安全的动态平衡，并避免必要干预的缺失与追求绝对安全这两种极端。必要干预是在开放系统中降低安全环境失序风险的前提，是纠正机械论与还原论对国家安全总体性产生破坏的基础。强调效率与适应性的平衡，避免控制与安全的绝对化，则是统筹国家安全、加强总体韧性的保障。

三　放眼世界：对世界主要国家和地区的国家安全研究状况的考察

本书第二部分包括 12 篇文章，分别考察了美国、俄罗斯、法国、德国、英国、印度、以色列、韩国、澳大利亚、太平洋岛国、东南亚和非洲等 12 个世界主要国家和地区的国家安全研究，较为系统地梳理和分析了这些国家和地区的国家安全研究的历史、理论与实践，涉及国家安全学科体系、研究议程、课程设置、人才培养体系和研究机构状况等。

于铁军的《霸权的护持：冷战时期美国的国家安全研究》将冷战时期美国国家安全的研究划分为第二次世界大战前后的创生、1950～1970 年代初期的兴起与衰落，以及 1970 年代中后期到冷战终结期间的复兴三个阶段，对每一阶段美国国家安全研究发展变化的现实背景、学术脉络及重点内容进行了考察，在此基础上总结冷战时期美国国家安全研究的特点与不足，认为美国国家安全研究的阶段性变化与国际环境的变迁和美国对外战略的调整相对应，体现了国家安全研究作为一门政策科学的基本属性。

戴惟静的《现实关切与政策导向：俄罗斯的国家安全研究》认为，俄罗斯迄今虽然尚无"国家安全学"学科，但有扎实的、自成一格的国家安全研究。俄罗斯的国家安全研究一方面借鉴并批判西方的安全理论，另一方面努力形成本国的理论学派。其关注议题从国家安全的概念体系、安全观和安全文化、国家安全保障体系等基本问题，到关乎俄罗斯国家利益的各种前沿问题。俄罗斯的国家安全研究借鉴了经济学、政治学、法学、国际关系理论等许多其他学科的方法，安全作为方法也深刻渗入到其他学科的研究当中。俄罗斯国家安全研究队伍庞大，无论是高校和科学院，还是政府组织和非政府组织，所进行的国家安全研究都具有强烈的政策导向和现实关切。

于江的《大国意识与独立自主：法国的国家安全研究》认为，法国的国家安全与战略研究有厚重的历史积淀和丰富实践，是国际安全研究领域重要而独特的组成部分。现代法国学界在官方政策文件指引下，围绕国家安全持续开展了"以欧洲一体化确保国家安全和大国地位"、发展"以小慑大"的核威慑战略等理论创新和实践探索，并对反恐、网络安全、防疫、气候变化等全球性挑战予以关注，形成"小而全""小而美"的研究局面。法国国家安全研究有由公立大学、私立高等教育机构、独立智库和国立研究机构共同组成的教育科研体系和研究队伍，在研究方向上遵循发挥大国作用、维护独立自主的基本逻辑，在思想方法上注重反省自身、寻求历史的规律性和从全人类高度看待问题，在研究方法和特色上擅长把哲学、社会学、人类行为学等多学科知识融会贯通应用于安全研究，注重运用均势思想谋求国家安全和利益最大化。

卢晓的《从克制到进取：德国的安全研究》认为，德国安全研究同德国在欧洲和国际政治中的地位与作用密不可分，"谨慎克制"和"联欧自强"是第二次世界大战以后德国安全研究的两个核心原则。"谨慎克制"的目的在于缓解欧洲国家对德国的安全忧虑，而"联欧自强"则在此基础上通过欧洲一体化维持和提升德国的国际影响力。通过对"德国问题"的探讨和欧洲一体化问题的考察，战后德国安全研究反思战争责任，对军事力量的使用持谨慎克制态度，强调将德国安全融入西方一体化进程中，在消解欧洲安全困境的同时追求德国在欧洲乃至国际体系中的平等地位。然而，随着欧洲安全局势变革和统一后德国实力与影响力的增长，谨慎克制的安全理念不断受到挑战，欧洲各国对德国的安全忧虑再次加剧，这不可避免地影响到德国联欧自强目标的实现。在此背景下，关于德国在欧洲领导力与安全贡献的"新德国问题"成为德国安全研究的重要议题。

王梓元的《历史、文化与规范：英国的安全研究》认为，安全研究在英国拥有深厚的历史传统。英国的安全研究诞生于19世纪末大英帝国的转型与战略竞争的背景下。第一次世界大战以后，作为国际关系学科的分支，英国的安全研究设置了以战略研究、裁军研究为主的研究议程，对国家安全这一议题的发展具有开创意义。在一个世纪的知识积累中，英国的安全研究在学科体系和学术研究方面都形成了突出历史、文化与规范研究的特色。具体而言，其国家安全研究重视非物质因素（尤其是战略文化和伦理）的作用以及历史案例和实践经验的独特性。与美国的安全研究相比，英国的安全研究在方法上强调反思性而非科学性，追求历史经验的特殊性而非经验现象中的普遍规律。

楼春豪的《威胁应对与安全环境塑造：印度的国家安全研究》认为，印度是世界大国中面临国家安全挑战较多的国家之一，但印度长期不具备系统化、科学化的国家安全研究。印度的国家安全研究经历了萌芽（1947~1962年）、稳步发展（1962~1991年）、快速发展（1991~2014年）和转型发展（2014年至今）等若干时期。国际战略环境、国内安全形势、政治领导人倾向及传统战略文化，是影响印度国家安全研究的主要因素。在此过程中，印度的国家安全研究体系不断壮大，形成了官方为主、官民互补的基本格局，实现了从传统的国防军事领域转向更加综合的国家安全研究、从聚焦威胁应对转向统筹威胁应对与安全环境塑造的转变。莫迪政府对国家安全议题高度重视，势必进一步推动印度的国家安全研究。印度国家安全研究的话语体系日益将中国视作主要外部对手，预示着印度将会采取更加强硬的对华政策。

吴昊昙的《安全、武力与自助：以色列的国家安全研究》指出，国家安全始终是以色列政治的核心议题。虽然以色列没有成文的国家安全战略，却在实践中践行安全至上的国家安全原则。在研究议题上，以色列的国家安全研究严重侧重战争与冲突等传统安全议题，由此导致以色列这一案例在偏好非传统安全议题的"安全化"理论研究中的相对匮乏。而以色列的案例却可以为

"安全化"理论的深入发展提供新的方向。在国家安全政策制定上，以色列的案例表现出高度的非正式性、灵活性、务实性、流动性、透明性和军方主导性等特点。在研究方法和平台上，以色列的国家安全研究更侧重于定性研究，高校和智库是其国家安全研究的主要平台。以色列的国家安全研究受到其独特的地缘政治环境和国家安全文化的影响，为研究极端情况下的国家安全提供了参考。

宋文志的《本土问题与外来范式：韩国的国家安全研究》认为，朝鲜半岛特殊的地缘政治环境及国土分裂的现实塑造了韩国国家安全研究。在研究议题上，大国竞争与韩国的安全战略选择、朝鲜半岛分裂及朝核问题是韩国国家安全研究的主要议题，韩国国家安全研究的问题意识具有明显的本土性。在研究范式上，韩国学界广泛借助西方国际关系理论范式与研究方法。同时，考虑到本土问题与西方范式之间的间隙，韩国学界也进行了反思，其中，加强外交史研究与区域国别的研究是学界提出的两条重要思路。经过几十年的发展，韩国国家安全研究的力量得到了很大的发展，大批留美归国博士是韩国国家安全研究的重要力量，这提升了韩国安全研究的学术规范性与国际化水平。另外，通过学科规划、课程设置等方面，韩国国家安全研究的学科体系不断完善，人才培养体系也基本确立。通过国策研究机构、社会智库的发展，学术研究与政策判断之间也形成了有效的交流渠道。

师小芹的《"西方前哨国家"澳大利亚的国家安全研究》认为，澳大利亚国家安全研究与其立国时间较短、在国际政治中属于中等国家行列，以及"孤悬在亚洲的西方前哨国家"的身份认知密切相关。这一自我认知设定了澳大利亚安全研究的基本框架。受此认知框架制约，澳大利亚的国家安全研究始终围绕三个主题即"澳大利亚是谁"、与美国的同盟关系、是否应提供与大国不一样的安全议程展开。地理上的独特性和中等国家体量，导致澳大利亚国家安全研究相比其他国家更重视环境安全、人的安全，以及从性别视角重新审视和界定国家安全等。

陈晓晨的《"人的安全"与地区主义：太平洋岛国地区安全研究》认为，太平洋岛国独特的自然和社会环境塑造了太平洋岛国的地区安全研究。在理论视角上，太平洋岛国地区安全研究以"人的安全"为统领性视角，安全化理论、后殖民主义和比较地区主义等多种理论视角相互补充、相互结合。在研究议题上，太平洋岛国地区安全研究注重研究本地区安全治理架构与叙事，广泛研究"人的安全"视角下的诸多非传统安全问题，其中，气候安全研究最为突出。在研究力量上，分散研究和资源整合是两大特点。在研究路径上，多学科、多范式、多方法并举，研究、政策与实践相互推动。在研究方法上，重视话语叙事分析与案例研究。由此，太平洋岛国地区安全研究构成了国外国家安全研究的独特组成部分。

赵毅的《差异性与多样性：东南亚国家对国家安全的认知》认为，随着国家安全的概念被接受并逐渐得到普及，东南亚国家在这一轮全球化高峰过后，更加关注本国国家安全问题。由于国情存在较大差异，东南亚各国对安全形势的理解有很大不同，这导致东南亚各国对国家安全的认识呈现多样性，各国都形成了自己的国家安全理念。越南、印度尼西亚两国注重从内外两个方面来考虑国家安全，国家安全观相对全面；马来西亚、菲律宾、泰国等主要从维护内部稳定来考虑国家安全，国家安全观具有典型的内向性特征；新加坡、文莱则注重从独特国情的角度来筹划其国家安全，新加坡强调生存，文莱注重宗教在国家安全中的重要作用。总体来看，东南亚主要国家对国家安全的认知包括内外兼顾型、以内部安全为主型和独特型三种类型。东南亚各国对国家安全的理解鲜明体现了发展中国家的特征，东南亚各国的国家安全思想有助于丰富国家安全内涵。

张春的《化边缘为中心：非洲的跨境安全研究》基于非洲独特的历史指出，非洲复杂的安全挑战大多具有跨境性质，使跨境安全研究的重要性甚至超过国家安全研究。非洲跨境安全研究源于地区和国家的治理能力不足，跨境地区的领土化-再领土化进程，复杂的发展-安全关联，以及各国安全复杂互动形成的消极安全复合体等多重因素互动。非洲的跨境安全研究很大程度上是分裂的，尽管其研究议题可从人、物及人物结合三个层次加以识别，但其理论视角和治理实践等在地区和国家两个层次上截然不同：地区层次上更重视系统性理论、方法和机制建设，而国别层次则呈前现代、现代、后现代关切相互交织的局面。随着全球化与相互依赖的发展，跨境安全正成为非洲超越国家安全、推动地区一体化的首要关切；缘于应对复杂挑战而来的丰富经验，非洲学术界有可能突破西方主导，推动非洲特色的跨境安全研究。

本书缘起于 2021 年底北京大学国际关系学院国家安全学系成立之际与《国际政治研究》编辑部拟定的以"国外的国家安全研究：理论、议题与方法"为主题的论文组稿。组稿的初衷是想对世界主要国家和地区的国家安全研究状况摸一下底，以便为我国的国家安全学的概念界定、理论构建、方法运用、学科建设和政策咨询等提供借鉴。在过去两年多的时间中，经过以北京大学国际关系学院的各位同仁和往年的博士毕业生现在已经成长为各相关国家和地区国家安全问题研究专家为主体的各位同行的共同努力，撰写了一系列专题论文，陆续刊发在《国际政治研究》《国际安全研究》《国家安全研究》《学科与大学》等学术期刊上，现在汇编成册，供学术界、政府相关部门以及对国家安全问题感兴趣的广大读者参考。

　　本书只是我们在中国特色国家安全学科建设和理论探索方面所做的一个初步尝试。书中对有的重要国家的国家安全研究情况的梳理还不够全面，有的分析还不够深入，有的重要国家的研究情况甚至暂告缺失，对各国国家安全研究的结构化、聚焦式比较尚显薄弱，这些都有待于我们在今后的研究工作中逐步加以完善，期待学界同仁不吝指正。

　　（本文第一部分原载于《北京大学校报》第 1631 期第 1 版，收录本书时略有修改。）

一

国家安全学学科建设和理论探讨

第一章

立足中国，面向世界：建立具有
中国特色的国家安全学学科体系

唐士其　于铁军　祁昊天

一　中国国家安全学的设立

2014 年 4 月，习近平同志在中央国家安全委员会第一次会议上指出："要准确把握国家安全形势变化的新特点新趋势，坚持总体国家安全观，走出一条中国特色国家安全道路。"[①] 2015 年，中共中央政治局审议通过《国家安全战略纲要》，进一步推动了新安全观、大安全观的完善工作，该纲要的实施"是有效维护国家安全的迫切需要，是完善中国特色社会主义制度、推进国家治理体系和治理能力现代化的必然要求"。[②] 同年 7 月 1 日第十二届全国人民代表大会常务委员会第十五次会议通过的《国家安全法》"总则"第一条明确规定，"保卫人民民主专政的政权和中国特色社会主义制度，保护人民的根本利益，保障改革开放和社会主义现代化建设的顺利进行，实现中华民族伟大复兴"，这也是总体国家安全观形成和发展的时代要求。[③] 2017 年，党的十九大报告进一步强调："坚持总体国家安全观。统筹发展和安全，增强忧患意识，做到居安思危，是我们党治国理政的一个重要原则。"总体国家安全观因此成为我国观察和思考国家安全问题的战略指导思想。在这一思想的引领下，我国

[①] 《中央国家安全委员会第一次会议召开，习近平发表重要讲话》，http://www.gov.cn/xinwen/2014-04/15/content_2659641.htm，最后访问日期：2022 年 2 月 1 日。

[②] 《中央政治局召开会议审议通过〈国家安全战略纲要〉》，《人民日报》2015 年 1 月 24 日。

[③] 《中华人民共和国国家安全法（主席令第二十九号）》，http://www.gov.cn/zhengce/2015-07/01/content_2893902.htm，最后访问日期：2022 年 2 月 10 日。

国家安全的制度与体系建设不断推进，而其中国家安全教育、科研与政策体系链条的强化和完善既是一项迫在眉睫的任务，又是一项意义深远的工程。

2018 年 4 月 9 日，教育部在《关于加强大中小学国家安全教育的实施意见》（以下简称《实施意见》）中提出："构建中国特色国家安全教育体系，把国家安全教育覆盖国民教育各学段，融入教育教学活动各层面，贯穿人才培养全过程，实现国家安全教育进学校、进教材、进头脑，提升学生国家安全意识，提高维护国家安全能力，强化责任担当，筑牢国家安全防线，培养德智体美全面发展的社会主义建设者和接班人，培养担当民族复兴大任的时代新人。"[①] 根据《实施意见》，我国将依托普通高校和职业院校现有相关学科专业开展国家安全专业人才培养，设立国家安全学一级学科，同时建立成体系且分工明确的国家安全育人与研究机构，为国家安全学学科建设奠定基础。

2020 年 12 月 30 日，国务院学位委员会、教育部印发通知，新设置我国第 14 个学科门类，即"交叉学科"门类，并在其下首批设立"集成电路科学与工程"和"国家安全学"两个一级学科。[②] 2021 年 11 月，国务院学位委员会印发《交叉学科设置与管理办法（试行）》，对于新时代中国特色交叉学科设置与目录管理制度的探索逐步深化。[③] 根据相关文件，交叉学科的内涵进一步明确：深入融合并建立新的概念、理论、方法与知识结构；建立放管结合机制并以试点方式进行探索；明确学位授予要求，即试点阶段由自主审核单位授予，进入目录后按目录规定授予；明确质量保证体系的构建要求，特别是人才培养要求、周期评估等方面问题。

国家安全学作为一门解决现实国家安全问题的实用型新学科，在学科体系、课程设置、人才培养模式等关键方面要超越传统模式，既要继承，更需创

---

① 中华人民共和国教育部：《关于加强大中小学国家安全教育的实施意见》（教思政〔2018〕1号），2018 年 4 月 9 日。

② 中华人民共和国国务院学位委员会、教育部：《关于设置"交叉学科"门类、"集成电路科学与工程"和"国家安全学"一级学科的通知》（学位〔2020〕30 号），2020 年 12 月 30 日，http：//www.moe.gov.cn/srcsite/A22/yjss_xwgl/xwgl_xwsy/202101/t20210113_509633.html，最后访问日期：2022 年 2 月 9 日。

③ 中华人民共和国国务院学位委员会：《关于印发〈交叉学科设置与管理办法（试行）〉的通知》（学位〔2021〕21 号），2021 年 11 月 17 日，http：//www.gov.cn/xinwen/2021-12/06/5656041/files/c07203ad8b8245e2b59c55be24220418.docx；国务院学位委员会：《交叉学科设置与管理办法（试行）》，http：//www.gov.cn/xinwen/2021-12/06/5656041/files/c07203ad8b8245e2b59c55be24220418.docx，最后访问日期：2022 年 1 月 10 日。

新。在当前阶段，学界亟须在各方支持与配合下厘清国家安全学的学科内核与外延，以及科研、教学等工作的展开方式。

二 学科发展的中外比较

从学科发展的角度来看，中外国家安全相关学科的科研、教学与政策体系建设一般都是首先从政治学与相关安全议题入手。因此，国家安全学可以说是一个基于政治科学的综合性、复合型、学术与实践紧密结合的新兴学科。它的研究范畴与关注对象包括国家安全的内涵与外延、范畴与领域、理论与方法、作用与被作用因素，以及维护和推进国家安全的行动层面，如机制设计、政策实施与效果评估。它的核心任务是系统、全面而辩证地研究和探讨国家安全的基本属性、存在状态、演变规律，为服务正确的国家安全观、国家安全战略以及国家安全政策建构学理基础。

从国家安全学学科的起源来看，基于内生安全需要与外源学理借鉴是两种主要路径：前者主要体现学科发展主体和服务对象的内在需要，后者则一般发生在后发国家对先进国家经验和教训的参考借鉴过程中。我国维护国家安全的实践催生了国家安全学科，其发展不断从实践中汲取营养，但同时也必须借鉴外部相关经验，进而完成独立自主的理论建构，并随着国家安全形势的变化不断进行迭代、调整与完善。这种模式充分调动内生动力，同时也结合外源推动，具有典型的复合性特征。

从国际经验来看，内生需求是国家安全研究最终形成独立体系的主要推动因素。西方学界对国家安全的研究和教育开始于二战期间，冷战时期得到快速发展。其研究内容集中在外交、军事、国际关系和情报领域，主要关注的是传统安全，重点是战争的起源与和平的保障、大国关系与地缘政治，以及国际格局演进调整、核时代国家与全球安全、同盟与敌对国家互动模式、军备竞赛与控制、危机响应与管控、冲突介入与地区秩序管理等。冷战结束后，随着世界多极化的趋势与经济全球化的发展，国家安全从内涵到领域愈加丰富，在传统的军事、政治、国土、地缘与意识形态安全基础上，经济、文化、环境、宗教、恐怖主义、移/难民和网络空间等领域得到了学术界和政策界越来越多的关注，传统与非传统安全共同作用于新的国际秩序并投射在国家安全政策中，综合性、集成性、总体性的安全成为学术与政策考察的方向。

美国在国家安全由概念到学科、从科学研究到政策体系的发展过程中扮演了重要的前导角色。二战后，美国成为世界超级大国、西方世界的领导者甚至全球主要地区政治经济秩序的缔造者，其国家利益牵涉全球各个区域、领域与议题维度的状态，而其在安全层面所拥有的资源与面对的威胁也存在于全球各个角落。基于此，美国的国家安全研究主要依托并集中在国际关系、军事冲突、经济网络、外交与情报方面。这一特点在冷战结束后没有显著改变，直到"9·11"事件的爆发。由于本土首次受到严重恐怖主义袭击并造成大量人员伤亡和财产损失，美国开始重新将国内即本土安全提升为国家安全优先事项，将恐怖主义列为地缘区域大国挑战之上的国家安全首要威胁，而相关的国家安全学理与政策研究以及人才培养，也开始向理解、预防和打击恐怖主义倾斜，向相关的地区、国别、文化、宗教和技术等领域聚焦。

这一聚焦过程高度浓缩体现了美国国家安全学科建设在教育、科研、政策链条中的发展，制定和实施新的人才培养战略是美国大规模、大范围、成体系适应新安全环境的主要一步。"9·11"事件发生后，鉴于安全威胁来自更具集成性、复杂性和不确定性的环境、人群与领域，美国从国家顶层设计出发，对人才培养的理念、规划、知识结构、技术能力和职业经验等方面进行了综合调整，以求在战略制定、政策规划与执行、行动领导与贯彻等方面培养一代全新的人才，从语言、文化、学科、思维与领导能力等诸多方面建立新的安全环境下国家安全人才队伍所需要的培养体系。

为此，美国政府出台专门文件进行总体设计与提供政治支持。时任美国总统布什于2007年5月17日签署13434号总统令《国家安全专业人才发展》，要求基于国家安全需要，强化当时和未来长周期国家安全方面所需人才的教育和培训。① 美国政府由此成立了专门机构开展具体工作，以主管人事工作的机构为牵引，联合十数个政府专业部门或相关机构成立指导委员会，并在此基础上，通过专门政策对人才培养指标和路径进行细化。

美国通过这一轮人才培养战略规划，提出了安全专业人才培养的具体要求，明确了相关人才所需能力的培养与提升，强调教育、培训和职业发展在专业知识与技能塑造方面的作用，对国家安全专业人才的职业规划与成长给予了

---

① The White House, "National Security Professional Development (Executive Order 13434)," May 17, 2007, https://www.federalregister.gov/documents/2007/05/22/07 - 2570/national - security - professional-development, accessed：2022-01-03.

较为完备的保障。在此基础上，美国的一些智库和高等院校开始加强对国家安全人才培养体系的探索，相关计划更加具有针对性和方向性。400 多所高等院校设立了反恐与国土安全专业，上千所院校开设了反恐课程，在学科建设、课程体系、人才培养等方面都迅速发展出比较成熟的模式，并紧密结合《反恐法》、《国家安全法》、政策部门实习与工作规划，从法律、行政等具体实操层面打通人才培养和学科建设两个领域。

近年来，随着世界力量平衡的变化和美国介入地区安全事务的失败，美国开始从伊拉克和阿富汗撤军，将战略重点转向亚太，视中俄为首要安全威胁，其国家安全重心的钟摆重回大国竞争。与此同时，美国国家安全政策、教育与科研重新瞄准大国对外战略、军事冲突形态与技术和组织实现等领域。很显然，国家安全的政治、学理与政策实现首先是一个基于内生安全需求且不断动态调整与自适应的过程。随着战略目标的变化、科技变迁的影响、军事实力对比的改变、外部环境与多元挑战的出现，国家安全的内涵、重点与所需政策应对方向都处在不间断的调整和适应中。

我国国家安全学学科的创立同样服务于应对日益严峻的国内外安全形势，同时，其产生和发展亦广泛吸纳了古今中外优秀国家安全思想与实践的精华。治国安邦向来是我国古代国家安全思想的核心内容，而在西方政治哲学传统中，自柏拉图的《理想国》和亚里士多德的《政治学》以降，当时当地的国家安全问题也同样是其关注的焦点。此外，我国的安全学学科发展同样受马克思主义思想、中国特色社会主义思想与实践、西方近现代国际关系研究的影响。因此，我国国家安全学学科的创立和未来发展必然是复合型的。总体国家安全观的提出对国家安全研究与学科发展提出了更为丰富、复杂、综合与集成的思想与实践要求。构建未来中国大安全格局必然要求系统思维和整体性的研究方法，这是吸收借鉴国外相关学科发展的经验使然，更是我国自身安全环境与目标的要求。

三 学科交叉与综合属性

在复合式生长的基础上，国家安全学学科的良性发展需要厘清该学科同时具有的交叉与综合属性。目前，官方将国家安全学定性为交叉学科门类下的一级学科。交叉学科是在哲学、法学、经济学、教育学、工学、理学等 13 个学科门类之外新设的第 14 个学科门类。与其他 13 个学科门类不同，交叉学科门类一方面没有固定的、规范性的名称，另外，在门类内涵和外延的界定方面还存在一些相对含混之处，需要在未来进一步明晰。

从逻辑上来讲，交叉学科是各传统学科相互交叉、结合发展的结果；在形式和内涵上，交叉学科的名称和内容一般会涵盖传统基础学科，是对原有学科的结合和重组，也是对传统学科间隙真空地带的填补。例如，政治地理学和计量经济学，分别是政治学与地理学、经济学和数学交叉的产物。可以看出，交叉学科更多保留了原学科的体系、内容和研究方法特征，侧重于集成。需要注意的是，学科可以交叉，但不同学科交叉之后未必形成新的学科。一个交叉学科的形成，一般仍然需要它形成自身特有的概念、理论和方法。就上面的两个例子而言，政治地理学固然是政治学与地理学的交叉，但地理因素对政治制度与行为的影响却是一个自身存在的现象；计量经济学也一样，虽然它是经济学与数学交叉的产物，但现代经济学概念本身的数学特征，特别是边际效用的概念，已经使其内在具有数学化的可能性。

与此相关但却不同的是，综合性学科更加体现创造性和创新性。在形式和内容上，如果不同学科经过综合而形成新学科，那么这门新的学科在名称和内容上需要超越机械组合而呈现更加有机的融合，而原有学科应无法涵盖新学科的核心内容。新的综合学科需要明确具备新的内涵、体系、理论和研究方法，具有自身"不可还原"的学科、学理基础。例如，建筑学就是一个典型的综合性学科。它涵盖了材料学、设计学、艺术学、力学等多个学科，但不等于这些学科的简单相加，也不是它们的交叉，而是具有自身独立基础和有效性标准的一门完全独立的新学科。

国家安全学当然具有交叉学科的属性，但它更是综合运用包括自然科学、社会科学、人文学科多领域成果并聚焦解决国家安全问题的学科，具有典型的综合学科特征。也就是说，安全问题本身是一个综合性问题，它具有自身的特点和规律，而不是不同学科交叉产生的问题。因此，需要通过一级学科的定位来理顺与其他传统一级学科的关系。就此而言，国家安全学虽然在学科设置上属于交叉学科门类，但其内涵不应缺失综合学科的属性，即不是机械的交叉，而是超越交叉的融合，这样才能够真正实现在传统基础学科的接合部"填补真空"这一最高的政治和学术要求。

基于综合性的要求，从近年来我国国家安全学学科建设与科研工作的特点来看，首先需要进一步理顺学科发展所需要聚焦的问题域。总体国家安全观提出要"坚持国家利益至上，以人民安全为宗旨，以政治安全为根本，统筹外部安全和内部安全、国土安全和国民安全、传统安全和非传统安全、自身安全和共同安全，完善国家安全制度体系，加强国家安全能力建设，坚决维护国家主权、安全、发展利益"。[①] 这段话指出了中国的国家安全研究必须关注的重点领域、必须遵循的根本方向和基本原则，是国家安全学学科未来发展的指针。

从近三年国家社科基金项目申报指南来看，涉及安全的研究课题涵盖以下问题：（1）马克思主义与科学社会主义，如科技创新、社会治理、人类卫生健康共同体、边疆治理、思想政治教育与青年国家安全意识等；（2）党史党建领域，如中国共产党百年奋斗的历史经验、维护国家安全的思想与建设经验、巩固中国共产党执政安全的理论与制度研究等；（3）哲学领域，如科技发展与社会安全、复杂性问题与风险管控、意识形态与价值观等；（4）理论与应用经济学领域，如数据与信息安全、产业安全与经济转型、全球化与双循环、反贫扶贫与制度建设、对外投资安全研究、粮食与金融等领域安全等；（5）统计学领域，如大数据与信息安全、智能制造与产业生态、数字经济与转型、绿色金融与生态安全等；（6）政治学领域，如中国特色社会主义制度的优势、国家政治安全理论、中国共产党治党与执政能力建设、政府公信力与治理体系、公共安全防控与保障能力、安全与发展的有机结合等；（7）法学领域，如依法治国与司法公信力、协调发展的法律基础、技术变革与法律保障、电子商务安全法律问题、区域与跨境合作法律问题等；（8）社会学领域，如大数据社会治理与管理、社会安全与治理、科技与信息治理、科技变革与社会心理、社会风险与治理等；（9）人口学与民族学领域，如区域人口结构与经济社会安全、国内国际人口流动、社群与族群人口结构等；（10）国际关系学领域，如全球治理与新发展格局、人类命运共同体的构建、"一带一路"与区域发展治理、传统与非传统安全领域态势、区域与地缘安全形势、科技变迁与全球态势等；（11）宗教学领域，如西方战略安全决策体系中的宗教因素、宗教与国际关系、文化安全等；（12）新闻传播学领域，如舆论监督与意识形态认同、群众路线与文化传播、突发公共事件的传播与社会安全、融媒体与舆

---

① 习近平：《决胜全面建成小康社会，夺取新时代中国特色社会主义伟大胜利——在中国共产党第十九次全国代表大会上的报告》，人民出版社，2017，第49页。

论治理、新技术革命与风险防控、全球网络与舆论体系的安全等；（13）图书与情报学领域，如新技术与国家安全与竞争情报、数据安全治理、中国出版产业实践与意识形态安全、信息质量与信息安全治理等；（14）管理学领域，如产业链转型与低碳经济、供应链应急能力、全球价值链重构、社会公共安全风险防控、区域公共安全协调联动机制等。①

以上情况表明，在过去一段时间，在事关国计民生的各个领域，安全问题切切实实地凸显出来，学术研究则是在原有的学科划分的前提下通过对原有学科的延展，并以不同学科自己的方式来探索相应的解决之道。这的确以一种特殊的方式，给人以安全问题的研究具有交叉学科性质的印象。但事实上，只有事先认识到安全问题自身的规律和特点，才有可能具体研究以上领域的安全问题。当然，以上事实也反映出安全问题的迫切性。因此，在上述领域，参与研究和学科建设的人员近年来有增多的趋势，所探讨的内容向多元、深化发展。以国家安全学学科建设和人才培养为主要任务的研究机构陆续成立，学界对构建国家安全学学科体系表达了强烈的愿望。

同样的趋势反映在高校学科设置的主观能动性方面。以"国家安全学"正式成为一级学科前完成备案的自主设置二级"安全"学科的高校为例：国际关系学院、中国人民公安大学和西南政法大学分别在"政治学"、"公安学"和"法学"一级学科下自设"国家安全学"二级学科；北京大学在"政治学"一级学科下设立"国家安全战略与管理"二级学科；南京大学在"图书情报与档案管理学"一级学科下自设"国家安全数据管理"二级学科；北京外国语大学在"法学"一级学科下自设"国际与区域安全学"二级学科；华东理工大学在"公共管理学"一级学科下自设"国家安全管理"二级学科；西北政法大学在"法学"、"公共管理"和"哲学"一级学科基础上设置了"国家安全法学"交叉学科。

军事学作为国家安全重要学理渊源和组成部分，同样对相关子学科进行了新的整合。如 2017 年 8 月，国防大学组建国家安全学院，将原国防安全学院、

---

① 全国哲学社会科学工作办公室：《国家社会科学基金项目 2020 年度课题指南》，2019 年 12 月，http：//download. people. com. cn/dangwang/one15768326821. doc；《国家社会科学基金项目 2021 年度课题指南》，2020 年 12 月，http：//download. people. com. cn/dangwang/one16111020281. doc；《国家社会科学基金项目 2022 年度课题指南》，2022 年 1 月，https：//www. sass. org. cn/_upload/article/files/b4/73/4b39253344e3a96c6eb8f5ba9fa3/b8b0d3c3 - b3a2 - 462b - 8b19 - 08fbb8 604f8f. docx，最后访问日期：2022 年 2 月 5 日。

战略教研部和马克思主义教研部进行整合，并在军事历史和战略学等学科下分别设立国家安全战略、国际战略、危机管理与国防动员等方向。又如国防科技大学国际关系学院与战略支援部队信息工程大学等单位，在自身学科设置特点基础上从国家安全角度推动情报学学科建设。

四　学科未来建设工作

目前，我国国家安全学的学科建设仍然处在起步阶段。从科研、教学、政策服务三大职能出发，作为兼有综合性和交叉性、兼具内生性与复合性的新兴学科，国家安全学的发展需要在学理建构、实践指导、社会分工等多个层面进行综合考量与协作。

在形成新学科学理基础的过程中，特别是初期阶段，需要充分利用政治学等学科理论为国家安全学提供基本思想、概念、逻辑体系与分析框架。正如国家是人类社会政治组织形态在一定历史、物质与思想条件下的产物，既有必然性也有阶段性，国家安全学则是在对国家内外综合安全环境响应过程中产生的学科体系。在政治学与国际关系学中，无论是关于国家的合理性与合法性问题，国家与政府权力的范围与效能问题，人民的权力、权利与义务的界限与平衡等问题，还是内部与外部安全和风险的关联问题，都为国家安全学的起步奠定了基础。国家安全学具有中国特色的政治属性，而政治安全是国家安全的根本，这便决定了这一学科的主要任务和要求，即：坚持党对国家安全工作的绝对领导是做好安全研究和工作的根本原则；坚持人民利益至上是实现国家安全的核心目的，也是与确保国家利益、维护政治安全的有机统一；统筹国家安全和发展利益是辩证实现基础与条件、目的与保障的关键，是实现久安与长治的基本要求；服从和服务于民族复兴和两个百年奋斗目标是以上目标的具体体现；建立既符合中国特色社会主义制度理论体系，又要形成具有中国特色和国际影响的国家安全学学科体系，这是时代赋予国家安全学学科建设的使命。

除了政治学与国际关系研究之外，军事学、公共安全学、管理学等学科也为国家安全学的学科体系建设在不同角度和维度提供了理论与方法。国家自形成以来，始终面临内部和外部的风险与挑战，而不同政治体制或权力实体之间又存在着竞争、对抗甚至冲突。在各种复杂的矛盾斗争中，如何确保国家权力的有效施行以及人民群众的根本利益，是新兴的国家安全学科需要从原有的传统学科中借鉴吸收营养的重点。

我国国家安全学的学科建设可以并需要借鉴其他国家安全研究的学科框架，但不能也不应照搬其体系。一方面，美、俄、其他西方大国和多个在关键地缘区域扮演重要角色的中小国家，均在国家与国家安全的学理探索与实践操作方面积累了数十年的经验，建立起了符合各自国情特点，并各有侧重和偏好的国家安全研究范式、路径与成果；另一方面，学界对外国安全学科理论和机制的研究，要结合所在国的历史和现实，考察其对中国土壤、中国制度和中国道路的适用性，不能生搬硬套、照抄照搬。国家安全学是中国特色社会主义理论体系的最新发展，在这一基础上构建国家安全学需要具有中国特色、中国气派，需要融通古今、连接中外，需要真正具有普适价值的安全学本体论、认识论与方法论，这是国家安全学学科建设初期工作的基础与核心任务。

就学科发展的社会分工而言，国家安全学学科建设适合"小而精"的模式，无须追求在具体单位"大而全"的铺开。学科建设一般都要经历顶层设计、政策引导、试点先行、有序展开的过程。国家安全学学科建设不可能一蹴而就，需要分工协作，循序渐进，智库与高校需要共同承担起国家安全学学科建设的重担。

从当前我国相关单位学科设置的情况来看，在总体国家安全观的指导下，借鉴其他社会科学学科的划分经验，在国家安全一级学科之下一般会设置涉及如下领域的主要方向：国家安全理论或思想、比较国家安全研究、国际安全、国家安全政策、战争与战略研究、情报分析、中国国家安全、全球安全治理，以及基于不同机构传统学科特色的具体专题方向，如气候、海洋、生物、粮食、能源、公共卫生、反恐、网络、数据等。从中外国家安全相关学科的历史与现状来看，这种发展模式虽处在初期探索阶段，但基本符合学科发展规律。

从这一实际情况出发，未来推进中国国家安全学学科发展较为可行的路径是，在相关传统学科基础好、实力强的院校延伸发展，夯实本学科理论基础，扩大学科人才培养规模，加强相关政策保障，起到示范引领的作用。同时，依托不同院校在不同行业领域和专业的特色与特长，就国家安全的具体问题进行不断深入的研究，从传统基础学科的交叉逐渐过渡到跨学科、融学科的复合视角研究，形成一些有特色、有深度的学科发展方向。这些方向是否最终构成国家安全学的二级学科，可以先等一等再看。特别是在人才培养方面，各高校需要建构一套比较系统完整的理论体系以及相应的课程体系，使不同层次的学生能够形成相对完整的知识结构。总体来说，即便是二级学科，也需要有自身相对完整独立的概念系统、理论框架和研究视角。只有最终具备这几项要素的研究方向，方有可能形成真正意义上的二级学科。

最后，国家安全学作为一门具有极强实践性的学科，一个根本性的问题就是必须适时适度地打破人才培养与职业发展的藩篱。而要打破这一藩篱，就需要充分调动政府、社会、公众作为国家安全治理多元主体的积极性，在有序参与、建立效果评价机制等方面形成合力。在政府主导的基础上，需要杜绝不同主体行为模式的片面统一化，避免抑制不同主体的参与和实践活力。

总体而言，当前国家安全学的学科建设实践比较注重多角度、多层面、多领域的阐述和论证，在学科发展的学理和机制化建设方面还存在诸多争论，但这对于构建中国特色的国家安全学学科体系、学术体系和话语体系，是一个不可或缺且弥足珍贵的过程。同时也应注意到，在当前国家安全形势日益复杂和严峻的背景下，如何尽早形成学科与政策合力，克服学科发展早期的困难与挑战，形成学科长期韧性与惯性，进而实现可持续发展，是新的学术共同体所面对的重大课题。

（本文原载于《国家安全研究》2022 年第 1 期，收录本书时略有修改。）

第二章

国家安全学学科建设思考

祁昊天

一 国家安全学的时代要求

在党的二十大报告中，习近平总书记强调，国家安全是民族复兴的根基。中国特色社会主义进入新时代以来，国家安全形势出现了新特点和新趋势。放眼全球，随着政治、经济、技术、意识形态和自然因素等各种条件的复杂互动，维护安全、秩序和稳定成为与经济发展同样重要的迫切需要。党的十八大以来，以总体国家安全观为引领，国家安全工作在领导体制、法治体系、战略体系、政策体系和能力建设等方面取得了显著成效。国家安全学的设立因应这一大趋势，是中华民族伟大复兴战略全局和世界百年未有之大变局两个大局下的必然要求。

思想是行动的先导，理论是实践的指南。在学理研究、人才培养和咨政服务这三大任务领域，国家安全学建基于进入新时代以来在总体国家安全观指引下国家安全工作的不断推进。

2013 年 11 月，党的十八届三中全会决定成立中央国家安全委员会。2014年 1 月 24 日，中央政治局召开会议决定中央国家安全委员会由习近平任主席，同年 4 月 15 日，习近平总书记主持召开中央国家安全委员会第一次会议，创造性提出总体国家安全观。① 总体国家安全观是党和国家历史上第一个被确立为国家安全工作指导思想的重要战略思想，是习近平新时代中国特色社会主义

---

① 《中央国家安全委员会第一次会议召开 习近平发表重要讲话》，2014 年 4 月 15 日，http：//www.gov.cn/xinwen/2014-04/15/content_2659641.htm，最后访问日期：2022 年 7 月 1 日。

思想的重要组成部分，是当代中国对世界的重要思想理论贡献。

2015年1月23日，中共中央政治局审议通过《国家安全战略纲要》，同年7月1日，第十二届全国人大常委会第十五次会议通过《中华人民共和国国家安全法》。2017年10月，党的十九大将坚持总体国家安全观纳入新时代坚持和发展中国特色社会主义基本方略。2019年10月，党的十九届四中全会将国家安全体系纳入国家治理体系。2020年10月，党的十九届五中全会首次把统筹发展和安全纳入"十四五"时期我国经济社会发展的指导思想。同年12月11日，中共中央政治局就切实做好国家安全工作举行第二十六次集体学习，习近平总书记对贯彻总体国家安全观提出"十个坚持"的要求。2021年11月，党的十九届六中全会通过《中共中央关于党的百年奋斗重大成就和历史经验的决议》（以下简称《决议》），对党的百年奋斗重大成就和历史经验进行系统总结，首次就国家安全工作取得的成绩予以专门阐述。同年11月18日，中共中央政治局审议通过《国家安全战略（2021~2025年）》。党的十九届六中全会通过的《决议》作为党的百年成就与经验回顾总结，强调了国家安全工作中的法治、战略和政策体系，而展望未来工作的"十四五"规划纲要则在此基础上强调了国家安全人才体系的重要性。①

加强国家安全方面的教育、科研与咨政能力建设既是一项迫在眉睫的任务，又是一项意义深远的工程。国家安全学学科的建立是新时代全面加强我国国家安全工作的重要举措。教育部于2018年4月印发《关于加强大中小学国家安全教育的实施意见》，指出要推动国家安全学学科建设。② 2020年12月，国家安全学一级学科正式成立。2020年12月30日，国务院学位委员会、教育部印发通知，设置我国第14个学科门类即"交叉学科"门类，并在其下设立"集成电路科学与工程"和"国家安全学"两个一级学科。③ 2021年11月，国务院学位委员会印发《交叉学科设置与管理办法（试行）》，对于新时

---

① 《中华人民共和国国民经济和社会发展第十四个五年规划和2035年远景目标纲要》，人民出版社，2021，第154页。
② 《关于加强大中小学国家安全教育的实施意见》，2018年4月13日，http://www.moe.gov.cn/jyb_xwfb/gzdt_gzdt/s5987/201804/t20180413_333028.html，最后访问日期：2022年7月10日。
③ 国务院学位委员会、教育部：《关于设置"交叉学科"门类、"集成电路科学与工程"和"国家安全学"一级学科的通知》2020年12月30日，http://www.moe.gov.cn/srcsite/A22/yjss_xwgl/xwgl_xwsy/202101/t20210113_509633.html，最后访问日期：2022年6月9日。

代的中国特色交叉学科设置与目录管理制度的探索逐步深化。①

国家安全学是时代要求的产物，这决定了该学科的政治定位、学科定位与人才培养定位。

第一，国家安全学具有突出的政治定位。政治安全是国家安全的根本，人民安全是国家安全的宗旨，这决定了学科建设的根本遵循和要求：坚持党对国家安全工作的绝对领导是国家安全学学科发展的根本原则，保护人民的根本利益是国家安全学学科建设的核心目的，统筹国家安全和发展利益是学科面向当前和未来现实挑战的着力点与发力点。建立既符合中国特色社会主义制度和理论体系，又具有国际影响和话语塑造能力的国家安全学学科体系，是时代赋予的使命。

第二，国家安全学的学科建设仍然处在起步阶段，是兼具交叉性与复合性的新兴学科。②

在学科体系、课程设置、人才培养模式和咨政服务等关键方面，既要继承，更需创新。要超越传统模式，在各方支持与配合下厘清学科内核、外延与发展路径。在 4 个已确定的二级学科方向，即国家安全思想与理论、国家安全战略、国家安全治理、国家安全技术上，应充分调动各方力量，统分结合、优势互补，各个方向有重点、有配合地寻求突破。

在新学科学理搭建初期阶段，需要充分利用如政治学、国际关系学、管理学、战略研究、区域与国别研究等相关传统学科的优势和基础，在思想、概念、逻辑体系与分析框架等方面进行探索。这些学科已为诸如国家和政权的合法性、国家与政府权力的范围与效能、人民权利与义务的界限与平衡、内部与外部安全和风险关联等国家安全学问题的研究奠定了基础。

此外，军事学、公共安全学等学科也在不同角度和层面为国家安全学的学科体系建设提供了理论与方法。国家自出现以来，始终面临内部和外部的风险与挑战，而不同政治体制或权力实体之间又存在着竞争、对抗甚至冲突。在各种复杂的矛盾斗争中，如何确保国家权力的有效施行以及对人民群众根本利益

---

① 国务院学位委员会：《关于印发〈交叉学科设置与管理办法（试行）〉的通知》，2021 年 12 月 6 日，http：//www.gov.cn/xinwen/2021-12/06/5656041/files/c07203ad8b8245e2b59c55be242 20418.docx，最后访问日期：2022 年 6 月 10 日。

② 唐士其、于铁军、祁昊天：《立足中国，面向世界：建立具有中国特色的国家安全学学科体系》，《国家安全研究》2022 年第 1 期，第 81~93、200 页。

的有力维护，是新兴的国家安全学学科需要从原有传统学科中借鉴吸收营养的重点。

第三，国家安全学作为一门具有较强实践性的学科，其根本要求之一是适时适度地打破人才培养与职业发展的藩篱。培养对象不仅是学生主体，也包括教学科研主体。要打破这一藩篱，需要充分调动政府、社会、公众共同作为国家安全治理多元主体的积极性，在有序参与、建立效果评价机制等方面形成合力。在政府主导的基础上，需要杜绝不同主体行为模式的片面统一化，避免抑制不同主体的参与和实践活力。

党的二十大报告提出，全面加强国家安全教育，增强全民国家安全意识和素养，进一步细化了对教育和人才培养的要求。国家安全人才需要具备宏观、全局和全球战略思维，具有观大事、查风险、谋远略、控全局的能力，因此需要构造全面的学科知识体系和人才培养体系。国家安全学的定位是贯彻服务总体国家安全观的综合性、交叉性核心支撑学科，目标是建成国家安全高等教育和人才培养的体系，重点围绕国家安全思想与理论、国家安全战略、国家安全治理、国家安全技术以及针对国家安全子领域的各个学科方向，为国家安全体系和相关党政部门、科研院所、企事业单位培养具有国家安全基础理论、专业知识和技术技能的高层次特殊人才，为国家安全人才培养、智库建设和能力保障提供学科支撑。

二 国家安全学的学科建设任务

国家安全学具有独特的学科交叉融合特征。从学科角度来看，涉及政治学、管理学、经济学、军事学、信息科学、数学、物理学、化学、地球科学、工程技术、医学、生命科学、人文学科等诸多领域，具有典型的跨学科交叉属性。国家安全学学科的平台建设需要综合战略、政策、情报、决策与危机应对等核心成果。国家安全学的核心问题是国家安全的风险防控、韧性强化和响应提效，涉及思想支撑、理论构建、战略研究、风险管控、危机决策、能力提升与技术赋能，是自然科学和社会科学的融通。

国家安全学因应政治和政策大势而生，与生俱来的使命是对传统领域之间的真空进行填补，其自身建设也有大量空白亟待填补。从这个角度来说，国家安全学有着鲜明的问题导向属性。传统的单一学科无法在其领域内部解决现实安全问题，需要多学科、跨领域、有统筹的联合攻关，而在这一过程中自然会产生新的概念、方法、理论甚至范式，进而汇聚成为新的交叉学科。

在此基础上，国家安全学学科体现了"总体国家安全观的关键是总体"的特征，其基本学科属性是总体性、整体性和系统性的，而非不同领域的简单叠加。① 作为整体系统的各组成部分（组元），无论是领域还是相关因素，都不能通过机械的加总而形成总体系统属性，而整体层面却可能具备组元所不具备的特征。这种涌现性和非线性特征是由日益复杂的安全领域联动和行为体互动所决定的。这是国家安全学成为独立一级学科的理论底色。

国家安全学 4 个二级学科的体量并不大，但涵盖的领域范围却非常广，随着总体国家安全"11+1+4+4"的领域格局逐渐形成并将持续动态变化，没有任何一所大学或研究机构能够做到全领域、全过程覆盖。正如安全实践本身需要在总体和系统视角下做到统筹，国家安全学的学科建设同样应是全国一盘棋。例如，北京大学的工作重点可以集中在国家安全思想与理论、国家安全战略这两个二级学科方面，聚焦于政治、经济、军事、文化、环境和资源等领域。

此外，从全国国家安全学学科统筹部署方面来讲，各相关单位和研究人员已从不同角度做了很多思考。从共同体的角度来说，目前仍需要在学理研究、人才培养和实践对接等方面完成共同的探索和建设，厘清三个层面的问题：学科动力、学科内涵和学科边界。此处仅就这三个问题提出建议。

在学科动力方面，需要始终明确学科的政治导向属性，同时要不断强化问题导向要求。安全是一种维度，而非领域。国家安全学不能也未被归类于传统学科，是由这两点决定的。传统学科具有自身专属、限定的研究领域，而国家安全学没有。或者说，国家安全学没有传统意义上的研究领域，安全本身是一种维度，渗透到所有学科中，而又不替代传统领域。加强传统领域的安全，在广义上来说是统筹发展和安全的政治要求，是追求更加科学、更可持续、更有保障发展的体现。由于传统发展模式给我们目前所强调的重点国家安全领域带来了不同程度的风险与挑战，带来了传统模式下和单一领域内不能解决的问题，因而才需要在安全的维度上对不同领域进行关联，才需要从总体、整体和

---

① 中共中央宣传部、中央国家安全委员会办公室：《总体国家安全观学习纲要》，学习出版社、人民出版社，2022，第 8 页。

系统的视角来思考、研究和应对。

因此，和一些传统学科不同，国家安全学的学科动力是有价值取向、目标导向的。对风险因素的辨识、归类和归因，对思想和理论的梳理、比较与构建，对路径、技术与方法的归纳、比较和应用，都是为了更好地实现安全。政治导向属性与问题导向要求在安全这一维度上体现出明确的目的性。在这一点上，国家安全学学科的发展可以借鉴一些发展历史相对较短的传统学科，如环境科学，其同样是在出现了具体的问题和目标导向需求之后，逐渐由小变大、从局部到整体聚集而成体系化的学科架构。当然，国家安全学始终有它的特殊性，因为对于安全风险的强调虽始于局部的学科和实践，但核心动力源自政治导向，整体性和系统性的规划早于局部科研和教学的转向。因此，需要在动力基础上厘清学科的内涵与边界。

在学科内涵方面，要在思想内涵、学理内涵和方法路径内涵方面形成一定的共识，构筑具有一定统一性的学科内核。在目前这个阶段，国家安全学的思想内涵是清晰而有力的，那便是总体国家安全观的指导。与此同时，理论体系处在相对初级的发展阶段，核心理论体系和知识图谱也尚处在探索阶段。国家安全学的方法路径在很大程度上能够与传统领域和学科共通共享，其政治性和问题导向性对多元方法的集成提出了更高要求。因此，国家安全学的重点在于坚持思想引领，难点和突破点在于学理谱系构建与方法路径完善。

目前，各主要学科均在学理谱系的构建方面结合自身原有知识谱系特征进行探索，在传统的社科、人文、工科不同领域惯性影响下，虽思考大方向具有一致性，但具体操作呈现很大差别。任何一个学科谱系都不是纸上得来的，而新的国家安全学学科又与传统学科存在前述诸多差异，因此未来的工作还需要回归到安全科研、教学与咨政的实践中，边构建边实践，边实践边迭代，边迭代边统一，统一的同时又保留不同二级学科、负责单位和领域特征的特殊性。具体的科研和课程体系应作为谱系初步构建的基础，从而避免机械堆砌、新瓶装旧酒、大而无当等潜在问题。

在学科边界方面，国家安全学是"有限无界"的。有限，是指安全的相对性和局限性。安全作为一种维度，强调对传统学科相关实践领域在风险防控和可持续发展方面的保障，并非侵入传统学科、替代传统学科或将所有议题安全化。无限扩大安全的范畴或学科地位，既无必要且可能徒增发展的负资产。无界，是要突出国家安全学所关注的传统领域间真空地带，强调突破既有学科藩篱，但同时并非侵入传统学科阵地。任何一个领域的安全风险都可能造成周边其他政策空间、安全领域的扰动，任何一种单向、单维的应对都可能受到政治、政策、技术、财政、人力等方面资源协调的限制。

内涵与边界之间天然存在着辩证统一的关系。内涵若无限扩大，则必然挤压边界延展，而边界若无限延展则必然导致内涵被稀释。有限与无界，体现了对原有传统学科所涉议题和领域发展的风险预防、危机管控、系统韧性等问题的关切，安全虽无处不在，但安全不可过载。

在学科动力、内涵和边界的基础上（见表1），任何一个参与国家安全学学科建设的单位都不可能也无必要在覆盖领域或二级学科方面求全，在建设过程中一定要选择和侧重某个或某些国家安全领域。在构建知识体系的基础上建设课程和教材体系，进而构成相对完整、各有特色的科研与教学体系，并以此支撑人才培养与咨政服务。

表1　国家安全学学科的动力、内涵与边界

学科动力	政治导向	总体、整体和系统的统筹，政治判断为学科定调
	问题导向	解决传统领域缺乏关切的风险、危机和韧性不足问题
	目标导向	实现安全，实现善治
学科内涵	思想内涵	明确总体国家安全观的思想引领、统筹发展和安全理念的指引
	学理内涵	构建统一而多元的学理内涵
	方法路径内涵	加强多元方法集成
学科边界	有限	安全无处不在，但安全不可过载
	无界	安全兼为维度与目标，连通而非替代传统领域，填补传统领域间真空地带，具有开放性、成长性

在厘清动力、内涵和边界的基础上，学科知识图谱在后续逐渐构成总谱—分谱、大谱—小谱的图景，形成既有统也有分的格局，一是为学科的一致性夯实基础，二是为学科的发展留出弹性冗余和创新空间。在此基础上，才能更好地展开下一阶段知识体系完善、统编教材编写、学科共同体机制化等方面的工作。

总而言之，国家安全学作为交叉学科，具有跨领域甚至超领域的特征，需要对原有传统学科领域之间的真空地带进行填补，贯彻总体国家安全观对总体和统筹的要求，在安全的本体、认识和方法论层面实现系统性构建，在厘清学科动力、内涵和边界的前提下明确大方向、抓好细工作。这些工作需要在学理和实践全流程中得到体现，需要在多重任务贯彻中得到完善。不同单位结合自身特点与优势，需有所为有所不为，思路连贯、重点突出。

三　北京大学国家安全学学科建设构想

国家安全学的跨学科交叉属性不仅体现在原有相关社会科学学科和领域的交叉，也包含社科与人文、理科、工科的交叉，而这也是北京大学综合学科优势所在。以国际关系学院为牵头单位和博士硕士学位授权点依托单位，政府管理学院、国际战略研究院、区域与国别研究院等单位共同推进国家安全学学科建设，首先体现了夯实原有学科基础和内核的设计理念，在理论、国别、历史、方法等维度形成新学科的起跑踏板。政治学和国际关系研究由于与生俱来的交叉属性，具备协调其他相关学科的基础、经验和参考路径。

基于此，北京大学的国家安全学学科建设需要在高政治站位基础上，努力完成六个使命（见图1）：对总体国家安全观的思想和历史内涵、价值与要求进行深入领悟与阐释，准确把握"国家安全是头等大事"的时代意义，在坚持"发展是第一要务"基础上强调统筹发展和安全的理论内涵；梳理国家安全学学理脉络，构建和发展国家安全学理论体系；总结古今中外国家安全战略实践和历史经验；深入研究国家安全重点领域的政策、机制与挑战；在科研与人才培养中突出国家安全学的实践性；完善国家安全学咨政能力建设。

北京大学国际关系学院是国内普通高校中最早建立的国际关系学院，是国内国际关系和战略研究人才培养的重要基地，在传统安全和非传统安全的研究和教学领域拥有雄厚实力，对美国、日本、俄罗斯、韩国、东盟各国的国内情况和对外战略有长期的专业研究。2013年成立的北京大学国际战略研究院（其前身是2007年成立的北京大学国际战略研究中心）是内设于北京大学国际关系学院、直接冠名北京大学的校级实体研究机构。其工作重点是对当今中国所处的国际环境以及相关国家的国际战略进行分析，并在此基础上公开发表或向有关方面提交有政策含义、面向未来的研究成果，同时也承担国际战略研究领域的教学和培训任务。2021年7月，北京大学正式获批"国家安全学"一级学科授权点。2022年4月23日，国际关系学院成立国家安全学系，开始

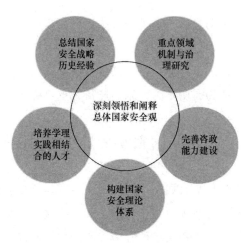

图1　北京大学国家安全学学科建设使命

招收国家安全学方向博士研究生。

　　北京大学国家安全学学科建设将立足北京大学多学科、跨学科优势，统筹国际关系学院、政府管理学院、国际战略研究院、区域与国别研究院4家单位的传统强项，形成合力，实现优势互补，搭建和完善北京大学的国家安全学学科图谱。基于几家单位在政治学、管理学、国际关系、国际安全、战略研究、区域与国别等方面的传统优势，北京大学的国家安全学学科建设与教学体系搭建将主要围绕国家安全学的3个二级学科方向展开，即国家安全思想与理论、国家安全战略、国家安全治理。这3个方向的工作将既有各自侧重，更有交叉、融合与互动（见图2）。

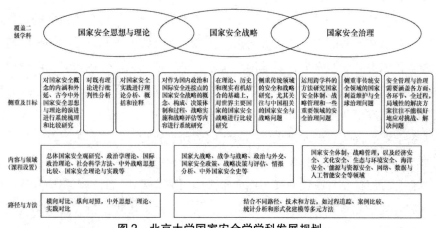

图2　北京大学国家安全学学科发展规划

第一，国家安全思想与理论方向主要的科研与教学内容包括：对国家安全概念的内涵和外延、古今中外国家安全思想与理论的演进进行系统梳理和比较研究；对既有理论进行批判性分析；对国家安全实践进行理论分析、概括和诠释，努力构建有中国特色的国家安全理论。

这一学科方向需要本着悟深悟透总体国家安全观的要求，从思想和历史的高度把握总体国家安全观的时代意义与学理价值。思想是理论的源泉与遵循，理论是思想的阐释与发展，理解并指导实践的过渡。从国家安全内涵与外延、不同思想和理论体系的演进、实践变迁等角度看，这一方向的研究主题与教学内容将包含总体国家安全观研究、政治学理论、国际政治理论、社会科学方法、中外战略思想比较、国家安全理论与实践等，在这些领域内部均可以通过中外思想、理论和实践的对比深化对基本范式、概念、逻辑和路径的研讨。

第二，国家安全战略方向主要的科研与教学内容包括：对作为国内政治和国际安全连接点的国家安全战略的概念、构成、决策体制和过程、战略实施和战略评估等内容进行系统研究；在理论、历史和现实有机结合的基础上，对世界主要国家的国家安全战略进行比较研究；侧重传统领域的安全和战略研究，尤其关注与中国相关的国家安全与战略问题。

安全战略是将安全目标与资源进行匹配，并在竞争和矛盾环境下追求结果优化的管理和行动呈现。战略是思想与理论向具体行动和操作层面过渡的维度，是国家安全行为与结果的指挥棒。这一方向的科研与教学将以传统安全领域为主，关注战略本身及其形成环境，突出过程追踪、案例比较、统计分析和形式化建模等多元方法的综合运用，在国家大战略、战争与战略、政治与外交、国家安全政策、战略决策与评估、情报分析、中外国家安全史等方面进行探讨。

第三，国家安全治理方向主要的科研与教学内容包括：运用跨学科的方法研究国家安全体制、战略管理和一些重要领域的安全治理问题；侧重研究非传统安全领域的国家利益维护与全球治理问题；研究国家安全治理的路径、技术与方法问题等。

随着国家安全目标的多样化、复杂化，必须以总体的视角来统筹不同安全领域的管理和治理。安全管理与治理需要涵盖各方面、各环节、全过程，某个单一领域的安全管理与治理问题通常会紧密地关联其他领域，局域性的解决方案往往不能很好地应对挑战、解决问题。与此同时，不同安全领域的管理与治理常常涉及同类安全资源的动员和消耗，实现行动方案的优化要求对各领域进行有效统筹，特别是通过结合不同路径、技术和方法对非传统安全领域的治理进行探索，包括国家安全体制、战略管理，以及经济安全、文化安全、生态与环境安全、海洋安全、能源与资源安全、网络安全、数据与人工智能安全等。

四　北京大学国家安全学"五位一体"平台建设

在推动二级学科相互交叉、良性互动、平稳共进的同时，北京大学可开展"五位一体"的平台搭建工作（见图3），通过理论与战略研究平台、人才培养平台、学科基础设施建设平台、咨政服务平台、国际学术交流平台的建设，为国家安全学的发展贡献力量。

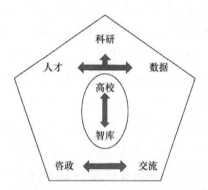

图3　北京大学国家安全学"五位一体"学科平台

第一，建设国家安全理论与战略研究平台。高质量、专业性的理论和战略研究是北京大学确立自身国家安全学学科特质的立足之本。北京大学有责任也有能力紧紧围绕践行总体国家安全观这一根本要求，加大研究投入和力度，在增强"四个意识"、坚定"四个自信"、做到"两个维护"的基础上推动国家安全理论和战略研究。学校可以结合国家安全学的交叉学科定位，发挥国际关系学院等相关单位的原有学科交叉属性，守正创新，建立从理论、历史、安全领域、研究方法等多层面切入的理论共同体，搭建平台并引领新学科的学术创新。

国家安全学研究多元行为体在多维、多层、多领域安全议题上的互动、影响和共同演进。学科研究对象及实际政策过程与环境具有较高的复杂性与一定的抽象性，交叉路径能够为其提供基本的学理起点。在建立自洽、系统且有创新性的概念、理论和方法体系道路上，学界已有颇多尝试，目前还在持续完善中。学理体系需要一定的统一基础，但同时应当具有差异性和多样性。战略研究应有共同的价值导向，同时应尊重不同的学理侧重。

北京大学的相关研究也做出了初步探索，如以交叉兼具复合的思路考察学科路径，[①] 从各国历史实践出发分析国家安全体制机制，[②] 从风险政治、系统论等视角探讨学科发展的路径、本体论、认识论和方法论等。[③] 相关阶段成果包括复合国家安全理论的构想、国家安全体制机制的比较研究、国家安全的系统理论等。

第二，建立学科人才和胜任力培养平台。立足大学办学科，建立、健全和完善人才培养体系是重中之重。面向未来的国家安全人才梯队是维护国家安全和发展利益、建设中国特色社会主义的重要力量。北京大学国际关系学院等相关单位可发挥在国家安全相关领域的师资优势，进一步加强教师队伍建设，进行资源与专长合理配置，为专业学生、学员提供国家安全学的全谱系、全过程训练，特别突出实践、实用和实效导向，提升理论、历史和方法的运用能力。

在这些训练的基础上，需要提升学生、学员在教与学回路中的主观能动性，引导和锻炼学生、学员在理解、领悟和践行总体国家安全观的过程中，提高自主、适应、协作和创新等能力；通过新时代大安全、新安全实践要求的学理融合和实践创新，使学生、学员更好地掌握相关话语体系、政策过程、一般规律、身份与利益定位；帮助学生、学员在跨领域、整体性的安全挑战中提高信息处理、自主思辨、敢于实践、勇于担当的能力和精神；帮助学生、学员学习和领会国家安全各领域、各行为体的复杂互动，更好地理解政策过程、评估与反思，更深刻地把握新时代各类安全领域中的中国角色、中国智慧和中国方案；增强学生、学员的一般性综合能力，包括短时间内对新知识新情况的学习

---

① 唐士其、于铁军、祁昊天：《立足中国，面向世界：建立具有中国特色的国家安全学学科体系》，《国家安全研究》2022年第1期，第81~93、200页。

② 于铁军：《霸权的护持：冷战时期美国的国家安全研究》，《国际政治研究》2022年第5期，第9~38、5页；于江：《大国意识与独立自主：法国的国家安全研究》，《国际政治研究》2022年第5期，第39~69页。

③ 唐士其、庞珣：《综合安全论：风险的反向界定和政治逻辑》，《国际政治研究》2022年第6期，第9~25、5页；祁昊天：《国家安全系统理论刍议》，《国际政治研究》2023年第1期，第63~88页。

能力、处置紧急事态的创新能力、团队分工协作能力、压力承受能力、合理分配资源与精力的能力、多线程工作能力、评估与反馈能力、写作与思辨能力、多语种工作能力等。

学校将加强学科与安全、外事、军事、情报、环境生态、资源能源等职能部门的合作，通过非全日制硕士研究生、全日制与非全日制博士研究生教育培养高层次人才，并为相关职能部门干部提供业务、管理和领导能力提升的一揽子方案。除学位、学历教育之外，还可借鉴国外安全人才培养经验和国内外其他学科人才储备经验，通过夏令营、短期培训、青年领袖交流等多元模式提高人才培养方向和人才储备方式的多样性。

第三，搭建学科"基建"平台。做好数字时代的国家安全科研、教学与咨政工作，需要在多领域提高数据呈现和感知能力，加强原始数据的积累与多源异构数据的融合，做好相关科研和政策工作的数字基础建设。北京大学国家安全学学科建设将结合政治学、国际关系学、管理学、区域与国别等领域的议题特点，依靠多元研究路径与方法，将国家安全指标和数据建设置于重要位置，并填补相关领域的国内、国际空白。

具体工作可分为三领域、多步走。首先，研究并制定横纵对比的国家安全指标体系，对相关安全领域研究数据进行采集、处理、赋权与合成等，构建具有中国特色并以总体国家安全观为指导思想的国家安全指数。其次，在国家安全指数构建工作进行的同时，基于指数构建工作的阶段成果，使用开源数据可视化框架建设国家安全数据可视化展示系统。最后，在指数和可视化工作基础上，进行现有数据的整合集成，并基于工作中出现的数据赤字，针对重点安全领域、重点国家和区域进行数据库和实验室建设。在指标和可视化系统长期迭代完善的同时，数据库可逐渐升级为交互式，并为相关科研和政策工作提供一站式和"定制式"的支持功能。在指标和数据工作基础上，产出系列工作简报，赋能国家安全和战略研究，提高对政策部门的支持能力。相关单位已在海洋安全、人文交流等领域开展了同类型工作，为未来国家安全指标与数据平台搭建积累了经验。

第四，完善国家安全咨政平台建设。北京大学国家安全学相关研究成果将以服务国家战略和政策需求为重要目标，充分利用参与建设单位的既有平台和管道，将研究资源进行更加合理的聚合，充分发挥学科建设平台的智库功能。

在存量基础上做好增量工作，北京大学将以国家安全学学科总体规划下的分工方向为突破口，深度参与国家安全政策共同体的建设，并在海洋、文化等领域做好新的平台搭建工作。通过以上工作，力争使北京大学的国家安全研究成果发挥更大的咨政效果，在国家安全战略、政策和重点安全治理领域为重大安全议题提供更为有力的智力支撑。

第五，加强国内外国家安全高端学术交流平台建设。利用北京大学丰富的国际国内资源，通过举办高水平国际国内会议和建立常设合作机制，进一步发扬总体国家安全观这一中国对世界的思想贡献，完善并推广国家安全研究的中国路径，更好地发出中国声音，为更加多元的全球安全议题话语和叙事体系贡献中国智慧。充分发挥学校国家安全智库角色中的高端交流功能，在对外交流中发挥 2 轨和 1.5 轨机制作用。学校在国家安全相关议题和领域的既有合作伙伴基本可以实现在国内的全方位覆盖，国际合作伙伴则包括美、俄、欧、亚、非、拉主要国家和地区的相关智库和大学研究机构。通过定期召开学术研讨会和高端论坛，以内引外联的方式定期举办各种具体议题工作坊，北京大学有能力进一步加强国家安全战略及治理等方面的国内国际交流平台建设。

结　语

国家安全学是时代的产物，体现了中华民族伟大复兴战略全局与世界百年未有之大变局中新的使命和新的课题。不同于传统学科的自然演进，国家安全学兼有重大政治工程与紧迫学术任务的双重特征，在联通传统学科领域、填补领域间真空并保持成长性方面具有"有限无界"的特点。当前，国家安全学亟须明确自身的学术内涵，接受必要的学科局限，并与传统学科领域之间保持开放性、灵活性与相互促进的成长性。

结合自身传统学科优势，北京大学在国家安全思想、历史、理论、战略与重点领域的基础研究方面持续贡献自身的科研力量，参与学术共同体和学科公共产品、基础设施建设，并已在探索建立学理与实践相结合的人才培养和输送体系。这些工作都对资源投入、政策协调、机构合作、科研和师资队伍建设提出了更高的要求。从学科发展的角度，这些要求可集中体现为"五位一体"的学科平台搭建任务，不同平台既是有机、系统和统筹的整体，也各自具有不同的侧重。

党的二十大要求全面加强国家安全教育。国家安全学学科建设是培养高素质、复合型国家安全人才的基础。新学科需要新思路、新政策、新办法，为全方位建立科研与人才培养体系，需不断摸索确立国家安全学作为交叉、复合学科的特征，在统筹推进学科建设各方面工作的过程中敢于试错。同时，需特别聚焦重大议题，以问题为导向，有序加强承担基础研究、学科基建、人才培养、智库咨政和交流平台等多方位功能与任务的能力。

（本文原载于《大学与学科》2023 年第 1 期，收录本书时略有修改。）

| 第三章 |

国家安全研究的理论与现实：几点思考

王逸舟

在当下"十四五规划"时期的中国，国家安全学已被正式确定为一级学科。这是中国相关学术工作和教育史上的一件大事，具有深远的意义。综观世界各国包括主要大国，国家安全的研究与教学工作受到如此重视的情况并不多见。学理基础相对薄弱的国家安全学，在起步阶段便与文史哲、政经法等大学科的权重相同。这种情形让人既高兴，也不免有点担心：国家安全学作为一门学科，能否按照学术成长的规律发展进阶？作为一种具有重大现实价值的"政策学"，能否恰当助力政府部门的相关实践，培养满足国家需要的新型人才，同时与国际学界沟通交流？这些问题并非单靠财政投入、政治动员所能解决的，而是需要遵循客观规律，有广泛的争鸣和探索。本着这种考虑，本文对国家安全问题研究做一些分析思考，就教于读者和同行。

一　国家安全概念及学界对其探索的演进

国家安全概念是国家安全学研究的逻辑起点和核心对象。人类对国家安全已经进行了长期的探索和研究。

（一）关于国家安全概念的思考

在中国，国家安全的定义有官方版本。根据《中华人民共和国国家安全法》第2条，"国家安全是指国家政权、主权、统一和领土完整、人民福祉、经济社会可持续发展和国家其他重大利益相对处于没有危险和不受内外威胁的状态，以及保障持续安全状态的能力"。① 这是一个得到普遍认可并与国际上相关定义有很大共通性的定义。它主要包含两层含义：其一，国家安全是一种客观状态，指国家既没有外部严重威胁，也不存在内部重大危险这样一种客观的情形；其二，国家安全又是一种保障能力，指国家长期的、可持续保障上述状态的能力。

对上述定义，需要略加讨论。首先，什么是"安全"？它在英文里有 safe、safety、security 等词。safe 和 safety 相对狭义，指处境（或情况）安全，不损害（或危害）健康，未受伤害（或遭受损失）；它们作名词使用时还可以指保险箱、保险柜等物品。security 更加宽泛，可指保卫部门、安保措施、安全工作、担保或抵押品之类，亦可指社会保险（social security and insurance）等制度性安排。中文里的"安全"二字，早先是分开的两个字："安"指"安心""安好"等；"全"则意味"保全""周全"等。如今讲"安全"多半会加上后缀，以明示具体用途，如"安全制度""安全战略""安全思想""安全措施"等。从字面上看，"安全"代表"不危险""没隐患""不出事""不受威胁"等意思。它可用来指几乎无穷尽的各种场景：车间无事故是工人上班须注意的一种安全；老人孩子不摔跤是人们常说的一种安全；"夜不闭户"是良好社区的一种安全；诸如此类，不一而足。它们的共同点是，作为特定对象的人与其生活工作的环境之间保持了某种和谐，至少不存在大的隐患，不会让人感到担心。当然，各种场景涉及的"安全"，究竟是真实存在的客观情况，还是人的主观感觉，需要具体情况具体分析，没有单一的衡量尺度。可见，所谓"安全"有着主客观的不同侧面，它既可以是对实际危险或隐患的某种消解排除，有具体可见的指标，也可能表达着某种不安的感受、须安抚或担保的心理。

国家的安全与个体的安全有相似之处，也有很大的不同。相似之处在于他们都寻求自身保障、不受各种威胁、持久生存发展，而不同点则在于国家的规模、性质和存在方式在本质上有别于个体。国家作为一个整体，是特定民族、族群和人民的社会存在方式，是基于自身历史、文化、地理等因素而长期形成的制度性安排，是建立了自己的政府及军事、经济、贸易、法律等一整套体系

---

① 《中华人民共和国国家安全法》，中国政府网，2015 年 7 月 1 日，http：//www.gov.cn/xinwen/2015-07/01/content_2888316.htm.

的政治架构，更是在当代得到他国和国际社会承认、享有主权权利和国际责任的国际行为体。所以，国家安全是相对于其他国家和整个世界而言的，它追求的各项目标均表现出特定国家的民族和人民在国际政治大背景下寻求保障、排除危险和长久存续的本质需求。

就外部属性而言，国家安全的首要内容，是特定国家的政权、执政党及其制定的国策不受干扰、不受威胁、不受挑衅、不受外力控制，是这个国家赖以生存发展的领土、领海、领空及各种重大幅员资源始终由这个国家的人民及其政治代表（政党、议会或政治精英）来规划和管理。外部各种危险因素不仅包括主要对手国家或（可能的）敌对国家的排斥打压、战略竞争等，也包含地球自然生态潜在的重大损害和风险（如毁灭性的跨国气象灾害、难以控制的疫情蔓延、周边自然环境的急剧恶化、区域主要动植物物种的濒临灭绝等）。就内部属性而言，国家安全与本国国内的稳定、安宁、和谐密切相关，与自身感知危险的能力和消除危险的意志同样密不可分。例如，世界上多数国家不是由单一民族构成，而是所谓的"多民族国家"，所以国内各个民族能否团结互助就成为国家安全的重要内容之一；同时，由于历史和文化原因，很多民族又是跨国界的，境外民族的一些问题（如极端思想、恐怖活动和难民潮等）有可能渗透至境内族群，从而给国家治理带来困难和挑战。再如，内部重大危险可能由大范围失业、经济危机、社会动荡诱发，进而变成全局性和持久性的国家政治不稳定状态。在面临这类重大国内挑战的关口，政府和政治领导人的判断与意愿成为国家摆脱潜在危机的关键，国家机器的各个部分（军队、财政资源和各级组织）能否统筹协调、合理调度，也是国家安全不可或缺的环节。

外部和内部两个方面的因素合在一起，才能构成国家安全概念的完整画面。判断一个国家安全与否，不仅要看它面临外部入侵和军事打压的时刻能否顶住、能否克敌制胜，看这个国家在国际战略舞台的激烈角力场合能否勇于和善于转危为安、化险为夷，还要看它的政府及政治精英国内治理的水平，看国家社会稳定、民族团结、文化繁荣、经济发展、民生改善的程度；仅仅是没有外敌入侵或大国战略压迫，并不意味着国家实现了安全，至少不算完整意义上的国家安全。反过来讲，国家仅保全自身，内部各项指标良好，但政府不重视外部环境的营造，不愿意承担应尽的国际义务，不努力在与世界上多数国家协调合作中推进全球和平发展，整个国家就会变成一个封闭的孤岛。在信息快速流动、技术不断进步的全球化背景下，这样的国家安全缺乏外部认可与国际法保证，是难以持久的，自然也不符合本文所严格定义上的安全。

纵观世界各国的历史和现实，不难看出国家安全概念具有一种特殊性质，即由于它事关民族、人民、领土、社稷这类全局性、战略性、长远性问题，故而：第一，它的界定自始至终由国家的政府和决策高层来主导和统筹，而不可能由个别的社会阶层、单独的市场行为体、外部的政治势力或集团来支配和定夺，国家安全的政治性由此凸显出来；第二，鉴于国家安全关乎国家的生死存亡，军事、军队、军备等议题永远占据着国家安全议程的优先位置。即便没有战争和国家间冲突，即使在没有常备军的国家，国家安全的核心依然离不开军事——不管是对他国使用军事手段还是担忧他国对己方造成军事后果。在绝大多数情况下，这是国家安全的其他领域和议题（如经济安全或生态安全）无法相比的。概言之，高层统筹、政治性质、军事重心，是国家安全定义的几个关键要素。在此意义上，国家安全学就是研究国家安全的一门学问，它包括了对国家安全基本性质的界定，对研究对象的说明，以及对这个学科门类各分支、领域和主要议题的解释。在大学里，国家安全学的知识还包含学习的主要方法、若干支撑性课程和讲座等。

（二）人类对国家安全的探索和研究

对国家安全的探索和研讨有很长的历史。自国家诞生以来，如何使之运转顺畅的见识就已出现，百花齐放、百家争鸣，几千年来不绝于耳。例如，古希腊哲学家柏拉图的《理想国》专门分析了国家的构建与等次，亚里士多德的《政治学》论述了建立稳定政体的类型和方法，从不同侧面点出了国家的存续及要件。中国古代先贤亦有个人与国家之安危兴衰的诸多见解，如"君子安而不忘危，存而不忘亡，治而不忘乱，是以身安而国家可保也"，[①] "人无远虑，必有近忧"，[②] "水则载舟，水则覆舟"，[③] "生于忧患死于安乐"，[④] "居安思危，思则有备，备则无患"，[⑤] "安不忘危、盛必虑衰"[⑥] 等警句名言，都为

---

① 朱熹：《周易本义》，廖明春点校，广州出版社，1994，第189页。
② 何晏等注、邢昺疏：《论语注疏》，北京大学出版社，1999，第212页。
③ 王先谦：《荀子集解》，中华书局，1954，第357页。
④ 杨伯峻：《孟子译注》，中华书局，2008，第231页。
⑤ 《左传》，岳麓书社，1988，第199页。
⑥ 《汉书》卷七〇《陈汤传》，中华书局，1962，第3027页。

后世的治国安邦提供了宝贵启迪。

随着近代世界体系的生成，全球范围的扩张和分化加剧，各民族、各国之间形成不平等不公正的依附关系，由此带来的压迫和冲突严重危害了世界人民和各国稳定，国际战争与国家安全上升为焦点。这催生出各种关于国家生存与斗争的学说，如"帝国主义理论"和"殖民主义理论"，"纳粹种族主义"和"法西斯主义"，"民族解放思想"和"激进革命思想"等。20世纪初期，英美等国将国际关系设置为大学的专业学科，建立起关于国家安全的各类科目、教材和学说，如"陆权说""海权说""空权说""地缘政治论""均势论"等。20世纪上半叶，虽然"国家安全学"作为单独学科尚未出现，但国际政治理论界和外交学界做出了诸多努力，对国家安全的方方面面进行了探索，为这个专业领域的发展打下了基础。人类在20世纪遭遇的两次世界大战，使各国生灵涂炭，给各国安全与国际关系带来极大损害，同时也促使人们更加重视事关国家安全的战略策略、思想理论、人才智库等。

二战结束后，尚武习气在很多国家和地区逐渐式微，亚非拉国家的反帝和非殖民化浪潮推动了安全观念的更新，国家安全研究进入新阶段，出现了新动向和新特点。例如，以国际组织和规则约束战争冲突的努力增多，各国合作和跨国协调成为增强国家安全的一条路径；由于国家面临的非传统安全挑战增多，国家安全观开始注重平衡传统与非传统的各种安全，综合安全、人的安全、生态安全等新提法、新观念也时兴起来。实际上，在美苏两极对抗的20世纪70~80年代军事安全依旧是国家安全重点的背景下，北欧、加拿大、日本等国或地区的一些研究机构就提出了"综合安全"和"人的安全"的命题，意大利的民间智库"罗马俱乐部"发表了颇有影响的两份报告《增长的极限》和《人类处在转折点》，[①] 为20世纪90年代联合国倡导的"千年议程"（重点是维护全球安全与可持续发展）做了铺垫。

冷战结束后的最近几十年，新现实主义、新自由主义、建构主义、后实证主义在很多国家学界大行其道。它们不仅发展了传统的安全研究，而且更加看重国家安全的建构，梳理不同安全层次，刺激新的理论和范式生成，如"民主和平论""文明冲突论""进攻性/防御性现实主义""国家安全的三种文化

---

① 〔美〕D. 梅多斯等：《增长的极限》，于树生译，商务印书馆，1984；米哈依罗·米萨诺维克、爱德华·帕斯托尔：《人类处在转折点》，刘长毅等译，中国和平出版社，1987。

模式"等。21世纪以来，着眼于科技进步时代各国复合相互依赖的新现实，各国安全学界及智库又提出不同取向的诸多解释，如"复合安全理论"①"地区安全架构说""和平学""生态安全论""大数据和人工智能背景下的国家安全"等。② 一个新动向是，主导传统国际格局的西方国家变得乏力，一批非西方新兴大国和中等强国快速崛起，使得全球安全局面充满变数，包含了各种挑战和机遇。③

二　中国学界对国家安全学的研究及其类型

当下的国家安全研究，适应了国家的需要，反映出时代的特征。中国共产党和中国政府高度重视国家的主权、安全与稳定，将之放在头等重要的决策日程。党的十八大之后，制定和推进总体国家安全方略的进程加快，各方面有了新的气象。例如，成立了中央国家安全委员会，统筹使命、协调工作；颁布了《中华人民共和国国家安全法》，将国家安全观念和战略进一步制度化；国家社会科学基金推出一批重大项目选题，鼓励研究工作者更多投身国家安全问题的基础理论和应用研究；在中国共产党建党一百周年之际，中央及有关部门决定将国家安全学确立为一级学科，与文学、史学、哲学、政治学、经济学、法学和社会学等传统主要学科并列。国家安全研究在如此短的时间内得到如此重视，在当今世界是绝无仅有的。从内涵看，中国特色的总体国家安全观有两大特点：首先，把政治安全作为核心，国家安全事务落脚到巩固中国共产党的执政地位、党团结人民坚持和发展中国特色社会主义这个目标上；其次，强调统筹各种重大需求，建立完备的国家安全序列，既重视外部安全又重视内部安全，既重视国土安全又重视国民安全，既重视传统安全又重视非传统安全，既

---

① 巴瑞·布赞等：《新安全论》，朱宁译，浙江人民出版社，2003，第14~20页。
② 《国际展望》编辑部：《"地区安全架构与多边主义"国际研讨会精华——亚洲：多边、安全与发展》，《国际展望》2004年第14期；熊建华：《试论和平学的研究对象和任务》，《华中师范大学学报》（哲学社会科学版）1998年第6期；韩洪文：《20世纪的和平研究》，《华东师范大学学报》（哲学社会科学版）2000年第3期；程漱兰、陈焱：《关于国家生态安全》，《经济研究参考》1999年第1期；程漱兰、陈焱：《高度重视国家生态安全战略》，《生态经济》1999年第5期；赵永新：《关注国家生态安全》，《人民日报》2001年2月9日，第6版；刘国柱、尹楠楠：《美国国家安全认知的新视阈：人工智能与国家安全》，《国际安全研究》2020年第2期。
③ 王逸舟：《西方国际政治学：历史与理论》，上海人民出版社，2018，第227~260页。

重视发展问题又重视安全问题，既重视自身安全又重视共同安全等，实现安全的主要领域、主要因素、主要层面的全覆盖。它们体现出中国国家安全学起步阶段的风格。

（一）中国国家安全学研究的演进及核心问题

观察中国学界的相关努力，可以看到国家安全研究的不同阶段与重点。[①]改革开放以前，这方面的探讨不多，有限的努力集中在应对美苏两个霸权国家施加的威胁上。新中国成立初期，为了摆脱鸦片战争之后中国长期受制于西方列强的屈辱身份，国家领导层确立了以"站起来"为中心的国家安全目标。以斗争求承认、独立自主、帮助受压迫民族的革命思想，成为那一时期引导安全研究的主线；中华人民共和国在一段时间内被联合国排除在外的事实，加深了从上到下对国际环境严峻面的感受。就研究课题来看，与"帝修反"势力进行不妥协的斗争（有阶段性、策略性的调整）、争取"中间地带"、团结"第三世界"，占了相当大的比重；内部的安全能力和安全思想建设，则着眼于"备战""备荒"。改革开放以后，与党和国家工作重心转向相适应，中国的内外政策做了重大调整，经济安全占据优先位置。随着中国加入世界贸易组织和社会经济快速发展，安全观念更加开放灵活，安全理论吸收了多层次安全、非传统安全、生态可持续安全等新要素。21世纪以来，尤其是党的十八大之后，中国进入"强起来"的新时代，国家安全考量有了更大抱负和更加重视全方位的视角。凭借综合国力的增强，有关中国大国地位和全球角色的内容增多，中国对美西方主宰地位的审视、批判意识增强，对全球化条件下谋划国家安全的思路更具前瞻性、战略性和综合性。例如，在中美长期战略竞争态势形成、美国实施压制性战略的背景下，研究者关注的重点，对外是如何抵制"新冷战"、建立全球战略伙伴网、提供中国式国际公共产品，对内是如何增强科技实力、加大战略领域投入、强化集中调度指挥等。

不过，特色并不排斥共性。与其他国家一样，中国国家安全学研究普遍关注两个共性问题。其一，国家安全的研究须回答"何种安全优先考虑"的问题，毕竟涉及安全的需求太多，而国家特定时段的资源有限。政治安全和执政党地位在中国国家安全谱系中居于中心位置，而在某些国家族群矛盾或战乱冲

[①] 牛军：《论新中国外交的形成及主要特征》，《历史研究》1999年第5期。

突可能变成国家安全的头等关切，在另一些地方则聚焦大范围贫困和失业引发的社会动荡。所以，对任何国家执政者和研究界而言，安全议程的先后及资源配置的重心是决定性的环节，需要清晰梳理安全的类型、层次、领域等，并准确说明不同的权重与需求。这些是国家安全研究的重点和难点。其二，确定了优先事项之后，国家安全研究的另一要务，是分析并提出实现中长期和近期不同目标的途径和方法，找出需要协调的单元、机构和个人等，指明统筹工作的重要性和具体安排。在中国这样的超大社会，国家安全需要从中央到地方再到基层的谋划和参与，涉及外部交涉、地方配合、底层落实等，可以想见把这盘大棋弄明白、说清楚之不易。总之，安全议程的排序、安全需求的统筹，是当下中国面临的主要挑战。

（二）中国国家安全学研究的不同类型

目前，中国学界有关国家安全的讨论很多，角度各异，大体可分为以下五类。第一种类型，也是最常见的类型，是按领域和层次划分国家安全。综合各方面的解释，目前中国学界所说的国家安全，主要涵盖政治安全、国土安全、军事安全、经济安全、文化安全、社会安全、科技安全、网络安全、生态安全、资源安全、核安全、海外利益安全、太空安全、深海安全、极地安全和生物安全等领域。这个清单会根据形势的发展、认识的深化和需求的扩大，在现实中不断调整和充实，近几年有增多趋势；它反映出中国作为崛起大国对国家安全认知的拓展。这些安全问题种类各异，产生的原因和后果不一，处置的手段和方式极不相同，参与解决的单元形形色色。有些直接危及民众的生命、造成严重的财产损失（如军事安全）；有些后果表现为全社会层面的恐慌情绪和对个人隐私的不当掌控（如网络安全）；有些是特殊专业领域和需要高深技术方可处置的难题（如核安全）。处于不同历史发展阶段、国土资源幅员与人口民族规模不等的世界各国，必然有很不相同的国家安全清单，例如，弱小国家不会考虑太空安全的话题，即便中等强国（如某些内陆国）也未必对深海安全和极地安全之类议题有兴趣；世界大国的利益具有全球性，安全需求自然是多样和全方位的。从研究方法看，如前所述，这一类研究最难之处是赋权和排序，即如何给种类繁多、情况各异的安全问题赋予权重，如何安排政府现有资源的投入顺序，确定哪些问题是当下亟须处理的、哪些是中长期的挑战。

第二种类型是根据安全问题出现的先后，从历史沿革角度把国家安全问题分成传统安全和非传统安全两大类。传统安全主要是指与国家间战争与和平相关的安全问题；它往往通过军事或武力威慑手段实现或保障，涉及领土主权完整、执政党地位和政权稳定、国家不受外敌入侵、社会民众不被他国恐吓等。在国际政治学和外交理论中，传统安全之所以被称作"高阶政治"（high politics），在很大程度上是因为它关乎国家存亡和政局稳定，被置于最重要、高等级的决策议事日程。世界史上多数国家间冲突都具有传统安全的这些特点。比较而言，非传统安全是在二战之后出现的，更多的是指战场之外发生的重大威胁，即无法依靠军事手段根除的国家安全风险或隐患，如海洋污染和海平面升高、宗教极端势力猖獗、大范围和难以控制的疫情传播、信息技术对个人隐私的严重侵犯等。各国面临的这类威胁，既可能来自国家行为体，也可能来自非国家行为体（族群、企业、个人或跨国集团）；政府和国家机器无法单独应对这类挑战。经常被叫作"低阶政治"（low politics）的非传统安全挑战，与传统安全的一个不同之处在于，不管是它们的形态还是影响，都更加扑朔迷离、难以定位。针对上述情形，国外研究界（主要在西欧和北欧）提出一种学说，名为"安全化"理论。[1] 它主要探讨哪些问题应当提交最高决策层（"安全化"）、哪些够不上顶层的国家安全（"非安全化"），哪些问题曾经是国家必须重视和应对的安全但后来危险性下降，因而不必列入高层议事日程（"去安全化"）。[2] 这种学说还讨论了传统安全与非传统安全有什么关系、彼此是否可能发生转化等理论难点，为国家安全研究开辟了新空间。[3]

第三种类型是根据安全问题涉及的地域空间范围界定国家安全的特性。中国一再强调，要统筹外部安全和内部安全、自身安全和共同安全。[4] 它提示了国家安全与其他层面安全的辩证关系。从覆盖范围看，国家安全问题并非孤立产生，它与周边国家的稳定（周边安全）、更大范围区域的和平（地区安全）乃至全球层面的安全形势（国际安全或全球安全）密不可分。虽然不同层面的安全问题各有其因、各有其果，但各种安全存在内在联系，并且与各国的国家安全构成了安全命运共同体。我们甚至可以预想，未来随着科技的不断进步

---

[1] 巴瑞·布赞等：《新安全论》，朱宁译，浙江人民出版社，2003，第32~37页。

[2] 余潇枫、谢贵平：《"选择性"再建构：安全化理论的新拓展》，《世界经济与政治》2015年第9期。

[3] 王逸舟：《中国外交新高地》，中国社会科学出版社，2008，第157~203页。

[4] 习近平：《高举中国特色社会主义伟大旗帜 为全面建设社会主义现代化国家而团结奋斗——在中国共产党第二十次全国代表大会上的报告》，《求是》2022年第21期。

和人类走向太空，地球现有物种与外星系生命体可能相遇、碰撞，整个地球村的维系也可能会被列入世界主要强国将来的国家安全议程。从国内看，国家的整体安全同样不是单向度的、平面的，而是多层次的、相互关联的；国家安全离不开内部各民族区域的和谐稳定（族际安全），离不开各个基层的有效治理（社区安全），离不开公民维护自身安全的意识和手段（个人安全）。这种开放性、比较式的国家安全研究，对于中国这样的新兴大国尤为必要，毕竟中国融入全球体系的时间不长，总体国家安全观提出的时间也不是很长，国家与全球安全、个体安全之间的关系仍有很多理论与现实问题需要探究。①

第四种类型在一些发达国家比较流行，可称作"国家安全文化"的研究路径。② 这里的"文化"，并非汉语一般意义上的精神财富（如文学、艺术、教育、科学等），而是特指思考问题的逻辑与背景，指不同民族心理和战略思维。就国家安全议题而论，国家安全文化要研究的是一个国家和民族如何构造自身的安全命题，它有什么样的历史传统和思想基因；某种程度上它与更早出现的"战略文化学派"类似，都看重国家安全战略策略与历史文化心理的关系。例如，中国古人讲求"不战而屈人之兵"③ "兵之道，攻心为上，攻城为下，心战为上，兵战为下"；④ 而俄罗斯人一向偏好先发制人的打击和震慑。改革开放以来，中国人认为安全与发展互为表里、同样重要，安全是为了发展，发展反过来促进安全；而俄罗斯人认为，国土安全和军事安全的需求远远高出其他任何类型的安全需求。这种差异深刻反映出两国历史沿革和战略文化的不同。用此方法考察，美欧尽管国家安全观本质上相通，但美国人与欧洲人的安全文化亦存在差异：前者更注重军事技术、战略博弈和进攻手段，而后者更重视利用国际法和国际组织、区域联盟以及非军事的制裁。通过这类研究，两次世界大战留给欧美国家的不同印记乃至新老大陆几百年来的异同一一呈现，甚至出现了"美国安全学"和"欧洲和平学"等提法。像"安全化理论"一样，"战略文化分析"是讨论国家安全问题时比较有纵深感、有学术味道的一种探索方式，对研究者的理论学养和逻辑思维有一定要求。

---

① 蔡拓：《全球学与全球治理》，北京大学出版社，2017。
② 〔美〕彼得·卡赞斯坦主编《国家安全的文化：世界政治中的规范与认同》，宋伟、刘铁娃译，北京大学出版社，2009。
③ 《武经七书》，毛元佑、黄朴民注译，国防大学出版社，1997，第22页。
④ 陈寿撰、裴松之注：《三国志》，吴金华点校，岳麓书社，2002，第659页。

第五种类型可称为"功能分析"，它从横向角度尝试把与国家安全问题有关的各个要件找出来，研究各自所属领域和作用方式。在这个路径下面，讨论的对象可以包括国家安全的指导思想、基本理论、不同目标、战略策略、文化特色、领域层次、制度建设、治理手法、统筹过程、教育培训和研究机构等。[①]这种分类的好处是容纳几乎无限的课题，让有兴趣、有专长的人各尽所能，调动各方面的积极性；不足是难以形成有共识的评价标准，经常是各说各话、互不通气，造成资源利用的低效和精力的分散。从积极意义上讲，对于构建高标准、学术严谨的国家安全学来说，已有的各种功能性问题的讨论，各专业研究机构的持续建立，都可看作初级阶段的有益工作。事实上，国家安全学的研究正是通过不同方向的努力逐步推进的，如在中国，过去几十年的国际战略研究和教学、国际关系理论研究和教学、国际政治史研究和教学、国际政治经济学研究和教学、区域国别问题的专题研究和教学等，奠定了从国际范围思考国家安全挑战的学理基础；而政治学、法学、经济学、社会学、生态学的教学和科研，则是从一般学科建设的角度为国家安全学奠定了基础。

通过对国家安全研究不同类型的分析，可以看出国家安全学具有某种复合性的知识架构，需要的不仅是某一领域的因果逻辑，而是跨学科、多领域的分析工具。例如，就相近的知识和学术而论，国家安全学的学习和掌握，与探讨权力格局变动和资源合理配置的政治学、经济学有关，与解释国家与社会关系、整体与个体关系的社会学、哲学有关，与分析武力威胁和国际竞争的军事学、外交学有关，与展望地球村整体性质和延续过程的生态学、全球学有关，与阐述思想吸纳和开放式学习的社会科学方法论有关，与提供关于自然界新表述方法的量子思想和复杂性学说有关，还与很多其他的学问和思想有关。当然，以上是就国家安全学的整个知识大厦而论，就具体个人或部门机构而言，考虑到时间和能力的限制，还是应当选择感兴趣的方面或有专门需要的领域，挑选适合的类型加以追踪研究。

三　国家安全维护方式的演化

国家安全的研究特别需要平衡安全与发展的关系，防止静止孤立和封闭自

---

① 刘跃进：《刘跃进国家安全文集》，中国经济出版社，2020。

足的安全思维，倡导积极进取和综合统筹的国家意识与能力。在全球震荡变化的大背景下，尤其是美国和少数西方传统强权对中国崛起焦虑不安并极力打压的未来一个时期，我们要建构新型大国安全能力与意识，不仅要大大增强物质层面的实力，更要深入检讨自身存在的各种软肋与短板，防止在上升周期过分自满，导致停步不前甚至出现严重问题。

（一）引领新的全球通用技术与规则是大国崛起的内在条件

细察近代国际关系史不难发现，成为普通的大国、强国与充当全球角色不是一回事，后者除了具备强大的经济、科技和军事实力之外，更要有超群且"服众"的辨识力、创新力、规范力和协调力。其中，识别重大的经济周期，应对和驾驭其间包含的繁荣、衰退、萧条和复苏的变动起伏，是大国崛起必须面对和最终克服的一大挑战。判断不易，说易行难。例如，在目前的情势下，世界经济究竟处于"滞胀期""谷底"，还是"再全球化"的筛选效应和新业态崛起初期，或是持续十数年甚至更长时段的深度衰退，不同学派和模型算法大相径庭，政策偏好及建议见仁见智。众说纷纭下，最终还是要看哪些国家判断有误、哪些大国战略决策得当，主要大国的成败兴衰往往取决于是否有正确的方向感与决断力。表面上看，这有点"俄罗斯轮盘赌"的味道；深层次上讲，则反映了国家"政治决策+创新突破"的综合效应。荷兰之所以在16~17世纪占据世界支配地位，在于它在大航海时代率先提出海洋法和"海洋自由"观念，全球首创国际金融证券股票交易机制，荷兰政府对此大力倡导和保障，从而超越昔日强权葡萄牙和西班牙；英国和美国在不同阶段的"登顶"，都是在列强纷争和经济社会萧条的乱象中，发明和推广了各自时代最前沿的技术与产业（第一次、第二次和第三次"产业革命"均始于英美），进而带动其他国家乃至整个国际社会进入新的历史阶段。一些研究者之所以认为中国可能引领下一周期的全球发展，不仅是看到当下中国领导人的坚强意志和新型举国体制优势，更由于崛起阶段的中国可能提供不同于以往的全球性公共产品和通用性技术创新，掀起"新一次产业革命"浪潮，如常被人提及的新型国际组织及其规则、5G网络和大数据算法、电子商务网络等。今日俄罗斯在乌克兰危机中之所以不顺畅、难如意，不仅是由于美国及北约对乌克兰的支持，更因为现今的俄罗斯发展迟缓、综合国力下降，它除了核武器等战略打击手段、传统航天技术之外，缺少能为国际上多数国家提供的新型产品与服务，遑论引领时代前沿的通用技术和观念。对这些我们要心中有数，要警惕随之而来的美西方针对中国的遏制与打压，更应懂得中国现有优势和潜力的有限性及前路的漫长曲折。例如，如何使中国领导人关于全球化的判断与策略，从全球发展倡议、全球安全倡议变成全球各国的行动；如何让中国开发的一些技术和业态，扩展为广大发展中国家乃至国际社会乐意使用的模式，都是需要着力解决的难题。只有当中国的倡议、公共产品和制度设计化入（无论是中国政府推动还是潜移默化被接纳）全球范围多数国家实践的时候，才可以说新一轮国际体系周期嵌入大历史进程，中国才能成为新国际体系的公认典范和引导力量。

（二）大国要把握和顺应国家安全维护方式的变化规律

对中国来说，最难的不只是引领新的全球通用技术与规则，还有如何令美西方在事实上和心理上最终不得不认可中国的全球崛起与全球角色。它涉及中国同既有国际体系主导国的关系，涉及这一轮大国磨合碰撞的激烈程度及方式。纵观历史上各种周期主导国的更替，既有高强度对抗的方式（尤其是早期欧洲列强的争夺），也有和平的交接（即便是旧主不情愿的"交棒"，如英美之间）；不管是哪种方式，胜出的主导性国家无不拥有强大的军事、科技与经济实力，哪怕是和平的转换也须有"接棒"的硬实力。作为潜在的国际体系主导者，中国对于未来新旧力量转换过程的应对，必须考虑"战"与"和"的各种可能，时刻牢记"故国虽大，好战必亡；天下虽安，忘战必危"的古训。[①] 从过往历次大国争霸周期看，霸权国或崛起国之所以落败，实力差距固然是一个原因，但还有一点在于没有处理好与主要对手的关系，政治智慧和外交手腕完全受制于鲁莽草率的思维或大意轻敌的战略。远的不论，在西方现有国际体系内，德国和日本曾分别在欧洲和亚洲称雄并对当时的霸主发起军事挑战，但它们均低估了对手，导致冒进策略并最终酿成失败；苏联一度攻势猛烈，势力扩张至世界各地，而且与德日不同，作为 20 世纪下半叶另一个超级大国，它曾向国际社会提供了独特的观念、制度和实践，然而处在鼎盛阶段的它逐渐变得盲目自大，缺乏对自身长短的清醒认知，最后在官僚主义和冷战氛围双重压力下停滞徘徊、失控崩裂。

在 21 世纪的今天，总结历史经验教训时，我们必须看到军事手段并非维

---

① 《武经七书》，毛元佑、黄朴民注译，国防大学出版社，1997，第 104 页。

护国家安全与国际地位的唯一方式，政治智慧和外交手段同样不可或缺。外交看似是某种沟通技巧，实质上它是国家智慧的体现，是关键时刻"四两拨千斤"的抓手。外交的核心价值在于其和平诉求与对话气质，是它对艰难氛围的巧妙应对和创新突破。用谈判、斡旋、谅解等非暴力手段，处理国家间的分歧，实现本国利益，是外交作为现代国际制度的基本属性。一般而言，主要大国都有丰富的外交智慧、能量和技巧，关键看谁能在特殊局面下掌握平衡、巧妙处置主要矛盾和主要挑战。胜出者无不是公认的外交大国、规范倡导大国、话语权和软实力大国。从学理上说，外交制度不同于古希腊罗马时期的城邦间往来，有别于中国春秋战国时代的争霸联盟安排，也不只是近代欧美列强对弱小民族的征服。作为一种重要的国际规范，外交制度表现为民族国家产生后逐渐摸索形成的一整套沟通机制，以及支撑这些安排的主权原则、平等原则和国际法准则。外交首先体现为谈判处理国际关系的正式形态，其次是由国家使节受领担当的使命，特别表现为谈判人的技巧、气质和创造性。擅长谈判、富有耐心，是承担这一使命所需的重要气质。外交的本质，就是在不采用武力的前提下，或是在武力或武力威胁失效的背景下，通过国家代表间的沟通达成协议，实现或保障各自目标。一定意义上，外交是谈判、和解和转圜的代名词。外交方式古已有之，只要不同地域、身份的人群与他者交往，就有这样那样的外交活动。早期的国家及政治精英的外交方式比较简单粗暴，随着文明的发展，各国政府学会利用复杂精致的交往方式获利。在全球化时代，各民族国家在意自身形象和对外部环境的塑造，外交变得愈加重要。在新的国际体系转换时期，在维系国家安危方面，外交的作用会愈加凸显。

在保障国家安全方面，外交与其他的国家手段（如军事或商贸手段）有很大的不同。例如，同样是服务国家利益，外交方式柔软，军事手段严厉，"一个唱红脸，一个唱黑脸"。它们是各国特别是大国关键的软硬两手。即便有时听上去外交人发声强硬，有时军人看起来手捧"和平鸽"，各自的本质及主要功能也不会改变。在当代国际交往中，多数中小国家常利用商业贸易手段推进国家重大战略。商贸手段与外交的主要区别在于，前者是对看得见、摸得着的"利"的追逐，体现为清晰可见的数字，而外交方式只能依靠正式谈判和私下交谈，在意见交换的基础上达成协议。尽管外交部门有时也借助商业或军事手段，但外交人的本事归根结底还是体现为沟通的技巧与韧性。军人有武器，商贸有财富，外交靠和谈，这是一门"艺术"。军队承担威慑敌人、战场拼搏、守护国土、海外维和、军事外交、国内救灾、稳固社会的多重使命，但军事的硬核无疑是武力威慑和武力运用；商贸手段亦可分出多种类别，如投资贷款、工程建设、货物交换、资源开发、商业援助等，然而九九归一，终究要落脚到利润的计算与回报；外交的功能、方式尽管多种多样，但最重要的部分是保持国家间的沟通，维系或促成和平，用非暴力的方式维护国家利益。对主要大国而言，外交方略与手法不仅服务本国福祉，更影响周边和国际社会，潜移默化地塑造国际体系风格与稳定性。

从全球范围看，国家间虽存在战争和强权政治，但大的趋势是，尚武风习式微、战争收益下降、经贸市场扩大，进而外交作用提升。尤其是 20 世纪以降，国家处理对外关系的方式，经历了从武力到外交、从外交到法律的演化。以武力使用及其后果衡量，现代社会的暴力行为，就受害人口占全球总人口比重而言，同前现代社会相比大大减少；当今全球范围死于自杀、车祸和艾滋病的人数，远多于死于战争和暴力袭击的人数。二战结束以后，尤其是自核武器出现后，主要大国间爆发直接战争的危险性持续下降。在当代世界政治舞台上，鼓吹以战争手段解决国际争端，已越来越难以为国际社会多数成员所接受。从近代国际关系和国家制度建立的历史看，早先的各民族国家把常备军、外交制度、财政和教育制度作为主要事项，到今天不少中小国家放弃或减少常备军，仅保留警察、反恐、治安等少量建制力量以确保国内安全，更多地依赖区域安全条约或联合国维和机制以防止外部入侵。就世界多数国家及地区来论，军事效能及其优先性在不断递减，折射了国际关系的演进和人类社会的进化。大国当然要有强大的军事能力，以保障自身和国际安全，但同时一定要知道军事手段的局限与军事叙事的上述演进。反观外交，恰恰由于它承担着缔造和平的事业，诉诸更文明和更复杂的国家利益实现手段，成了新时代的"宠儿"，外交官成为国际气氛改善的主要推动者之一。大国外交最要紧之处，恰恰是在复杂艰难的情况下，眼观六路、耳听八方，善于多方协调沟通，坚定地朝着预定目标不断努力，在看似不可能中寻求可能。从全球范围看，主要大国的外交制度，不仅增强了国家的交往韧性，也缔造了国际体系的"同心圆"和"向心力"。对中国来说，顺应国家安全维护方式变化的基本规律，对于我们显示政治智慧、发挥外交能量、应对封锁打压，有着不可低估的重要性。我们需要进一步思考和研究，当前国际体系需要的政治智慧是什么，多数国家对大国的外交能量有哪些期许，除硬实力的抗衡外，应对外部封锁打压还有何种选项，中国软实力的拓展还有多少潜力可挖等。

四　国家安全的"层化"研究思路

从研究路径和方法讲，研究国家安全应当发掘更多的角度、借用不同的学科工具，让成果形态更加丰富多元，令年轻人更加兴致盎然。

在地质学、天文学、宇宙发生论等自然科学中，有一种叫"层化"（stratification，也称"层理"）的学说，或可加以借鉴。"层化"的原意，是指岩石沿垂直方向变化所产生的层状构造，这种构造通过岩石的物质成分、结构和颜色的突变或渐变显现，表现出各种沉积岩的不同年代、生成环境、沉积作用和结构特点。具备沉积岩特征的岩石，在内部各层面之间构成特殊的分界面（亦即层理面）。层理的形成与沉积物结构和成分的变化有关，或由沉积间歇、沉积季节的变化所致。沉积岩层的原始形态多趋于水平，地质的变动使其倾斜、直立、弯曲甚至发生破裂，形成褶皱、节理、断层、劈理等形态。对于地质工作者来说，是否存在层理，是区分沉积岩与普通岩石的关键。常见于火山岩等沉积岩的层理，提示了地球地质构造变形及其演进史。地质的"层化"过程漫长曲折，使得今人看到的沉积岩层理重叠交错和多式多色。各种层理的成因、表象、关系各不相同，地质学家们对它们的细化分类加上总貌解说，不仅展示了地球地质构造及周围大气空间环境的独特之处，在一定程度上还折射出整个宇宙发生及演化的规律。而对国家安全和国际政治的"层化"（层理）进行分析，或能实现新的超越，开拓更大视野。①

（一）国家安全的"层化"研究更加注重成分（要素）的动态及其关联

不同于我们熟悉的传统层次分析法，那是一种受20世纪50~60年代科技革命和系统工程论启发而来的相对机械与静态的层次划分，有关国家安全和国际政治的"层化"研究，将更加注重成分（要素）——诸如国家、政府、军队、外交部门、各种非政府组织、跨国行为体和个人等中观和微观单元——的动态及其关联。它不仅需要细致辨识不同层次的形状与成因（诸如政府间谈

---

① 关于国家安全研究的"层化"方法，参见王逸舟《世界政治变迁的"层化"研究：一种初步思考》，《世界政治研究》2022年第4辑。

判、企业的交易、社会组织的活动），还关注它们的叠加效应和主体间性（如国家与社会的关系、战争与和平的交叉、霸权国和主要大国的兴衰、技术与科学促成的创新之类）。如同量子学所指出的波粒二象性，世界政治变迁的"层化"探讨，是对"层"的解析和对"化"的感知的辩证，既离不开对微观单元（如个体的情感）的观测，又不可脱离对宏观结构（如当代世界政治的单极霸权、两极格局和后冷战进程）演进的把握及概括。世界政治终极目标等宏论离不开一个个的微观分析，单独的微观焦点若舍弃大历史的视角就无法呈现世界政治变迁的全貌。"层化"分析与我们比较熟悉的系统（结构）分析有相似之处，例如，都注重研究局部与整体、行为体与系统的关系。然而，与结构主义方法不一样，这里讲的世界政治的层理分析，借鉴了地质意义上的生态活性，强调不同时期行为主体（如"利维坦"或"国际社会"）的情感色彩与自主性，看到叠加的构造（阶层阶级集团等成分的权重改变）所包含的有机演化，比相对机械的系统论更有弹性和延展空间。

（二）"层化"分析可促使在不同领域或问题之间建立共同知识

在地质学内部，层理的研究是由许多分支学科从各自专业共同推进的。这些分支包括同位素地质学、数学地质学、遥感地质学、实验地质学、地球化学、结晶学、矿物学、岩石学、矿床学、构造地质学、区域地质学和地球物理学等。它们遵循现代科学发展由分科走向综合、由个别转向总体的趋势。地质学从全球乃至宇宙发生论角度，将物质研究、地壳与整体地球构造研究以及地球历史研究融为一体，推出板块构造学、海洋地质学和行星地质学等，就是这一趋势的体现。不过无论什么分支，所有地质学者的共同兴趣与对话基础都会涉及地球的物质组成、构造及其演化历史，乃至行星和宇宙的物质组成、各层圈之间的相互作用；不管个体兴趣有多大差异，所有地质研究者须大体掌握晶体光学与地球化学、古生物学与地层学、结晶学与矿物学、岩石学与构造地质学、地球科学概论等基础知识。应用到安全研究与国际关系领域，在极大促进各种单独偏好发展的同时，"层化"学说将会鼓励各种兴趣的交流、各个领域的通气、共同知识平台的打造。例如，什么是各国国家安全的顶层与底层（及中层）内涵？全球各地域之和的"世界政治板块"如何由各国安全和区域安全的状态叠加而成？如何看待各大区域安全与经济发展的关系，纵向的安全需求与横向的经贸联系如何交错在一起，又如何衡量评估？什么是构成"全球安全"的最小单元或微观单元，它与各国国家安全的各个单元（次区域安全与社区安全、人的安全等）有什么联系？什么是研究国家安全的学科基础（军事学、政治学、经济学、外交学、历史学和区域主义等），它们与宏观、中观和微观的不同学科分支（军事威慑理论、战略文化学说、权力政治学说、地缘政治学说和贸易政治学等）之间有何关系？亚非拉国家反抗帝国主义和反殖民主义的个案研究与对西方列强殖民中心主义各种话语的追踪如何在学理上加以对比？经济社会现代化的一般学说与"文明冲突论"的特殊命题之间能否相互批判与对话？即使暂时难以取得广泛共识，朝向建立国家安全研究的特殊知识与一般安全理论之共同话语的交流，也将带动学术范式的持续更新，加强国家安全学作为一门学科的知识学和方法论基础。

（三）"层化"分析可避免研究的单向度

在既往的国家安全学和国际关系理论研究中，有不少从世界政治的进化或退化角度做出的分析。它们的优点是走向明确、进退易判，例如进化论者提出了以联合国为中心的国际组织逐渐扩展至全球各个角落、国家战争行为在当代受到更多国际规制约束等观点；① 退化论者谈论的个别大国单边主义的"退群"行为、西方民主渐增的"赤字"、当下的乌克兰危机等现象。② 这类分析的缺点是难以展现研究对象的两面性乃至多重性，命题容易失之简单和单向度，有时导致有关决策部门的应用通道狭窄、操作简单。例如，讲国际形势时要么把当下定义成科技进步与国际多边主义潮流不可阻挡的年代，要么说成是民粹主义四处泛起、民族主义日益盛行的年代。这让有关决策部门无所适从，不知外部形势究竟依然存在"和平发展机遇"，还是趋于萧条和严峻化。就学术工作而言，单向度的"进化/退化"认知框架，难以容纳和表述模糊地带和不确定性。好的"层化"研究比较中性，不做单纯的价值判断，重点在于发现专门领域和问题的独特性质与特点，把它（们）与总体的格局加以对照。这样可以避免过于强势和武断的结论，在大的进化或退化概念之外提供不一样的多彩画面。新的观察角度促使研究人员避免单向度、线性的思维，保持想象力和多元主义包容态度。当代世界史演进显示，以往那种多半是民族国家政府

---

① 王铁崖：《国际法引论》，北京大学出版社，1998，第 5~6、221 页。
② 丁一凡：《六大特征揭示，全球治理已经完全失灵》，"全球治理"微信公众号，2023 年 2 月 6 日。

特别是少数西方大国主宰的国际关系格局，正在转型为包含更多中小国家、各种弱势群体及其政治代表、各类大型企业与跨国经营者、非政府非营利团体、国际恐怖主义势力和民族宗教势力在内的世界政治新局面。面对这种深刻而持续的变化，国际问题的理论研究和学术工作假使仍束缚在被少数传统主流范式定格的框架下，就很难提供更有创造性、更加符合时代潮流的成果；尤其是国家安全研究这类属于传统意义"高政治"和敏感性强的话题，如果没有层化的剖析，更容易把某一层面出现的异动当成全局性的改变，把个别国家倒行逆施的行为混同于全球整体性的某种趋势。相形之下，"层化"分析路径提供了更多选项与可能性，重视切口更小、挖掘更深、内涵独特的小层理，从而使得安全议题的各个层面都得到展现，让研究者从容观测与比较它们的关联，受众也不至于被误导。

（四）"层化"分析思路的应用

这里举例说明"层化"分析思路的应用。其一是主权范畴的研究。主权定义很简单，指民族国家政府在国内的至高统治力和不受国外势力支配的权利。然而，实际生活里，主权早已越出最初的法理边界，在宏观层面，它从早期的教廷垄断权、君主专制权变成民族国家的身份象征，进而从由政府主导转变为有人民主权含义和区域架构（如欧盟）并行的多重权利配置形态，主权观念逐渐分出政治主权、安全主权、经济主权、贸易主权、文化主权、领土主权与非领地主权（如使领馆、太空装置或本国在公海的船只）等不同分支，实际应用中更是细分出所有权、管理权、使用权、享有权（包括类似股权的共享主权）等类型。主权范畴在纵横各个方向出现错综复杂的嬗变及应用。沿着这个思路研究主权，不仅更有理论意义而且实用。中国在加入世界贸易组织的谈判时，面临减免关税和让渡部分经贸管理权的"入世"条款，国内出现质疑声音，关键时刻有学者提出将政治主权与经贸主权分开对待，对关乎国计民生的行业适当保护、逐步放开其他领域的建议，为更灵活的政策空间做了理论铺垫。这种主权分置的思路，就是层化研究的一个样本。它使得旧时意义上的主权观念不再只有国家政治安全方面的含义，而是更能因时制宜、因事制宜地加以运用，建立起原则性与灵活性有机结合、静态的身份与动态的权益融为一体的新主权观。

再举一例。美国对其他国家在海洋领域的活动经常说三道四、横加指责，自己却拒绝加入《联合国海洋法公约》。这种"双标"言行受到包括中国在内很多国家的不满与抨击。然而，用"层化"方法仔细梳理美国各个层面的海洋存在和利益结构、涉海法规与执法过程、军事与民用不同领域的海洋行为与态度，就会发现，美国实际上既是当今世界海洋领域的最大利益攸关者，也是海洋法体系强力的制定者和执法者。美国没有签署和批准《联合国海洋法公约》，不代表它不以这样那样的方式卷入乃至支配海洋国际关系。美国海军在全球各个海域的基地及其威慑作用，纽约港对各国油轮防泄漏船体结构建造的规定及其后果，大量美国商船货轮和船员在公海及他国的停泊带来的诸多法务法规问题，美国各级政府和法律机构处理海难、打击海盗和各种海上犯罪的尺度及索赔方式，美国跨国公司和私人在国际海底的资源开发利用时沿袭的协议默契（protocols），诸如此类，不一而足，这些不仅涉及《联合国海洋法公约》这样宪章层级的条文落实，更关乎海洋领域日常的各种硬法和软法、成文法和习惯法的推进及效能。研究判断这个超级大国的海洋行为，绝非仅仅抨击"双标"那般简单，而应看到其中包含"霸权""王道"的杂糅，看到其多面性和复杂性。对于中国这样的新兴海洋大国来讲，在学会拒绝对手蛮横无理行为的同时，应借鉴其有理有利的成分。这种新的思路及研讨方式，在实际工作中有利于中国应对美国及一些国家在南海、东海、台海挑起的涉华安全事端，也有利于带动除军队和外交机构之外更多民事部门和地方政府的参与处置，形成新时代维护中国海洋权益的全新合力，带动周边海洋命运共同体的构建。

笔者近期承担国家社会科学基金重大项目"新时代中国特色大国外交能力建设研究"，也在尝试用"层化"路径推进。中国作为超大国家和多元社会，人口和幅员规模相当于几十个中等强国，制度与观念形态丰富，具有共产党执政的社会主义国家、联合国安理会来自发展中世界唯一常任理事国和核大国等多重身份，综合国力接近世界头号强国，承担国内国际双重改革使命。在这种背景下，中国的安全能力与外交能力须是多层面、跨领域、分阶段的范畴，学术研究也须与之相适应。新的大国外交，讲究国家间政治向世界政治的转型，强调参与主体的多样与创新。在中国，中央外交与地方外事的关系有很大的潜力：近一半省区地理上涉疆涉边，外事职能有明显的区域特点；地方外事干部的素质与能动性在相当程度上可以推动整体对外交往活力；许多涉外事务非中央部委所能包办代替，如国界勘界及维护、跨界非法移民处置、跨境水资源利用、毒品走私打击，周边水域及公海渔业纠纷、海上犯罪和各种海难的应对等。地方外事积极性的发挥和手中各种人力物力资源的调动，是事关全局的大课题。此外，大国外交能力不只直接与军队、外交部、中联部、国际发展合作署等主管部门的协作机制有关，还越来越多地涉及"多轨"的铺设与角色设定，如国家间的友城网络、各国岛屿间交流与公共外交、体育和文化外交、多渠道的经贸外交、央企在海外承担的社会责任和外事活动，乃至大学对国际组织人才的培养、中小学阶段学生国际意识的早期教育等。做好新时代中国大国外交研究，既要洞察传统外交"核"的关键角色，又要前瞻外交"金字塔"的底座营造方式。依照这种思路构建中国的大国外交能力，显然更具韧性、弹性和创新性。

结　语

　　国家安全学在中国已经成为一门显学。不同的研究领域和角度，使国家安全研究出现了不同的类型。研究类型的不同，说明研究国家安全问题需要的不仅是某一领域的因果逻辑，而是复合性的知识架构和跨学科、多领域的分析工具。研究中国的国家安全问题，是国家安全学的首要现实责任，需要我们思考和把握国家安全维护方式的演变规律。同时，对国家安全和外部宏观环境的研究，不能只有宏大命题和对历史周期的讨论，而应当培养兴趣多样、大小各异的研究类型。现阶段国内不少研究机构、年轻教师和博士生，花费太多时间和精力，放在色彩较亮但易于重合的"光谱波段"，相对冷门、专精、细小的"光谱波段"则无人问津，导致一方面不少项目成果新意不彰、重复度高，另一方面学术视域不宽，学识增长缓慢。借用地质学的术语，原本质地不错的沉积岩本，打磨得比较粗糙、过于"大样"，层理和纹路解析不够。研究国家安全问题，要特别重视一些属于中国特色的现象。例如，中国有着世界上最多的邻国，也有大量的跨界人口流动，按照欧美的传统理解，他们中很多人就是所谓的难民。为什么中国与周边国家不存在难民纠纷？这一问题就很值得探讨。中国特色的国家安全研究，中国国际关系理论和外交学者与各国同行的对话，尤其应珍惜和吸纳这类具有中国特色的元素。"层化"研究思路能够助力这一过程。

　　（本文原载于《国际安全研究》2023 年第 2 期，收录本书时略有修改。）

第四章

对国家安全特点与治理原则的思考

贾庆国

近年来，世界各国越来越重视安全问题，很多国家都把安全放在国家治理体系中的重要位置。中国共产党和国家领导人高度重视安全问题，反复强调要增强安全意识，特别是在新的历史条件下继续加大维护国家安全力度的必要性。习近平总书记指出："当前我国国家安全内涵和外延比历史上任何时候都要丰富，时空领域比历史上任何时候都要宽广，内外因素比历史上任何时候都要复杂，必须坚持总体国家安全观，以人民安全为宗旨，以政治安全为根本，以经济安全为基础，以军事、文化、社会安全为保障，以促进国际安全为依托，走出一条中国特色国家安全道路。"[1] 为统筹和加强国家安全工作，中共中央专门成立了中央国家安全委员会，全国人民代表大会审议通过了《中华人民共和国国家安全法》《中华人民共和国反间谍法》《中华人民共和国反恐怖主义法》《中华人民共和国境外非政府组织境内活动管理法》《中华人民共和国网络安全法》《中华人民共和国国家情报法》等一系列法律。

然而，当前不少人对国家安全的理解和关注还存在较大偏差，主要表现在要么只是笼统抽象地谈论国家安全，要么只是关注国家安全的某一方面，对国家安全的内涵、国家安全的多种特征、国家安全与其他价值追求之间的关系等问题的讨论却不多且不深入。但是，有效从事国家安全治理需要全面、系统和深入地厘清"国家安全"概念以及国家安全与其他价值之间的关系，并在此

---

[1] 《习近平：坚持总体国家安全观　走中国特色国家安全道路》，《人民日报》2014 年 4 月 16 日，第 1 版。

基础上深入探讨国家安全治理的途径。因此，本文试图从这个角度对国家安全的概念、内涵、基本特点以及治理原则与路径进行分析，以期持续推动对于这个问题的相关讨论。

一　国家安全和总体国家安全观

《现代汉语词典》对"安全"的定义是"没有危险；平安"。① 这个定义更多地还是将安全视为一种客观现象，也就是说，安全是一种客观存在。事实上，现实中的安全不仅包括没有现实危险和威胁，也包括人们没有危险和威胁的感觉。2015 年，《中华人民共和国国家安全法》颁布，中国官方通过法律形式对"国家安全"进行了界定："国家安全是指国家政权、主权、统一和领土完整、人民福祉、经济社会可持续发展和国家其他重大利益相对处于没有危险和不受内外威胁的状态，以及保障持续安全状态的能力。"②

习近平总书记提出的"总体国家安全观"，就是从总体安全的角度认识和把握国家安全问题的认识论和方法论。这里所说的"总体"，就是全面和整体。所谓"全面"，就是在思考国家安全问题时要照顾到国家安全的所有层级和各个领域；所谓"整体"，就是在思考国家安全问题时要将国家安全作为一个整体看待，根据特定时期国家的安全战略目标确定国家安全各领域的位置和权重，通过统筹和协调安全各领域的需求，实现国家安全战略目标。总体国家安全观就是要从全面和整体的角度思考和把握安全问题，最大限度地维护国家安全。

之所以说要最大限度地维护国家安全，就是因为在现实生活中绝对安全是不存在的，完全消除威胁和对威胁的感觉也是不可能的。就个人而言，没有绝对安全。例如，个人为了人身安全可以不乘坐任何交通工具，甚至不出家门，但还是无法完全杜绝安全风险，如无法完全躲避雷电、地震、火灾、疾病等意外事件可能带来的威胁。同理，无论怎样，国家都不可能实现绝对安全，更不可能从主观层面完全消除危险的感觉。因此，《中华人民共和国国家安全法》第一章第二条专门强调"相对处于没有危险和不受内外威胁的状态"，维护国

---

① 中国社会科学院语言研究所词典编辑室编《现代汉语词典》（第 7 版），商务印书馆，2021，第 7 页。
② 《中华人民共和国国家安全法》第一章第二条。

家安全的目标也只能是最大限度地减少威胁和降低危险的感觉。

二　国家安全的基本特点

国家安全是一个内涵和外延极为丰富的概念，至少应包括多面性、关联性、变动性、相对性、非唯一性、主观性和社会性七种特点。

（一）国家安全具有多面性

国家安全的多面性主要是指其涉及的领域很多，从国内安全风险到国际安全风险，从军事安全风险到非军事安全风险，从传统安全风险到非传统安全风险，从局部安全风险到整体安全风险，从线下安全风险到线上安全风险，从短期安全风险到长期安全风险，从相对安全风险到绝对安全风险等方面，"涵盖政治、军事、国土、经济、文化、社会、科技、网络、生态、资源、核、海外利益、太空、深海、极地、生物等诸多领域"。[①]从这个意义上讲，我们时刻都生活在各类安全风险中。

（二）国家安全具有关联性

国家安全的关联性主要指不同安全领域是相互关联和相互作用的，主要表现在以下七个方面。

1. 政治安全与经济安全相互关联和相互作用

政治安全问题可能导致经济安全问题，经济安全问题也可能导致政治安全问题。前者如20世纪80年代末90年代初期的苏东剧变，苏联持续的政治动荡导致经济快速下滑，从而加剧了政治动荡，两者相互作用，最终导致了苏联的解体。后者如1997年亚洲金融危机引发印度尼西亚经济崩盘，直接导致该国政治动荡，由于政治局势失控，统治印度尼西亚长达数十年的苏哈托政权最终垮台。

2. 政治安全和领土安全相互关联和相互作用

政治安全问题可能导致领土安全问题，领土安全问题也可能引发政治安全问题。前者如20世纪90年代苏联和南斯拉夫的解体，两者都源于国内政治问

---

① 《中共中央关于党的百年奋斗重大成就和历史经验的决议》，人民出版社，2021，第56页。

题的激化和最终爆发。① 后者如克里米亚问题给乌克兰造成的困扰，俄罗斯通过公投方式兼并克里米亚的做法给乌克兰造成相当大的政治挑战：一方面，如果与强国俄罗斯抗争，乌克兰势必消耗大量的资源，且几乎没有胜算，甚至还会导致更坏的情况发生；另一方面，如果不与俄罗斯进行抗争，那么乌克兰统治阶层在国内又无法交代，进而会引发国内激进爱国群体的强烈反对，甚至引发国内政治层面的动乱和政权更迭。

3. 经济安全与军事安全相互关联和相互作用

如果一个国家没有坚实的经济基础，就无法建立和维持一支强大的军队，就无法有效维护国家主权、安全和领土完整；没有强有力的军事安全保障，也无法有效维护国家经济安全。20 世纪 80 年代初，中国刚刚结束了"文化大革命"，百废待兴。当时中国政府面临的一个难题是，手中极其有限的资源到底更多地用来发展经济还是巩固国防？中国政府最终选择了前者。在当时的中国领导人邓小平看来，中国只有发展出强大的经济实力才有可能建设一支强大的军队，进而不断提升的国防能力可以为中国的经济发展提供切实和可持续的安全保障。1985 年 6 月 4 日，邓小平在军委扩大会议上讲话时指出："大家很关心军队的建设，关心军队装备的现代化，这个问题也涉及大局。四个现代化，其中就有一个国防现代化。如果不搞国防现代化，那岂不是只有三个现代化了？但是，四化总得有先有后。军队装备真正现代化，只有国民经济建立了比较好的基础才有可能。所以，我们要忍耐几年。我看，到本世纪末我们肯定会超过翻两番的目标，到那个时候我们经济力量强了，就可以拿出比较多的钱来更新装备。"② 几十年过去了，事实证明，当时中国政府的选择是正确的。正是因为有了这个选择，中国才有可能迅速拥有强大和繁荣的经济，也才有可能在此之后通过持续加大国防投入，建设起一支强大的人民军队，从而有效地维护国家的军事安全，中国的经济安全也因此有了更加坚实有力的保障。

4. 非传统安全与传统安全相互关联和相互作用

恐怖主义对国家安全的颠覆性挑战，在很大程度上改变了过去国家面临的

---

① Archie Brown, *The Gorbachev Factor*, Oxford: Oxford University Press, 1997; George Breslauer, *Gorbachev and Yeltsin as Leaders*, Cambridge: Cambridge University Press, 2002, pp. 274-275; Taylor McConnell, "Memory Abuse, Violence and the Dissolution of Yugoslavia: A Theoretical Framework for Understanding Memory in Conflict," *Innovation: The European Journal of Social Science Research*, Vol. 32, No. 3, 2019.

② 《在军委扩大会议上的讲话（一九八五年六月四日）》，载《邓小平文选》（第三卷），人民出版社，1993，第 128~129 页。

军事威胁主要来自其他国家武装入侵的情况。例如，"9·11"事件中国际恐怖主义势力对美国的袭击，一度使美国感到巨大威胁，甚至将反恐视为维护国家安全的第一要务。① 由于恐怖分子隐藏在民众中，并且流散到世界各地，美国强大的军事力量在恐怖主义威胁面前无所适从，最后不得不更多依靠一些非常规手段来应对。当前恐怖主义给美国安全构成的威胁仍然存在且不可轻视，近期美国在阿富汗撤军问题上面临的挑战就是一例。中国也面临恐怖主义的威胁，前些年，恐怖袭击给中国的国家安全造成严重困扰，② 中国政府不得不采取措施加以应对。这种情况在许多其他国家也有体现。

其他类型的非传统安全威胁也与日俱增。2020年新冠疫情发生后，在极短的时间内迅速传遍全球，给世界各国造成了巨大伤害。从患病和死亡人数来看，新冠疫情给世界带来的损失远远超过一般意义上的中等规模甚至大规模战争。据报道，截至北京时间2021年12月8日11时，全球累计新冠确诊人数已超过2.67亿，死亡人数超过528万。美国的新冠疫情死亡人数已达812205人，超过历史上美国在历次战争包括南北战争中死亡的总人数。中国虽然及时采取强有力的手段控制了疫情，大大减少了疫情可能造成的伤害，但还是有5697人因疫情死亡，这不亚于一场中小规模战争带来的伤害。

表1　全球范围新冠疫情汇总（截至2021年12月8日）

国家或地区	现有确诊（人）	累计治愈（人）	累计死亡（人）	累计确诊（人）	治愈率（%）
中国	3332	119574	5697	128603	93.0
美国	9715064	39742867	812205	50270136	79.1
国外（含美国）	21326990	240636712	5280678	267244380	90.0

资料来源：《新型冠状病毒肺炎疫情实时大数据报告》，百度网，https://voice.baidu.com/act/newpneumonia/newpneumonia/? from = osari_aladin_banner。中国数据由百度根据国家卫健委、各省市区卫健委、各省市区政府和港澳台官方渠道公开数据统计；国外数据由百度根据权威机构的官方报道（如央视新闻、《人民日报》等）、世界卫生组织和各国官方通报数据统计。

---

① Steven E. Miller, "After the 9/11 Disaster: Washington's Struggle to Improve Homeland Security," *Axess*, No. 2, February 28, 2003, pp. 8-11.

② 新疆维吾尔自治区人民政府新闻发言人徐贵相表示，据不完全统计，自1990年至2016年底，"三股势力"在新疆等地共制造了数千起暴力恐怖案（事）件，造成大量无辜群众被害，数百名公安民警殉职，财产损失无法估算。参见《"我非常珍惜现在安定祥和的幸福生活"——新疆维吾尔自治区第六十场涉疆问题新闻发布会在京举行》，《人民日报》2021年11月18日，第2版。

近期国际社会高度关注的气候变化问题，正在成为一个新的、具有更大破坏力的非传统安全威胁。按照许多专家的预测，如果气候变暖趋势持续，将造成全球海平面上升。当海平面上升超过一定限度，一些岛国将不复存在，许多国家的沿海城市将被淹没或部分淹没；一些地方的气温将会奇高，另一些地方的气温则会大幅降低；一些地方暴雨成灾，另一些地方则会出现极端干旱少雨的情况。气候突变有可能使人类原有生产格局和生活方式无法延续，经济发展受到严重冲击，全球任何一个角落都无法幸免于气候变化带来的灾难性后果。气温上升加剧了环境退化、自然灾害、极端天气、粮食与供水无保障、经济混乱、冲突与恐怖主义。① 与此同时，传统安全问题也会加剧非传统安全问题。国家间爆发军事冲突会引发一些非传统安全问题，如环境污染、生态破坏、传染性疾病暴发、难民问题和恐怖主义。两次世界大战仅在欧洲就导致数千万人流离失所；二战以后的朝鲜战争、越南战争、阿富汗战争、伊拉克战争以及历次中东战争都引发了大量难民问题。② 有研究表明，"9·11"事件之后美国对外进行的战争已经导致3800万人流离失所，背井离乡。③ 如何妥善安置这些难民，成为国际社会面临的一个巨大难题。大国间的军事对抗还会严重阻碍在非传统安全问题上的国际合作，冷战期间，国际社会在非传统安全领域进行合作就十分困难。

5. 国内安全和国际安全相互关联和相互作用

国内安全问题导致国际安全问题，最典型的案例之一就是"9·11"事件发生前的阿富汗。"9·11"事件发生前，塔利班政权对内统治失控，其结果是，"基地"组织不仅将阿富汗作为培训宗教极端分子的大本营，而且在阿富汗组织实施了针对美国的"9·11"恐怖主义袭击，最终招致美国发动阿富汗战争，推翻塔利班政权，并占领阿富汗长达20年。

国际安全问题导致国内安全问题，如21世纪初在中亚和东欧等国爆发的一系列"颜色革命"，之后蔓延到中东、南亚等地区，引发多国政治动乱。在

---

① "The Climate Crisis—A Race We Can Win," United Nations, https://www.un.org/en/un75/climate-crisis-race-we-can-win.

② Anna Bramwell, ed., *Refugees in the Age of Total War*, New York: Routledge, 2021.

③ David Vine et al, "Creating Refugees: Displacement Caused by the United States Post-9/11 Wars," Watson Institute of International & Public Affairs, August 19, 2021, https://watson.brown.edu/costsofwar/files/cow/imce/papers/2021/Costs%20of%20War_Vine%20et%20al_Displacement%20Update%20August%202021.pdf.

此过程中，不少国家因为没有充分意识到网络和通信技术的变革已经极大地增加了外部意识形态和舆论对本国政治的冲击，并且可以强化他国政治动荡对本国政治的影响，因而没有对上述威胁做出有效的应对。其结果是，一些国家国内政局失控，有的国家甚至还出现政府倒台、陷入长期内乱的情况。①

6. 局部安全和整体安全的相互关联和相互作用

局部安全指某一个部门或某一个地区负责的安全问题。在安全问题上，所有部门和地区的目标都是维护国家安全，但是它们在这个问题上的具体分工和负责内容不同。外交部门维护国家安全的主要职责是营造一个良好的国际环境，其中包括对外宣介和解释国家的原则立场以及在不同问题上的做法，争取国际社会的理解和支持；与他国保持畅通和有效的沟通渠道，特别是高层沟通渠道，以便及时和有效地处理与他国之间存在的各类问题，并对可能出现的危机进行有效管控。商务部门在维护国家安全方面的主要责任是推动与外部世界的经贸关系，利用国外资源推动国家经济发展，同时最大限度地维护和保障国家经贸方面的合法权益。国防部门在维护国家安全方面的主要责任是加强国防建设，维护国家领土安全，保护国家在海外的合法权益。地方政府负责的安全事务比较复杂，包括该管辖地区的政治、经济、社会、教育和文化事务等，但总体来说其与中央政府不同，各部门和各地区负责的是政府内一个部门或国家内某个地域范围内的安全。整体安全则是指国家作为一个整体的安全，涵盖所有部门和地区负责的安全事务。

虽然局部安全和整体安全在根本目标上是一致的，但在不少情况下，由于职能分工不同，不同部门和地区看待问题的角度和政策偏好也会有所不同。相较而言，外交部门更多侧重对国家政治安全利益的考虑，商务部门更多侧重对国家经济安全利益的考虑，国防部门和地方政府则更为重视国家军事安全利益和本地区的安全利益。

上述看待安全问题视角上的差异，常常导致在政策制定过程中出现矛盾甚至冲突的情形。例如，外交部门因为需要与他国保持良好的关系和保证沟通渠道的畅通，通常倾向于强调国家关系中利益的一致性以及通过谈判和协商方式维护国家利益的必要性；国防部门则因为需要通过加强军事实力来维护国家利

---

① 徐笑天：《新媒体对"颜色革命"的作用研究》，《河北民族师范学院学报》2019 年第 4 期；Gadi Wolfsfeld, Elad Segev and Tamir Sheafer, "Social Media and the Arab Spring: Politics Comes First," *The International Journal of Press/Politics*, Vol. 18, No. 2, 2013。

益，倾向于强调国家间关系的冲突性和通过增强与展现实力的方式来维护国家利益的必要性。两者如果在配合上出现问题，则会出现矛盾和冲突。这正是国际关系研究中官僚政治理论所解释的现象。[①] 因此，有效地维护国家安全，需要在中央政府层面根据特定时间的国家利益需求，在不同部门、不同地域和不同层级的政策偏好之间进行协调和平衡，而不是在它们之间进行非此即彼的选择。

7. 短期安全和长期安全的相互关联和相互作用

经济学比较关心短期投入和长期投入的平衡问题，认为两者常常是矛盾和冲突的，过度关注短期投入会引发所谓短期主义（short-termism）问题，给投资者带来伤害。[②] 在安全问题上，所有国家也都面临短期和长期两种安全问题，但应对和防御这两种安全风险，常常需要不同的做法和投入。由于短期安全风险比较明显，而且对政治领导人政治利益的影响比较直接，所以不少国家的政府会选择更多关注短期安全风险。关注短期安全风险是正常和应该的，但过度关注特别是因此忽视长期安全风险，则是不可取的。历史上存在正反两个方面的经验和教训。

一是反面案例。20 世纪后半叶，面对美国和西方国家的安全威胁，苏联从短期安全利益出发，选择将大量人力、财力和物力投入国防建设，忽视了经济发展和人民的基本生活需求，因此牺牲了国家经济发展的长远利益，结果导致苏联经济发展滞后，最终无力支撑庞大的军备开支，还使得苏联民众生活水平长期得不到改善，人民怨声载道，政治上离心离德，这种重短期利益而牺牲长远利益的做法，在很大程度上加速了苏联的政治动荡和国家的解体。[③]

二是正面案例。20 世纪 70 年代末，"文化大革命"刚刚结束，中国外部面临苏联威胁，内部面临各种挑战。在这种情况下，中国没有选择加大国防建设投入应对短期安全威胁，而是选择把工作的重心转移到以经济建设为中心的

---

① Graham T. Allison and Morton H. Halperin, "Bureaucratic Politics: A Paradigm and Some Policy Implications," *World Politics*, Vol. 24, Supplement: Theory and Policy in International Relations, 1972.

② Matt Orsagh et al., "Short-termism: Improvements Made and Challenges in Investing for the Long-term," position paper, CFA Institute, September 2020, https://www.cfainstitute.org/advocacy/policy-positions/short-termism-revisited.

③ David Adams, "Economics and the Arms Race: A Two-Edged Sword," *Political Affairs*, September/October 1991, pp. 16-22.

发展战略上，明显提高经济建设方面的投入，并实行改革开放。此后，在苏联威胁缓解的情况下，中国进一步选择大幅裁军，腾出更多资源从事经济建设。这种做法最终使中国经济出现持续和高速增长，也使得中国政府有了更多资源用于国防建设，中国军事力量由此得到了前所未有的提升，中国国家长远的安全利益获得了更加坚实的保障。[1] 事实证明，确保国家安全，需要平衡短期利益和长远利益，既要照顾当前，更要确保长远，这样国家安全才能得到可持续的保障。

上述不同安全领域相互关联和相互作用的例子还有很多。总之，不同安全领域相互联系和相互作用是国家安全的一大特征。

（三）国家安全具有变动性

国家在安全上面临的机遇和风险不是一成不变的，相反，受各种因素的影响，它们始终处于不断变化的过程中。

1. 国际安全环境不断变化

国际安全环境不断变化，给国家安全带来新的挑战和机遇，特别是当国际力量对比出现重大变化时，这种情况更加突出。例如，冷战结束后两极格局转为单极格局，国际格局的这一重大变化给所有国家的安全都带来了新的巨大挑战和机遇。

对于很多发展中国家而言，冷战的结束意味着美国和苏联不再重视它们，不再像过去那样出于冷战的需要而拉拢和胁迫它们选边站，甚至利用它们打代理人战争。[2] 一方面，这使得它们免除了来自美苏压力的困扰，有了新的发展空间，可以按照本国的利益和愿望发展自己并开展对外关系；另一方面，冷战的结束也给它们带来了不少新的挑战。冷战期间，美苏两国为了争取这些发展中国家，不惜竞相给它们提供各种援助，客观上为它们的发展带来了不少外援和机遇。随着冷战的结束，这些国家一度被冷落，能够从外部获取的资源大幅减少，经济安全风险上升。特别是在冷战结束后的一段时间里，非洲国家越来

---

① 《新时代的中国国防》白皮书，中华人民共和国国务院新闻办公室，2019 年 7 月，http：//www. scio. gov. cn/zfbps/32832/Document/1660314/1660314. htm。

② "Proxy Wars During the Cold War: Africa," Atomic Heritage Foundation, August 24, 2018, https：//www. atomicheritage. org/history/proxy-wars-during-cold-war-africa.

越被边缘化，几乎成为被遗忘的角落，与发达国家的差距越来越大。①

　　对于崛起的大国而言，冷战的结束和单极格局的出现也意味着新的风险和挑战。在两极格局或多极格局下，作为超级大国的"极"国家会更多关注实力与自己更加接近的其他"极"国家，或曰其他超级大国，而不是崛起国家。在此背景下，崛起国家的存在和发展会有较大空间。但在单极格局下，此时的"极"国家由于没有其他"极"国家需要关注，所以会较早地把目光锁定在崛起国家身上，并采取相应措施加以防范甚至遏制，这种情况对崛起国家非常不利。例如，在20世纪90年代初，美国成为国际体系中唯一的超级大国，尽管那时中美实力差距很大，但美国还是早早认定正在崛起的中国就是美国潜在的战略竞争对手。②

　　近些年，国际上出现的"东升西降"趋势也给各国安全带来新的风险和机遇。就风险而言，随着美西方整体实力的下降，它们维护国际秩序的能力和意愿也在减弱，其主导的国际组织和国际机制的权威性和协调能力也在不断弱化。在此背景下，地区性和全球性挑战增加，突出地表现在国际核不扩散机制受到挑战，世界贸易组织谈判陷入僵局，世界银行和国际货币基金组织力不从心，世界卫生组织的权威性不断受到质疑，贸易保护主义、民族主义、宗教极端主义上升，这些都给中国这样的崛起国家的安全和发展造成巨大风险和挑战。此外，部分地由于对"东升西降"不适应、不愿接受，美国对中国实行对抗甚至敌视政策，在一定程度上导致中美关系不断紧张并恶化，国际社会面临的安全风险也不断升高。就机遇而言，以中国为代表的新兴经济体的群体性崛起给世界经济带来巨大的活力。中国推行的"一带一路"倡议不仅推动了沿线国家基础设施的建设和经济发展，也有助于这些国家实现长远的安全和稳定。此外，新兴经济体中的中国和印度，本身就是人口超大型国家，它们的经济增长有助于自身政治稳定，在很大程度上也有助于整个世界的稳定和安全。在中国与这些国家经济发展的同时，它们在现存国际秩序中的利益也不断增加，因此越来越希望看到国际秩序稳定并努力加以维护，这也有助于地区和世

---

① Keith Somerville, "Africa after the Cold War: Frozen Out or Frozen in Time?" in Louise Fawcett and Ye-zid Sayigh, eds. , *The Third World beyond the Cold War: Continuity and Change*, Oxford: Oxford Universi-ty Press, 2003, pp. 134-169.

② Richard Lachmann, *The United States in Decline*, Bingley, UK: Emerald Group Publishing Limited, 2014, p. 122.

界的稳定与安全。

2. 国家安全的内涵和外延面临的新挑战和新机遇

国家安全各领域自身的变化，也给国家安全的内涵和外延带来新的挑战和机遇，集中体现在以下四个方面。

一是经济安全方面。历史上，国家安全在很大程度上是通过维护领土安全甚至对外领土扩张实现的，经济上的自给自足曾经是国家追求的目标，在此背景下，对外经贸关系更多地只是解决互通有无的问题。随着交通和通信技术的发展以及国家间经济交往的增加，人们逐渐发现，贸易不仅解决互通有无的问题，也有助于国家经济效率的提升、财富的增长以及国际地位的提高。所以，尽管对外经贸交往意味着经济上对外依赖，从而可能影响国家安全，但多数国家认识到，经济交往不仅能够带来丰厚的经济收益，它带动的经济发展还使得国家有更多的资源投入国防建设，从而更好地维护国家安全，因此大多数国家都选择了对外经济开放，经济全球化遂成为历史发展的潮流。近代史表明，经济上对外开放的国家远比自我封闭的国家更强大、更安全。近年来，虽然大家越来越关注全球化带来的安全风险，并采取各种措施加以防范，但是迄今为止，并没有几个国家真正放弃对外经贸关系，选择闭关自守。

二是军事安全方面。在相当长的历史时期内，国家军事安全面临的主要威胁是外部的武装入侵，边疆防卫是大多数国家维护国家军事安全的主要手段。二战结束特别是冷战结束以来，这种情况发生了很大变化。原子弹的出现使得核武器国家之间无法通过战争方式解决它们之间的问题，经济全球化使得通过开展经贸关系谋取国家利益、国家地位和威望的方式比通过武力扩张的方式更加经济划算。同时，基于普遍认可的领土主权观念之上的国际安全秩序的建立，使得通过武力改变边界的做法成为违反国际法的行为和众矢之的。任何国家，不管是超级大国还是普通国家，改变边界现状的努力都会招致国际社会的谴责和制裁，甚至带来武装干预。此外，非传统安全风险增加，逐渐成为国家安全的主要威胁之一，包括恐怖主义和网络攻击在内的非传统安全威胁日益成为国家安全的主要挑战。

三是能源安全方面。近代国家的能源安全曾经围绕确保煤炭的生产与运输以及石油和天然气的生产与运输展开。近年来，随着新能源的开发和利用，能源安全问题又围绕新能源材料与技术的研发和应用展开，其间发生了很大变化。长期以来，围绕着煤炭、石油和天然气生产和供应的博弈是国际地缘政治的核心内容，对这些传统能源产地和运输线路的控制，成为主要大国谋求安全和影响的一个焦点。为了确保能源供应，大国间曾多次爆发武装冲突和战争，比较突出的是德法战争以及第二次世界大战后世界主要大国围绕中东控制权的冲突和较量。新能源技术的出现和应用，正在打破这种围绕传统能源的供给基地和运输线路的国际地缘政治格局，围绕新能源材料与科技研发和应用的竞争正在越来越多地成为国家确保自身安全的关切点，[1] 并成为新国际地缘政治格局的一个基本特点。

四是科技安全方面。历史上，科技的发展是一个国家强盛的基础，谁掌握了先进的科学技术，谁就拥有竞争优势和获得更多的安全，这在不同的历史时期有着不同的表现。铁器的发明和运用，不仅使生产力大幅提升，也决定了国防力量的水平，成为早期国家维护经济安全和军事安全的重要手段。之后，火药的运用和各类相关武器的研发，成为维护国家安全的重要抓手。进而，交通工具和通信技术的发展，极大地推动了国家经济实力的增长和军事能力的提升，也使国家安全和国际安全日益紧密地联系在一起。

进入核武器时代，对核武器和运载工具的开发与应用，改变了国家军事安全的性质与内涵，核武器巨大的摧毁力使得核国家维护安全的做法出现重大调整。由于核战争意味着双方的毁灭，核武器国家之间再敌对也不能诉诸武力解决问题，只能通过谈判管控冲突、避免由于意外引发的战争。所以，即使美苏冷战对抗尖锐，为了确保生存，双方也只能通过谈判和签署一系列协议，避免误判和无序竞争导致核战争。[2] 在美苏的影响下，国际社会接受了核不扩散机制，各国维护国家安全的做法进入一个新的阶段。

互联网、物联网和5G技术的出现，使得国家维护安全面临新挑战。在物联网时代，技术的触角已经进入人们工作和生活的方方面面，5G技术的发展使得信息的流动几乎无法控制，两者叠加给各国带来了越来越严重的安全隐患。在这种情况下，各国必须要有最起码的信任才能保持互联互通。但是，实行不同政治制度的国家间常常缺乏信任，它们如何安全地交往成为一个日益被

---

[1] Naniel Yergin, "The New Geopolitics of Energy," *The Wall Street Journal*, September 11, 2020, https://www.wsj.com/articles/the-new-geopolitics-of-energy-11599836521.

[2] "US-Russian Nuclear Arms Control Agreements at a Glance," April 20, 2020, https://www.armscontrol.org/factsheets/USRussiaNuclearAgreements.

关注的问题。①

国家综合实力的变化也给国家安全带来新的挑战和机遇。国家自身实力的上升对一个国家的安全构成不同的机遇和挑战。就机遇而言，国家实力地位的上升有助于增强自身维护安全的能力。就挑战而言，国家实力的上升也会改变同其他国家之间的力量对比，可能导致其他国家对自己的担心和防范，如果处理不好，还会导致其他国家对自己采取措施，如加快发展军备或与其他国家联盟，使自己感到更不安全。

同样地，大国崛起进入一个新阶段，其面临的安全风险也必然出现变化。国家实力的上升会使国家有更多资源维护本国的安全，但是国家利益在海外的扩展也会导致崛起中的大国面临一些超出普通国家的安全风险：（1）来自守成大国的担心和防范，即走进"修昔底德陷阱"的风险；（2）其他国家对其崛起的不适应，从而导致担心、防范，甚至联合与其对抗的风险；（3）转型时期自身国家利益的双重性和矛盾性带来的风险；（4）与自己在国际体系中新角色相关的风险。

当前，学术界和政策界对第一种和第二种风险讨论得较多，但对第三种和第四种风险讨论得相对较少。就第三种风险而言，崛起国家的身份在多方面是双重的。身份决定利益，因此身份上的双重性和矛盾性，导致崛起中国家的利益在多方面也出现了双重性和矛盾性的现象。这两种不同的利益常常是矛盾甚至是冲突的。国家利益决定外交政策。崛起国家的国家利益双重性和矛盾性决定了对外行为的不确定性。如在气候问题上，崛起国家既有维护发展权的利益，也有维护国家节能减排政策的利益，这就决定了它在气候问题上的政策和做法常常是矛盾和不确定的。

就第四种风险而言，普通国家没有塑造国际安全体系的能力，它面临的安全风险主要来自国际体系的变化和其他大国安全政策的改变，因此，顺应体系变化和"搭便车"是它维护自身安全的主要手段。但是当普通大国崛起时，这种情况开始发生变化。随着国家实力增强以及国家利益向外扩展，它面临的安全风险不仅来自国际体系的变化和其他大国安全政策的改变，还来自自身塑造国际秩序的做法和能力。

---

① 《托马斯·弗里德曼：中美曾像"一国两制"，但那个时代已经结束》，观察者网，2020年11月17日，https://www.guancha.cn/TuoMaSi-FuLiDeMan/2020_11_17_571670.shtml。

与普通大国不同，超级大国由于体量大，因此不能"搭便车"，因为一"搭车"，"车"可能就垮了。超级大国只能通过维护国际秩序来维护自身利益，包括安全利益。但维护国际秩序的成本极为高昂，一个国家再强大、资源再多，也可能承受不起。正如著名历史学家保罗·肯尼迪（Paul Kennedy）在《大国的兴衰》一书中所指出的，历史上，大国的衰落大都不是因为败给了崛起大国，而是由于维护帝国秩序或曰国际秩序的成本太高。①

因此，为了解决这个问题，防止自己过早衰落，超级大国必须想办法说服其他国家与之合作，共同维护国际秩序，并分担维护国际秩序的成本。这也是二战结束后美国的做法。美国维护和加强了二战期间形成的国际军事同盟关系，建立了以联合国为中心的一整套国际组织和国际机制，并和一些国家建立了各种伙伴关系。通过这些手段，美国试图以最低成本维护国际秩序的方式来维护本国利益特别是安全利益。战后 70 多年的世界虽然经历了冷战、苏联解体、全球化、金融危机、新科技革命和中国崛起等一系列重大历史事件，但美国仍然还是世界上最强大的国家。相反，苏联非但没有用好其他国家的资源来帮助自己维护好国际秩序，反而被包括本国盟国在内的一些国家耗费了不少自己有限的资源，最终走向国家解体的不归路。可见，能否以最低成本维护国际秩序从而维护自身利益，是崛起大国必须面临的安全挑战。

（四）国家安全具有相对性

安全从来不是绝对的，而是相对的。如前所述，绝对安全不存在，至多只是个良好的愿望。此外，经济上有边际效益递减之说，安全上也是如此。因此，对安全的追求，如果超过某个限度，成本就会陡然上升，收益也会急剧下降，最终得不偿失。所以，无视安全的相对性，盲目追求绝对安全，结果是绝对安全无法实现，代价无法承受，国家最终可能会更不安全。

在军事安全方面，国家可以在一定程度上通过加大国防投入，提升军事科技水平，加强军事训练以及改进军队指挥和作战体系，从而提升国防能力，防范外部军事风险。但是，上述做法如果超过一定限度就会加剧安全风险，如导致他国对本国的警惕和发展军备，从而引发军备竞赛。军备竞赛不仅会抵消增加军备带来的安全和安全感，还使得所有相关国家都更不安全，这就是国际关

---

① Paul Kennedy, *The Rise and Fall of the Great Powers*, London: Unwin Hyman, 1988.

系理论中常常提到的所谓"安全困境"。[1]

在经济安全方面，开展对外经贸关系是国家发展和从长远角度维护国家安全的一种做法。这种做法本身也会带来一定的安全风险，如出于政治、安全或经济的原因，其他国家可能会对本国进行经济制裁，本国在其他国家的投资可能会被限制，其他国家在本国的投资可能被撤走，其他国家对向本国的出口实施高额关税，也可能限制对本国出口专利技术，包括重要的装备、零部件和原材料，即所谓"卡脖子"产品。在这种情况下，如果国家要追求绝对安全，就必须切断经贸关系，实行独立自主、自力更生，因为只有完全切断经贸关系，别国才无法要挟你，无法卡你的"脖子"。

但是，这样做不仅不现实，而且会给国家带来更大的安全风险。因为一个国家如果没有了对外经贸关系，就无法享受对外经贸关系带来的比较收益，更无法利用全球市场扩大生产规模，降低单位产品生产的成本和提高自身生产效率，也无法借鉴其他国家的先进技术与管理经验改进和完善自己。这样只能导致本国的经济发展效率低下和走向落后，其结果是，国家最终也只能是更不安全。

所以，尽管追求国家安全是国家利益所在，但追求国家绝对安全的做法既不现实也不可取，结果只会适得其反。

（五）国家安全具有非唯一性

研究安全的人常常将安全视为国家追求的唯一价值，好像国家安全了，国家的目的就达到了，人民也就满足了。然而事实并非如此。安全并不是国家追求的唯一价值，对于国家而言，安全固然重要，但其他价值也很重要，也不能被忽视。

除安全以外，国家还追求许多其他价值。社会主义核心价值观包括"富强、民主、文明、和谐，自由、平等、公正、法治，爱国、敬业、诚信、友善"。国家安全是实现这些核心价值的根本保障，但无法取代这些价值。一个人活着需要安全，但不仅只是为了安全活着，一个国家也不是只为了安全而存在。在现实生活中，无论是个人还是国家都有其他价值追求，都需要在追求安全和追求其他价值之间进行平衡。

---

① Robert Jervis, "Cooperation under the Security Dilemma," *World Politics*, Vol. 30, No. 2, 1978.

富强是国家追求的核心价值之一。追求富强就需要不断改革创新，发展科学技术和提高管理水平，坚持对外开放和提高经济效率。安全是改革创新、发展科技、改善管理水平和提高效率的保障，但改革创新从来都是有风险的，投入科技研发有风险，对外开放有助于提高经济效率但也有风险。所以，单纯追求安全，就会导致企业规避改革创新和科技创新，限制对外开放，从而影响经济效率。

安全和效率是相互依存的，没有安全，效率就没有保障，没有效率，安全也就失去了意义。如对银行业的监管，没有严格的监管，银行业一定会出现问题甚至是严重问题，给国家经济造成无法估量的损害。但是，过度监管势必导致监管成本的大幅上升，银行效率明显下降，最终对国家经济造成严重影响。

总之，单纯追求安全的做法，不仅会影响国家对其他价值的追求，而且也会使安全自身无法得到有效保障。

（六）国家安全具有主观性

一个人安全与否，不仅取决于客观情况，也取决于主观认知。面对疾病，有的人可以做到处变不惊，有的人则惊慌失措，这在很大程度上是心理因素决定的。处变不惊的人感觉到了危险存在，但并没有夸大这种威胁，而是理性务实地去面对它。惊慌失措的人也感觉到了危险的存在，却夸大了这种威胁，因此反应激烈。理性务实地面对疾病，即使治不好，也不会因此加重病情；但是，非理性地对待疾病，过度治疗，小病会变成大病，治不好的病也会加重。

一般来说，尽管国家面对安全的挑战要理性务实得多，但国家也是由单个的人构成的，因此主观性在所难免，往往会夸大国家面临的安全风险，并在此基础上过度反应，结果导致安全风险加剧，甚至给国家安全带来灾难性影响，这在国际关系中时有发生。例如，美国介入越南战争在很大程度上就是源于国家在主观上的错误判断。从20世纪50年代中期开始，美国逐渐介入越南战争，并于1965年出兵越南，导致越南战争全面升级。越南战争在给越南带来巨大伤害的同时，也给美国造成惨重损失，激起美国国内强大的反战运动。战争结束后，美国国内反思美国为什么会"在错误的时间，错误的地点，打了一场错误的战争"。其中一个看法是，美国政府夸大了所谓"共产主义的威胁"，武断地认为如果美国不介入，越南就会"沦陷"，将会产生所谓的"多米诺骨牌"效应，导致东南亚沦陷，从而威胁美国安全。正是这种主观的臆想，最终导致美国做出出兵越南的决定。[1]

同样地，美国于 2003 年发动伊拉克战争，在很大程度上也源于其错误的主观判断。小布什政府认定，伊拉克拥有大规模杀伤性武器，并据此发动了战争，但是占领伊拉克后，美军在伊拉克掘地三尺也没有发现所谓的大规模杀伤性武器。美国为什么会认定伊拉克拥有大规模杀伤性武器？不少人不相信小布什政府的说辞，并对此提出"阴谋论"的解释，如有人说美国是为了控制中东的石油，也有人说美国是为了在中东推行民主，但都没有多少事实根据。事实上，如果小布什政府通过虚构伊拉克拥有大规模杀伤性武器作为其入侵伊拉克的借口，它也可以虚构在伊拉克发现大规模杀伤性武器来"圆谎"，但它没有这样做，而是承认了自己判断失误。美国犯下了主观臆断的错误，夸大了情报中所谓"伊拉克拥有大规模杀伤性武器"线索的意义，无视相反的事实，片面地认为伊拉克拥有大规模杀伤性武器，最终在给伊拉克人民带来巨大伤害的同时，也给美国造成巨大的损失。[2]

当然，主观认知对决策的影响在大多数情况下都不会走到那么极端，但可以说，国家决策者对安全的主观认知较大程度上决定了他们在国家安全问题上所做的决策。

（七）国家安全具有社会性

国家安全不仅取决于一个国家自身的实力和做法，也受到其与他国之间关系性质和程度的影响，这就是所谓国家安全的社会性。国家间关系的性质通常指敌对、对抗、冲突、竞争和合作，国家间关系的程度通常指敌对、对抗、冲突、竞争和合作的程度。人是社会动物，人的安全在很大程度上取决于他/她与其他人关系的性质和程度。国家也是"社会动物"，国家的安全在很大程度上取决于本国与他国关系的性质和程度。国家安全的社会性决定了一个国家要谋求安全，就需要在国际上多交朋友，少树敌人，特别是处理好与强国和邻国的关系。

在这方面，一个国家可以从事的工作包括以下方面：一是做好对外说明，

① Andrew Glass, "Eisenhower Invokes 'Domino Theory,' Aug. 4, 1953," Politico, August 4, 2017, https://www.politico.com/story/2017/08/04/eisenhower-invokes-domino-theory-aug-4-1953-241222.

② David J. Lorenzo, *War and American Foreign Policy: Justifications of Major Military Actions in the US*, New York: Palgrave Macmillan, 2021, pp. 217-241.

解释自己的安全战略目标、原则和实现路径，包括定期发布国防白皮书和加强国防安全的宣传解释工作，从而减少其他国家的猜疑和戒心；二是加强与相关国家的对话和沟通，减少误解，增加相互理解和信任；三是与其他国家通过沟通和协商建立各类信任措施，包括对话机制、定期发布国防战略和预算、设立热线电话以及重大军事行动相互通报制度；四是与其他国家建立国家安全合作组织，就地区和全球安全挑战问题定期沟通和协商，并在此基础上合作应对上述挑战。

以上内容不仅是普通国家需要从事的工作，更是超级大国需要从事的工作。由于超级大国的安全只能通过维护国际秩序的方式获得，因此为了避免被维护国际秩序的高昂成本拖垮，它就需要利用好其他国家的资源，特别是其他大国的资源，以降低维护国际安全秩序的成本。要想让其他国家帮助超级大国维护国际秩序，就需要与其他国家搞好关系，尽可能避免与他国对抗耗费本国资源。

所以，认识和把握好国家安全的社会性问题是国家谋求安全的重要方面。

综上所述，国家安全是一个内涵极为丰富的概念，它具有多面性、关联性、变动性、相对性、非唯一性、主观性和社会性特点。深入研究和把握国家安全，我们要有总体安全思维，从总体的角度全面审视我们面临的挑战，借鉴中外历史经验和教训，并在此基础上加以认真应对。

三 国家安全治理的原则

根据国家安全的以上特点，安全治理的路径选择应遵循总体、全面、兼顾、适度、平衡、顺势与合作七个原则。

（一）总体原则

国家安全治理的总体原则，即从总体上明确国家安全战略的目标以及实现该目标的基本原则和路径。国家安全战略是国家发展战略的有机组成部分，其目标是要确保国家发展战略目标的实现。从总体上明确国家安全战略目标，要认识和把握国家发展战略目标，再按照国家发展战略目标的需求制定国家安全战略目标，并依据国家安全战略目标制定实现该目标的基本原则和途径。

由于国际和国内的情况不同，一个国家在特定历史时期的国家利益和价值诉求会有所不同，国家发展战略目标也不一样。例如，1949 年以后中国的国家发展战略目标经历了三个阶段：从中华人民共和国成立后一段时间的有尊严地"站起来"，到党的十一届三中全会后一段时间的集中精力尽快地"富起来"，再到进入新时代以来的努力和平地"强起来"，其间出现了较大幅度的变化。中国实现目标的基本原则和路径，也从独立自主和自力更生，到以经济建设为中心和改革开放，再到中华民族的伟大复兴和构建"人类命运共同体"，其间也经历了重大转变。在此过程中，中国国家安全战略的目标就是要确保国家在特定时期发展战略的有效实施，并以此制定中国国家安全战略的基本原则和路径。

（二）全面原则

国家安全治理的全面原则，即在确定国家安全战略目标及实现该目标的基本原则和路径后，要全面审视分析国家安全的各个方面，以及这些安全领域之间的关系，确定每个安全领域在国家安全战略中的位置和作用，赋予相应权重，并在此基础上确定各安全领域的目标及实现该目标的政策和具体做法。

如前所述，国家安全涵盖包括政治安全在内的 16 种安全，每个领域内还可细分，如政治安全领域涉及执政党建设、多党合作、法治建设、依法行政、依法监督、新闻媒体规范和社会组织治理等多个方面。国家安全治理需要辨认和分析每一个方面的安全风险，不能有疏漏。

安全领域相互关联、相互作用，因此有效的安全治理也需要认真梳理它们之间的关系，无论是政治安全与经济安全的关系，还是军事安全与经济安全的关系，无论是领土安全和政治安全的关系，还是国内安全和国际安全的关系。在梳理的过程中，需要根据特定时期国家安全战略目标的要求，赋予具体的安全领域甚至安全领域中的分领域相应的权重。如新中国成立后的一段时间内，面对外部敌对势力的围堵和内部整合的压力，国家安全的战略目标是确保中国有尊严地"站起来"，这就要求给予国土安全、军事安全和政治安全等议题更多关注；改革开放政策实施后，国家安全的战略目标是确保改革开放的有效实施，这就要求给予政治安全和经济安全更多关注；进入新时代，中国的国家安全目标是确保中国和平地"强起来"，这就要求给予科技安全、海外利益安全和国际安全更多关注。

（三）兼顾原则

国家安全治理的兼顾原则，即在维护国家安全的过程中，统筹平衡不同领域和不同时段维护国家安全的政策和做法，拒绝因在任何领域或次领域追求绝对安全而牺牲其他领域或次领域安全的做法，拒绝因维护短期安全利益而忽略长期安全利益的做法。因为这些做法虽然能够最大限度地减少在某一安全领域或次领域在某一时间段的安全隐患，但会给其他领域和时期的安全带来风险和威胁。

就不同安全领域或次领域而言，如单纯通过大幅增加军费开支维护国家安全，不仅会导致与其他国家的军备竞赛，甚至会遭到其他国家的联合应对，而且还会导致国家经济建设投入的减少，削弱国家经济竞争力以及对未来维护和加强军事能力的经济基础，最终国家也会更不安全。反之，如果只重视经济增长，而不重视军事能力的建设，经济增长就得不到保障，这样也是不可取的。总之，需要兼顾和统筹不同领域的安全需求，切忌因盲目追求某一领域的安全而牺牲其他领域的安全。

就不同时段的安全利益而言，短期利益和长远利益常常发生矛盾，如面对其他国家在高科技领域"卡脖子"问题的压力，短期利益要求我们解决所有"卡脖子"问题，实现完全独立自主，切断与外部的联系，一劳永逸地消除"卡脖子"风险。但是，长远利益要求我们坚持对外开放，以充分利用国际上的各种资源发展自己，两者都关系到中国的发展利益。所以，在"卡脖子"问题上维护国家安全，需要我们兼顾短期和长远的安全利益。

（四）适度原则

国家安全治理的适度原则，即在维护国家整体安全和具体领域安全的过程中，拒绝追求绝对安全的诱惑。我们要充分意识到，追求绝对安全不仅不现实，而且成本太高，甚至会损害国家对其他价值的追求。对于任何国家而言，资源都是有限的，而对资源的需求是无限的。因此要合理使用资源，就要求我们善于找到追求安全的合理限度，以最合理的成本获取最大的安全。此外，对于任何国家来说，安全都只是国家追求的价值之一，不是全部，因此，在追求安全的同时要注意适度，限制追求安全的做法对其他价值的冲击和限制，确保其他价值也能得到最大限度的实现。所以在维护国家安全的过程中，我们要务实和核算成本，尽量限制对其他价值的影响，做到适度可行。

（五）平衡原则

国家安全治理的平衡原则，即在追求国家安全的过程中，平衡不同安全领域之间和其他价值之间的关系。在不同安全领域的需求之间需要平衡，如在加强国防建设和推动经济发展之间，加强金融监管和提高经济效率之间，保守国家秘密和开展对外交流之间，维护海洋权益和维护对外关系稳定之间，做出必要的平衡。同时，在追求国家安全和其他价值之间，如在国家安全与个人隐私、国家安全与个人自由、国家安全与个人权利、国家安全与发扬民主之间，做出必要的平衡。要充分意识到，尽管安全是实现其他价值的前提和保障，但无法替代其他价值，更不能为了安全而牺牲其他价值。

（六）顺势原则

国家安全治理的顺势原则，即要顺应国内外发展大势，顺势而为，适时调整安全战略。孙中山先生曾说，天下大势，浩浩汤汤，顺之者昌，逆之者亡。这里说的"大势"包括国际格局的变化、国家发展阶段的变化以及各类安全风险的本质性变化。

在国际层面，国际格局的变化包括两极格局转向多极格局，两极格局转向单极格局，单极格局转向两极或多极格局，或全球化。不同的国际格局一旦形成，就会从根本上改变所有国家面临的机遇和挑战。如对于崛起中的国家而言，不同格局对国家造成的挑战是不一样的，其中单极格局的挑战更大。又如，对于任何一个国家而言，全球化从根本上改变了国家兴亡的条件，对国家发展和安全构成新的机遇和挑战。面对此类大变局，所有国家都需要顺应变化，采取相应措施，规避风险和抓住机遇，不能忽视甚至逆势而动。

在国家层面，国家发展阶段的变化也意味着安全环境发生根本性变化。在这种情况下，无论是发展战略还是安全战略都要顺应变化而进行调整，如不及时调整，不仅安全战略无法实现，而且会给国家安全带来难以预料的损害。19世纪末20世纪初，美国的综合国力已经超过英国，一战前夕美国的国内生产总值（GDP）比英国和德国加起来还多，美国是当时当之无愧的超级大国。作为超级大国，美国的利益已经走向全球，只能越来越多地通过维护国际秩序来保障自身利益。在此背景下，以威尔逊总统为代表的"国际主义派"主张放弃美国长期坚持的孤立主义政策，积极参与国际事务，推动建构新的国际秩序。因此在一战接近尾声时，威尔逊提出关于战后处理国际事务的十四点主张，对于战后国际秩序的谈判和国际联盟的成立产生了重大影响。但是，威尔逊的主张没有得到美国民众的支持，美国国会拒绝批准《凡尔赛条约》，也拒绝同意美国加入国际联盟，威尔逊本人也没有获得连任，其结果是美国重返孤立主义。一定程度上，正是美国政府没有与时俱进，没有承担起维护世界秩序的责任，导致了20世纪20年代末的世界经济大萧条、法西斯主义的壮大以及第二次世界大战的爆发，给美国的国家利益和国家安全造成严重损害。

在具体安全领域，安全风险如果发生本质性变化（如在军事安全领域核武器的出现和非传统安全领域气候变暖问题的突出），也需要认清形势，适时调整安全战略。核武器的出现在一定程度上改变了战争的意义，核战争意味着参战双方乃至地球的毁灭，战争不再有赢家，甚至正义与非正义战争之争也会变得毫无意义。这就是核武器问世以来，核武器国家之间不打仗的根本原因，也是冷战期间，在美苏极度对立的情况下，双方还能坐下来谈限制核武器和建立信任措施的根本原因。

总之，面对国内外发展大势，谋求国家安全的最佳选择是顺势而为，量力而为，有所为，有所不为，借力而为。

（七）合作原则

国家安全治理的合作原则，即在共同原则和利益的基础上，超越意识形态和价值分歧，争取与所有国家合作，谋求合作安全。任何国家即便是超级大国，不管自身多强大，都无法单独确保自身安全。在国家间相互依存程度越来越高的全球化时代，全球性挑战越来越多，如国际经济秩序问题、大规模杀伤性武器扩散问题、国际海洋通道的安全问题、网络安全问题、大规模传染性疾病问题、太空安全问题、气候变暖问题、跨国犯罪问题、非法移民问题等，这些全球性问题不是哪一个国家或几个国家能够自己解决的，而是需要国际社会通力合作才能有效管控。习近平总书记倡导建构的"人类命运共同体"也强调了这一现实，呼吁国际社会在相互尊重的基础上，管控分歧，加强合作，互利共赢。

当然，合作既不是无原则的，也不是一厢情愿的。作为一个国家，需要明确自身原则和利益，在此基础上确定在哪些问题上需要以及可以开展合作，在追求自身利益的同时，要兼顾他国的利益，与其他国家一起共同应对全球性的安全挑战。

结 语

本文对国家安全的特点及治理原则进行了初步探讨。"国家安全"概念内涵丰富，涉及领域极为广阔，不同安全领域相互关联、相互作用，国家在安全领域面临的机遇与风险不断变化发展，安全本身还具有相对性、非唯一性、主观性和社会性等特点。因此，有效进行国家安全治理要求我们具有全局思维，以史为鉴，从总体安全的维度对国家安全问题加以全面审视和整体把握。

对于国家安全问题的有效治理关乎国家发展、社会稳定和人民幸福。根据国家安全问题的多重特点，我们还需要在分析上述特点的基础上，提出国家安全治理的基本原则。国家安全的有效治理至少需要做到以下几点：根据国家发展战略目标确定国家安全战略目标，明确实现该目标的基本原则和路径，全面系统认识国家安全问题和统筹各方安全利益，兼顾不同安全领域的需求，谋求相对安全，放弃追求绝对安全，平衡安全价值和其他价值的关系，合理评估国际大势的变化并适时调整安全战略，通过国家间的合作应对安全挑战。如果我们能够做到以上几点，国家安全问题就可以在一定程度上得到有效管控。

（本文原载于《国际安全研究》2022年第1期，收录本书时略有修改。）

第五章

综合安全论：风险的反向界定和政治逻辑

唐士其　庞　珣

国际关系学科因安全研究而诞生。安全与国防或战争在概念上的分离，勾勒出了战后国际关系学的边界。国际关系学的安全研究专注于安全的政治逻辑而非军事战略或战争技术，终止了与军事学之间长期的交织难分。在《国家间政治》中，汉斯·摩根索悉心论述以权力为中心的政治逻辑，并将维护安全的大任交给了政治家（statesman）和外交家。[①] 尽管如此，安全研究依然将军事视为安全的最后保障，同时也是安全的终极威胁。

冷战的缓和与"石油危机"的冲击，打开了"非安全"议题进入国际关系视野的大门。以罗伯特·基欧汉和约瑟夫·奈为代表的学者质疑军事安全所占据的"高政治"地位，指出复杂勾连的各类议题在重要性上难分高低。人们拥抱这一主张的方式，不是将军事安全"降格"，而是把非军事领域的议题"升格"为安全议题。安全概念急剧扩大至几乎所有可以想见的领域，它们被统称为"非传统安全"，并为军事意义上的安全保留了一个"传统安全"的位置。[②]

非传统安全和传统安全曾被视为两种此消彼长的安全类型。世界在军事维度上变得更为安全时，资源和注意力才更多转向非传统安全。但随着 21 世纪以来金融危机、生态危机、社会危机和地缘政治危机频发和共振，非传统安全与传统安全交织在一起，相互放大对方的尖锐性、复杂性和困难性。

---

① 〔美〕汉斯·摩根索：《国家间政治》，徐昕、郝望、李保平译，北京大学出版社，2005。

② 关于国际关系安全研究的发展历程，可参见 Barry Buzan and Lene Hansen, *The Evolution of International Security Studies*, Cambridge：Cambridge University Press，2009。

不安从四面八方袭来，应接不暇的国家和个人在高度的不确定性中努力寻求安全。①

伴随着不确定性带来的焦虑猛增，安全研究中出现了一个"新宠"，那就是"风险"。在科学技术、心理学和社会学等领域，风险是长期而重要的研究主题。风险也作为国家互动性决策的框架性条件在国际关系中得到考量，但不曾在安全研究中占据本体地位。事实上，以政治为本的国际关系研究令人诧异地忽略了风险本身的"政治性"，而仅将其理解为客观概率。与之形成鲜明对比的是，在人类学、社会学、批判哲学等众多学科中，风险研究起于讨论风险的政治本质。② 近年来，风险以新的方式进入国际关系研究，直观表现为安全和风险在概念上迅速汇合。根据全球最大、覆盖学科最多的引文检索系统Web of Science 的数据，以"风险"为主题的国际关系学论文的总引用量在2007 年之后直线上升。③"风险"概念强势进入国际关系研究的话语体系和分析框架，甚至出现了在概念上以"风险"来替代"安全"的呼声。④

"风险"概念的兴起并非要挤出"安全"概念，但无疑反映了将安全再概念化以适应安全现实的需要。安全作为目标和状态，在概念操作化上需要以其处置对象来进行反向界定，正如健康概念需要通过疾病来反向界定。风险概念在安全研究中的日渐重要，正是因为它已被越来越多地视为安全的对立物。更重要的是，以风险为对立物的安全，不再割裂传统安全和非传统安全，而是将前者的权力政治逻辑和后者的利益政治逻辑统一于综合安全的风险政治逻辑。

① 作为国际安全相对应的领域，国际政治经济学曾经以弱化安全议题为特色。但近年来，国际政治经济学研究越来越将关切从全球化的"效率"问题转移到全球化的"安全"问题，最强的声音之一就是新结构主义学者的"武器化相互依存"理论，经济的安全化议题如今是国际政治经济学者和国际安全学者共同关注的热点。

② 〔德〕乌尔里希·贝克：《风险社会：新的现代性之路》，张文杰、何博闻译，译林出版社，2018；〔英〕玛丽·道格拉斯：《洁净与危险：对污染和禁忌观念的分析》，黄剑波、柳博赟、卢忱译，商务印书馆，2018；〔英〕玛丽·道格拉斯：《风险的接受：社会科学的视角》，熊畅译，华东师范大学出版社，2022。

③ Karen Lund Petersen, "Risk Analysis: A Field Within Security Studies?" *European Journal of International Relations*, Vol. 18, No. 4, 2011, pp. 693-717.

④ Barry Buzan and Lene Hansen, *The Evolution of International Security Studies*, Cambridge: Cambridge University Press, 2009, p. 250.

一 反向界定安全：从威胁到风险

中文的"安全"至少对应着"safety"和"security"两个不同的英文词。"security"释义为通过集体性努力达到成员免于损害或危险的状态，而"safety"仅具有免于受损的状态及其感知的含义。① 所以，工程学中使用的"安全"一词对应"safety"，而社会科学安全研究中的安全是"security"，诸如国家安全、国土安全、社会安全，都含有建立社会性集体保护措施的要素。保护措施必然针对某种或某类对象，即安全的对立物。

长期以来，国际关系研究对安全的理解以"威胁"为对立物，威胁从反向规定了安全的界定、认知和措施。近年来，风险开始代替威胁成为安全的对立物，赋予安全以不同于从前的内涵和逻辑，界定了"综合安全"。综合安全之"综合"，在于风险作为对立物引入了诸多传统上不曾考量或不曾重视的安全因素，同时也要求安全目标和安全手段具有前所未有的综合性。然而，"综合"也并非一个令人欢欣鼓舞的词。疾病类型中的"综合征"在病因、治疗方案和预后等方面都具有高度不确定性。综合安全之"综合"也具有这样一层含义。

（一）威胁

"威胁"在汉语词典中的释义是"用威力逼迫恐吓使人屈服"。② "威胁"所对应的英文"threat"一词有两层主要意思：一是表达欲加伤害的意图；二是损害即将来临的表征。③ 可见威胁的含义中同时包含了意图的表达、清晰的来源和时间的紧迫。威胁具有意图，无论意图以口头或行为进行明示或暗示，也无论意图被感知或忽略、被理解或误解。国际安全问题的重点和难点正是国家对彼此意图的狐疑和判定。许多国际关系学者视无政府状态的结构特征为安全问题的根本症结所在，但从"无政府"到"国家视彼此为威胁"却并非逻

---

① 参见《韦伯斯特大辞典》，在线词典，https://www.merriam-webster.com/dictionary/security, https://www.merriam-webster.com/dictionary/safety，最后访问日期：2022年11月10日。

② 《现代汉语词典》，商务印书馆，2019，第1358页。

③ https://www.merriam-webster.com/dictionary/threat，最后访问日期：2022年11月11日。《牛津大词典》与《韦伯斯特大辞典》的释义基本相同。

辑必然。填补两者间逻辑跳跃的正是"意图"——亚历山大·温特鞭辟入里地指出，这一步的关键是想象国家初见时如何判断彼此的意图。①

威胁的"意图"要素决定了威胁具有可定位和可追踪的特点。谈及意图时需要问"谁"的意图，而安全研究因此排除了自然对象并将社会对象聚焦到"国家"。毫无疑问，对国家的真实意图进行判断非常艰难，但国际关系现实主义学说通过强调无政府状态来极大地简化了威胁的定位和追踪问题——无论基于生存意图或权力欲求，每个国家都是其他国家的潜在威胁，区别仅在于它此时的实力是否足以构成威胁。在意图普遍存在的假定下，对威胁的锁定首先关注彼此的实力对比，然后再判断意图的强烈和紧迫程度。

此外，威胁在时间上具有迫近性，可能的伤害尚未发生但即将到来。由威胁所界定的安全专注于迫近的危险或损害。讨论和判断某个国家在数十年后可能会具备带来损害的能力和意图，通常不过是在展示远见，无意也无力改变当下的安全议程。不确定性随着时间的距离增加而倍增，飘忽不定的意图在一个较长的时间维度上更是无法判断。当未来的损害在时空维度上以更大不确定性进入安全考量时，风险替代威胁而成为安全的对立物。

（二）风险

风险在中文中的源起和最早使用时间尚不详。英文词"risk"使用时间大致始于17世纪中期，在词源上来自拉丁文"risco"（危险）和"rischiare"（陷入危险）。② 与威胁相似，风险也是尚未发生但可能发生的未来损失，也同样暗含了对未来进行处置和干预的要求。但风险与意图之间并无内在联系，有意或无意的行为造成损失的可能性都构成风险。这也是为什么风险被普遍视为具有客观自然属性，科学-技术范式长期以来作为风险研究和理解的主导范式。意图不再必要，意味着不安全之源不仅限于国家，而且涵盖了无意的行为和自然的变化。

风险不但和意图相分离，而且时常被作为客观之物加以考量。这样，判断风险要求追问的不是意图而是"事实"，即客观证据。防控风险的安全措施被加诸个人、群体或国家而不必过问其意图。风险的判定问题引入了一个曾经外

① Alexander Wendt, "Anarchy Is What States Make of It: The Social Construction of Power Politics," *International Organization*, Vol. 46, No. 2, 1992, pp. 391-425.

② Deborah Lupton, *Risk*, London: Routledge, 1999.

在于政治过程的力量，那就是科学技术和专业知识。风险概念从一开始即与概率论紧密相连，被视为通过科学和技术能够得以认识、计量和控制的客观存在。科学-技术范式已经塑造了一个根深蒂固的观念，即风险是客观之物和可计算之量。例如，风险的客观效用模型是负向事件的发生概率乘以其后果，其中不但概率可以客观估计，后果也要求以客观损失来度量（如伤亡人数和经济损失等）。① 风险研究领域在之后迎来了"文化-符号"理论和社会建构理论范式，它们深刻怀疑和有力批判风险的客观性，认为风险是被赋予"客观性"的社会现实。即使风险由社会建构，科学技术仍然通过在建构过程中扮演举足轻重的角色而界定了风险。科学中针锋相对的争论和习以为常的不确定性将风险问题复杂化，风险政治化也就难以避免。无论风险客观与否，科学都作为新的权威或新的工具进入关于安全的政治进程。科学解除旧的风险又指认新的风险，既是安全之柱，又是不安之门，类似于军事在威胁所界定的安全中扮演的矛盾角色。

风险和威胁之区别还决定了它们所对应的安全策略之不同。"消除威胁"和"管控风险"，这两组搭配的差异绝非为了朗朗上口。风险作为概率性的存在，决定了它不可被完全消除。进言之，处理风险有赖于科学技术，防范和降低风险的需求会推动相关技术的发展，而得到发展和增强的科技又有助于探知和发掘新风险，形成一个反馈回路。这意味着，以风险为对立物的安全无法通过消除其反面存在而获得。相反，安全须与一定程度的风险共存，对风险在合适程度上的容忍本身构成了安全。风险容忍和接纳是综合安全的要素。

相对于威胁，风险具有更高、更复杂和更长远的不确定性。不确定性不等同于风险或威胁。统计学用来表达不确定性的工具是概率，但在现实中概率本身又具有其自身的不确定性，可以继续用一个新的概率来加以表达。"概率的不确定性-不确定的概率"链条可以一直延伸向下，径直走入不确定性的深渊。但无论是认知还是行动，都必须在这条路的某一点停下来往回走。这需要把此处的不确定性视为确定，然后一路往回走上风险之路。换言之，风险认知和决策要求把不确定性人为地终止于某个深度。② 综合安全本应以不确定性为

---

① Sven Ove Hansson, "Philosophical Perspectives on Risk," *Research in Philosophy and Technology*, Vol. 8, No. 1, 2004.

② Sven Ove Hansson, "Philosophical Perspectives on Risk," *Research in Philosophy and Technology*, Vol. 8, No. 1, 2004.

对立物，但不确定性的深渊让认知和决策很快就进入死胡同。只有将不确定性简化为风险，关于安全的讨论才有了意义。正如昆廷·斯金纳（Quentin Skinner）所言，概念引入并非仅仅是要言说什么从前无法言说之物，更是要行动从前没有的行动。① 思考安全是为了追求安全，而并非仅仅思考与言说。在充满复杂不确定性的世界中，风险作为安全的对立物凸显出来，代替了无法胜任的威胁，阻止了走得太远的不确定性。

二 综合安全：风险的"分布-综合"

综合安全是以风险作为对立物的安全。将"安全"冠以"综合"，并非仅仅因为安全所考量的因素变得更多。考察以威胁作为对立物的安全也需要涉及多种因素。两种安全都不只专注于军事力量的建设、部署和使用，外交、威慑、经济、国际国内制度、文化文明等各种因素都在不同程度上被纳入安全研究。从根本上将两种安全区别开来的，是这些因素如何进入安全问题形成和处置过程。以威胁为对立物的安全是一种自上而下的"供给侧"安全，而综合安全是自下而上的"需求侧"安全，这决定了各要素在安全问题形成和发展之路上的逻辑顺序和排列结构的差异。

对于以威胁为对立物的安全，国家有目的的威胁是不安的来源，被威胁的直接对象也是国家而非个人或社会经济团体。国家对外国企业生存带来的威胁是"政治风险"而非"安全"问题。② 换言之，国家是不安全的直接承受者和第一亲历者，而个人和群体处于国家屏障之后，只有当国家无法确保安全后才直接暴露于外部威胁。以风险为对立物的综合安全则不然。风险造成的损失首先加诸个体，个体首当其冲地感受和承受风险。例如，恐怖主义风险是平民生命和财产损失的可能性，但恐怖主义行动在军事意义上则微不足道，对国家生存的影响更是不值一提。再如，近年来被视同国家安全的全球供应链安全，产业链供应中断的风险首先在企业间的微观层次产生和流动，由企业而非国家作为第一感知者。气候变化和环境破坏带来的健康、经济和生命的损失也首先

---

① Reinhart Koselleck, *Futures Past*, Cambridge, Mass: MIT Press, 1985; Quentin Skinner, *The State*, Cambridge: Cambridge University Press, 1989.
② "非传统安全"并不打算严肃讨论安全的反向概念，但其实是以风险而非威胁来理解安全，因此并不在此处专门讨论。

由个体承受，风险并非以国家为单位进行流动和分配。加诸次国家行为体的风险，根据其大小、范围、紧迫性、尖锐性等综合构成了国家需要面对和处置的风险，进入综合国家安全的议事日程和行动日程。

风险的"分布-综合"过程形成了综合国家安全，这类似于将国家黑匣子打开后进行的国家利益分析路径。要理解国家利益如何生成，首先需要观察和分析个体和群体的利益偏好在国家内部如何分布，然后聚焦国内政治制度如何对不同利益偏好进行加总，最终形成国家利益。当这个路径里的"利益"被替代为"风险"后，综合而成的不再是国家利益而是国家安全。同时，这个综合的过程凸显出风险政治与利益政治在最初的界定问题上就各自遵循着不同的逻辑。外在因素会影响到个体的利益认知和塑造个体的偏好，但个人总是自己利益和偏好的界定者。相反，作为尚未发生却有几率发生损失的可能，个人是否承受风险、承受多大的风险，却只能依赖外在权威认证才能进入作为共同领域的政治。当个人的避险诉求要求国家而非个人来进行处置和干预时，个人感知和承受的风险须被认证为客观和普遍之物，否则无法成为公共考量和政治施加的对象。于是，"我认为"需要变为"科学认为"，如果没有科学认证的背书，个人风险主张在政治上则不成立。

大量的人类学和社会学研究表明，风险并不具有绝对的客观性，甚至"文化-符号"学者和批判理论在很大程度上认为风险是社会建构之物。但有趣的是，否定风险客观性的观点更强化了个人的风险主张只有在被"认证"后才变得有意义。建构的社会事实因社会共同的相信而成为存在。对于政治而言，重要的是共同相信，存在是否是客观事实本身并不重要。将风险理解为社会建构之物，一方面否定了风险客观性，另一方面更否定了风险主观性的意义。进而言之，风险的主观感知并非发自个人内部，而是个人作为社会一员接受社会建构的结果。无论是客观性还是社会建构性的风险，在分析的起点处就打开大门，将科学、文化、价值、制度、权力等因素纳入安全问题的政治研究。科学从前标榜着与政治的独立，而风险早已经是科学的地界。在面对风险政治时，科学当然就无法置身事外。科学在客观范式下探索和争论风险，一切似乎仍与政治无关。但科学的争论给予了持不同信仰、价值、文化和习俗的人群进行政治辩论的武器，人们各自聚拢在科学观点的不同旗帜下形成政治阵营。科学在教化人们，但人们更是在选择给予什么样的科学发现和科学观点加以支持。选与不选、信与不信常常不在于科学发现本身的信度。风险沟通学说试图以"科普"来消除对风险的"误解"，但选择什么样的"科学事实"进行科普本身也并非中立。试图以风险沟通来实现风险的"去政治化"忽略了两个重要事实：一是科学关于风险的知识具有不确定性，科学内部对同一种风险的判断也常是各执一端；二是人们的风险认知"偏差"并非一定是对科学的无知，这种"偏差"更多来自选择，文化、社会结构、权力和制度形塑了人们对科学知识的选择。一种风险在一种文化、社会和制度下被视为紧迫严重到无法容忍，而在其他社会中却能够被集体忽视，并将其他人的焦虑嘲笑为矫情的歇斯底里。

气候安全可以用以说明由风险的"分布-综合"形成国家安全的路径。对气候变化带来的损失及其不确定性的焦虑古已有之。彼时对气候灾难的担忧更甚于当前，流传有大量意在避免自然惩罚或祈求自然豁免的习俗、迷信和祭祀。但当代不同于古代的焦虑在于，当代社会形成了两个共识：一是人的活动对气候灾难负有在科学归因意义上的责任；二是通过改变人的活动可以调控气候灾难风险，且调控有某种"投入-产出"公式可供遵循。[①] 灾难的归因不仅是科学解释，更是将环境变化进行"风险化"，将环境带来损害的可能与"人的责任"紧密相连。环境风险不再是自然界的概率问题，而是人的行为（如工业排放）不负责任的结果，而干预就是要迫使某些人群负起责任来。风险在本质上处于知与无知之间，而科学的不确定性及科学界本身的未定争论进一步加深了焦虑。普遍的焦虑跨越了国境，跨国非政府组织将环境安全与人类普遍价值相联系，突破了地方文化的界限而实现了全球动员。在环境安全领域，是对失去的焦虑而非对获取的渴求起到了社会动员的作用。在试图化弊为利的市场里，企业竞相投入环境风险宣介，科学界、社会组织、市场力量在相互怀疑和相互指责的同时，合力将环境风险上升为国家安全和全球安全。

三 综合安全中的安全困境

关于安全的国际政治研究由安全困境的底层难题所驱动。在综合安全下，有目的的军事威胁仅成为众多安全关切中的一种且不再是最重要的一种。传统

[①] Bentley B. Allan, "Producing the Climate: States, Scientists, and the Constitution of Global Governance Objects," *International Organization,* Vol. 71, No. 1, Winter 2017, pp. 131-162.

意义的安全困境在综合安全中是否被弱化甚至解决？在"认知即现实"的风险政治中，综合安全是否面临着新的困境？

（一）传统安全困境的变化

以威胁为对立物的安全，遵循"占优"（dominance）的政治逻辑。追求安全就是追求占优位置。当一个国家获得了实力和权力的占优位置时，其他国家的意图不再重要，因为它们不再能够构成威胁，威胁的消失就是安全的确保。但"占优"具有相对性本质，这让安全问题变得极为复杂。[1] 安全困境描述了国家纷纷以"占优"为理性的安全策略，但却共同走向了螺旋升级的不安全之路。国家追求"占优"的本意是防御性的甚至是卑微的国家生存。但在无政府状态的自助逻辑下，己方"占优"的意图则可以被他方等同为威胁的意图。感受到威胁的他国采取同样的安全策略以夺回占优的地位。如此往复，理性的国家采取占优策略来确保安全，却身不由己地陷入使包括自己在内的所有国家更为不安全的困境。安全困境成立的基础是占优安全策略，走出困境的钥匙在于改变条件，使得国家不再需要以军事上胜过彼此来确保安全。当安全的对立物由威胁变为风险时，风险并不必然来自国家甚至也不再清晰可循。如此，对谁"占优"能够确保安全？给出答案变得如此困难，以至于让占优策略本身失去了意义。

"商业和平论"包含了走出安全困境的数个重要机制，包括机会成本、共同身份建构、和平解决争端的精神和制度等。将国家之间的商业利益纽带置换为风险纽带，我们可以重新审视这些机制是否依然成立。追求以风险为对立物的综合安全，带来了"政治的治理化"。无论是全球治理的蓬勃兴起还是国家治理的如火如荼，都表明政治合法性越来越多地系于风险治理成效。国家对相互冲突所投入的时间、精力和资源，都以风险治理和防范为机会成本。当风险治理对国家而言越重要时，这个机会成本就越高。换言之，当风险治理是国家的重要职责和工作时，国家彼此之间进行战争就变得更为昂贵。

不同于跨国商业活动为国家及其民众带来物质利益，跨国风险流动带来的是潜在损失。暴露于同一种风险、共怀同一种焦虑、预见可怕的相似命运，有

---

[1] Stefano Guzzini, "Hans J. Morgenthau and the Three Purposes of Power," *DIIS Working Paper*, Vol. 4, 2018, pp. 1-34, http://www.diva-portal.org/smash/get/diva2: 1261544/FULLTEXT01.pdf, accessed：2022-10-20.

可能会促进团结和建构共同身份。以贝克为代表的学者所提出的"风险社会"理论认为，风险的跨边界性带来安全的全球不可分割性，其结果不再是对于占优位置的争夺，而是基于焦虑的全球团结，国家将不得不合作以应对"无边界"的风险。①

风险的治理离不开制度。相对于军事安全和贸易自由，全球治理目标催生了数量更为众多的国际组织，也促进了现有国际组织在理念和功能上的转变，大幅增加了国际制度网络的层次和密度。"网络化"是全球风险时代国际制度的重要特征和主流思维，构成了联合国"多边主义 2.0"版本的核心内容。②不少学者相信，网状结构的世界虽然没有彻底改变无政府状态，但至少改变了它的含义。在网状连接的世界里，权力的基础更少建立在强制和对抗的能力之上，而更多倚重促成合作和协作的能力。③

风险治理还推动了国际权威的出现和强化，从根本上改变着无政府状态的国际体系特征。无政府状态是相对于国内政治等级权威而定义的，国际权威的缺失曾经被认为从根本上将国际政治与国内政治进行了区分。然而，近年来关于国际权威的研究十分兴盛，与"政治的治理化"趋势紧密呼应。④ 在全球治理中，国际组织在信息和知识方面的优势具有了空前的重要性，其掌握的信息和概念系统还具有自我扩展和自我加强的规模效应。国际组织获得了令人瞩目的国际权威，通过风险界定、风险归因和风险治理来树立和加强其权威性的角色。国际权威的产生和加强，意味着无政府状态决定的传统安全逻辑正在发生根本性改变，安全困境或许正在失去其赖以存在的基本假定。

---

① 〔德〕乌尔里希·贝克：《风险社会：新的现代性之路》，张文杰、何博闻译，2018。

② Luk Van Langenhove, "Multilateralism 2.0: The Transformation of International Relations," https://unu.edu/publications/articles/multilateralism-2-0-the-transformation-of-international-relations.html, accessed: 2022-11-16.

③ Anne-Marie Slaughter, *The Chessboard and the Web: Strategies of Connection in a Networked World*, New Haven, CT: Yale University Press, 2017.

④ David Lake, "Escape from the State of Nature: Authority and Hierarchy in World Politics," *International Security*, Vol. 32, No. 1, 2007, pp. 226-254; Janice Bially Mattern and Ayşe Zarakol, "Hierarchies in World Politics," *International Organization*, Vol. 70, No. 3, Summer 2016, pp. 623-654; Daniel Voelsen and Leon Valentin Schettler, "International Political Authority: on the Meaning and Scope of Justified Hierarchy in International Relations," *International Relations*, Vol. 33, No. 4, 2019, pp. 540-562; "International Authority: From Concept to Measure," in Liesbet Hooghe, et al., ed., *Measuring International Authority: A Postfunctionalist Theory of Governance*, Volume III, Published to Oxford Scholarship Online 2017.

但是，综合安全时代的深度不安和普遍焦虑，与上述乐观看法形成了不小的反差。或许风险并没有能够"以毒攻毒"地克服现有的安全困境，反而正在制造新的"安全困境"？

（二）新安全困境

在后冷战时代，战争被频繁地用作"风险管理手段"。国家以大规模军事行动打击其视为重大风险之源的国家，而不必以威胁的意图判定为前提。[①] 苏联解体后，北约作为军事同盟失去了存在的理由。但事实上，北约不仅存活且不断扩大，成功"转型"为以军事手段进行风险防范和管理的组织。"9·11"事件后，恐怖主义风险一夜之间被界定为全球风险，美国担纲全球恐怖主义风险治理的领导和主力，将军事和战争手段作为应对恐怖主义风险的主要方式之一。国家的军事武装和战争手段被合理化为"风险治理"，可以正当地用于打击恐怖主义个人、集团和"包庇国"。伊拉克战争之所以引起对国家安全的普遍担忧，在于国家间的战争被泛化为了"风险管理"——在伊拉克对美国并无威胁意图的情况下，美国以伊拉克藏有大规模杀伤性武器并暗中支持恐怖分子为由，发动了一场对主权国家的战争。自冷战结束以来，防务合作条约作为一种新的军事合作机制在全球兴起，突破传统军事联盟的框架而以风险管理作为目标，促进了新的全球军事网络的建立。如此种种可见，追求综合安全的风险治理并没有排除武力的强制性使用。相反，在风险治理的名义下，军事手段甚至战争的运用突破了传统范畴，不再将国家间军事行动限定于应对军事威胁。战争和大规模军事行为作为"风险管理手段"使新的军备竞赛合理化，带来了更深的不安和更大的不确定性。这也解释了在风险主导安全领域后，地缘政治重大安全问题为何更难以解决，如伊朗核问题和俄乌冲突等。

在传统安全困境之外，以风险为对立物的安全也面临新的困境。"政治的治理化"同时也是"治理的政治化"。国家对内将治理成效视为合法性的重要基础和国家能力的集中展现，对外在全球风险治理中争夺话语权、主导权和建

---

① Yee-Kuang Heng, *War as Risk Management Strategy and Conflict in an Age of Globalised Risks,* Routledge, 2006; Yee-Kuang Heng, "The Continuing Resonance of the War as Risk Management Perspective for Understanding Military Interventions," *Contemporary Security Policy,* Vol. 39, No. 4, 2018, pp. 544-558.

立新的权威。作为潜在而尚未发生之风险，对其进行治理的前提是将其发掘出来，加以界定并建立政治联盟，继而构建综合安全的内容和设置全球治理的议程。在实施风险治理中，国家间就风险治理效果进行比较和竞争。构建和实现综合安全的竞争，意味着竞争性的风险治理投入，以促进知识和技术的发展，旨在发现风险、定位风险、追踪风险和降低风险，并通过话语的构建和传播的渠道来助力特定的风险得到特别的关注。这些治理努力提高了发现风险的能力及对风险的公众感知和重视，有助于综合安全的实现。与此同时，对这些能力和感知的提升，也提升了对风险治理标准的期望，降低了风险容忍度，安全作为一种客观状态不再重要，作为一种感知存在变得遥远。对安全的政治性投入、为安全目标不断变换原本正常的步调和目标，"风险治理"在竞相追求综合安全的同时离间了安全和人们之间的关系，形成了综合安全面临的新困境。

四 构建综合安全：风险政治与安全要素框架

国际关系研究假定作为理性行为体的国家采取"最大化"策略。传统上，国家对安全的追求途径是权力最大化。但在综合安全中，国家作为理性行为体却不再能够以"最大化"（或最小化）方式来构建综合安全。构建综合安全等同于对风险进行综合治理，但风险最小化既不可能也不可取。风险不同于威胁，它可以来自军事以及军事之外的任何维度，可以来自迫在眉睫或依然遥远的危险，可以显现于熟悉的本地或在远隔重洋之处藏匿。一种特定风险在一个特定的时间段里或许能够被最小化，但往往是以放手其他众多风险为代价的。同时，将风险降到较低水平后，继续降低这种风险在"投入-产出"上将变得越来越不经济。这意味着综合安全要求对各种风险进行综合考量，决定风险治理的投入分布。风险治理不仅要选择治理何种风险到何种程度，更要选择容忍何种风险到何种程度。换言之，综合安全不仅是根据风险特征使用不同的治理方案组合，更是选择什么是可容忍的风险组合。

（一）风险政治

风险容忍意味着新的政治。风险政治驱动国家内部和国家之间的冲突、强制、补偿、妥协等政治互动和进程，但遵循着显著不同于权力政治或利益政治的逻辑。风险不均匀地分布在不同国家中的不同人群之中，任何在整体上合理的风险组合，对于不同的群体而言，总会不恰当地过度容忍了一些风险，或者错误地对另一些风险采取了过低的容忍态度。科学的证据并不能够统一思想，不存在科学的铁证可以公正裁定谁应该容忍何种风险，得到一个最"科学"的风险组合以供构建综合安全。风险的政治化在所难免。

以规避风险而非追逐利益作为政治的驱动，产生了更强烈和更广泛的动员能力。风险焦虑在相互回应中得到了群体性放大、形成共同感知和共同"知识"。更重要的是，风险与责任的紧密相连，意味着道德和价值在风险政治中的重要角色。风险分配的公平正义问题，比在利益政治中更直接和尖锐，也解释了以利益分析为基础的政治理论为何对当今政治分野和政治运动在理解上捉襟见肘。近年来，右翼民粹主义的兴起和在政治上的影响，对于利益政治逻辑而言是陌生而难解的，身份政治和意识形态政治对此更具有见地。右翼民粹主义展现出的"非理性"政治形态在于，它遵从风险理性而非利益理性，政治的推动力是对风险的焦虑和对政府所持风险容忍方案所感受到的强烈不正义。本土主义和排外主义是发达资本主义国家中右翼民粹主义的基本特征之一，尤其强烈谴责本国精英对外来者的风险处境予以高度的关切，将其置于本国平民的风险处境之上。在精英看来，移民对本国部分人群可能带来的经济社会潜在损害（风险）如果不是无稽之谈，那也至少在物质意义上可以容忍。但如置移民在原住国里所承受的风险于不顾，在价值和道德上则无法容忍。移民通过承担远离故土和漂泊异乡的代价，已经证明了他们在原住国所承受的不可承受的风险。但在本国支持民粹主义观点的人看来，本国精英支持的这种厚此薄彼的风险容忍组合恰恰是不公平、不正义的，是腐败的精英和外来移民之间的邪恶勾结，置本国平民的风险处境于不顾。什么是物质与道德意义上的可容忍风险，对此在界定和选择上的冲突，部分解释了右翼民粹主义、本国精英和外来移民之间的政治联盟和对抗。

全球政治同样围绕什么是可容忍风险而展开。在关于环境风险的安全问题上，容忍可以被谴责为无知或短视，不容忍也可以被嘲笑为科学带来的歇斯底里，取决于国家及其国民所具备的经济条件和文化传统。科学尽管深度地介入风险政治，但却无力解决全球范围内关于风险的政治争议。风险的容忍既没有客观的标准，又非由主观风险感知来决定，不同人群和国家对特定风险在容忍程度上的差异性，来自不同的价值体系、文化传统、权力制度等多种因素。在政治进程中，将风险道德化和价值化是风险时代政治动员的重要策略。在全球社会中，跨国社会组织占据风险政治先机的策略是，通过将风险与普世价值相连，并将其归因于权力腐败和道德堕落，从而进行全球范围内的有效政治动员，迫使国家政府、国际组织甚至逐利的企业下调对特定风险的容忍度，采取行动以争得政治先机。[1]

各种因素最终通过权力来决定在综合安全构建时容忍何种风险、急切处理何种风险。权力在风险政治中也具有了新的面孔和方式。传统安全研究起始于对权力的思考，但无论是讨论权力基础还是权力作用机制，最终的着眼点都是军事能力，安全问题归根结底是关于如何处置有意图的军事威胁的问题。综合安全中决定如何进行风险综合的权力，依然包含军事资源和能力，但它们已不再有从前的显赫地位。在综合安全中，知识和信息作为权力的来源之一，不必汇入军事力量来发挥威力，而以完全不同的权力形态和机制来改变政治意愿和行为。知识和信息贯穿于风险界定、风险选择、风险归因和风险治理整个过程，也在政治动员中起到了关键性的作用。并不是客观性、先进性和正确性赋予了知识以政治力量，而更重要的是知识对人们的风险感知、风险态度、风险偏好等的影响和塑造。知识改变了权力的形态和面目。基于知识和信息的权力总是带着治理的善意，身着科学和客观的外衣，与价值和道德站在一起，无须面目可憎即可实现对行为的强制和对意愿的塑造。近年来得到热议的"指标权力"，通过信息简化来形成易于传播、易于比对的指标，对全球各类风险（全球治理各领域）进行评估和发布，形成广泛的社会影响和强大的社会动员，达到改变政策行为的目的。而更为重要的是，参与指标制定和发布的主体包含国家、国家间组织、非政府组织、商业团体、学术团体等，表明各种主体均可以构建自己的权力并参与权力竞争，区别于传统安全中国家是权力的唯一主体或附着体。[2]"指标权力"或"数字的权力"跃升为一种被各种政治行为体竞相争夺的权力。[3] 在构建综合安全的过程中，新的权力基础和形态在主导风险政治，并从风险政治中不断产生和加强。

① Margaret E. Keck and Kathryn Sikkink, "Transnational Advocacy Networks in International and Regional Politics," *International Social Science Journal*, Vol. 51, No. 159, 1999, pp. 89-101.

② 庞珅：《全球治理中"指标权力"的选择性失效：基于援助评级指标的因果推论》，《世界经济与政治》2017年第11期。

③ Judith G. Kelley, Beth A. Simmons, "Politics by Number: Indicators as Social Pressure in International Relations," *The American Journal of Political Science*, Vol. 59, No. 1, 2015, pp. 55-70.

（二）构建综合安全

风险并非一定来自某个确定的威胁源，而是兼具客观性、主观性和社会建构性，因此超越了主客性的区分，成为一种关系即结构的产物。这决定了构建综合安全的基础是将清各安全要素进行综合的路径和结构。传统政治理论以强制性权力（包括实施和限制权力的政治制度）为核心，政治进程围绕这个核心展开。但在风险政治主导下的综合安全构建过程中，政治开展的起点和围绕的核心是风险损失（利益）的分配问题及其价值评判和辩论。相对而言，权力结构和制度规范处于综合过程的后期。更为稳定的文化传统不仅提供了风险政治的文本和背景，而且文化习俗也直接导致了不同政治体对风险分布在利益观照和价值判断上的差异。当然，文化传统的影响也延伸到对政治暴力的使用和限制，并在政治进程产生的反馈效应下缓慢演变。图1呈现了这四个综合安全要素的逻辑结构。①

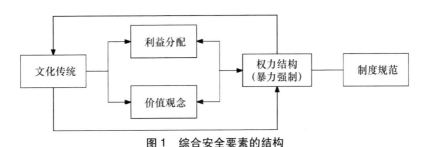

图1　综合安全要素的结构

资料来源：笔者自制。

值得进一步强调和说明的是，利益分配与价值观念在图1中的核心地位，凸显了这两个要素在政治体系构建综合安全过程中的重要性。利益分配是政治体系的基础、核心和目标，而价值观念则为这个政治体系提供合法性基础。当利益分配的焦点不再是经济利益而是安全（或其对立物风险）时，分配正义问题尤为突出和尖锐，与价值体系之间呈现远高于在传统政治中那样的密不可分，融为一体。价值观念决定人们如何看待风险分配（或风险容忍）组合方案，甚至如何看待和感受风险与安全。传统的利益政治和权力政治都是将利益

① 仅从因素之间的相互影响关系来看，这些因素排列的先后逻辑可以随意改变，如将权力结构或者制度规范放置在图的核心也并不影响它们之间的关系逻辑。但因素排列的结构之所以重要，不在于它们之间的两两关系，而正是在于排列逻辑。

分配和价值观念先分割后组合。利益政治将利益本身视为价值观念之外的"效用"，而政治被定义为对满足效用的资源进行权威性分配，然后由利益相关者来以价值观念（正义原则）评判权威性分配。而权力政治则将利益等同于权力——由权力定义的利益，利益的分配等同于权力的分配，而价值观念被视为权力的组成部分（如软实力），从而使利益和价值均臣服于权力之下，两者之间的关系并不重要。但对风险政治来说，风险的社会建构性和归因问责的内涵已经包含了价值观念，而风险分布现状本身也就构成了对价值观念的呈现或背离，要求政治来进行加强、改变或调整。换言之，在综合安全中，利益和价值哪一个是第一因的判断并不重要，重要的是它们之间既相互规定同时也可能相互冲突。从本质上讲，在风险政治中的风险产生及其程度差异的根源在于分配和价值之间的矛盾关系。

由此，利益分配和价值观念可以被视为一个相对闭合的系统，这个系统与文化传统和"权力结构–制度规范"之间同样存在相互规定的关系，受到文化传统和权力制度的影响，又反作用于它们。这个结构的重要性在于，在构建综合安全时，四个因素中没有一个因素应被视为外生给定的，从而被作为分析的固定起点。换言之，综合安全并非"局部均衡"而是"普遍均衡"。四个因素中两两既相互规定，又可能相互冲突，每个因素自身也可以自洽或充满矛盾，这些都构成了政治化风险的来源，处在一个从"安全"到"风险"再到"崩溃"的谱系中。因此，风险政治实际上是关系而非安全要素的函数。

由于这个四要素的关系结构中包含的是相互作用，动态地探讨其中的反馈机制形成的高阶关系对于理解综合安全作为普遍均衡的达成至为重要。四个安全要素中每一个都直接或间接地与其他所有因素相互作用，形成了一种综合的、多阶的复杂系统。图2是将图1中安全要素之间关系进行平展而得到的，其中权力结构/制度规范被进一步区分为两个要素，即权力制约和制度建构，从而使图1反映的单一政治体内部安全要素之间的关系能够适用于两个以上政治体所形成的系统。同时，对安全要素的称谓转变为规范性的表达，表明的是规避风险的价值取向，例如，利益分配变为"利益均衡"，价值观念变为"价值整合"等。根据传统的学科分野，这些关系在不同的学科或者学科分支中得到重点分析和研究。例如，由利益驱动的行为体及其均衡关系是经济学关注的重点，而政治经济学则将政治权力引入利益的分配，通过权力和利益的互动关系来解释资源配置和权力变化。政治学中的建构主义、历史制度主义和共同体主义（communitarianism）则将利益内生化，讨论文化和制度进程对利益的塑造，现实主义则将利益外生化，从而聚焦于权力之间的互动。然而权力本身又可以内生化，如政治学中的批判理论讨论是知识与权力的关系。权力因素还可以被完全排除在探讨之外，如哈贝马斯的交往行动理论关注的是价值与价值之间的关系，传播学关注的是文化与文化的关系。由此可见，现有分散在各学科之中的以上研究重点关注的是部分安全要素之间"一阶"的关系，而构建综合安全则涉及所有这些关系及其现有理论的一阶和高阶综合。

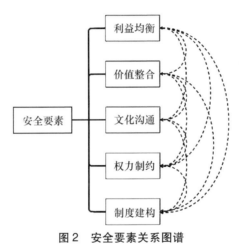

图 2　安全要素关系图谱

资料来源：笔者自制。

结　语

随着世界进入高度不确定时代和全球风险时代，安全在概念上发生了巨大的变化，原有将安全问题系于应对有清晰来源和有意图的威胁的理解，从根本上阻碍了安全研究和安全政策的发展。以风险为对立物来重新界定安全，并不仅是概念的修正，更重要的是揭示了风险驱动的政治显著区别于传统权力政治和利益政治的逻辑，从而为构建综合安全开启了新的思路和路径。

风险作为一个多学科和跨学科研究对象，其独特性质有三：一是处于"知"与"未知"之间，二是可以同时作为客观存在、主观存在和社会建构存在，三是与干预和责任内在相连。这些特性决定了以风险为对立物所界定的安全需要得到彻底的、全面的重新审视。这一努力无论是在理论还是在实践中都会遇到令人兴奋的机遇和令人沮丧的困境。研究以风险为对立物的综合安全及构建综合安全的风险政治过程，是一项巨大而尚未充分开展的任务。本文在有限的篇幅中仅对其中基础性和框架性的问题进行了初步探讨，旨在揭示综合安全研究任务的必要性和紧迫性，以及可能的起点和路径。

（本文原载于《国际政治研究》2022 年第 6 期，收录本书时略有修改。）

第六章

国家安全系统理论刍议

祁昊天

在党的二十大报告中，习近平总书记强调，国家安全是民族复兴的根基。面对中华民族伟大复兴的战略全局和世界百年未有之大变局，需从学理角度理解国家安全出现的新特点和新趋势。在全球视野下，政治、经济、技术、意识形态、自然等因素的互动和相互影响愈加复杂化，维护安全和秩序成为与经济发展同样重要的迫切需要。党的十八大以来，以总体国家安全观为引领，国家安全工作在领导体制、法治体系、战略体系、政策体系和能力建设等方面取得了显著成效。国家安全学的设立因应这一大趋势，是两个大局的必然要求。总体国家安全观与其他国家超越传统安全的政策主张或学术观点存在共性，即强调多领域和新领域，而不局限于传统的军事、外交、情报等狭义安全范畴。同时，总体国家安全观又有其特殊性，对于总体性的强调使其内涵迭代能力更强，更为强调跨域集成与融合。

在国家安全学学科建设的推动下，国家安全的学理研究在近年积累了大量成果，同时也面临着诸多挑战。在学理与政策的平衡、总体性的内生逻辑、领域分类及关联等方面，均急需更为全面、自洽和具有创新性的学理建设工作。在总体国家安全观与国家安全学学科建设的要求下，这一工作既要体现传统学科与知识体系的交叉性，更要凸显新时代理解国家安全的总体、综合、集成、融合和复合特征。① 安全的内涵既有丰富性、多维性和可迭代性，又蕴含着主客观

---

① 唐士其、于铁军、祁昊天：《立足中国，面向世界：建立具有中国特色的国家安全学学科体系》，《国家安全研究》2022 年第 1 期，第 81~93 页。

结合、内外关联、领域兼顾等属性，要求突破狭隘、孤立、不平衡的目标追求。①

随着全球化动力的改变、科技变迁的影响、地缘政治与经济的动荡与演化，以及不同意识形态的交织互动，在世界某个区域或安全领域出现的挑战与冲击都可能发生扩散，在动态互动的网络中形成共振。国家安全各领域的底层因素愈加复杂，是社会科学与政策研究必须面对的挑战。在这种条件下，如将国家安全理解或管理为相对独立的封闭系统，其体系与进程所要面临的失序与失控风险也会增大，这本质上是一种熵增现象。新冠疫情、乌克兰危机等重大自然和地缘事件的冲击及其次生影响似乎印证了这一点。与此相对，在认识和实践角度的学理探究与政策介入亦可使国家安全成为更加开放的系统，增加系统内外的物质与能量交换，这可以表现为安全治理、风险管控和多安全领域协调。这种系统的开放性能够对冲失序的必然性，抵消或避免熵增的挑战，为国家安全乃至全球安全注入稳定和秩序。总体国家安全观的提出及对其持续的学理阐释便是为国家安全这一系统提供开放性的方式之一。

"总体国家安全观的关键是总体。"② 国家安全作为学科，其基本属性同样是总体性的，这便自然指向整体性和系统性，而非不同安全领域的简单罗列与叠加。作为整体系统的局部、组成部分或复杂系统科学研究所谓的"组元"（component），无论是安全领域还是影响因素，都无法通过机械加总而实现总体系统属性。这是由日益复杂的安全领域联动、因素交织和行为体互动所决定的，也是国家安全学成为独立一级学科的理论底色。

总体性的要求可以将安全的综合、复合与集成特征置于复杂系统的认识框架下进行阐释。社会科学研究与政策响应可相应地加强对不可预测性与不确定性的探求和应对。③ 不同于现有一些安全学诠释体系的还原论基础，将整体切割为基本组元，也不同于极端强调整体而忽略组元的整体论，本文希望基于复杂系统视角弥合这两种路径，从个体及整体的关联性出发探讨作为复杂系统的国家安全。

---

① 王缉思：《世界政治的终极目标》，中信出版集团，2018，第三章；贾庆国：《对国家安全特点与治理原则的思考》，《国际安全研究》2022 年第 1 期，第 4~25 页。

② 中共中央宣传部、中央国家安全委员会办公室：《总体国家安全观学习纲要》，学习出版社、人民出版社，2022，第 8 页。

③ 唐士其、庞珣：《综合安全论：风险的反向界定和政治逻辑》，《国际政治研究》2022 年第 6 期，第 9~25 页。

一　机械还原论与系统转向

总体国家安全观的提出、新安全格局的建立与国家安全学的设立，使国家安全的内涵与外延分别向深度和广度得以扩展，已形成具有全面性和融合性的思想与实践指导。[①] 对新安全格局的强调具有重要的时代性、普遍性和必要性。世界政治与安全场景的互动主体越来越多元，互动越来越深入，安全领域之间的联动越来越复杂，加之全球化动力改变、科技变迁、地缘政治与经济动荡、全球意识形态结构与趋势不稳定等诸多因素，使得在学理上需要一种能够融合传统各单一领域的安全理论体系，在政治和政策响应上需要一种能够统筹各领域的模式。

大安全的思考与应对具有普遍性与普适性，是国家安全动力与需求发展到一定阶段的必然产物。例如，冷战时期美国对"国家安全"概念的建构，政策和机构层面的调整以及学理研究，将军事、外交、经济、产业、社会和文化等不同领域统筹在国家大战略的框架之下，[②] 日本与北欧国家在 20 世纪下半叶对"综合性"安全的理解与实践等，都意味着狭义安全不再是现当代国家思考和处理国家安全事务的最优框架。

在当今国际、国内不同安全场景下，某个特定时间、空间或议题领域出现的不稳定、挑战与复杂情况都更有可能发生扩散，生成大范围、动态的影响网

---

① 关于"总体国家安全观"与国家安全学发展的重要思想基础与政策节点，参见新华社《中央国家安全委员会第一次会议召开，习近平发表重要讲话》，http://www.gov.cn/xinwen/2014-04/15/content_2659641.htm，最后访问日期：2022 年 2 月 1 日；《中央政治局召开会议审议通过〈国家安全战略纲要〉》，《人民日报》2015 年 1 月 24 日；《中华人民共和国国家安全法（主席令第二十九号）》，http://www.gov.cn/zhengce/2015-07/01/content_2893902.htm，最后访问日期：2020 年 2 月 10 日；中华人民共和国国务院学位委员会、教育部《关于设置"交叉学科"门类、"集成电路科学与工程"和"国家安全学"一级学科的通知（学位〔2020〕30 号）》，2020 年 12 月 30 日，http://www.moe.gov.cn/srcsite/A22/yjss_xwgl/xwgl_xwsy/202101/t20210113_509633.html，最后访问日期：2022 年 2 月 9 日；中华人民共和国国务院学位委员会《关于印发〈交叉学科设置与管理办法（试行）〉的通知（学位〔2021〕21 号）》，2021 年 11 月 17 日，http://www.gov.cn/xinwen/2021-12/06/5656041/files/c07203ad8b8245e2b59c55be24220418.docx；中华人民共和国国务院学位委员会《交叉学科设置与管理办法（试行）》，http://www.gov.cn/xinwen/2021-12/06/5656041/files/c07203ad8b8245e2b59c55be24220418.docx，最后访问日期：2022 年 1 月 10 日。

② 于铁军：《霸权的护持：冷战时期美国的国家安全研究》，《国际政治研究》2022 年第 5 期，第 9~38 页。

络，增大全球体系的不稳定风险。如将不同安全领域视为封闭环境，不利于应对这种熵增挑战。面对局部挑战需要从整体着眼，通过对领域、资源和行动主体的集成，实现安全管理与治理的目标。

将安全提升至国家战略和全球治理的高度，并不必然意味着狭义、负面的"安全化"倾向，但也需处理好安全的边界与度。"安全化"的基本观点认为，当某一个主体面临"生存威胁"时，政府所采取的包括非常手段在内的应对措施便拥有更大的合法性与正当性，这一涉及不同公共议题"安全化"的过程便可能导致过度政治化与政府公权力滥用的风险。[①] 而安全化后的议题则可能成为维护这一权力扩张的威胁基础。若过度安全化成为公共治理标签，则权力的约束机制确可能受到侵蚀。"安全化"理论的担忧有其合理性，需避免过度安全化，但对于安全化的过度焦虑与排斥则可能忽视不同场域、层次和主体在安全议题上的平衡关系，忽视不同安全主体的需求差异。这样便更加不利于安全治理的总体统筹。

与此同时，由于政府与社会在资源动员与调配方面各有优势，需对具体安全领域的权责与分工加以细化，避免"沦为泛化的安全话语，无法成为治理内容"。[②] 21 世纪的全球化演进和挑战、新技术变迁的冲击与影响以及多元行为体的复杂互动，诸多因素共同推动了安全挑战与治理的总体化、复合化和融合化趋势。

国家安全学的学理搭建仍处在起步阶段，目前呈现百花齐放、百家争鸣的局面，这对推进国家安全研究具有积极作用。与此同时，现有诠释体系也存在逻辑性、体系性和自洽性参差不齐的情况。在政策层面，十多个安全领域的划定兼顾了逻辑与政治、体制、政策关切的选择，体现了交叉性，具有政策指导意义。而学理探讨则不能停留在罗列领域，需对总体性进行深入阐述，对融合、整合、复合的特征进行体系化探讨，这样才能完成贯彻总体国家安全观、搭建学理体系的使命。目前，不同诠释和理论建构方案在传统与非传统、旧与新安全环境的差异方面取得了不同程度的共识，且较多为从领域角度入手的学理和学科底层架构诠释探讨。但在具体的领域划分与领域间关系方面存在诸多差异。

① Barry Buzan, Ole Wæver, and Jaap de Wilde, *Security: A New Framework for Analysis*, Boulder, Colo: Lynne Rienner Pub, 1998.

② 杨华锋：《论国家安全学科建设与发展的若干问题》，《情报杂志》2020 年第 7 期，第 3 页。

第一个差异在于领域分类。不同诠释方案的分类基础并无本质差异，绝大多数都基本遵照总体国家安全观的指导进行划分及拓展。虽有个别诠释方案进行了较大幅度调整，如依照现有学科领域并对每个领域附加安全相关研究及实践探索，其内核依然是既有共识所指向的多领域划分方式。但在应纳入哪些具体领域方面，则存在思路上的差异。领域分类可以表现为以下四种。

第一，一种领域划分方式从国家安全自身的边界与内涵着手。这类观点分为强调纵向历史观与横向边界观两种路径。历史观路径强调安全与国家共同发展过程中的相生关系。[①] 边界观重点在于国家安全与其他安全的关系，如全球安全、国际安全、公共安全。[②] 不同的分类方式既体现了不同学者的思考，也反映了学科差异的自然偏重。这种界定方式为思考国家安全的内涵与边界铺垫了必要基础，但并未充分解释边界属性的内在逻辑。

第二，强调超越国家安全自身的边界进行定义。如将自然领域与社会领域加以区别，将国内情势与国外环境进行区分。[③] 在此基础上，安全领域的拓展弹性得到近乎无限的延伸，但同时也模糊了"国家安全"本身的界限。这种分类基础的背后还存在一些关于学科发展更具颠覆性的建议，如将国家安全作为学科门类进行建设而非仅停留在学科层面。这种泛安全化的趋向固然强化了"安全"的重要性，却可能同时降低安全作为政策和学理框架的指导性、指向性与可操作性。[④] 如此过于泛泛的安全化，实则可能与总体国家安全观和现实安全要求相抵触。[⑤]

第三，分类基础与国际惯常使用的传统—非传统安全分类没有本质差别，将以国家为行为及目标主体的安全领域，如政治、经济、军事等列为传统安

---

① 李文良：《国家安全学：研究对象、学科定位及其未来发展》，《情报杂志》2021 年第 8 期，第 9~16 页。

② 孔锋等：《国家安全学：从理解核心概念到设计发展路径》，《中国应急管理科学》2020 年第 1 期，第 14~26 页。

③ 刘跃进：《论"国家安全学"的门类地位与"情报学"一级学科问题》，《情报杂志》2020 年第 10 期，第 1~5 页。

④ 关于安全门类的讨论，参见刘跃进《论"国家安全学"的门类地位与"情报学"一级学科问题》，《情报杂志》2020 年第 10 期，第 1~5 页；梁怀新《交叉学科门类下国家安全学一级学科建设路径分析》，《情报杂志》2021 年第 5 期，第 50~56 页；颜烨《安全学：基于总体安全观的学科门类战略探索》，《中国软科学》2019 年第 7 期，第 161~171 页。

⑤ 马振超：《坚持系统思维，构建大安全格局》，《人民日报》2021 年 1 月 28 日，第 1 版；张超、吴白乙：《"泛安全化陷阱"及其跨越》，《国际展望》2022 年第 2 期，第 19~35 页。

全，将其他以社会、人员以及新政策和技术领域为行为及目标主体的领域列为非传统安全。①

第四，分类方式对安全领域本身进行模糊化处理，用大安全概念，为安全的覆盖范围给予最大自由度。② 这种分类是与政策基本阐述最为接近的，但从学理扩展角度而言，操作性较低。例如，一种方式是在允许安全领域灵活度的前提下从环境、关系和功能三个层面对不同领域进行再归类，但是不同类别中的基本要素只是对政策层面领域划定的复述。

以上分类方式具有一个共通点，便是在安全主体、安全场景和安全实现方式等问题上可将划分体系与维度进一步清晰区分。这一细化工作是下一步深入学理探索的前提。

第二个主要差异是对于不同领域间关系的理解方式的差异。由于对于第一个问题的处理方案各有特点，在处理领域关系时，各种诠释方案同样存在不同侧重。一种观点认为，在领域中存在主次之分，如存在核心安全领域、重点领域以及潜在可列入安全范畴的领域；③ 另一种观点则认为，现有主要安全领域之间不存在明确的主次之分，而是相互联系、不断变化，甚至相互影响、渗透与转化。④ 对于新领域的看法，有些观点进行了模糊处理，另一些则着重强调安全向非传统、非政府相关领域进行扩展。由于在领域分类问题上的处理尚在初级阶段，在领域关系问题上，目前的学理阐释也仍有很大的优化空间。所有方案均呼应了总体国家安全观强调的"统筹"，将其列为最为重要的方法，但是如何进行学理和政策呈现，重点难点问题如何定位，多数方案尚停留在原则宣示阶段。

---

① 毛欣娟：《论当前我国国家安全学学科建设中的几个基本问题：基于中国知网的相关数据分析》，《北京警察学院学报》2020 年第 1 期，第 114~116 页。
② 杨华锋：《论国家安全学学科建设与发展的若干问题》，《情报杂志》2020 年第 7 期，第 1~6 页；王秉：《安全哲学与通俗的对话：关于通俗表达安全科学原理的思考》，《安全》2021 年第 6 期，第 1~8 页；孔锋：《国家安全学：从理解核心概念到设计发展路径》，《中国应急管理科学》2020 年第 1 期，第 14~26 页。
③ 冯维江、张宇燕：《新时代国家安全学：思想渊源、实践基础和理论逻辑》，《世界经济与政治》2019 年第 4 期，第 154~155 页。
④ 杨华锋：《论国家安全学学科建设与发展的若干问题》，《情报杂志》2020 年第 7 期，第 1~6 页；刘跃进：《论"国家安全学"的门类地位与"情报学"一级学科问题》，《情报杂志》2020 年第 10 期，第 1~5 页；叶剑、周琳媛：《略论国家安全学学科建设的三个逻辑》，《法制与社会》2019 年第 7 期，第 202~203 页。

总体而言，既有的学理诠释已做出多种尝试，取得颇丰成果，但挑战依然显著。主要问题在于部分现有方案在本体论层面多呈现较强的机械论（mechanicalism）和还原论（reductionism）特征。机械论体现在安全领域类属、划分层面，现有方案较多聚焦于对不同安全领域进行排列、组合，对其内在联系的探讨多停留在分类工作本身，传统分类并非不能回答部分的领域类别特征问题，但却很难在学科的统筹高度对不同领域给予清晰定位。

还原论的体现则是多数诠释倾向于将国家安全分解为独立个体领域，将国家安全视为领域"拼盘"，缺乏融合、集成与复合的整体论视角，缺乏对子领域交叉并延展之后可能形成的融合、迭代、异化与同化进行探索，实则忽略总体性的要求。对于整体与部分的关系而言，机械论与还原论视角使学理建构缺乏对总体安全领域、议题与政策演进过程的把握能力，缺乏从演化视角进行认识和研究方法建构的指导。

针对这方面的缺陷，已有研究做出了突破，在安全性质、安全预期与安全管理方面拓展了进一步思考与讨论的空间。在安全性质方面，安全长期被普遍假定为一种状态，包括主观与客观维度。由于总体国家安全所牵扯的复杂互动，除了状态属性之外，还可被视为一种过程。在安全预期方面，越来越多的研究都在强调广义安全、大安全格局对于应对不稳定性、不确定性的必要性，这些观点的内核都在不同程度上指向熵增与失序的可控性。在这两个方向上，目前学术界从研究对象与领域界定、领域间关系和发展趋势等方面提出了诠释方案，而这些方案在不同程度上都指向了系统视角的学理建构，超越了机械论与还原论。① 具体而言，这些讨论包括四种类型。

第一，强调横向连接性。② 这种观点突出了安全视角与传统学科领域相比所具有的综合性、开放性和联动性，但是尚未给出具体关联方式。

第二，强调纵向联通性。③ 这种观点强调大安全格局的形成并非单纯政府高层意志和顶层设计的实现，而是由上而下各层面的共同事业。

第三，强调整体性与个体性的统一。④ 一方面，这种统一性体现在新安全

---

① 如从系统的政策话语诠释角度，参见董春岭《系统思维视域下的总体国家安全观》，《国家安全研究》2022年第4期，第15~30页。

② 如李文良的"横切延伸性"观点，参见李文良《国家安全学：研究对象、学科定位及其未来发展》，《情报杂志》2021年第8期，第9~16页。

③ 马振超：《坚持系统思维，构建大安全格局》，《人民日报》2021年1月28日，第1版。

④ 杨华锋：《论国家安全学科建设与发展的若干问题》，《情报杂志》2020年第7期，第1~6页。

格局视域下的安全主体，既强调自上而下为主的治理效能，也强调自下而上为主的安全价值；另一方面，安全的研究存在学科之间的整体性与个体性统一，基于传统学科边界内的研究与认知，但更是超越并整合长期以来科研分工传统下的各个独立"王国"。

第四，强调世界观、认识论和方法论的整体性。[①] 这种意见强调国家安全整体性中的动态、开放、相对、共同和统筹属性。

这种系统转向对突破机械论、还原论的影响至关重要。国家安全学学科的学理建构可继续推动从自发向自觉的复杂系统转向，对于国家安全的总体性所必然要求的非机械和非还原逻辑进一步深挖。对于新安全格局所强调的融合性、对传统学科接合部真空的填补、对多安全领域统筹来说，复杂系统视角提供了一种方案。[②]

二 国家安全的系统本体论

国家安全学对安全的总体性、领域的统筹性、学科的复合性具有很高要求，需要探索跨学科、融学科甚至超学科的路径。从科学哲学与学科本体论的层面来看，基于总体安全或"大安全"思想的安全体系具有多重来源，如哲学、系统论、控制论、信息论、经济学、管理学和政治学等，不同学理诠释体系偏重于不一样的源头。[③] 考虑到安全主体的多元性、安全领域的多样性、主体间和领域间交叉互动的复杂性，系统论的原理有助于"从国家总体安全的动态特征出发，从多尺度、多角度、多过程、多因素研究自然和人文方面构成

① 冯维江、张宇燕：《新时代国家安全学：思想渊源、实践基础和理论逻辑》，《世界经济与政治》2019年第4期，第154~155页；张宇燕、冯维江：《新时代国家安全学论纲》，《中国社会科学》2021年第7期，第140~162页。

② 在系统论基础上，另有系统之系统（system of system，SoS）的观点，一种翻译将其称为"体系"。由于系统之系统所强调的很多观点与大型复杂系统多有重叠，本文并不认为需要在学理内涵相通的基础上对概念进行叠床架屋，因而对此并不十分认同，仍以系统的概念体系进行分析。当然，这并不等于本文否认或不同意系统之系统观点中的要义，相反，对其主要观点，本文在阐述中是认同的。

③ 孔锋等：《国家安全学：从理解核心概念到设计发展路径》，《中国应急管理科学》2020年第1期，第14~26页。

的国家安全系统，建立国家总体安全目标体系，协同认识国家安全系统的要素"。① 从本体论的角度来看，系统论视角是对总体国家安全观关于总体性的有效回应。

复杂性问题是指整体由大量相对简单且相互作用的组元构成，组元之间的互动具有高复杂程度，无法通过简单线性的方式处理变量间关系。② 从部分或组元的状态、行为或运动中，难以预测整体的状态、行为或运动，即从组元到整体的过程是涌现性（emergent）的，不能用系统组元本身的特征及其之间简单线性的相互作用来解释。涌现论的基本观点认为如果组元缺乏某种性质，当它们被以某种方式组织在一起时，新的质变是可能出现的。虽然涌现论在自然科学界依然存在一定争论，但该路径为我们提供了理解复杂社会系统演化的有益视角，并较好地解决了前述外在结构和内在认知解释路径所存在的问题。③ 大型互动系统会不断达到自组织临界状态（self-organized criticality），在这个状态下，微小的事件或扰动便可能引发重大连锁反应。这种系统始终不会达到平衡，而是从一个亚稳态（metastable state）演化至下一个亚稳态。④ 这在包括安全相关的诸多议题研究中被反复证实。

复杂性科学的重要方向之一是通过打破既有学科藩篱与观念束缚，理解不同学科主要因素之间的相互影响方式，寻找不同系统之间的共通之处，实现传统学科边界的交叉与融合，该视角针对自牛顿以降的传统线性和还原论思

① 孔锋等：《国家安全学：从理解核心概念到设计发展路径》，《中国应急管理科学》2020 年第 1 期，第 20 页。

② Francis Euegene Yates, "Complexity and the Limits to Knowledge," *American Journal of Physiology*, Vol. 4, No. 3, 1978, pp. R201-R204.

③ 关于涌现论的介绍及支持意见，参见 Philip Clayton and P. Davies, eds., *The Re-Emergence of Emergence: The Emergentist Hypothesis from Science to Religion*, Oxford: Oxford University Press, 2008; Kim Jaegwon, "Emergence: Core Ideas and Issues," *Synthese*, Vol. 151, No. 3, 2006, pp. 547-559; Antonella Corradini and Timothy O'Connor, eds., *Emergence in Science and Philosophy*, London: Routledge, 2010; Jason Megill, "A Defense of Emergence," *Axiomathes*, Vol. 23, No. 4, 2013, pp. 597-615。对涌现论的批评，参见 Galen Strawson, "Realistic Monism: Why Physicalism Entails Panpsychism," *Journal of Consciousness Studies*, Vol. 13, No. 10, 2006, pp. 3-31; Patrick Lewtas, "Emergence and Consciousness," *Philosophy*, Vol. 88, No. 4, 2013, pp. 527-553。

④ Per Bak and Kan Chen, "Self-Organized Criticality," *Scientific American*, Vol. 264, No. 1, January 1991, p. 46. 更多有关"自组织临界"的叙述，参见 Per Bak, et al., "Self-Organized Criticality: An Explanation of 1/f Noise," *Physical Review Letters*, Vol. 59, No. 4, 1987, pp. 381-384; Per Bak and Maya Paczuski, "Complexity, Contingency, and Criticality," *Proceedings of the National Academy of Sciences of the United States of America*, Vol. 92, No. 15, July 1995, pp. 6689-6696。

维提供了替代路径。而安全学学科的设立也必然要求传统学科的交叉、集成与融合。中国的研究路径基本与世界同步，并逐渐形成了具有自身特色的理论与方法体系，但在社会科学领域的应用相对滞后。钱学森所倡导的系统工程与"开放的复杂巨系统"框架为中国的系统科学体系、复杂性研究奠定了基础。①

复杂系统宏观结构的自组织（self-organization）是一种涌现效应，其性质大于个体性质的总和，受到微观扰动的影响。正如美国复杂理论和非线性科学先驱约翰·霍兰德（John Holland）强调的，"整个系统的行为不能通过加总各组元的行为来获得"。② 涌现是复杂系统运行机制的内在固有属性。宏观结构与微观状态之间存在因果关系，但又不能还原至微观层面。因此，也可以认为，复杂性视角所反对的是绝对的还原论，却并不否认微观层面所具有的生成性。这在某些方面协调了整体论与还原论，对于社会科学的研究至关重要。

许多复杂系统具有自适应性，它们对环境做出反应，并以某种方式改变自身行为，以便保护或优化其功能，或使自身能够"生存"，即继续作为有组织的系统而存在。复杂自适应系统（complex adaptive system，CAS）处在秩序与失序之间，完全失去活性的系统可以在微小的扰动下更具活力，过于动荡的系统也可以通过组织性的加强而更加有序，复杂自适应系统通过学习与演化可以在混沌边缘稳定存在。

混沌与非线性并非语义层面所暗示的随机、不可知与失控。恰恰相反，在合适的干预和介入下，如对自然科学而言是数学和计算能力，对社会科学而言还包括政策设计与执行，系统的动态稳定是可以达到的。复杂自适应系统并不是由偶然性、随机性和无序性构成的世界。正如国家安全学在总体安全视角下通过学科建设与政策规划，对纷繁且可能存在矛盾的不同领域进行统筹与交叉，使安全的管理与治理更加可控。

需要注意的是，复杂性不应与中文语境下的另一种复杂或繁复（complicated）相混淆。相较简单系统，复杂系统具有较多的组成单元，繁复系统同样如此。但复杂系统与繁复系统的差别在于，后者可以表现为相对简单的线性

---

① 钱学森等：《一个科学新领域：开放的复杂巨系统及其方法论》，《自然杂志》1990 年第 1 期，第 3~10、64 页。

② John H. Holland, *Emergence: From Chaos to Order*, Reading, Mass: Addison-Wesley, 1998, p. 122.

过程，前者则是非线性的，后者不是自适应和涌现的，前者则具有这些特征，其过程无法被完全预测。以军事安全为例，若装备电路为简单系统，大型装备便可能是繁复系统，重大国防工程表现为复杂系统，国防体系更进一步表现为复杂自适应系统。

复杂系统的概念与视角在社会科学领域相对较新，但在哲学与自然科学领域发展已久并得到广泛使用。复杂性理论在很大程度上受到生物系统演化和运行的启发，并在流行病学和自然科学的研究中占据着重要地位。在社会科学如经济结构、金融风险、社会行为、政治投票等领域也有突出的理论与实践拓展。

作为复杂系统，安全环境是互动和自适应的，国家和其他行为体有能力在复杂的双边和多边关系中单独和集体应对关系和结构面临的新挑战。当这种平衡被打破时，国家和其他行为体能够寻求自组织对行为模式进行调整，恢复过去的平衡状态或获得有利于自身的状态变化。正如在任何复杂系统中一样，这些行为体必须适应变化以做到在新环境中取得成功。同时，过去的状态并不会消失于新环境，而是内嵌的涌现过程。[1]

安全能力的建设同样如此。如复杂自适应系统的客观影响和主动指导在美国军事力量的生成与变迁中非常关键，无论是组织、装备、条令还是军事计划的制订、执行与评估。这种影响在战略、战役和战术层面皆有体现。美国前任国防部长马蒂斯在作为联合部队司令部（United States Joint Forces Command，USJFCOM）司令时曾表示，联合部队司令部在训练、理论发展和教育中不会再使用与基于效果作战（EBO）、作战网络评估（ONA）和系统之系统路径（SoSA）有关的术语及概念。他谈道："混乱使战争成为复杂自适应性系统，而不是一个封闭或基于平衡的系统，这使得预测进而评估物理行动如何导致行为改变成为一项重大挑战。"[2]

作为国家安全研究的天然关联学科，政治学、国际关系学对于复杂性科学、系统理论的引入非常重视。复杂性理论正式整合入国际关系和世界政治

---

① Harry R. Yarger, *Strategy and the National Security Professional: Strategic Thinking and Strategy Formulation in the 21st Century*, Westport, CT: Praeger Security International, 2008, p. 33.

② Justin Kelly and David Kilcullen, "Chaos Versus Predictability: A Critique of Effects-Based Operations," *Security Challenges*, Vol. 2, No. 1, 2006, pp. 63-73.

的研究始于 20 世纪 90 年代初，但是，系统视角应用在实践指导早已有之。① 近十年通过复杂性方法来解释全球政治的努力显著增加。复杂系统理论突出了系统的非线性、自适应、共演化（co-evolution）、网络化和涌现性。这些概念越来越多地被国际关系学及相关学科应用于各种观察对象，包括全球治理、国际公共政策、国际安全研究、政治经济学与环境治理。虽然复杂性科学方法的应用仍然相对有限，但复杂性理论的概念、视角与框架为更好地了解和平、暴力、合作、系统不稳定和有效决策等问题提供了新的可能。

其中一类研究对政治学、国际关系学的路径进行宏观反思和批判，并提出关于新路径的构想。这类研究对诸如结构、能动者、稳定性与改变等概念的内涵进行探讨，对根源于牛顿物理的现当代国际关系研究进行革新尝试。机械论的本体论与认识论制约了人们对国际政治本质的理解，因而这些研究试图为国际关系理论带来某种"复杂性转向"，包括范式差异、复杂自适应系统特征、结构性现实主义对系统的忽视、国际政治中改变发生的机制、历史机制主义与牛顿范式的不相协调、合作出现的条件、不同政体的特征以及全球背景下国际治理挑战的互联互通性等。② 此外，"复杂性"视角也越来越多地被用于建构主义的拓展，包括采用非线性动力学（nonlinear dynamics）研究国际规范，将

① Morton A. Kaplan, *System and Process in International Politics*, New York: John Wiley & Sons, Inc., 1957; S. Janzwood and J. Piereder, *Complex Systems Approaches to Global Politics*, Oxford: Oxford University Press, 2020; C. E. Lindblom, "The Science of Muddling Through," *Public Administration Review*, Vol. 19, No. 2, pp. 79-88; J. W. Forrester, *Industrial Dynamics*, Cambridge, Mass: M. I. T. Press, 1961; E. S. Quade and W. I. Boucher, eds., *Systems Analysis and Policy Planning: Applications for Defense*, New York: Elseveier Science Publishers, 1968; Hugh J. Miser and Edward S. Quade, eds., *Handbook of Systems Analysis*, New York: North-Holland, 1985.

② Mathias Albert, et al., eds., *New Systems Theories of World Politics*, Basingstoke, UK: Palgrave Macmillan, 2010; Neil E. Harrison, ed., *Complexity in World Politics: Concepts and Methods of a New Paradigm*, Albany: State University of New York Press, 2006; Kai E. Lehmann, "Unfinished Transformation: The Three Phases of Complexity's Emergence into International Relations and Foreign Policy," *Cooperation and Conflict*, Vol. 47, No. 3, 2012, pp. 404-413; Lars-Erik Cederman, *Emergent Actors in World Politics: How States and Nations Develop and Dissolve*, Princeton, NJ: Princeton University Press, 1997; Robert Jervis, *System Effects: Complexity in Political and Social Life*, Princeton, NJ: Princeton University Press, 1997; E. Kavalski, ed., *World Politics at the Edge of Chaos: Reflections on Complexity and Global Life*, Albany: State University of New York Press, 2015; Antoine Bousquet and Simon Curtis, "Beyond Models and Metaphors: Complexity Theory, Systems Thinking, and International Relations," *Cambridge Review of International Affairs*, Vol. 24, No. 1, March 2011, pp. 43-62; 刘慧：《复杂系统与世界政治研究》，南京大学出版社，2011。

复杂性理论应用于国家认同和民族主义研究，以及通过复杂系统路径将国家本身重构为涌现现象，从不同系统对抗的角度来审视当前全球政治动荡等。[①]

从批判理论的谱系出发，人们对于复杂系统的态度是双重的。部分人认为系统论与批判理论天然契合度高，如福柯式（Foucaudian）方法与复杂系统概念在关于批判"危机"问题上的一致性，又如人与环境的关系、基于自生长概念的安全与金融共塑关系（co-constitution）等。[②] 不过，也有一种观点认为批判理论与体系论之间存在不协调的地方，例如，"韧性"（resilience）概念作为应对危机时的转型与自适应基础已与非批判理论合流，变为强调预测与控制。[③] 总体而言，它们在挑战机械论、还原论和线性论方面是一致的。

在宏观范式、理论讨论基础上，部分论述从系统角度对世界政治的大秩序进行了再刻画。这些观点认为全球体系本身便是复杂自适应系统，分别探讨了如聚合（assemblage）理论与复杂性理论的关系、沃勒斯坦世界体系理论与热动力学耗散结构及复杂系统论的相似和差异、批判实在论（critical realism）与复杂性理论在解释国际体系涌现方面的关系等内容。在这些研究中，具体如社会秩序、世界大国、全球性机制、改变的机制、世界政府以及韧性与持续性等问题均从复杂演化的路径得到阐释。[④]

[①] Mark Chinen, "Complexity Theory and the Horizontal and Vertical Dimensions of State Responsibility, " *European Journal of International Law*, Vol. 25, No. 3, 2014, pp. 703-732; Charles T. Hunt, "Emerging Powers and the Responsibility to Protect: Non-linear Norm Dynamics in Complex International Society, " *Cambridge Review of International Affairs*, Vol. 29, No. 3, 2016, pp. 1-21; Eric Kaufmann, "Complexity and Nationalism, " *Nations and Nationalism*, Vol. 23, No. 1, 2017, pp. 6-25.

[②] Erika Cudworth and Stephen Hobden, *Posthuman International Relations: Complexity, Ecologism and Global Politics*, London: Zed, 2011; Oliver Kessler, "Beyond Sectors, before the World: Finance, Securityand Risk, " *Security Dialogue*, Vol. 42, No. 2, 2011, pp. 197-215; Damian Popolo, *A New Science of International Relations: Modernity, Complexity and the Kosovo Conflict*, Farnham, UK: Ashgate, 2011.

[③] Doerthe Rosenow, "Dancing Life into Being: Genetics, Resilience and the Challenge of Complexity Theory, " *Security Dialogue*, Vol. 43, No. 6, 2012, pp. 531-547; Jeremy Walker and Melinda Cooper, "Genealogies of Resilience: From Systems Ecology to the Political Economy of Crisis Adaptation, " *Security Dialogue*, Vol. 2, No. 2, 2011, pp. 143-160.

[④] Robert Deuchars, "Deleuze, DeLanda and Social Complexity: Implications for the International, " *Journal of International Political Theory*, Vol. 6, No. 2, 2010, pp. 161-187; George Modelski, "Evolutionary Paradigm for Global Politics, " *International Studies Quarterly*, Vol. 40, No. 3, 1996, pp. 321-342; Debra Straussfogel, "A Systems Perspective on World-Systems Theory, " *Journal of Geography*, Vol. 96, No. 2, 1997, pp. 119-126; Maren Wagner, *Social Emergence in International Relations: Institutional Dynamics in East Asia*, Basingstoke, UK: Palgrave Macmillan, 2016; Alexander Wendt, "Why a World State Is Inevitable, " *European Journal of International Relations*, Vol. 9, No. 4, 2003, pp. 491-542.

此外，国际安全领域的研究大范围地应用了系统思维。自 20 世纪 80 年代，关于冲突与战争、军事组织、恐怖主义等国际安全研究便开始借鉴控制论（cybernetics）与混沌理论（chaos theory），二者是当代复杂性理论的基础，直至最近十年这两个切入点依然在被使用。此外，关于冲突管控与维和的研究也逐渐接受了复杂系统视角。这部分研究在愈加侧重本地因素的可持续维和研究中开始发挥学理与政策作用，其目的是将和平的维持与重建塑造为更加具有适应性的过程。[①]

在更广泛的公共政策与治理议题中，系统思维同样被认为具有较为普适的角色。这方面研究长期重视秩序、管理与预测，但随着实践领域行为体互动和议题领域交织的双重复杂程度不断上升，复杂自适应系统对于非线性政策过程、动态互动（dynamic interaction）与涌现政策结果的重视成为政策优化和相关学理探讨的重要支撑。在灾后响应、难民救助、气候变化、公共卫生治理等领域，无论是社会运动、政策干预，还是评估优化，都有复杂系统路径的应用。[②]

其中，环境与资源治理是被特别关注的领域。由于气候变化、生态破坏与退化、资源紧缺等问题与物理、自然环境紧密相关，与通过生态、生物学研究而崛起的复杂系统路径具有高契合度。但是，除了自然系统外，这些领域的治

---

① David S. Alberts and Thomas J. Czerwinski, eds. , *Complexity, Global Politics, and National Security*, Washington D. C. : National Defense University, 1997; Antoine Bousquet, "Complexity Theory and the War on Terror: Understanding the Self-Organising Dynamics of Leaderless Jihad," *Journal of International Relations and Development*, Vol. 15, No. 3, 2012, pp. 345-369; Sean T. Lawson, *Nonlinear Science and Warfare: Chaos, Complexity and the U. S. Military in the Information Age*, New York: Routledge, 2013; Gearoid Millar, "Toward a Trans-scalar Peace System: Challenging Complex Global Conflict Systems," *Peacebuilding*, 2019, pp. 1-18; Murray Wolfson, et al. , "The Nonlinear Dynamics of International Conflict," *Journal of Conflict Resolution*, Vol. 36, No. 1, 1992, pp. 119-149; Gregory G. Brunk, "Self-Organized Criticality: A New Theory of Political Behavior and Some of Its Implications," *British Journal of Political Science*, Vol. 32, No. 2, 2001, pp. 427-445.

② Jean Boulton, "Complexity Theory and Implications for Policy Development," *Emergence: Complexity and Organization*, Vol. 12, No. 2, 2010, pp. 31-40; Christine Brachthäuser, "Explaining Global Governance: A Complexity Perspective," *Cambridge Review of International Affairs*, Vol. 24, No. 2, 2011, pp. 221-244; Frank Gadinger and Dirk Peters, "Feedback Loops in a World of Complexity: A Cybernetic Approach at the Interface of Foreign Policy Analysis and International Relations Theory," *Cambridge Review of International Affairs*, Vol. 29, No. 1, 2016, pp. 251-269; Robert Geyer and Samir Rihani, *Complexity and Public Policy: A New Approach to Twenty-First Century Politics, Policy and Society*, London: Routledge, 2010; Just Haffeld, "Facilitative Governance: Transforming Global Health through Complexity Theory," *Global Public Health*, Vol. 7, No. 5, 2012, pp. 452-464.

理更呈现为社会和政治层面的复杂互动网络。诸如环境、资源领域的包容性治理（inclusive governance）、领域关联性、相关国际法体系等，都基于复杂自适应系统视角得到更为深入的探讨。[1]

与政治学、国际关系传统所强调的内容不同，在世界观、行为体类别、行为目的、互动过程和政策意涵等方面，系统路径都要求关注更具动态性、连续性和不确定性的概念体系。社会化系统的固有特征是产生复杂性，而社会化的能动者，无论是蜜蜂、人类还是未来的人工智能（AI），都深陷于相互联系的网络当中，在适应过程中，能动者通过联系相互影响。在学理基础概念方面，强调总体和统筹性的国家安全系统理论体系则有别于政治学和国际关系学等传统学科。例如，行为主体表现为复杂网络中的能动者甚至网络本身；能力基础不仅是权力或权威而是韧性与适应性；行动目标不仅为安全和利益，而是风险应对；互动与政策过程不再是线性可还原而是非线性和涌现性的；因果判断同样不再强调线性而是侧重共演化特征；国家能力不仅仅是综合国力，更是融合国力等。

国家安全的学理体系是由多维度、多层次安全领域相互联系与作用所构成的有机整体，需超越机械论和还原论。这一要求与中国传统战略思想中关于综合要素谋算的强调虽无承接性但有相似性，与克劳塞维茨以降西方军事战略学对不确定性与不可预测性的认知亦有关联，与钱学森"开放复杂巨系统"的要求更是存在学理上的谱系关系。[2] 这些不同的思想体系均强调以联系、复杂的思维从总体性出发，否定割裂看待组成部分或组元，同时避免因强调整体而忽略局部。

---

[1]　Emanuele Bigagli, "The International Legal Framework for the Management of the Global Oceans Social-Ecological System," *Marine Policy*, Vol. 68, 2016, pp. 155-164; Emilian Kavalski, "From the Cold War to Global Warming: Observing Complexity in IR," *Political Studies Review*, Vol. 9, No. 1, 2011, pp. 1-12; Rakhyun E. Kim and Brendan Mackey, "International Environmental Law as a Complex Adaptive System," *International Environmental Agreements: Politics, Law and Economics*, Vol. 14, No. 1, 2014, pp. 5-24; Jonas Meckling, "Governing Renewables: Policy Feedback in a Global Energy Transition," *Environment and Planning C: Politics and Space*, Vol. 37, No. 2, 2019, pp. 317-338; Richard Meissner and Inga Jacobs, "Theorising Complex Water Governance in Africa: The Case of the Proposed E-pupa Dam on the Kunene River," *International Environmental Agreements: Politics, Law and Economics*, Vol. 16, No. 1, 2016, pp. 21-48.

[2]　钱学森等：《一个科学新领域：开放的复杂巨系统及其方法论》，《自然杂志》1990 年第 1 期，第 3~10、64 页。

在复杂系统中，从组元到整体的过程正是涌现的表现，个体安全领域或子领域的组合并不能直接构成"大安全"，后者是前者交叉、融合演化的新产物。钱学森在对科学体系结构的论述中，阐发了由哲学而基础科学，进而技术科学、工程技术的系统层次划分，对于理解新安全格局下由领域划分至体系建构的过程具有启发性。① 国家安全的体系运行机制高度复杂，维度高，变量多，不同领域、领域接合部的变数更多。根据钱学森的系统工程理论，社会实践活动的复杂程度与其对顶层科学设计的需求程度是正相关的。这也正是总体国家安全观的前瞻性与必要性所在。

单纯研究系统局部，如总体国家安全观的包含领域，并不能使人们有效了解大安全的整体性质，把握新安全格局的统筹推进。还原路径无法处理从单个领域向总体安全过渡的演进，因为这样的涌现过程存在突出的非线性特征。复杂系统的例子包括大脑、多细胞生物、社会性的昆虫群落、生态系统、经济和人类社会等。总体国家安全观本体论核心的总体性体现了复杂系统的定位。

复杂系统中的联系与变化能够加速和加强复杂性，二者之间存在正反馈作用。这样的结果使能动者的互动及其结果变得高度非线性。安全场景由于其所包含领域、时空域、影响因素之复杂，属于典型的复杂社会化系统。认识这一系统，可以从复杂性的结构与过程两个维度展开。

三　国家安全的系统认识论与方法论

统筹是总体国家安全观的基本认识方向和实现方法，正如高水平安全与高质量发展的统筹，不同安全维度和领域间的统筹，维护和塑造国家安全的统筹等。而统筹的要求同样指向复杂系统视角的诠释与实践。

对于安全的认识方向是多元、多维的，从哲学、法学、政治学、常识、政策、习俗等各个角度皆可给出定义。但无论如何界定，安全的共通点是保持一种不受侵害、免于恐惧、有保障感的状态。这一状态同时存在客观条件与主观

---

① 钱学森：《我国今后二三十年战役理论要考虑的几个宏观问题》（1986 年 9 月 9 日在全军战役理论学术讨论会上的报告），载糜振玉编《钱学森现代军事科学思想》，科学出版社，2011，第 49 页。

认知两个维度。① 由主、客观安全与否所构成的不同组合状态，在不同领域场景下存在程度和质量差异。

如将安全视为不受威胁的客观条件，那么，通过物质力量或地位应可对安全予以保障，免受"实际"危险。但由于安全是对危险、焦虑、匮乏与恐惧等状态的否定，安全（与否）在很大程度上是主观心理感受，是一种认知体验，具有主观性与心理层面内涵。安全的需要包括对稳定性的渴望，对免受恐吓、焦虑和混乱折磨的需要，以及对秩序的偏好等。

从认知角度解构和重构现实，在很大程度上缘起于对实在论的怀疑。在安全相关学科的研究中，这表现为认知心理学的发展。② 无论是认知相符、认知失调等机制，对安全的威胁都可能受到客观事实与条件之外从知觉（perception）到认知（cognition）的干扰，出现破坏甚至违反理性的判断。③ 从个体到国家层面，决策个体或群体在实践中均可能基于心理过程放大或忽视实际安全威胁的强度与紧迫性，并采取不同的反应措施。

在主、客观两个层面上，无论是主观还是客观的安全状态都可保证一定程度的安全，而两者的组合则带来多种安全状态，分别为：双重确保，即主客观衡量的安全状态皆可满足；疏漏背离，即客观存在严重安全隐患甚至现实威胁，但主观认知并未正视威胁；焦虑背离，即客观层面的安全条件基本满足，但主观层面对于保障感的获取与维护缺乏信心。安全的确认需要在主客观层面上至少存在一个是肯定的，否则，便会出现安全的双重缺失，而此时也会引发国际与国内层面最为动荡的局面，同时也是政策变数最大的状态。此外，在主观与客观之间很难建立相互独立的区隔。

主、客观两个层面的安全状态凸显了认识安全的复杂性。无论是双重确保与缺失，还是焦虑或疏漏背离，四个状态之间又存在相互关联性，因为主观与客观的安全状态往往是内生关联的。这种条件适合通过复杂自适应系统进行进一步的认识，从而使我们更加准确地理解总体安全作为系统的面貌。

---

① Dan. Caldwell and Robert E. Williams, *Seeking Security in an Insecure World*, Lanham, Maryland: Rowman & Littlefield, 2016; 刘跃进主编《国家安全学》，中国政法大学出版社，2004。

② 尹继武：《认知心理学在国际关系研究中的应用：进步及其问题》，《外交评论》2006 年第 4 期，第 102 页。

③ W. J. McGuire, "Cognitive Consistency and Attitude Change," *The Journal of Abnormal and Social Psychology*, Vol. 60, No. 3, 1960, pp. 345-353.

（一）动态平衡认识论

基于复杂性的认识论范式反映了构成系统的各要素间关系。不同于机械论和还原论，复杂系统视角突出两点：首先，系统各组元之间相互作用具有非线性特征，例如，在因果关系中可存在非比例关系，"小因"可产生"大果"或确知的因导致意想不到的结果；其次，复杂系统具有自组织特性，由于相互影响的非线性和正反馈，系统在自组织过程中具有适应性和不可预测性。

这种不可预测性并不意味着在具体场景中，如国家安全或全球安全治理中，系统本身是不可管理和塑造的。恰恰相反，由于复杂系统是自适应的开放系统，它在物理意义上远离了热力学均衡（equilibrium），而形成耗散（dissipative）结构。[①] 这样的结构具有不稳定性，处在完全有序和完全无序之间的居间态，通过自组织与演化适应环境扰动，并产生涌现效果。因此，自组织的复杂系统能够自发演化出现非均衡的秩序，并非必然滑向失序。从这个意义上来说，国家安全学作为学科的出现，也是认知角度的自发自觉与政策角度正向干预与治理的自组织，而其效果便是抑制国家与国际安全滑向失序的均衡态。而安全的总体性则意味着其不能还原为各个局部安全领域自身状态及其相互作用的加总。

这种复杂自适应系统的特征也可以理解为循环因果（circular causality），即宏观-微观反馈回路（macro-micro feedback loop）。系统的总体秩序由各组元之间的相互作用而产生，而各组元相互作用又受总体秩序影响。正如总体国家安全由局部安全构成，而局部安全又受到总体国家安全的影响。

从无机物到有机体，从自然事物（如天气）到人为产生系统（如经济），从个体系统（如人体）到复杂的社会系统，都具有非线性的特征，最终行为和过程结果无法通过层级逐次向下的组元特性直接决定，组元与整体之间的关系无法线性预测，并非机械世界观可以回答的问题。安全战略与实践的形成，便由于多行为体、多层因素、多维互动和信息不充分不对称等特征，具有高度

---

① I. Prigogine, *From Being to Becoming: Time and Complexity in the Physical Sciences*, San Francisco: W. H. Freeman and Company, 1980; I. Prigogine and I. Stengers, *Order out of Chaos: Man's New Dialogue with Nature*, London: Flamingo Edition, 1984; R. Lewin, *Complexity: Life at the Edge of Chaos*, New York: Mcmillan, 1992; M. Mitchell Waldrop, *Complexity: The Emerging Science at the Edge of Order and Chaos*, New York: Simon & Schuster, 1992; Stuart Kauffman, *At Home in the Universe: The Search for Laws of Self-organization and Complexity*, Oxford: Oxford University Press, 1995.

的复杂系统特征。个体间互动复杂、微小扰动的影响巨大、互动结果往往取决于过程及其中的具体场景信息而非初始状态的线性推论。

线性视角依然能够解释许多现象，主要原因在于复杂结构中的因果传导机制中，非线性项可能是微不足道的，无法对整体演进结果造成影响。此时，线性机制便以非线性机制在相对简单情况下的一种近似得以被观察到，社会领域同样充满系统过程。当表现出机械性、还原性时，也可理解为非线性过程的近似。

总体国家安全作为复杂自适应系统，与其他类似系统一样具有结构和过程两种属性。其结构属性表现为"静态复杂性"（static complexity），包括系统内的连接性、多样性、组元间互动的强度与水平，呈现出网络状。静态复杂性是情境依存（context dependent）的，因为在结构层面的宏微观差异可能非常大，正如局部安全的需求与整体安全的要求可能是不同甚至相悖的。

其过程属性表现为"动态复杂性"（dynamic complexity），包括行为复杂性、因果过程、回馈机制、扰动与稳定、循环与时间尺度等问题。如果说结构层面的静态复杂性更强调整体与组元的关系以及涌现特征，那么，过程层面的动态复杂性则更侧重系统的自适应与演化。这一演化可能来自系统整体的自适应，也可能是系统内独立个体、组元的自适应。[①] 基于复杂自适应系统的结构与过程两方面特征，结合国家安全的系统属性，可以从几个维度对安全系统进一步细化认识，有助于更好地把握国家安全的整体性、交叉性与融合性。

在结构层面，总体国家安全观与学科导向的安全体系建设需要突出不同安全领域、因素和时空域的连接性、开放性与情境依存性。在过程层面，则需要认识新安全格局的自适应性、非线性演化以及这一演化所具有的复杂因果机制。

第一，在安全的结构连接性层面，总体安全的系统意涵表现在：时间、空间的局部安全或部分领域安全之间的关联比各局部安全本身更加重要；局部领域间网络需要以互通、合作来维持安全管理与治理的整体性；多元性显得格外重要，需要接受不同局部领域协调、互动方式的差异性，局部与整体在政策、资源协调方面的差异性。

---

① D. L. Harvey and M. Reed, "Social Sciences as the Study of Complex Systems, " in D. L. Kiel and E. Elliott, eds. , *Chaos Theory in the Social Science: Foundations and Applications*, Ann Arbor: The University of Michigan Press, pp. 295-323.

第二，在安全的结构开放性方面，总体安全的系统性意味着：局部措施的影响不仅局限于该时空域或安全领域，而会蔓延至其他局部甚至整体；局部的政策、行为、认知改变可对整体造成影响，而整体特征、事件与趋势又会影响局部状态。

第三，在安全的情境依存性方面：脱离具体场景的安全要求，即便在政治上多么正确，都是没有意义的；对安全政策的改变不仅影响子系统即局部安全领域实践，同时会改变安全的外部环境条件；安全政策与战略的调整需要首先确保外部场景空间允许变革的出现，而不能简单依靠政治或行政手段推动。在诸多安全场景中，这既是我党一直以来对杜绝简单粗暴和一刀切的要求，更是习近平总书记将权力关进制度的笼子的要求。

第四，在安全的系统过程方面，自适应性意味着：政策计划与策略设计需要避免刻板与缺乏变通的倾向，需要在局部之间、局部与整体之间相互作用的过程中允许重复学习与参与式的合作过程；需要接受不同安全政策与领域间存在的共时过程，保持制度与政策设计的连通性与韧性。

第五，安全的非线性过程意味着：政策过程需要考虑不同时空尺度的反馈机制，从而确定系统演进、政策效能的阈值；在非线性政策过程中确定多安全领域相互交织的反馈回路如何影响系统韧性。

第六，安全过程基于涌现性的复杂因果意味着：安全政策与结果之间并不能必然通过线性因果预估进行判断，需对安全领域间的互动关系给予足够关切；需要接受安全系统本质上的不确定性，避免试图通过技术、政策等手段实现绝对可控，高水平安全是可持续的动态演化过程。

复杂自适应系统能够通过有序、连贯的时空结构来适应连续的环境干扰，而不必然需要外部干预。仅仅基于其组成元素之间的相互作用，复杂自适应系统能够产生涌现的非线性结果。这一认识是复杂理论各流派的共识，包括耗散结构理论（Dissipative Structures Theory）、圣塔菲学派（The Santa Fè School）与自创生系统理论（Autopoietic Systems Theory）。

因此，在远离均衡和避免熵增失序的自适应系统中，安全政策的制定与规划不应过分强调绝对安全和控制，而应在充分承认局部差异和理解其互动的基础上，实现局部安全与总体安全之间的动态平衡。这种动态平衡不是绝对安全的简单对立面即相对安全，因为相对安全仍然可能是一种静态状态。动态平衡的安全首先是安全系统自然演进的结果，其次才是政策塑造与干预的体现。必要的正向干预有助于对冲失序风险，而过度干预则会破坏安全系统的总体性和统筹性，有悖于新安全格局对风险防范和体系韧性的要求。

（二）演化方法论

在牛顿-拉普拉斯（Laplace）以力学为一切运动本质为基础的世界观助产了启蒙时代之后，社会研究也采信并应用了线性、可还原的世界观。社会系统的种种愿景均基于一个基本假定，即政策结果完全可预测，能够根据公共利益的某种定义进行操控。20 世纪 20 年代，科学化公共行政的诞生便是这种世界观在现代公共政策实践与研究中的直接体现，强调机制化和理性管理基础上的公共政策结果是完全可预测的。[1] 与此类似，其后的凯恩斯经济学认为通过政治干预的宏观经济管理是可行且更优的。而诞生于 20 世纪 30 年代的斯金纳行为主义也是这种世界观的体现。[2]

这之后，科学家逐渐意识到线性观点的局限性。由于现代计算能力的发展，在其后的几十年，科学家已经能够挑战线性决定论持续了三个世纪的统治地位。取代线性主义、决定论和可预测性的，是一个充满不可预测和不确定性的复杂系统世界。今天，不仅物理学家和生物学家承认这是自然界的现实状态，社会科学学者也通过在诸如选举行为等现象中应用非线性动力学发现了社会现象的复杂系统属性。[3]

宏观社会作为自适应复杂系统具有耗散性。[4] 与生物和生态系统一样，社会系统作为远离平衡态的开放系统，在从无序到有序的演化中处在混沌边缘，热力学第二定律所描述的熵增在这种系统中不会必然引向系统失序，但同时系

---

① R. Denhardt, *Theories of Public Organization*, Belmont: Wadsworth, 1993.

② E. Elliott and D. L. Kiel, "Nonlinear Dynamics, Complexity, and Public Policy: Use, Misuse, and Applicability," in R. Eve, et al., eds., *Chaos, Complexity, and Sociology: Myths, Models and Theories*, Thousand Oaks: Sage Publications, pp. 64-78.

③ Brown Courtney, *Ballots of Tumult: A Portrait of Volatility in American Voting*, Ann Arbor: The University of Michigan Press, 1991.

④ D. L. Harvey and M. Reed, "Social Sciences as the Study of Complex Systems," in D. L. Kiel and E. Elliott, *Chaos Theory in the Social Science: Foundations and Applications*, Ann Arbor: The University of Michigan Press, 1997, pp. 295-323; J. H. Miller and S. E. Page, *Complex Adaptive Systems: An Introduction to Computational Models of Social Life*, Princeton: Princeton University Press, 2007.

统也并非锁死在超稳态，而是秩序与失序同时存在的状态。① 这样的结果，是在社会系统的演化过程中产生的更大的复杂性。非线性、自组织、涌现性和共演化等概念，在社会研究的场景之下，赋予系统与环境、能动者间、能动者与结构间等关系新的义涵。②

对于这种结构与过程中的不确定性，研究界与政策界在成规模使用系统方法之前并没有给予足够重视。但是近 30 年方法的进步为研究这种结构与过程提供了可能。第一轮方法的进步是主观概率（subjective probabilities）的引入。③ 第二轮方法的进步是大量借助分析模型、非线性动态系统模型、基于能动者模型（agent-based model，ABM 模型）、④ 元胞自动机（cellular automata）、突变（catastrophe）理论、分形几何（fractal geometry）、遗传算法（genetic algorithm）、神经网络（neural network）、无尺度网络动力学（scale-free network dynamics）、自组织临界性（self-organized criticality）和协同学（synergetics）等路径或方法。⑤ 传统的统计等数学方法难以处理非线性、多样性和演化等现象，而通过这些新方法，系统内部的微观机理得到了更清晰的描绘，进而宏观层面的演进也能得到更好的解释。⑥

---

① K. Bailey, "Beyond Functionalism: Toward a Nonequilibrium Analysis of Complex Social Systems," *British Journal of Sociology*, Vol. 35, 1984, pp. 1-18; T. Parsons and E. A. Shils, *Toward a General Theory of Action*, New York: Harper & Row, 1951; L. Von Bertalanffy, *General System Theory*, New York: Braziller, 1969; I. Prigogine, *From Being to Becoming: Time and Complexity in the Physical Sciences*, San Francisco: W. H. Freeman and Company, 1980; P. Ball, *Why Society Is a Complex Matter*, New York: Springer, 2012; K. Bailey, *Sociology and the New Systems Theory: Toward a Theoretical Synthesis*, New York: State University of New York Press, 1994.

② K. Bailey, *Sociology and the New Systems Theory: Toward a Theoretical Synthesis*, New York: State University of New York Press, 1994; N. Luhmann, "The Autopoiesis of Social Systems," in F. Geyger and J. van der Zowen, eds., *Sociocybernetics Paradoxe*, London: Sage, 1986, pp. 174-192.

③ M. G. Morgan and M. Henrion, *Uncertainty: A Guide to Dealing with Uncertainty in Quantitative Risk and Policy Analysis*, Cambridge: Cambridge University Press, 1992.

④ 对于 ABM 模型的中文称法，有多种版本，主要差异在于对 "agent" 的翻译。计算机科学领域通常将其称为 "智能体"，在其他领域还有 "主体" 等译法。考虑到 "agency" 在社会科学研究中的 "能动" 意涵，本文采用 "基于能动者模型" 或 "基于能动者建模" 的称法。

⑤ C. Cioffi-Revilla, *Introduction to Computational Social Science: Principles and Applications*, London: Springer-Verlag, 2014; S. E. Page, *The Model Thinker: What You Need to Know to Make Data Work for You*, New York: Basic Books, 2018.

⑥ J. Holland, *Hidden Order: How Adaptation Builds Complexity*, Massachusetts: Addison-Wesley, 1995, pp. 10-37; J. Holland and J. Miller, "Artificial Adaptive Agents in Economic Theory," *American Economic Review*, Vol. 81, No. 2, 1995, p. 360.

这些方法的效用要求实现多元方法的综合，也正对应了总体国家安全观对统筹安全领域的要求。钱学森曾从方法角度提出"综合集成"观点，即结合科学理论、经验知识、专家判断与数据计算，形成一种综合定量与定性的方法。其后有观点将其称为"综合集成"理论，这是不正确的，钱学森所强调的是一种方法。虽然在理解新安全格局时无须也无法照搬这些领域的做法，但通过"综合集成"的思路进行"开放复杂巨系统"研究，在诸多方面对交叉、复合、融合和应用导向的安全学学理构建有启发与实践意义。

由于安全学的实践性强，需要在传统方法路径如统计方法聚焦的相关性等问题之外，寻找更好的因果支撑，需要更好地理解系统本身及其运作方式、设计对系统进行干预的政策体系、规划并实施相应行动方案。通过前述方法，社科学者在传统个体同质性和群体为个体加总的方法之外建立了新的社会科学"实验室"，通过模拟的方法对各个安全领域的核心与重大问题，如贸易、疫情、移民、冲突等进行研究。[①]

相比以个体主义为本体论、认识论和方法论源头的传统西方社会研究，系统方法有助于更好地理解差异化个体能动者互动所带来的影响，特别是自组织、自适应过程中网络化结构的演变。包括军事安全、经济安全、社会安全等各个领域的研究，都在系统方法的使用基础上进一步准确还原了社会系统的不可还原性。这种方法路径不再以寻找均衡为根本目的。

例如，反恐领域的研究在学术和政策两个层面均通过复杂自适应系统的视角得到进一步的推动。[②] 具体而言，不同研究包括通过统计模型进行预测，并

① P. Checkland, *Systems Thinking, Systems Practice*, New York: J. Wiley, 1999; J. D. Sterman, *Business Dynamics: Systems Thinking and Modeling for a Complex World*, Boston: McGraw-Hill, 2000; Vincent. A. W. J. Marchau, et al., *Decision Making under Deep Uncertainty From Theory to Practice*, Cham: Springer International Publishing, 2019; D. G. Groves and R. J. Lempert, "A New Analytic Method for Finding Policy-relevant Scenarios," *Global Environmental Change*, Vol. 17, No. 1, 2007, pp. 78-85; Paul K. Davis, *Capabilities for Joint Analysis in the Department of Defense: Rethinking Support for Strategic Analysis*, Santa Monica: RAND Corporation, 2016; R. Klitgaard, "Engaging Corruption: New Ideas for the International Monetary Fund," *Policy Design and Practice*, Vol. 2, No. 3, 2019, pp. 229-242; P. K. Davis, et al., eds., *Social-Behavioral Modeling for Complex Systems*, Wiley, 2019.
② E. Elliott and L. D. Kiel, "A Complex Systems Approach for Developing Public Policy toward Terrorism: An Agent-based Approach," *Chaos, Solitons and Fractals*, Vol. 20, No. 1, 2004, pp. 63-68; E. Ahmed, et al., "On Complex Adaptive Systems and Terrorism," *Physics Letters*, Vol. 337, No. 1, 2005, pp. 127-129; A. Bousquet, "Complexity Theory and the War on Terror: Understanding the Selforganising Dynamics of Leaderless Jihad," *Journal of International Relations and Development*, Vol. 15, No. 3, 2012,

在时间序列数据中探寻特征形态、通过战略管理视角以及网络模型进行讨论。①目前，相关研究正在基于复杂系统路径本身向更深入的定性诠释发展，如对于相关行为体的认知过程的研究。这不仅有助于继续推动反恐研究，也将推动理解应用复杂系统数学模型的安全场景。

在前述方法中，得到较为普遍应用与发展较为成熟的方法为"基于能动者模型"。在这种方法中，在复杂系统中互动的个体与群体能动者被以人工能动者（artificial agent）表示，并通过预设规则行动。能动者的行为可以出现演化并对环境的改变进行自适应。这种模型与常见的基于理性行为假设建模（如博弈论建模）不同，它不对能动者的行动进行演绎推理。与此相反，此处的模拟对行为体的行为是不进行一般化描述或预测的。

不同于传统建模的均衡分析，"基于能动者模型"允许对更加复杂社会场景进行建模，能够对复杂系统的非确定性与涌现性进行呈现，即多次推演可能得到不同的结果，而非确定性的预测。在这种模型中，能动者的理性水平更加接近现实中的"有限理性"（bounded rationality）。"基于能动者模型"是一种自下而上的建模，每一个能动者的行为都被分别设定，相互之间可能存在非常大的差别。这些能动者的演化与自我学习行为可通过多种技术进行模拟，如遗传算法。②

这种模型的应用范围很广并催生了大量的新知与不同学科和领域的重要发展。如国际关系与战略学者所熟悉的托马斯·谢林（Thomas Schelling），其诺贝尔奖成就便是基于"基于能动者模型"对种族隔离形成的研究，即个体

pp. 345-369; Andrew Ilachinski, *Artificial War: Multiagent-based Simulation of Combat*, Singapore: World Scientific Publishing, 2004; Andrew Ilachinski, *Self-organized Terrorist-Counterterrorist Adaptive Coevolutions, Part I: A Conceptual Design*, Aleksandria: CNA Corporation, 2005.

① T. Sandler and W. Enders, "Applying Analytical Methods to Study Terrorism," *International Studies Perspectives*, Vol. 8, No. 3, 2007, pp. 287-302; P. Vos Fellman and R. Wright, "Modeling Terrorist Networks: The Intelligence," *Journal of U. S. Intelligence Studies*, Vol. 14, No. 1, 2009, pp. 59-66; P. V. Fell-man and Roxana Wright, "Modeling Terrorist Networks, Complex Systems at the Mid-range," in *Paper Presented at the Joint Complexity Conference*, London School of Economics, 2003; P. V. Fellman and Roxana Wright, "Modeling Terrorist Networks," *The Intelligencer U. S. Journal of Intelligence Studies*, Vol. 14, No. 2, 2009, pp. 59-68; M. Sageman, *Leaderless Jihad Terror Networks in the Twenty-first Century*, Philadelphia: University of Pennsylvania Press, 2008; J. Bohannon, "Counterterrorism's New Tool: Metanetwork Analysis," *Science*, Vol. 325, 2009, pp. 409-411.

② John H. Holland, *Adaptation in Natural and Artificial Systems: An Introductory Analysis with Applications to Biology, Control, and Artificial Intelligence*, Michigan: University of Michigan Press, 1975.

层面在不存在任何种族隔离倾向或偏好的基础上，复杂互动所带来的却是体系性、结构性的种族隔离结果。① 类似的研究在社会安全、意识形态安全、政治安全等领域仍然有重大参考意义。

由于对计算量要求很高，"基于能动者模型"在 20 世纪 70~80 年代的应用受到限制，但目前这一问题已不存在。不过这种方法依然有其突出的局限性。例如，基于"基于能动者模型"设计和假设，能动者有时会表现得很"蠢"，有限理性下的行为甚至可能显得完全不够理性。对"基于能动者模型"结果的检测非常难，这是由复杂系统演化本身的"非确定性"所决定的。此外，对于模型结果的功能，在理论方法与政策实践之间，需要抹平模型和实操之间关于解释与预测的认识差别。例如，在机器与数据的世界里，"解释"是指模型计算与数据吻合的能力，如果模型的计算结果与新数据也能够实现拟合，那么便称其具有"预测"力。

对于包括安全在内的政策场景，解释力是指提供能够被理解并实践的关于不同政策因素的因果关系，而预测力则表示模型及基于它的政策框架能够帮助我们预判未来的情况，包括政策干预使当前情况发生改变之后。② 在国际政治相关研究中，早期引入复杂系统原则的一批研究便使用了包括"基于能动者模型"在内的系统方法。这些研究对合作演化、军事冲突、政体与国家互动方式、长期敌对国家关系等问题进行了研究。③

通过复杂自适应系统的路径，"基于能动者模型"和其他研究方法已在与

① Thomas Schelling, "Dynamic Models of Segregation," *Journal of Mathematical Sociology*, Vol. 1, No. 2, 1971, pp. 143-186.

② O. Osoba and P. K. Davis, "An Artificial Intelligence/Machine Learning Perspective on Social Simulation: New Data and New Challenges," in P. K. Davis, et al., eds., *Social and Behavioral Modeling for Complex Systems*, Newark: Wiley & Sons, 2019, pp. 443-476.

③ Robert Axelrod, *The Complexity of Cooperation: Agent-Based Models of Competition and Collaboration*, Princeton, NJ: Princeton University Press, 1997; Thomas B. Pepinsky, "From Agents to Outcomes: Simulation in International Relations," *European Journal of International Relations*, Vol. 11, No. 3, 2005, pp. 367-394; Claudio Cioffi-Revilla and Mark Rouleau, "MASON RebeLand: An Agent-Based Model of Politics, Environment, and Insurgency," *International Studies Review*, Vol. 12, No. 1, 2010, pp. 31-52; Armando Geller and Shah Jamal Alam, "A Socio-political and Cultural Model of the War in Afghanistan," *International Studies Review*, Vol. 12, No. 1, 2010, pp. 8-30; Murray Wolfson, et al., "The Nonlinear Dynamics of International Conflict," *Journal of Conflict Resolution*, Vol. 36, No. 1, 1992, pp. 119-149; T. C. Warren, "Modeling the Coevolution of International and Domestic Institutions: Alliances, Democracy, and the Complex Path to Peace," *Journal of Peace Research*, Vol. 53, No. 3, 2016, pp. 424-441.

国家安全整体性视角紧密相关的诸多领域得到较为成熟的应用。这些研究很好地呈现了独立行为体、能动者与社会系统之间的差异与关系，凸显了系统在即便是简单重复的个体互动基础上依然表现出的涌现性、不可还原性特征以及难以准确预料的性质。

在从自发走向自觉的系统性安全研究中，善用、巧用相关具体研究方法，将有助于我们更好地把握总体国家安全观对于统筹的重视与强调。只有做好统筹工作，才能够将个体行为体、单一领域与总体安全环境态势的关系理顺，才能够更合理地把握政策平衡，更有效地统筹分配资源，更有机地应对并驱动总体安全的维护与塑造。

四 系统视角下的国家安全学理与学科

国家安全学和国家安全学理构建的一个重要使命是对传统安全领域之间的真空进行填补，有着鲜明的问题导向属性和天然的系统要求。从自发到自觉，系统视角为国家安全的学理建构提供了一种可能方案。这一方案依托较为成熟的系统理论研究和相关学科实践，更可为总体国家安全学理阐释中存在的挑战提供应对思路。

在陷于安全领域讨论的机械论和还原论问题上，系统论能够更加有效地回应总体国家安全观对于总体性和统筹的要求。通过系统论的本体论定位和认识论、方法论的应用，凸显总体性与统筹这两个关键，有助于做好底层理论的搭建工作，确保政治和政策上不会跑偏，学理上实现自洽。

此外，学理构建与学科建设是一体化工程，而系统视角有助于在学理探讨的基础上推动国家安全学学科建设。对学科动力、学科内涵和学科边界三个维度而言，国际安全的系统视角为承载新学科的建设提供了一种可能。

在学科动力方面，传统学科一般具有专属限定的研究领域，而国家安全学则不同。安全本身在学科角度而言更像是一种维度，渗透到不同传统学科中，而又不替代传统领域。因此，和一些传统学科不同，国家安全学的学科动力是兼有价值导向、问题导向和目标导向的。国家安全学具有明确的政治导向属性，并在这一导向基础上实现打通不同传统领域的安全维度要求，强调总体性和系统的统筹。国家安全学的问题导向要求对安全风险的辨识、归类和归因，对路径、技术与方法的归纳、比较和应用，克服传统领域机械组合下应对风险韧性的不足。而这些都指向明确的目标导向，即更好地在系统层面实现、维护和塑造安全。由于这三个导向，总体性和系统性的体现在规划和搭建过程中是先于局部科研和教学转向的。

在学科内涵方面，国家安全学的思想内涵是清晰而有力的，那便是总体国家安全观的指导。与此相对照的是，核心理论体系和知识图谱尚处在探索阶段，这也是学科建设的难点和突破点所在。回归本源上关于总体性的要求，依托具体安全领域却又突破机械的领域区隔、加强多元方法的系统集成与融合、形成统一而开放的学理内核，是目前学科建设过程中对学科内涵摸索建构的基本要求，也是系统视角的发力方向。避免机械堆砌和新瓶装旧酒，是国际安全学形成自身学科内涵的必然要求。

在学科边界方面，国家安全学本身也是一个系统，而这个系统很可能是"有限无界"的。有限既是指安全本身的非绝对性，也是安全作为学科的有限性。作为一种维度，新学科强调的是对传统领域在安全风险防控和可持续发展方面的保障，并非将传统学科或议题统统安全化。无限扩大安全的范畴或学科地位，既无必要也可能产生对安全学科的负资产。安全作为维度可以跨领域，但安全学科作为系统不可过载。无界是指国家安全学对既有学科藩篱的突破，是作为系统其内外环境场景中的因素互动，是系统视角下这一学科的开放性，也是基于传统学科的成长和创新性体现。安全连通而非替代传统领域，填补真空地带，具有开放性、成长性和创新性。内涵与边界之间存在辩证统一的关系。无限扩张的内涵必然挤压边界的空间，而边界的延展又会导致内涵的稀释。安全可以是无处不在的，但安全不可过载。这是安全和安全学作为系统良好运转的基础。

国家安全学的理论建构与学科建设是一体、统一的。与理论方面存在的情况类似，在学科指向方面，目前国家安全研究的学科定位、标准、方法乃至人才培养途径等问题均尚不明确。这与学理体系搭建和学科建设处在初级阶段有一定关系，也与前述理论建构过程中所存在的挑战和问题有关。系统视角下的探讨或可成为一种理论与学科搭建所需深入、精细与体系化的支撑方案。

结　语

"总体国家安全观"为安全实践与研究的未来指明方向，同时也为相关学科发展、学理构建提出更加复杂、综合与集成的思想与理论要求。构建新安全格局意涵下的国家安全学学科体系，需要在当前学理阐释基础上完成从自发向自觉的复杂系统转向，需要强调整体、复合、融合的研究路径，这既是借鉴国外相关学科发展的经验使然，更是我国自身安全环境与目标的要求。

面对安全内涵的深入、外延的扩展，系统视角能够提供不同领域多维、多元、多尺度异构问题的集成可能。这样不仅可以更好地厘清领域间底层关系逻辑，也有助于更好地辅助运筹与决策，避免新议题领域出现而带来的资源协调、政策叠床架屋和效率损耗问题，增强整体性的安全统筹协调。

复杂系统视角基础上的安全学理构建，有助于从本体论、认识论和方法论的层面兼顾总体安全的宏观体系化与微观精细化，突破现有学理框架处理高维度集成安全问题时的短板；有助于提高总体国家安全框架的迭代能力与扩展性，在中长期安全议题的演变过程中，基于领域、事态、实现等方面的发展与改变，将学理基础性研究和政策体系迭代更好地结合。

新安全格局下的任何安全都不再仅是状态，同时也是一种过程。在远离均衡和避免熵增失序的自适应系统中，安全政策的制定与规划应在充分承认和理解不同组元特征与互动方式的基础上，实现局部安全与总体安全之间的动态平衡。复杂自适应视角及其实践有助于人们在对多安全域和主客观安全认知方面取得更好的平衡，避免安全干预的缺失与过度安全化倾向两种极端情况。动态平衡是安全系统自然演进的趋势，也是政策介入与学理塑造的结果，在这一开放系统中，无论是学理阐释还是政策响应都应避免对绝对安全和绝对控制的追求，保持足够的弹性、韧性与适应性，这也是总体国家安全观在国家安全研究乃至社会科学哲学层面的深远指导意义。

（本文原载于《国际政治研究》2023 年第 1 期，收录本书时略有修改。）

二

国外的国家安全研究

第七章

霸权的护持：冷战时期美国的
国家安全研究

于铁军

在美国，安全研究通常被看作国际关系学的一个主要分支领域（另一个主要分支领域是国际政治经济学）。[①] 而国际政治和国际关系学作为一门学科的成立，通常以1919年第一次世界大战结束之后，在英国威尔士大学最先设立世界上第一个国际政治讲座教授的职位为标志。之所以设立该讲座教授的职位，首要原因是第一次世界大战所造成的巨大灾难性后果。可以说，探求战争的原因和维持和平的条件，直接推动了国际关系学科的成立，并且使得战争与和平问题在后来一直居于国际关系研究的核心位置，而"安全"

---

① 国际关系学中的"安全研究"（security studies），广义来说，包括国家安全、国际安全、跨国安全、地区安全、全球安全、人的安全和非传统安全（与传统安全相对）等范畴；狭义的安全研究一般主要包括国家安全、国际安全、跨国安全和地区安全研究，通常与军事力量的使用或威胁使用、战争研究及防务研究密切关联，故又被称为"战略研究"（strategic studies）。在当前西方学界，通常把战略研究看作安全研究的一个组成部分，把安全研究视为国际关系学的一个组成部分，而把国际关系学又视为政治学的一个组成部分，参见 John Baylis, et al., eds., *Strategy in the Contemporary World*, 5th edition, Oxford: Oxford University Press, 2016, p. 13。本文主要讨论美国的国家安全研究和教学状况，为行文方便，除非需要特别予以区分的场合，否则将按美国的通常做法，一般不对安全研究、国家安全研究、国际安全研究与战略研究做严格的区分，而是统一称作国家安全研究，尽管这些概念在内涵和外延上有所区别，参见 Richard H. Shultz, Jr, Roy Godson, and George H. Quester, eds., *Security Studies for the 21st Century*, Washington and London, Brassey's, 1997, pp. 1-3。也有学者认为，安全和战略研究更适合被视为政治学中和国际关系学科并立的一个研究领域而非其中的一部分，参见 Robert Ayson, "Strategic Studies," in Christian Reus-Smit and Duncan Snidal, eds., *The Oxford Handbook of International Relations*, Oxford: Oxford University Press, 2008, pp. 558-559。

这一概念在第一次世界大战后也开始出现在国际关系和国际法的文件中。①

第一次世界大战结束后的 20 年，是国际体系动荡不定的 20 年，用 E. H. 卡尔的话来说，是"危机的二十年"。到 1939 年，又爆发了第二次世界大战。在战争前夜和战争中，各国的国防事务和外交事务较之和平时期更加紧密地联系在一起。如何动员全民的力量，采取政治、经济和军事等各种手段来应对国家所面临的迫在眉睫的威胁，保证国家的生存，捍卫自身的价值观和生活方式，并战胜强大的敌手，成为各国尤其是大国共同关注的问题，国家安全的概念由此应运而生。②

在第二次世界大战"总体战"及战后接踵而至的美苏冷战的背景下，"国家安全"的概念逐渐得到广泛的运用，尤其是在 1947 年美国《国家安全法》通过并随之建立国防部、中央情报局和国家安全委员会等一系列国

---

① 在 1920 年生效的《国际联盟盟约》及其后签署的一系列国联文件如《布拉格备忘录》中，都曾提到"安全"问题。此处的"安全"概念，实际上是作为"和平""没有战争""没有外部侵略"的同义词而使用的，表明经过第一次世界大战之后，人们开始将预防甚至制止战争作为国际社会努力的重要目标。

② 国内学界一般认为，美国著名记者和专栏作家沃尔特·李普曼在其于 1943 年出版的《美国对外政策：共和国之盾》一书中首次提出"国家安全"的概念，但实际上，普林斯顿大学教授爱德华·米德·厄尔（Edward Mead Earle）对"国家安全"概念的使用及辨析均要早于李普曼。在 1940 年前后发表的多篇文章中，厄尔便使用了"国家安全"这一概念。参见 Edward Mead Earle, "American Military Policy and National Security," *Political Science Quarterly*, Vol. 53, No. 1, Mar. 1938, pp. 1-13; Edward Mead Earle, "National Security and Foreign Policy," *Yale Review*, Vol. 29, No. 3, March 1940, pp. 444-460; Edward Mead Earle, "Political and Military Strategy for the U-nited States," *Proceedings of the Academy of Political Science*, Vol. 19, No. 2, Jan. , 1941, pp. 2-9. 尤为重要的是，厄尔于 1939~1943 年（尤其是 1941 年）在普林斯顿大学开设战略讨论班时，和他的"军事研究小组"的同事一起对"国家安全"概念的内涵和外延进行了相当系统的讨论，其观点直接影响李普曼以及曾任美国海军部长和首任国防部长的詹姆斯·福雷斯特尔（James Forrestal）等美国国家安全权势集团中的人物。参见 David Ekbladh, "Present at the Creation: Edward Mead Earle and the Depression-Era Origins of Security Studies," *International Security*, Vol. 36, No. 3, Winter 2011/12, pp. 107-141; Dexter Fergie, "Geopolitics Turned Inwards: The Princeton Military Studies Group and the National Security Imagination," *Diplomatic History*, Vol. 43, No. 4, 2019, pp. 644-670; Andrew Preston, "Monsters Everywhere: A Genealogy of National Security," *Diplomatic History*, Vol. 38, No. 3, 2014, pp. 477-500. 关于国家安全，在国际关系学界并无普遍接受的定义。目前用得比较多的定义是阿诺德·沃尔弗斯（Arnold Wolfers）给出的，即认为国家安全"作为一个模糊的符号"，是指在客观上不存在对一国所拥有的价值的威胁，在主观上感受不到对这些价值将遭受攻击的恐惧，简言之，即客观上不存在威胁，主观上不感到恐惧。参见〔美〕阿诺德·沃尔弗斯《纷争与协作：国际政治论集》，于铁军译，世界知识出版社，2006，第 133 页。

家安全组织机构之后。与此同时，美国的国家安全研究也得到较快发展。在美国自身政治文化和历史传统的基础上，其与核武器与核战略、战争、外交决策等研究领域相融合，在现实中与各国的对外政策相互动，逐渐形成了一套较为系统的概念、理论和方法，并逐渐在大学和研究机构中站稳脚跟，成为国际关系学科中一个相对独立、自成一体的学术领域。冷战结束后迄今30余年，随着世界政治的不断变化和国际环境的日趋复杂，安全概念的内涵与外延也几经变化，美国安全研究的研究范围得到了很大拓展，研究视角更为多元，研究议题、研究范式和研究方法也变得难以清晰界定，许多问题目前仍处于争论中。[①]

国家安全作为一个概念抑或作为一个研究领域，其在美国出现得最早，其后在大学和智库的研究和教学工作中开展得最为广泛，迄今为止发表的研究成果最多、最成体系，在世界范围内的学术影响也最大，这一点在国际学界似乎没有异议。[②] 因此，尽管本文认为美国国家安全研究最重要的功能是护持作为

[①] 安全和战略研究在美国大学中的研究情况，参见于铁军《美国大学中的国际战略研究述评》，《美国研究》2009年第2期，第113~139页。西方学界特别是美国学界关于安全（战略）研究领域的学术考察，参见 Colin S. Gray, *Strategic Studies and Public Policy: The American Experience*, Lexington: The University Press of Kentucky, 1982; Colin S. Gray, *Strategic Studies: A Critical Assessment*, Westport, Conn: Greenwood Press, 1982; Joseph S. Nye and Sean Lynn-Jones, "International Security Studies: A Report of a Conference on the State of the Field," *International Security*, Vol. 12, No. 4, Spring 1988, pp. 5-27; Stephen M. Walt, "The Renaissance of Security Studies," *International Studies Quarterly*, Vol. 35, No. 2, June 1991, pp. 211-239; Richard H. Shultz, Jr., Roy Godson, and George H. Quester, eds., *Security Studies for the 21st Century*, Washington and London, Brassey's, 1997; Richard Betts, "Should Strategic Studies Survive?" *World Politics*, Vol. 50, No. 1, 1997; Steven E. Miller, "*International Security* at Twenty-five: From One World to Another," *International Security*, Vol. 26, No. 1, 2001, pp. 5-39; Robert Jervis, "Security Studies: Ideas, Policy, and Politics," in Edward D. Mansfield and Richard Sisson, eds., *The Evolution of Political Knowledge: Democracy, Autonomy, and Conflict in Comparative and International Politics*, Columbus: The Ohio State University Press, 2004, pp. 100-126; 〔英〕巴里·布赞、〔丹麦〕琳娜·汉森《国际安全研究的演化》，余潇枫译，浙江大学出版社，2011，以及《安全对话》杂志刊登的对该书的多篇讨论和批评文章，参见 *Security Dialogue*, Vol. 41, No. 6, December 2010。关于当今国外国际安全和战略研究的基本架构、议题、研究范式和方法，参见两部在国际上采用范围较广的教科书，〔英〕阿兰·柯林斯《当代安全研究》（第三版），高望来、王荣译，世界知识出版社，2016；John Baylis, et al., eds., *Strategy in the Contemporary World*, 5th edition, Oxford: Oxford University Press, 2016。

[②] 参见一位澳大利亚学者对战略研究领域的考察和评论。Robert Ayson, "Strategic Studies," in Christian Reus-Smit and Duncan Snidal, eds., *The Oxford Handbook of International Relations*, Oxford: Oxford University, 2008, pp. 558-575.

"自由帝国"（Empire for Liberty）① 的美国的全球霸权——这与世界上绝大多数国家的国家安全目标都迥然不同——但如果我们将国家安全理解为一种"一国防护其内在价值免受外部威胁的能力"，并进而将国家安全研究看作一个主要研究国家如何规划、决定和评估其旨在提高这种能力的相关政策的领域，② 那么，美国的做法对世界其他国家和地区的国家安全学的学科建设、课程体系建设和学术研究便仍然具有较大的参考价值。

美国的国家安全研究从第二次世界大战前后创生发展至今，其涵盖的范围和领域、发表的学术成果，以及各种相关制度设计和政策辩论，数量已极为庞大。本文作为一篇综述性文章，且受篇幅所限，只能考察冷战时期美国的国家安全研究和教学情况。即便如此，所论也难免挂一漏万，尚希读者谅解。关于冷战后美国的国家安全研究和教学情况，笔者将另文讨论。

关于冷战时期美国国家安全的研究和教学情况，本文拟分三个阶段做一个大致的历史梳理，具体包括：（1）20世纪40年代第二次世界大战前后美国国家安全研究的创生；（2）20世纪50~70年代初期美国国家安全研究与教学的兴起与衰落；（3）20世纪70年代中后期到1989年冷战终结期间美国国家安全研究与教学的复兴。在上述每一阶段，笔者将首先考察美国国家安全研究与教学发展变化的现实背景和学术脉络，然后概述其内容及重点。在结论部分，笔者将探讨冷战时期美国国家安全研究的特点与不足。

一 美国国家安全研究的创生（20世纪40年代）

在20世纪30年代后期前，"国家安全"这一术语在美国虽然也曾出现在一些场合，甚至在胡佛和富兰克林·罗斯福总统的演讲中数次被提及，但其主要含义是指个人的社会经济安全，这与今天这一概念的含义多有不同，且并非其演讲重点内容。③ 在第二次世界大战前，美国作为一个以自由主义为思想基

---

① Ernest May, "National Security in American History," in Graham Allison and Gregory F. Treverton, eds., *Rethinking America's Security: Beyond Cold War to New World Order*, New York: W. W. Norton & Company, 1992, p. 109.

② P. G. Bock and Morton Berkowitz, "National Security," in David L. Sills, ed., *International Encyclopedia of the Social Sciences*, Vol. 11, New York: The Macmillan Company & The Free Press, 1968, p. 40.

③ Andrew Preston, "Monsters Everywhere: A Genealogy of National Security," *Diplomatic History*, Vol. 38, No. 3, 2014, pp. 487-488.

底的国家，在除军事院校之外的普通高校中，与军事和战略相关的研究和教学是相当少见的。[①] 以使用武力或者威胁使用武力、管理武力，以及运用军事手段维护国家的生存为核心内容的"国家安全"概念，是在 20 世纪 30 年代后期随着希特勒德国和日本帝国在欧亚两端的侵略扩张和第二次世界大战的阴云逐渐笼罩美国时才出现的。1941 年 12 月，太平洋战争的爆发和美国最终参战，使得军事问题迅速成为政府和学者关注的焦点，从事相关研究的人员、相关研究成果开始增多，国家安全教学和培训项目在一些大学中也开始提上议事日程。

1940 年前后，以历史学家爱德华·米德·厄尔（Edward Mead Earle）为中心的普林斯顿大学"军事研究项目"（又称"普林斯顿军事研究小组"）率先对"国家安全"这一概念进行了较为系统的研究。[②] 经过小组成员之间相当激烈的争论，[③] 厄尔将"国家安全"概括为："一种事务的状态，在此状态下，国家的领土、政治独立、权利和重大利益不受来自国外任何严重侵略的威胁，也不受为外国控制或影响的内部势力的威胁。"[④] "国家安全"概念的提出，打

---

① 芝加哥大学与耶鲁大学的项目是这方面少有的例外。芝加哥大学国际关系和国际法教授昆西·赖特（Quincy Wright）领导的"战争研究"项目于 1926 年开始启动，旨在探讨导致战争的各种原因；后来美国国家安全和战略研究界的几位掌门人威廉·福克斯（William Fox）、伯纳德·布罗迪（Bernard Brodie）和克劳斯·诺尔（Klaus Knorr），均为芝加哥大学的毕业生。耶鲁国际问题研究所成立于 1935 年，成员包括尼古拉斯·斯派克曼（Nicholas Spykman）、阿诺德·沃尔弗斯（Arnold Wolfers）、弗里德里克·邓恩，后来威廉·福克斯、伯纳德·布罗迪和克劳斯·诺尔等也加入其中，阵容强大，是战前和战争期间大学中安全和战略问题研究的样板。1951 年，由于时任所长邓恩与新任耶鲁大学校长在研究和教学理念方面的分歧，研究所主要研究人员转移至普林斯顿大学，耶鲁国际问题研究所宣告解散。参见 Paulo Jorge Batista Ramos, "The Role of the Yale Institute of International Studies in the Construction of the United States National Security Ideology, 1935-1951," PhD diss, University of Manchester, 2003。
② 关于普林斯顿大学军事研究项目的情况，参见 Edward Mead Earle, "The Princeton Program of Military Studies," *Military Affairs*, Vol. 6, No. 1, Spring, 1942, pp. 21-26。
③ Dexter Fergie, "Geopolitics Turned Inwards：The Princeton Military Studies Group and the National Security Imagination," *Diplomatic History*, Vol. 43, No. 4, 2019, pp. 654-655. 该研究小组成员包括曾经撰写美国"命运天定"论代表性著作的外交史学家阿尔伯特·温伯格（Albert Weinberg）、历史学家菲利克斯·吉尔伯特（Felix Gilbert）、阿尔弗雷德·瓦格茨（Alfred Vagts）、哈罗德·斯普劳特夫妇（Harold and Margaret Sprout）等人。
④ A. K. Weinberg, "The Meaning of National Security," and Attached Comments, n. d. [September/October 1941], Edward Mead Earle papers, Box 33, Seeley G. Mudd Library, Princeton University, NJ, cited from Preston, "Monsters Everywhere," p. 495. 转引自 Andrew Preston, "Monsters Everywhere: A Genealogy of National Security," *Diplomatic History*, Vol. 38, No. 3, 2014, pp. 496-497。

通了平时和战时、国内事务和国外事务、国防和外交，以及有形的物质威胁和无形的价值观及意识形态威胁之间的界限，在当时有助于美国摆脱孤立主义，综合运用政治、经济、军事和社会力量应对来自国内外的各种挑战。富兰克林·罗斯福总统在其 1940 年底的一次"炉边讲话"中指出："这不是一次关于战争的炉边谈话……这是一次关于国家安全的谈话……我们必须成为民主的伟大兵工厂。对于我们而言，这是一种如同战争本身一样严峻的紧急情况。"①1943 年，沃尔特·李普曼在其战时出版的名著《美国对外政策：共和国之盾》中则对国家安全做了如下界定："当一个国家不必为避免战争而牺牲其合法价值，而在受到挑战时又能够通过战争来维护其合法价值时，这个国家就是安全的。"伴随着李普曼在舆论界的巨大影响力，"国家安全"的说法不胫而走，很快成为一个流行的术语。②

厄尔对战略和大战略概念在美国的讨论也有重要贡献。1943 年，厄尔在其主持的普林斯顿军事研究小组讨论成果的基础上，编辑出版了一部重要的战略思想史论文集——《现代战略的缔造者：从马基雅维利到希特勒》。在该书的前言中，厄尔将战略和大战略界定为："战略是控制和使用一个国家（或国家联盟）的种种资源，包括其武装力量的艺术，以便针对其实在、潜在或纯粹假想的敌人时能有效地促进和确保其至关紧要的利益。最高形态的战略——有时被称作大战略——是指这样的东西：它将国家的各项政策和各种军备如此地整合为一体，以至诉诸战争要么成为不必要的，要么以最大程度的胜利可能来付诸实施。"③ 保罗·肯尼迪认为，凭借这一定义，厄尔大大拓展了关于"大战略"的研究范围，将平时和战时的国家政策都包括进来。④ 在以后相当

---

① A. K. Weinberg, "The Meaning of National Security, " and Attached Comments, n. d. [September/October 1941], Edward Mead Earle papers, Box 33, Seeley G. Mudd Library, Princeton University, NJ, cited from Preston, "Monsters Everywhere, " p. 495. 转引自 Andrew Preston, "Monsters Everywhere: A Genealogy of National Security, " *Diplomatic History*, Vol. 38, No. 3, 2014, pp. 496-497。

② Walter Lippmann, *U. S. Foreign Policy: Shield of the Republic*, Boston, MA: Little, Brown and Company, 1943, p. 51.

③ Edward Mead Earle, "Introduction, " in Edward Mead Earle, ed. , *Makers of Modern Strategy: From Machiavelli to Hitler*, Princeton, NJ: Princeton University Press, 1943, p. Ⅷ.

④ 〔美〕保罗·肯尼迪：《战争与和平中的大战略：拓展定义》，载〔美〕保罗·肯尼迪主编《战争与和平的大战略》，时殷弘、李庆四译，世界知识出版社，2005，第 2 页。

长时间中，该书一直是美国战略研究领域中的重要教科书。①

在厄尔的推动下，普林斯顿大学出版社还出版了当时尚在普林斯顿任教的伯纳德·布罗迪（Bernard Brodie）撰写的《机器时代的海上力量》与《非专业人士海军战略指南》、② 斯普劳特夫妇撰写的《美国海军的崛起》和《迈向海权的新秩序》及其主编的教材读本《国家权力的基础》等。这些著作当时在美国海军中有很多读者，其中，《国家权力的基础》一书曾经作为教材在当时美国海军预备役人员的培训项目中广泛使用。③

厄尔在普林斯顿大学所开展的工作也推动哥伦比亚大学在 1941 年开设了一门名为"战争与国家政策"的跨院系课程，该课程以哥伦比亚大学教授格雷森·柯尔克（Grayson Kirk）为中心，并得到哥伦比亚大学以外学者的鼎力协助。④ 课程的教学大纲于 1942 年出版。⑤ 同年，作为"战争研究"项目的研究成果，芝加哥大学教授昆西·赖特（Quincy Wright）出版了两卷本的《战争研究》。⑥ 耶鲁国际问题研究所教授、美国"地缘政治"学派的领军人物斯派克曼出版了讨论美国对外政策的经典之作——《美国在世界政

---

① 该书即便在今天看来也仍然是一部战略研究的经典。此书后来由斯坦福大学教授彼得·帕雷特主持修订再版，参见 Peter Paret, ed. , *Makers of Modern Strategy: From Machiavelli to Nuclear Age*, Princeton, NJ: Princeton University, 1986。该书中译本参见〔美〕彼得·帕雷特主编《现代战略的缔造者：从马基雅维利到核时代》，时殷弘等译，世界知识出版社，2006。

② Bernard Brodie, *Sea Power in the Machine Age*, Princeton, N. J. : Princeton University Press, 1941; Bernard Brodie, *A Layman's Guide to Naval Strategy*, Princeton, N. J. : Princeton University Press, 1942.《非专业人士海军战略指南》后来多次再版，并改名为《海军战略指南》，中译本参见〔美〕伯纳德·布罗迪《海军战略指南》，王哲文等译，上海交通大学出版社，2015。

③ Harold and Margaret Sprout, *The Rise of American Naval Power, 1776-1918*, Princeton, N. J. : Princeton University Press, 1939, 该书中译本参见〔美〕哈罗德·斯普雷特、玛格丽特·斯普雷特《美国海军的崛起》，王忠奎、曹菁译，上海交通大学出版社，2015; Harold and Margaret Sprout, *Toward A New Order of Sea Power* , Princeton, N. J. : Princeton University Press, 1940; Harold and Margaret Sprout, eds. , *Foundations of National Power: Readings on World Politics and American Security*, Princeton, N. J. : Princeton University Press, 1945。

④ 参见 Gene M. Lyons and Louis Morton, *School for Strategy: Education and Research in National Security Affairs*, New York, N. Y. : Frederick A. Praeger, Publishers, 1965, p. 37; 厄尔本人在哥伦比亚大学获得历史学博士学位，其博士论文后来作为专著出版，参见 Edward Mead Earle, *Turkey, the Great Powers, and the Bagdad Railway: A Study in Imperialism*, New York：Macmillan, 1923。

⑤ Grayson Kirk and Richard Stebbins, *War and National Policy: A Syllabus*, New York: Farrar & Rinehart, 1942.

⑥ Quincy Wright, *A Study of War*, Chicago, Ill. : University of Chicago Press, 1942.

治中的战略》，① 同在耶鲁大学的沃尔弗斯和威廉·福克斯在此前后也分别出版了探讨第一次世界大战和第二次世界大战期间英国和法国相互冲突的对外战略的重要著作《两次大战之间的英国和法国》和《超级大国：美国、英国和苏联——它们对于和平的责任》。② 芝加哥大学、耶鲁大学、普林斯顿大学和哥伦比亚大学遂成为美国普通高校中国家安全与战略研究的先驱。

美国全面参战之后，庞大的战争机器发动起来。1942 年 8 月，"曼哈顿计划"正式启动，成千上万名科学家和工程师参与到核武器的开发中。与此同时，大学中的人文和社会科学学者也被广泛动员起来，以各种形式参与战争，运用自己的专业知识来帮助美国赢得战争，如后来成为日本研究经典的著作《菊与刀》，本来是哥伦比亚大学人类学家鲁思·本尼迪克特（Ruth Benedict）接受美国陆军的委托研究项目，为服务战后对日占领而对身居美国的日本侨民进行调查而产出的一项文化人类学研究成果。③ 哈佛大学历史系教授威廉·兰格（William Langer）在战时则加入中央情报局的前身"美国战略情报局"（OSS），担任分析研究处的主任，负责分析和研判敌国的相关情报。到 1945 年，仅在华盛顿工作的分析研究处的专业分析人员就有大约 500 人。④ 战争结束后，这些专业人员有的留在政府相关部门任职，但其中大部分又回到大学原来的工作岗位。战时参加战略和情报分析的经验，为这些学者战后从事国家安全相关研究工作打下了基础，⑤ 同时也促进了学术

---

① Nicholas J. Spykman, *America's Strategy in World Politics*, New York: Harcourt, Brace, 1942.

② Arnold Wolfers, *Britain and France Between Two Wars: Conflicting Strategies of Peace since Versailles*, New York: Harcourt, Brace, 1940; William T. R. Fox, *The Super-Powers: The United States, Britain, and the Soviet Union—Their Responsibility for Peace*, New York: Harcourt, Brace & Co. , 1944. 国际政治中"超级大国"这一术语便出自福克斯的这部著作。

③ 〔美〕鲁思·本尼迪克特：《菊与刀》，吕万和等译，商务印书馆，1990。

④ William L. Langer, "Scholarship and the Intelligence Problem," in Carl E. Schorske and Elizabeth Schorske, eds. , *Explorations in Crisis: Papers on International History*, Cambridge, MA: Harvard University Press, 1969, p. 332.

⑤ 美国"情报分析之父"谢尔曼·肯特战前是耶鲁大学历史系的教授，战争爆发之后加入战略情报局工作，战后先回到耶鲁大学，后长期任职于中央情报局。他于 1949 年出版的《战略情报为美国世界政策服务》一书是美国战略情报的奠基之作，为美国国家安全事务官员和情报人员的必读书。参见 Sherman Kent, *Strategic Intelligence for American World Policy*, Princeton, NJ：Princeton University Press, 1949. 该书中译本参见〔美〕谢尔曼·肯特《战略情报为美国世界政策服务》，刘微、肖皓元译，金城出版社，2012。

界和政府部门（包括军方）之间多方面、多层次的联系。战后初期美国大学中蓬勃兴起的区域和国别研究便大大得益于政府的大力推动、全国性学术组织如社会科学研究理事会（SSRC）的学术规划，以及各大公益基金会的财政支持。[①]

1945 年 8 月 6 日和 9 日，美国在日本广岛和长崎分别投下一颗原子弹，人类正式进入核时代。1946 年，当时已在耶鲁国际问题研究所任职的布罗迪主编出版了世界上第一部讨论核武器之国际政治影响的著作——《绝对武器：原子武力与世界秩序》。[②] 该书包含了布罗迪本人及沃尔弗斯、福克斯等人撰写的章节，是耶鲁国际问题研究所集体合作的成果。1949 年，布罗迪又在《世界政治》上刊发《作为一种科学的战略》一文，倡导将战略作为一个系统的领域加以研究，并认为战略研究是一门解决实际问题的工具性科学，其所使用的研究方法也应该是经济学所代表的那种"硬"方法。[③]

伴随着大战的结束，美国从一个内向型国家转变成为一个外向型大国，崛起于世界舞台。面对接踵而至的激烈的美苏全球竞争及军事技术的大发展尤其是核武器的出现，国家安全事务研究的需求不断扩大。美国的战略研究遂逐渐突破第二次世界大战之前基本为军人所垄断的局面，民间战略家（防卫知识分子）开始在美国国家安全的讨论与决策中发挥重要作用，美国军方对于非军人学者和学术研究的重视也上了一个新台阶。战后初期，美国国防部以及美军每一个军种都建立了自己的研究机构并吸纳大量来自大学的学者参与其中——空军建立了兰德公司（1948 年），陆军建立了运筹研究办公室（1948

---

① 关于 1943~1953 年美国地区研究的演进史，参见牛可《地区研究创生史十年：知识构建、学术规划和政治-学术关系》，《北京大学教育评论》2016 年第 1 期。关于战后美国"苏联学"研究的兴起，参见 David C. Engerman, *Know Your Enemy: The Rise and Fall of America's Soviet Experts*, Oxford: Oxford University Press, 2009。

② Bernard Brodie, ed., *The Absolute Weapon*, New York：Harcourt, Brace, 1946, 中译本参见〔美〕伯纳德·布罗迪等《绝对武器》，于永安、郭莹译，解放军出版社，2005。托马斯·谢林曾高度评价布罗迪，称他是那些以"设想不可能设想的事"为业的人（核战略家）中的"第一名——无论是从时间上来说还是从杰出程度上来说"。参见 Thomas Schelling, "Bernard Brodie (1910-1978)," *International Security*, Vol. 3, No. 3, Winter 1978-1979, pp. 2-3. 实际上，与《绝对武器》一书同年出版的讨论核武器战略影响的还有另一部著作，参见 William Liscum Borden, *There Will Be No Time: The Revolution in Strategy*, New York: The Macmillan Company, 1946, 并且这部著作也并不乏颇具洞察力和想象力的论述和分析，但现在已鲜为人知。

③ Bernard Brodie, "Strategy as a Science," *World Politics*, Vol. 1, Issue 4, July 1949, pp. 467-488.

年），海军建立了运筹评估小组（1942 年）和海军研究办公室（1946 年），①国防部稍后建立了防务分析研究所（1956 年）。这些研究机构的设立，拓展了以往军事研究的范围，密切了军队和学术界的联系，总体上也推动了国家安全研究的发展。其中，兰德公司的创立尤其具有标志性的意义，其对 20 世纪 50 年代美国战略研究尤其是核战略研究的贡献可能比当时任何一个大学都要大。②

对于学科发展而言，学术期刊也是非常重要的一个方面。这一时期有两家重要的国际关系期刊《国际组织》（1947 年创刊）和《世界政治》（1948 年在耶鲁大学创刊，后编辑部转至普林斯顿大学）相继创办。虽然这两本期刊主要是国际关系和世界政治的学术期刊，但刊发的论文很多都与国家安全和战略研究有关，对国家安全研究的推动发挥了重要作用。③

但对战后初期美国国家安全研究与教学推动最大、最直接的，还是"杜鲁门主义"出台和美苏开启冷战背景下 1947 年美国《国家安全法》的通过及"国家安全国家"（national security state）的建立。④ 根据《国家安全法》，设立了美国国家安全委员会和国防部，建立了参谋长联席会议和中央情报局。这些部门与既有的国务院共同构成了战后美国"国家安全国家"的主要架构。《国家安全法》第二条特别指出，"国会通过本法旨在为美国长远的国家安全提供一个综合性的计划；为涉及国家安全的政府部门、机构和职能部门在制定完整的政策和程序方面提供法律依据"等。⑤ 1947 年《国家安全法》的通过

① Harvey M. Sapolsky, *Science and the Navy: The History of the Office of Naval Research*, Princeton, NJ: Princeton University Press, 1990.

② 关于兰德公司，参见 Bruce L. R. Smith, *The RAND Corporation: Case Study of a Nonprofit Advisory Corporation*, Cambridge, MA: Harvard University Press, 1966; Alex Abella, *Soldiers of Reason: The RAND Corporation and the Rise of the American Empire*, New York: Harcourt, Inc. , 2008.

③ 1983 年，克劳斯·诺尔曾经将《世界政治》上历年刊发的有影响的论文汇编成论文集《权力、战略与安全》出版，所收论文均为安全和战略领域的论文，参见 Klaus Knorr, ed. , *Power Strategy, and Security: A World Politics Reader*, Princeton, NJ: Princeton University Press, 1983。

④ 关于"国家安全国家"及战后初期美国国家安全政策的讨论，参见牛可《美国"国家安全国家"的创生》，《史学月刊》2010 年第 1 期；Daniel Yergin, *Shattered Peace: The Origins of the Cold War and the National Security State*, Boston, MA: Houghton Mifflin Company, 1977；〔美〕梅尔文·莱弗勒《权力优势：国家安全、杜鲁门政府与冷战》，孙建中译，商务印书馆，2020。

⑤ 参见黄爱武《战后美国国家安全法律制度研究》，法律出版社，2011，第 231~232 页。《国家安全法》这部法律的名称以及将各种机构冠以"国家安全"的名义本身也说明了"国家安全"作为一个新兴概念的重要性。此前，国家安全所涉及的事务更多地表述为"军事事务"、"国防事务"、"外交事务"和"外交政策"。参见 P. G. Bock and Morton Berkowitz, "The Emerging Field of National Security," *World Politics*, Vol. 19, No. 1, October 1966, pp. 121-123。

和一系列国家安全部门的设置与调整，扩大了对于国家安全专业人才的需求，也为学术界、产业界和政府相关部门在国家安全问题上的合作创造了条件。

从第二次世界大战前到战后初期这一段时间，是国家安全研究在美国的创生阶段。在这一阶段，与美国的对外政策和世界战略相伴生，国家安全的概念、理论和议题从无到有，并获得初步发展。国家安全研究在美国学术界逐渐占有了一席之地，同时，也使得这一研究领域带有明显的政策科学属性，且与霸权护持、国防和武力的运用密切相关。这一特点既为国家安全研究带来了动力、活力和现实相关性，也给其作为一个学术研究领域带来了各种挑战，有时甚至会导致其误入歧途。

二　美国国家安全研究与教学的兴衰
（20 世纪 50 至 70 年代初期）

从 20 世纪 50 年代到 70 年代初，是美苏冷战不断加剧、之后又逐渐走向缓和的时期。北约和华约两大军事集团的建立、朝鲜战争、1952 年和 1953 年美国与苏联氢弹试验相继成功、1957 年苏联的"斯普特尼克"冲击、1958 年和 1961 年两次柏林危机、1962 年古巴导弹危机，以及 1964 年之后美国逐渐深陷越南战争，现实世界中美苏之间、东西方两大阵营之间此起彼伏的激烈竞争，使无论是美国社会大众还是专家学者对国家安全事务都给予了更大的关注。在这样一种大背景下，美国大学中的国家安全研究与教学快速兴起，进入所谓"黄金时代"，之后又随着越南战争期间民众对政府政策的失望及安全研究与政府之间的密切关系而饱受批评，并于 20 世纪 70 年代初期陷入低谷。

美国安全与战略研究的"黄金时代"主要是指 20 世纪 50 年代中期到 60 年代中期美国以核战略、威慑、军备控制和有限战争为中心的安全研究。[①] 与此前的时代相比，从军事技术方面来说，最显著的变化是核武器的出现和人类进入核时代尤其是热核时代。核武器的诞生、其所具有的巨大杀伤力，以及核

---

① 关于美国安全与战略研究的"黄金时代"的起止时间有多种说法，包括的内容也有所不同，此处取科林·格雷的说法，参见 Colin S. Gray, *Strategic Studies and Public Policy: The American Experience*, Lexington, Kentucky: The University Press of Kentucky, 1982, p. 45。

战争的梦魇促使各国政治家、军人和民间战略家们深入思考核条件下战争形态、战争方式甚至战争的性质等一系列问题。由于人类从未经历过核战争，① 所以，与以往战争不同，关于核战争的思考就其性质而言更多是抽象的、理论性的，而非具象的、经验性的，人们只能依靠核爆炸的各种技术参数来提出和验证核战争的各种假设，这使得关于核战略和威慑理论的讨论更适合运用演绎推理、博弈论和复杂计算，而非以前为军人职业所特别倚重的战场经验，从而使得智库和大学中从事安全和战略研究的专家学者比职业军人在战后美国国家安全战略的制定方面具有更大优势。②

在这方面做出重要学术贡献的民间战略家包括兰德公司的布罗迪、③ 数学家艾尔伯特·沃尔斯泰特（Albert Wohlstetter）和物理学家赫尔曼·卡恩（Herman Kahn），从普林斯顿大学转到兰德公司然后又转至麻省理工学院任教的威廉·考夫曼（William Kaufmann），从芝加哥大学转往约翰斯·霍普金斯大学华盛顿对外政策研究中心的罗伯特·奥斯古德（Robert Osgood），哈佛大学的基辛格和托马斯·谢林（Thomas Schelling），以及普林斯顿大学的克劳斯·诺尔和格伦·斯奈德（Glenn Snyder）等。④ 这些文人战略家考察了核威慑的含义和性质、设计了制止侵略行为和防止冲突升级为热核战争的各种替代性战略，并就如何控制武力的使用、如何发展核力量来维持美苏之间的相互威慑等建立起一套高度发达的理论。⑤ 由他们所发明的一系列概念，如"打击力量""第一次和第二次打击能力""军备竞赛的稳定性""相互确保摧毁""灵

---

① 美国在日本广岛和长崎投放的原子弹，由于不存在核交战，所以不属于严格意义上的核战争。

② 这方面常被援引的一个例子是，20 世纪 60 年代跟随麦克纳马拉到美国国防部担任要职的兰德公司的经济学家阿兰·恩托文在与一位将军争论核战争计划时反唇相讥说："将军，我打过的核战争和你一样多。"意思是关于核战争，军人并不比民间战略家有更多的经验。参见 Fred Kaplan, *The Wizards of Armageddon*, New York: Simon & Schuster, Inc., 1983, p. 254。

③ 布罗迪 1951 年转职到兰德公司，在那里一直工作到 1966 年。

④ 诺尔是耶鲁国际问题研究所 1951 年解散之后从耶鲁大学转往普林斯顿大学的。

⑤ 关于这些核战略家的生平、学术思想及政策影响，参见 Fred Kaplan, *The Wizards of Armageddon*, New York: Simon & Schuster, Inc., 1983; John Baylis and John Garnett, eds., *Makers of Nuclear Strategy*, London: Pinter Publishers, 1991。关于这一时期美国核战略的演进，参见〔英〕劳伦斯·弗里德曼《核战略的演变》，黄钟青译，中国社会科学出版社，1990，该书英文原版首版于 1981 年；〔美〕麦乔治·邦迪《美国核战略》，褚广友等译，世界知识出版社，1991。

活反应""逐步升级""有限核战争"等，对美国政府的核战略产生了很大影响，[①] 并且这些概念和理论直到今天仍在运用，也仍然是国家安全研究和教学的重要内容。[②] 在这些文人战略家中，布罗迪凭借自己对新技术发展对国家安全战略的影响的敏锐观察，在 1946 年率先讨论了核武器的战略影响之后，又首次对"斯普特尼克时刻"之后所谓"导弹时代"的国家安全战略问题进行分析；[③] 考夫曼（当时尚在普林斯顿大学）通过质疑艾森豪威尔政府倡导的"大规模报复战略"，在威慑战略的可信性问题上做出了开创性的研究；[④] 基辛格和奥斯古德较早系统讨论了核时代有限战争的可行性和重要性；[⑤] 沃尔斯泰特运用系统分析方法讨论了美国战略空军司令部的轰炸机面对苏联核打击时所具有的脆弱性，并进而分析如何才能提高美国核武器的生存率和战略威慑力；[⑥] 卡恩以丰富的想象力迫使人们思考"不可设想"的核战争的可能性，较

① Joseph S. Nye and Sean Lynn-Jones, "International Security Studies: A Report of a Conference on the State of the Field," *International Security*, Vol. 12, No. 4, Spring 1988, p. 9; Trachtenberg, *History and Strategy*, Princeton, NJ: Princeton University Press, 1991, Chap. 1.

② 近几年，随着中美战略竞争的日益加剧，当年美苏博弈的思想理论、政策实践和经验教训，重又引起各国学界和政策界的关注，如最近威慑、危机管理等问题在美国、中国和日本的学界又开始了新一轮的讨论。即便是新近出版的国家（国际）安全和战略研究领域的教科书，一般也都设有专门的章节涵盖这些内容。参见 Alan Collins, *Contemporary Security Studies*, 6th Edition, Oxford: Oxford University Press, 2022; John Baylis, et al., eds., *Strategy in the Contemporary World*, 7th Edition, Oxford: Oxford University Press, 2022。

③ Bernard Brodie, *Strategy in the Missile Age*, Princeton: Princeton University Press, 1959, 中译本参见〔美〕伯纳德·布罗迪《导弹时代的战略》，军事科学院外军研究部译，中国人民解放军总参谋部出版部，1961。

④ William W. Kaufmann, ed., *Military Policy and National Security*, Princeton, NJ: Princeton University Press, 1956。该文集包含了考夫曼本人撰写的几篇重要的、带有原创性的论文。考夫曼另一本重要著作是《麦克纳马拉战略》，参见 William W. Kaufmann, *The McNamara Strategy*, New York: Harper & Row, Publishers, 1964, 中译本参见〔美〕威廉·考夫曼《麦克纳马拉战略》，中国人民解放军总参谋部情报部译印，1965。

⑤ Henry Kissinger, *Nuclear Weapons and Foreign Policy*, New York: Harper and Row, 1957; Robert Osgood, *Limited War*, Chicago: University of Chicago Press, 1957.

⑥ Albert Wohlstetter, "The Delicate Balance of Terror," *Foreign Affairs*, Vol. 37, Issue 2, January 1959, pp. 211-234. 沃尔斯泰特的夫人罗伯塔·沃尔斯泰特也是在兰德公司供职的著名学者，其 1962 年由斯坦福大学出版社出版的关于"珍珠港事件"中美国情报失败的研究是情报学研究中的一部经典著作。该书中译本参见〔美〕罗伯塔·沃尔斯泰特《珍珠港：预警与决策》，张魁译，金城出版社，2020。沃尔斯泰特夫妇两人的重要论文，参见 Robert Zarate and Henry Sokolski, eds., *Nuclear Heuristics: Selected Writings of Albert and Roberta Wohlstetter*（无出版日期和地点）；关于其战略研究遗产的讨论，参见 Ron Robin, *The Cold World They Made: The Strategic Legacy of Roberta and Albert Wohlstetter*, Cambridge, MA: Harvard University Press, 2016。

为系统地讨论了核时代国家之间从危机到冲突再到战争的逐步升级战略，以及核战争条件下国家安全防御涉及的非军事领域所可能发生的各种问题；① 格伦·斯奈德较早深入讨论了威慑与防御的关系；② 而谢林则通过一系列著作的出版使军备控制成为战略研究的一个重要组成部分。③

　　除核战略、威慑理论和军备控制等与核武器紧密联系的研究之外，20 世纪 50 年代至 70 年代初，在美苏全球冷战、亚非拉民族解放运动风起云涌和美国逐渐陷入越战泥潭的背景下，美国对苏联、中国、越南等被认为涉及美国国家安全的重点国家的战略研究，以越南战争为核心的有限战争和"反叛乱作战"研究，④ 以及美国国家安全（对外政策）组织和决策过程研究也发展起来，⑤ 成为美国国家安全研究的重要组成部分。

　　就研究机构而言，与此前创生期相比，这一时期美国国内安全与战略研究的版图有所变化。在核战略和威慑理论研究方面，这一时期最重要的研究机构可能是兰德公司。第一代核战略家大多都有在兰德公司工作的经历，而后来这些代表性人物纷纷离开兰德公司转到大学任教，又推动了相关知识的

---

① Herman Kahn, *On Thermonuclear War*, Princeton: NJ: Princeton University Press, 1960; Herman Kahn, *Think about the Unthinkable*, New York: Horizon Press, 1962; Herman Kahn, *On Escalation: Metaphors and Scenarios*, New York: Praeger, 1965; 后两部著作在 20 世纪 60 年代即出版过中译本。关于卡恩生平及其热核战争研究的历程，参见 Sharon Ghamari-Tabrizi, *The Worlds of Herman Kahn: The Intuitive Science of Thermonuclear War*, Cambridge, MA: Harvard University Press, 2005。

② Glenn Snyder, *Deterrence and Defense*, Princeton, NJ: Princeton University Press, 1961.

③ Thomas Schelling, *The Strategy of Conflict*, Cambridge: Harvard University Press, 1960; Thomas Schelling and Morton Halperin, *Strategy and Arms Control*, New York: Twentieth Century Fund, 1961; Thomas Schelling, *Arms and Influence*, New Haven, Conn: Yale University Press, 1966; Gene M. Lyons and Louis Morton, *School for Strategy: Education and Research in National Security Affairs*, New York, N. Y. : Frederick A. Praeger, Publishers, pp. 45-46. 军备控制作为国家安全与战略研究的一个次级领域，早期代表性的文献还有：美国艺术与科学院院刊《代达罗斯》1960 年发行的关于军备控制问题的特刊，*Daedalus*, Vol. 89, No. 4; Donald G. Brennan, ed. , *Arms Control, Disarmament, and National Security*, New York: George Braziller, 1961。

④ 关于冷战时期特别是 20 世纪 60 年代末美国军方资助社会科学领域的专家学者进行的"反叛乱作战"研究，参见 Joy Eohde, *Armed with Expertise: The Militarization of American Social Research*, Ithaca: Cornell University Press, 2013。

⑤ 这方面最有代表性的著作可能是哈佛大学格雷厄姆·艾利森的《决策的本质》，该书英文首版于 1971 年，参见 Graham T. Allison, *Essence of Decision: Explaining the Cuban Missile Crisis*, Boston, MA：Little and Brown, 1971. 中文版是基于 1999 年出版的英文第二版翻译的，参见〔美〕格雷厄姆·艾利森、菲利普·泽利科《决策的本质：还原古巴导弹危机的真相》，王伟光、王云萍译，商务印书馆，2015。综合讨论国家安全决策的著作，可参见 Morton H. Halperin, *National Security Policy-Making: Analyses, Cases, and Proposals*, Lexington, MA: D. C. Heath and Company, 1975。

传播。① 普林斯顿大学前期有厄尔的国家安全研究为基础，后来在厄尔的努力下，又有邓恩所带领的原来耶鲁国际问题研究所骨干成员的加盟，研究力量得到很大加强。20 世纪 50~60 年代，以克劳斯·诺尔为代表的普林斯顿大学国际问题研究中心对战争潜力、经济动员、游击战、北约战略及核威慑等一系列问题进行了理论探讨，并编写出版了大量相关著作，成为美国国家安全与战略研究的重镇。② 成立于 1951 年的哥伦比亚大学战争与和平研究所在同样是在成名于耶鲁国际问题研究所的威廉·福克斯的长期领导下，聚焦那些能够影响国家安全长远政策的基础性研究，如对战争原因和防务决策的研究，催生了沃尔兹的《人、国家与战争》、亨廷顿的《共同防御》和华纳·希林等人的《战略、政治与防务预算》等重要成果。③ 1951 年成立的麻省理工学院国际问题研究中心，④ 在第三世界政治和经济发

---

① 在美国空军资助下于 1948 年成立的兰德公司，被认为是冷战时期美国安全与战略尤其是核战略研究的学术重镇，但兰德公司的核战略研究骨干大多来自大学，后来也多数转往大学。20 世纪 50~60 年代活跃于兰德公司的有代表性的民间战略家中，布罗迪受教于芝加哥大学，曾在普林斯顿大学和耶鲁大学等从事研究工作，后转往兰德公司，最后又回到加州大学洛杉矶分校任教；沃尔斯泰特曾任教于哥伦比亚大学，在兰德公司工作了 12 年之后转往芝加哥大学任教；谢林是哈佛大学的经济学家，也是该校国际事务研究中心的四位创立者之一，其在兰德公司所从事的研究工作，是利用自己的学术休假来进行的；威廉·考夫曼先在普林斯顿大学从事战略研究，后到兰德公司，最后在麻省理工学院任教；亨利·罗文（Henry Rowen）毕业于麻省理工学院，后长期在兰德公司从事研究和管理工作，最后在斯坦福大学任教，参见 Baylis and John Garnett, eds., *Makers of Nuclear Strategy*, London: Pinter Publishers, 1991, pp. 1-135。

② Klaus Knorr, *The War Potential of Nations*, Princeton, NJ: Princeton University Press, 1956, 中译本参见〔美〕克诺尔《国家的战争潜力》，中国人民解放军军事科学院译，中国人民解放军总参谋部出版部，1962; Klaus Knorr, *NATO and American Security*, Princeton, NJ: Princeton University Press, 1959; Klaus Knorr, *On the Use of Military Power in the Nuclear Age*, Princeton, NJ: Princeton University Press, 1966; Klaus Knorr, *Military Power and Potential*, Lexington, MA: D. C. Heath and Company, 1970; Lucian W. Pye, *Guerrilla Communism in Malaya: Its Social and Political Meaning*, Princeton, NJ: Princeton University Press, 1956。

③ Kenneth Waltz, *Man, the State, and War*, New York: Columbia University Press, 1959; Samuel H. Huntington, *The Common Defense: Strategic Programs in National Politics*, New York: Columbia University Press, 1961; Warner Schilling, Paul Hammond, and Glenn Snyder, *Strategy, Politics, and Defense Budgets*, New York: Columbia University Press, 1962.

④ 关于麻省理工学院国际问题研究中心早期的活动，参见 Donald L. M. Blackmer, *The M. I. T. Center for International Studies: The Founding Year 1951-1969*, Cambridge: MIT Center for International Studies, 2002。

展、① 国际传播、② 共产主义研究，③ 以及美国对外政策、军事政策等研究领域迅速崛起。④ 1958 年成立的哈佛大学国际事务研究中心⑤也组织和资助出版了一系列国家安全与战略研究领域的重要著作，如布热津斯基的《苏联集团》、基辛格的《选择的必要》、谢林和托马斯·霍尔珀林合著的《战略与军备控制》，由中心主任罗伯特·鲍维和哈佛大学东亚研究中心主任费正清共同撰写前言的《共产主义中国（1955～1959）：政策文件及分析》，以及当时在哈佛大学任访问学者的法国"反暴乱"问题专家戴维·加鲁拉撰写的《反叛乱战争：理论与实践》等。⑥ 从上述名校毕业的学生在 20 世纪 50 年代后期到

① Max Millikan and Donald L. M. Blackmer, eds. , *The Emerging Nations: Their Growth and United States Policy*, Boston: Little Brown and Co. , 1961; Lucian Pye, *Aspects of Political Development: An Analytic Study*, Boston: Little Brown and Co. , 1966; Lucian Pye, *The Spirit of Chinese Politics: A Psychocultural Study of the Authority Crisis in Political Development*, Cambridge, MA: The MIT Press, 1968; Lucian Pye and Sidney Verba, eds. , *Political Culture and Political Development*, Princeton, NJ: Princeton University Press, 1969; Myron Weiner, *Party Building in a New Nation, Party Building in a New Nation: the Indian National Congress*, Chicago: University of Chicago Press, 1967. 马克斯·米利肯是麻省理工学院国际问题研究中心的首任主任，经济学家，曾任美国中央情报局助理局长。白鲁恂（Lucian Pye）和迈伦·维纳后来均成为美国政治文化和政治发展研究领域的领军人物，同时在区域国别研究方面也分别是中国和印度研究的顶尖学者。两人的学术成果、培养的学生，以及在美国社会科学理事会（SSRC）比较政治委员会中长期担任领导职务，均对美国区域国别研究的发展做出了很大贡献。

② Ithiel de Sola Pool, *Politics in Wired Nations: Selected Writings*, edited by Lloyd Etheredge, New York: Routledge, 1998; Lucian Pye, ed. , *Communications and Political Development*, Princeton, NJ: Princeton University Press, 1967. 伊锡尔·普尔是 20 世纪 50～60 年代美国社会科学界的重要人物，在国际传播、内容分析、计算机编码等方面都有开创性的研究。

③ Douglas Pike, *Viet Cong: The Organization and Techniques of the National Liberation Front of South Vietnam*, Cambridge, MA: The MIT Press, 1966; Donald L. M. Blackmer, *Unity in Diversity: Italian Communism and the Communist World*, Cambridge, MA: The MIT Press, 1968.

④ Max Millikan and Walt Rostow, et al. , *A Proposal: Key to an Effective Foreign Policy*, New York: Harpers & Brothers, 1957; Ithiel de Sola Pool, et al. , *Social Science Research and National Security: A Report Prepared by the Research Group in Psychology and the Social Sciences*, Washington, D. C. : Smithsonian Institution, 1963; Harvey Sapolsky, *The Polaris System Development: Bureaucratic and Programmatic Success in Government*, Cambridge, MA: Harvard University Press, 1972.

⑤ 关于哈佛大学国际事务研究中心前 25 年的情况，参见 David Atkinson, *In Theory and in Practice: Harvard's Center for International Affairs, 1958-1983*, Cambridge, MA: Harvard University Press, 2007。

⑥ Zbigniew K. Brzezinski, *The Soviet Bloc*, Cambridge, MA: Harvard University Press, 1960; Henry A. Kissinger, *The Necessity for Choice*, New York: Harper & Brothers, 1961; Thomas Schelling and Morton Halperin, *Strategy and Arms Control; Communist China 1955-1959: Policy Documents with Analysis*, with a Foreword by Robert R. Bowie and John K. Fairbank, Cambridge, MA: Harvard University Press, 1962; David Galula, *Counter-insurgency Warfare: Theory and Practice*, London: Pall Mall Press, 1964.

60 年代初期陆续进入美国其他大学的政治系及其他院系任教，从而推动了国家安全研究和教学在大学中的开展。

如果说在战后初期美国大学中完整的国家安全研究的专业设置还极为少见的话，那么，随着教授该课程的教员的数目不断增加，到 20 世纪 60 年代末，在美国已经大约有十几所大学可以提供安全研究的研究生和本科生学位课程；有更多的学校可以开设一门或者几门课程。① 在此过程中，由纽约大学国家安全项目教授弗兰克·特拉格（Frank Trager）主持的大学教员安全研究暑期研讨班发挥了重要的推动作用。该暑期班每年举行，连续举办了将近十年时间。这些暑期班及学术会议聚焦于如何教授安全课程，如防卫政策、政军关系等。暑期班项目还出版了一系列出版物，包括教学板块、教学大纲、参考书目，以及相关教学法等，对国家安全教学的普及做出了贡献。② 基于前期的准备，1973 年出版了由弗兰克·特拉格和菲利普·克罗嫩伯格主编的教材《国家安全与美国社会：理论、过程与政策》，其中包括"国家安全研究的性质和范围""关于国家安全、防务和战争的各种观点""国家安全政策过程""国家安全过程中的战略""国家安全过程的社会影响"五部分，选文包含诺尔、布罗迪、亨廷顿、奥斯古德等人的多篇文章。③

其他较早出版的国家安全方面的教材还有：1965 年出版的莫顿·博考维茨和 P. G. 伯克主编的《美国国家安全：理论与政策读本》，包括"国家安全概念的产生""国家安全与国际冲突：零和博弈""国家安全与国际合作：非零和博弈""国家安全领域的发展"四部分，选文作者包括汉斯·摩根索、沃尔弗斯、布罗迪、奥斯古德、诺尔、谢林、希林等；④ 1971 年出版的罗伯特·

---

① Shultz, Godson, and Quester, "Introduction," in Richard H. Shultz, Jr., Roy Godson, and George H. Quester, eds., *Security Studies for the 21st Century*, Washington and London, Brassey's, 1997; Richard Betts, "Should Strategic Studies Survive?" *World Politics*, Vol. 50, No. 1, 1997, p. 5.

② Shultz, Godson, and Quester, "Introduction," in Richard H. Shultz, Jr., Roy Godson, and George H. Quester, eds., *Security Studies for the 21st Century*, Washington and London, Brassey's, 1997; Richard Betts, "Should Strategic Studies Survive?" *World Politics*, Vol. 50, No. 1, 1997, p. 5.

③ Frank N. Trager and Philip S. Kronenberg, eds., *National Security and American Society: Theory, Process, and Policy*, New York: The National Security Education Program of New York University, 1973.

④ Morton Berkowitz and P. G. Bock, eds., *American National Security: A Reader in Theory and Policy*, New York: Free Press, 1965. 两位作者博考维茨和伯克还是 1968 年出版的《国际社会科学百科全书》之"国家安全"词条的撰写者，参见 Bock and Berkowitz, "National Security," in David L. Sills, ed., *International Encyclopedia of the Social Sciences*, Vol. 11, 1968, pp. 40-45。

阿特和肯尼斯·沃尔兹主编的《武力的使用：国际政治与对外政策》，包括"能力与学说：关于武力使用的理论""武力使用案例研究""武力使用中的创新与落伍：根据能力调整战略""对使用武力的限制：军备竞赛中的对等互动""控制武力的成功与失败"五部分，选文作者包括奥斯古德、格伦·斯奈德、谢林、哈尔珀林、欧内斯特·梅（Ernest May）、亨廷顿、希林等。① 可见，前期国家安全的研究成果通过教科书进入大学的课堂，推动了国家安全教学工作的开展。

国家安全研究和教学在高等院校的推广、大学和智库等相关研究机构数目的不断增加，使可供政府选拔的国家安全领域的专家学者的人数有所上升；同时，这些机构又可以吸纳不少离开政府部门的官员和专家从事研究工作，并为希望未来进入政府相关部门工作的专业人士提供暂时的工作岗位，从而逐渐形成了国家安全领域的"旋转门"制度。这种人员以及与之相伴随的信息的交流虽然也会带来一些问题，但通过大学、智库和政府之间的人员交流，产出了相当多的理论与政策相结合的国家安全研究成果。20 世纪 50~60 年代国家安全研究和教学的人员、机构和成果的不断增加，标志着国家安全在美国从一个初创和探索的领域逐渐向一个较为完整意义上的学科的方向发展。②

国家安全研究在美国迅速发展的同时也存在一些问题。由于国家安全本身概念和涵盖范围的模糊性、国家安全许多议题本身具有高度的技术性，也由于研究者通常来自许多不同的学科，还由于各种经常性的保密需要，直到 20 世纪 60 年代末，国家安全还没有作为一个独立而完整的学科体系在美国获得稳定发展。两位学者在考察当时该领域的研究状况后指出："不同的学者对于各种问题以不同的方式来加以处理，使用的方法也多种多样，从自然科学到社会科学，不一而足。迄今为止，关于国家安全的概念的界定，以及如何使其在操作层面上具有意义，或者将国家安全作为一个研究领域的边界的划定，都还没

---

① Robert J. Art and Kenneth Waltz, eds. , *The Use of Force: International Politics and Foreign Policy*, Boston: Little, Brown and Company, 1971. 该教材多次修订再版，迄今仍在使用，只不过因为前些年沃尔兹去世，主编者换成了阿特和一位年轻学者，参见 Robert Art and Kelly M. Greenhill, eds. , *The Use of Force: Military Power and International Politics*, 8th edition, Lanham, Maryland: Rowman & Littlefield Publishers, 2015。

② 详细介绍参见 Gene M. Lyons and Louis Morton, *Schools for Strategy: Education and Research in National Security Affairs*, New York: Frederick A. Praeger, 1965; Morton Berkowitz and P. G. Bock, eds. , *American National Security: A Reader in Theory and Policy*, New York: Free Press, 1965。

有做出多少努力。但国家安全作为一个新的学科开始出现，或者至少作为国际关系学的一个组成部分，无论从制度上还是从思想上来看，都是明白无误的。"①

　　从政策效果来看，20 世纪 50 年代和 60 年代初美国学术机构中的安全与战略研究对美国的国家安全政策可以说产生了较大影响。这一时期高等院校、科研院所和政府国家安全部门之间的互动非常活跃。这部分得益于由人员网络所形成的政策网络的作用。② 1961 年上台的肯尼迪政府的国家安全团队，包括总统国家安全事务助理麦乔治·邦迪（McGeorge Bundy）、副助理沃尔特·罗斯托（Walt Rostow）、总统科学顾问杰罗米·威斯纳（Jerome Wiesner），③ 还有几位助理国防部长和助理国务卿等重要职位，均由来自哈佛大学、麻省理工学院和兰德公司的民间战略家担任。④ 麦克纳马拉担任国防部长期间，也将很多兰德公司专家如查尔斯·希奇（Charles Hitch）、阿兰·恩托文（Alain Enthoven）等延揽至国防部担任重要职务。这些被称作"神童"的专家的思想、系统分析方法和工作方式，以及他们帮助麦克纳马拉建立的国防资源配置系统，即规划、立项、预算系统（PPBS），⑤ 都对美国国防部的体系能力建设产生了深远的影响。

---

① P. G. Bock and Morton Berkowitz, "The Emerging Field of National Security, " *World Politics*, Vol. 19, No. 1, October 1966, p. 124.

② 罗伯特·杰维斯认为自己算是考夫曼这个网络上的成员。而围绕在沃尔斯泰特周围的则有曾任小布什总统时期国防部副部长的保罗·沃尔福威茨，以及在后来长期担任美国国防部"净评估"办公室主任、在美国国防战略领域发挥重要作用的安德鲁·马歇尔（Andrew Marshall）。参见 Robert Jervis, "Security Studies: Ideas, Policy, and Politics, " in Edward D. Mansfield and Richard Sisson, eds. , *The Evolution of Political Knowledge: Democracy, Autonomy, and Conflict in Comparative and International Politics*, Columbus: The Ohio State University Press, 2004, p. 101; Andrew Marshall, et al. , *On Not Confusing Ourselves: Essays on National Security Strategy in Honor of Albert and Roberta Wohlstetter*, Boulder: Westview Press, 1991。

③ 关于威斯纳任职总统科学顾问期间的情况，参见游战洪《肯尼迪总统的科学顾问威斯纳》，《科学》2012 年第 1 期，第 49~53 页。

④ Thomas Schelling, "Academics, Decision Makers, and Security Policy during the Cold War: A Comment on Jervis, " in Edward D. Mansfield and Richard Sisson, eds. , *The Evolution of Political Knowledge: Democracy, Autonomy, and Conflict in Comparative and International Politics*, Columbus: The Ohio State University Press, 2004, p. 137;〔美〕戴维·哈尔伯斯坦：《出类拔萃之辈》，齐沛合等译，生活·读书·新知三联书店，1973。

⑤ 关于 PPBS，参见〔美〕阿兰·恩索文、韦恩·史密斯《多少才算够？ 1961~1969 年国防项目顶层决策》，尹常琦、殷云浩译，国防工业出版社，2016。

1962 年的古巴导弹危机，使美苏之间的直接对峙达到顶点。危机解除之后，美苏之间开始就军备控制问题展开沟通，并于 1963 年签订《部分核禁试条约》，东西方竞争的焦点开始转向第三世界，尤其是越南。在此背景下，许多民间战略家的关注点也随之转向以越南战争为核心的有限战争和"反叛乱作战"问题。① 美国为维护自己的世界霸权而在越南战争中推行的诸如"反叛乱行动""战略村"等丧失人心的政策，加上 20 世纪 60 年代末欧美大学校园普遍爆发的激进思潮，使得安全与战略研究一时在美国大学中声誉扫地，师生之间的对立和民间战略研究界的分裂不断加剧。② 哈佛大学国际问题研究所和麻省理工学院国际问题研究所在 20 世纪 60 年代末和 70 年代初都曾受到不明炸弹的攻击和学生示威者的冲击。而 20 世纪 70 年代初期美苏两国走向缓和，又使此前作为战略研究领域中主要关注点的威慑问题暂时丧失了紧迫性。所有这些因素都导致与武力运用和政府决策密切相关的安全与战略研究走向低谷，相关专业即便在当时名校的招生录取中也成为冷门。③

在 20 世纪 50~60 年代中期以兰德公司的博弈论和系统分析方法为代表的安全与战略研究模式如日中天的时候，以哈佛大学的政治学家诺伊施塔特（Richard Neustadt）、历史学家欧内斯特·梅（Ernest May）和初出茅庐的格雷厄姆·艾利森（Graham Allison）为代表的重视国家安全政策的决策过程与案例研究的做法可谓另辟蹊径，令人耳目一新。④ 当时还在哈佛大学任教的罗伯特·杰维斯（Robert Jervis）关于决策过程中的认知和错误认知的微观层面的政治心理学研究，以及其对"安全困境"概念的进一步阐发，也是对战略研

---

① 毕业于哈佛大学的兰德公司战略家埃尔斯伯格从一名热心于核战略的"冷战斗士"到对"反叛乱作战"情有独钟，最终又变身为"五角大楼文件"的当事人和"吹哨者"，其个人经历是这一段历史的很好注脚。参见〔美〕丹尼尔·埃尔斯伯格《吹哨者自述：五角大楼文件泄密者回忆录》，邢杰译，新星出版社，2005。

② Walter Isard, ed., *Vietnam: Some Basic Issues and Alternatives*, Cambridge, MA: Schenkman Publishing Company, 1969.

③ 根据笔者于 2019 年 6 月 20 日对哥伦比亚大学政治系教授、时任哥伦比亚大学战争与和平研究所所长理查德·贝茨（Richard Betts）的访谈，当时即便是哈佛大学的安全研究方向，也很少有学生愿意选择报考。

④ 以分析古巴导弹危机为主要内容的《决策的本质》一书成为决策研究和对外政策研究的经典。该著作者为格雷厄姆·艾利森，但主要是基于哈佛大学以梅为核心的学习会的讨论成果而完成的。

究领域的一大贡献。① 另外，阿诺德·沃尔弗斯在约翰斯·霍普金斯大学建立的华盛顿对外政策研究中心邀集了乔治·利斯卡（George Liska）、奥斯古德等传统现实主义学派的学者，围绕当时国际政治中的同盟问题展开研究，留下了不少经得起时间考验的研究成果。②

关于这一阶段美国的战略研究，美国战略研究资深学者理查德·贝茨后来评论道，"战略研究在第一个周期的理论突破更多是来自威慑、核战略和逐步升级理论，而不是革命、干涉和非常规战争。第一个周期战略研究的缺点是，绝大多数的注意力都集中在了最不可能发生的战争类型上面，而对于最可能发生的战争类型的关注却姗姗来迟"。③ 英国战略史、军事史研究学者迈克尔·霍华德（Michael Howard）则批评道，在美国有关核武器和威慑理论的论著中，不仅社会性和政治性的因素消失殆尽，甚至连作战层面的因素也难得一见，核武器的技术能力被看作本身便具有决定性，以至于现实冲突的政治动机、相关的社会性因素乃至军事战斗本身都不在考虑之列，这种做法有可能会带来灾难。④ 赫德利·布尔一方面批评指出，"很多战略分析所达到的技术上的严密性和精确性是以牺牲战略与政治多样性及变化之间的联系为代价的"，⑤但他同时也认为，后人即使不接受这些文人战略家的研究成果，至少也会把它们看作解决问题的严肃的尝试。⑥

总之，国家安全与战略研究在战后美国大学和学术研究机构中迅速兴起，

---

① Robert Jervis, *Perception and Misperception in International Politics*, Princeton: Princeton University Press, 1976. 该书是在哈佛大学国际事务研究中心的资助下出版的，中译本参见〔美〕罗伯特·杰维斯《国际政治中的知觉与错误知觉》，秦亚青译，世界知识出版社，2003。杰维斯在这方面的另一本力作，参见〔美〕罗伯特·杰维斯《信号与欺骗：国际关系中的形象逻辑》，徐进译，中央编译出版社，2017。该书英文首版于 1970 年。

② Arnold Wolfers, ed., *Alliance Policy in the Cold War*, Baltimore, MD: The Johns Hopkins Press, 1959; George Liska, *Nations in Alliance: The Limits of Interdependence*, Baltimore, MD: The Johns Hopkins Press, 1962; Robert Osgood, *Alliances and American Foreign Policy*, Baltimore, MD: The Johns Hopkins Press, 1968.

③ Richard Betts, "Should Strategic Studies Survive?" *World Politics*, Vol. 50, No. 1, 1997, p. 15. 同时期一位美国学者对 20 世纪 50~60 年代美国核威慑理论特别是对谢林和卡恩的批评，参见 Philip Green, *Deadly Logic: The Theory of Nuclear Deterrence*, New York: Schocken Books, 1968。

④ Michael Howard, "The Forgotten Dimensions of Strategy," *Foreign Affairs*, Vol. 57, No. 5, Summer 1979, p. 982. 本段内容引自于铁军《美国大学中的国际战略研究述评》，《美国研究》2009 年第 2 期，第 121 页。

⑤ Hedley Bull, "Strategic Studies and Its Critics," *World Politics*, Vol. 20, No. 4, July 1968, p. 600.

⑥ Hedley Bull, "Strategic Studies and Its Critics," *World Politics*, Vol. 20, No. 4, July 1968, p. 605.

并在 20 世纪 50 年代中期到 60 年代中期进入"黄金时代"。这期间核战略、威慑理论、军备控制、有限战争理论等构成了国家安全与战略研究的主要内容，其影响至今可见。20 世纪 60 年代后期到 70 年代初，受越南战争和美国大学中的反战运动等因素的综合影响，安全与战略研究走向低潮，但外交决策过程分析、认知理论等与外交实践密切联系的国家安全次级领域的研究开始崭露头角。

三　美国国家安全研究与教学的复兴
（20 世纪 70 年代中后期到冷战终结）

伴随着 1973 年世界石油危机的爆发、美国在越南战争的失败、布雷顿森林体系的瓦解与美国经济力量的相对下降，以及这一时期以 1975 年赫尔辛基欧洲安全与合作会议的召开为标志的东西方关系的缓和，20 世纪 50~60 年代以核战略和威慑理论为主要内容的美国国家安全研究与国际政治现实之间的脱节日渐显现，一些学者开始质疑军事力量尤其是核力量在美国大战略中的主导地位，重新思考国家权力的构成要素以及国家安全的内涵与外延，更加注重经济力量、国际合作和能源安全等问题。罗伯特·基欧汉和约瑟夫·奈于 1977 年出版的《权力与相互依赖》一书，一反传统安全研究以一国安全为中心，以军事力量为构成国家权力之首要因素的研究路径，强调跨国相互依赖和国际政治经济学研究，认为在新的形势下国家和武力在国际关系中的地位和作用已经下降，并在国际关系研究界产生了很大影响。[①] 但 1979 年底苏联入侵阿富汗宣告了美苏之间自 20 世纪 70 年代初以来缓和进程的终结。1982 年里根政府上台，对苏采取强硬政策，美苏开启新一轮"冷战"，双方争霸的焦点集中于欧洲的防务问题。在此背景下，就国际关系的"大理论"而言，以沃尔兹为代表的新现实主义理论在与以相互依赖论为代表的自由主义理论的对峙中暂

---

① Robert O. Keohane and Joseph S. Nye, Jr. , *Power and Interdependence: World Politics in Transition*, Boston: Little, Brown and Company, 1977. 在此之前，该书中的一些主要思想已经以论文的形式发表在《国际组织》等杂志上，并在哈佛大学国际事务研究中心的资助下于 1972 年出版了单行本，参见 *International Organization*, Vol. 25, No. 3, Summer 1971; Robert O. Keohane and Joseph S. Nye, Jr. , eds. , *Transnational Relations and World Politics*, Cambridge: Harvard University Press, 1972。该书以后多次修订再版，中文版参见〔美〕罗伯特·基欧汉和约瑟夫·奈《权力与相互依赖》（第四版），门洪华译，北京大学出版社，2012。

时赢得了上风。相应地，作为国际关系一个分支领域的安全研究，重视战争指导和军事力量博弈的"传统派"亦卷土重来，军备控制、常规威慑、战略情报等研究领域取得新进展。1985 年之后，随着戈尔巴乔夫上台执掌苏联政权，倡导"公开性"和"新思维"，美苏关系又再次进入缓和阶段，直至 1989 年东欧剧变和 1991 年苏联解体，冷战时期美苏两极格局走向终结。

从当时国内环境来看，20 世纪 70 年代中后期美国渐渐从越南战争后遗症中恢复元气，国家安全问题重新成为国家议程上的优先事项，学界对安全研究这一学科的认识也有所改观，研究兴趣又开始增加。1976 年《国际安全》杂志创刊，[①] 并很快发展成为安全研究领域的主要学术阵地，可以被视为国家安全研究在美国开始复苏的一个重要标志。[②]

《国际安全》杂志的创设有赖于福特基金会对哈佛大学的大笔资助。为重振美国的国家安全研究，曾任肯尼迪政府时期总统国家安全事务助理的麦乔治·邦迪在负责福特基金会期间，拨巨款给哈佛大学、斯坦福大学、麻省理工学院、康奈尔等大学设立军备控制研究机构。[③] 哈佛大学科学与国际事务中心（现为贝尔福科学与国际事务研究中心）、麻省理工学院的防务与军备控制项目（Defense and Arms Control Studies Program，DACS，现在麻省理工学院安全

[①] 关于《国际安全》创刊的背景、办刊宗旨和其后的发展情况，参见 Steven E. Miller, "*International Security* at Twenty-five: From One World to Another," *International Security*, Vol. 26, No. 1, 2001。从 1984 年开始，《国际安全》编辑部经常将该刊刊发的一些高质量的论文按照主题汇编成册，出版发行，成为大学中安全研究专业重要的阅读文献，如 Steven E. Miller, ed., *Strategy and Nuclear Deterrence*, Princeton, NJ: Princeton University Press, 1985; Idem, *Military Strategy and the Origins of the First World War*, Princeton, NJ: Princeton University Press, 1985。

[②] 关于国家安全和国际安全的主要区别，国家安全主要是从一国政府的视角来考察安全问题，其首要关注是某一国家生存和福祉问题，使用或/和威胁使用武力被认为是保护自身生存的主要工具。这一路径出自国际关系中的现实主义理论传统，按照这一传统，国家被看作无政府或者半无政府状态的国际体系中的主要行为体。国家通过发展自身的力量、对外结盟、缔结军控条约，以及其他多边安排来推行本国的安全政策。国际安全则明确承认存在安全困境，并认为一国安全与其他国家的安全是紧密联系在一起的，它将军事力量的集体运用看作一项重要的政策工具。尽管国际安全这一概念也出自现实主义传统，这一路径相对于国家安全的概念而言对国际制度和机制予以了更多的重视，参见 Shultz, Jr., Godson, and Quester, "Introduction," in Joseph S. Nye and Sean Lynn-Jones, "International Security Studies：A Report of a Conference on the State of the Field," *International Security*, Vol. 12, No. 4, Spring 1988, p. 2。目前，在美国学界，国家安全与国际安全两个概念并存使用，重合部分颇多，统称为"安全研究"，国际安全的概念使用更广泛一些。在政府文件中，国家安全的概念似乎用得更多一些。

[③] McGeorge Bundy, "Statement on Paul Doty," October 28, 1983, Folder 21, Box 32, Paul M. Doty personal archive, Harvard University Archives.

研究项目 SSP 的前身），以及斯坦福大学的国际军备控制与裁军中心
（CISAC）等即是在这种背景下于 20 世纪 70 年代中后期建立起来的。① 这些中
心致力于整合社会科学家、自然科学家、技术专家，以及具有政府、外交、军
事和工商业经验的实际工作者的知识、技能和洞见，开展跨学科研究，出版了
一系列讨论美苏军备控制谈判的著作，对此前提出的一些理论进行了有价值的
验证和补充，并开设本科生和研究生层次上的军备控制课程，为新时期美国国
家安全研究与教学打下了基础。

在此前后，塔夫茨大学的弗莱彻法律和外交学院于 1971 年建立了国际安
全研究项目，乔治城大学于 1977 年设立了国家安全研究项目，马里兰大学于
1983 年也设立了类似的项目。② 到 20 世纪 80 年代后期，很多大学已经能够提
供完整的国家安全的研究生教育。

就研究和教学内容而言，从 20 世纪 70 年代中后期到 80 年代末，美国国
家安全与战略研究与教学方面取得了一系列进展。③

（1）情报研究。由美国国防部资助的哈佛大学教授欧内斯特·梅主编的
《洞悉敌手》一书，运用大量历史资料对两次世界大战之前主要列强对本国对
手的战略情报评估进行了比较系统的考察，可为当前美国的战略判断提供借
鉴。④ 另外，1979 年在国际问题研究协会（ISA）情报研究分会的提议下，民
间组织"国家情报研究中心"（National Intelligence Study Center）从 1980 年开

① 笔者对斯坦福大学国际安全与合作中心创立者之一、中心首任共同主任约翰·刘易斯教授
（John W. Lewis）的访谈，2005 年 8 月 10 日。1970 年，由斯坦福大学各个学科的近 20 名教员
组成了跨学科的斯坦福军备控制小组，为本科生开设军备控制课程。1976 年，该小组在教学
基础上出版了一本军备控制的教材，这是美国大学中比较早的。参见 John Barton and Lawrence
Weiler, eds. , *International Arms Control: Issues and Agreement*, Stanford: Stanford University Press,
1976。

② Shultz, Jr. , Godson, and Quester, "Introduction, "Joseph S. Nye and Sean Lynn-Jones, "International Se-
curity Studies: A Report of a Conference on the State of the Field, " *International Security*, Vol. 12,
No. 4, Spring 1988, p. 5.

③ Richard Betts, "Should Strategic Studies Survive?" *World Politics*, Vol. 50, No. 1, 1997, pp. 17-20; Mill-
er, "*International Security* at Twenty-five, "pp. 5-25; Joseph S. Nye and Sean Lynn-Jones, "International
Security Studies: A Report of a Conference on the State of the Field, " *International Security*, Vol. 12,
No. 4, Spring 1988, pp. 15-20: Stephen M. Walt, "The Renaissance of Security Studies, " *International
Studies Quarterly*, Vol. 35, No. 2, 1991, pp. 216-222.

④ Ernest May, ed. , *Knowing One's Enemy: Intelligence Assessment before the Two World Wars*, Princeton,
NJ: Princeton University Press, 1984.

始对大学中的情报教学和研究情况进行调查;① 1985 年，美国中央情报局开始设立"驻校情报官员"制度，向大学派驻情报专家，协助开设情报专业课程,② 美国大学中情报教学与研究作为国家安全研究的一个分支领域遂取得较快进展。

（2）对核武器、核战略及威慑理论的实证分析。如亚历山大·乔治和理查德·斯莫克对威慑在美国对外政策中的实际运用进行了系统考察;③ 斯科特·萨根运用新解密的材料对美国核战略中建立在 20 世纪 60 年代核理论基础上的一些政策推论进行了验证;④ 约翰·刘易斯和薛理泰对中国核武器开发史的研究;⑤ 理查德·内德·勒博和罗伯特·杰维斯则对作为理性威慑范式核心的完全信息及理性计算模式提出了质疑。⑥

（3）围绕常规战争战略、同盟问题和战略评估问题的争论。如核条件下常规战争的重要性、常规威慑的要求、常规军事力量的平衡及其测量方法、国家采取不同常规军事战略的原因,⑦ 同盟的起源、运行与管

① Majorie W. Cline, ed. , *Teaching Intelligence in the Mid-1980s: A Survey of College and University Courses on the Subject of Intelligence*, National Intelligence Study Center, Washington, D. C. , 1985; Wilfred D. Koplowitz, *Teaching Intelligence: A Survey of College and University Courses on the Subject of Intelligence*, National Intelligence Study Center, Washington, D. C. , 1980.

② John Hollister Hedley, "Twenty Years of Officers in Residence," *Studies in Intelligence*, Vol. 49, No. 4, 2005.

③ Alexander L. George and Richard Smoke, *Deterrence in American Foreign Policy: Theory and Practice*, New York: Columbia University Press, 1974.

④ Scott Sagan, *Moving Target: Nuclear Strategy and National Security*, Princeton, NJ: Princeton University Press, 1989.

⑤ John Wilson Lewis and Xue Litai, *China Builds the Bomb*, Stanford, CA: Stanford University Press, 1988; 中译本参见〔美〕约翰·刘易斯、薛理泰《中国原子弹的制造》，李丁等译，原子能出版社，1991。

⑥ Richard Lebow, *Between and War: The Nature of International Crisis*, Baltimore, MD: Johns Hopkins University Press, 1981; 中译本参见〔美〕理查德·内德·勒博《和平与战争之间：国际危机的性质》，赵景芳译，北京大学出版社，2018; Robert Jervis, *The Meaning of the Nuclear Revolution*, Ithaca: Cornell University Press, 1989; Idem, *The Illogic of American Nuclear Strategy*, Ithaca: Cornell University Press, 1984。

⑦ John Mearsheimer, *Conventional Deterrence*, Ithaca: Cornell University Press, 1983; Barry Posen, *The Sources of Military Doctrine*, Ithaca: Cornell University Press, 1984, 中译本参见〔美〕巴里·波森《军事学说的来源：两次世界大战之间的法国、英国和德国》，梅然译，上海人民出版社，2013; Jack Snyder, *The Ideology of the Offensive: Military Decision Making and the Disasters of 1914*, Ithaca: Cornell University Press, 1984。上述著作均出版于康奈尔大学出版社。该出版社出版的"安全研究丛书"和普林斯顿大学出版社出版的"国际史和国际政治丛书"，是当前美国最有影响力的两个安全与战略研究的丛书系列。丛书历任主编，如 Robert Art, Robert Jervis, Stephen Walt, John Lewis Gaddis, Jack Snyder, Richard Ullman, John Ikenberry, Marc Trachtenberg 等都是美国安全研究领域的著名学者。

理，① 以及运用何种方法进行战略评估才能更为准确和有效等。②

（4）从历史和政治角度进行的政策反思和大战略研究。如欧内斯特·梅对美国决策者在对外政策中对历史的运用和滥用所做的考察，③ 以及他和哈佛大学政治学教授诺伊施塔特合著的对决策者应用历史情况的案例研究；④ 耶鲁大学教授约翰·加迪斯对冷战时期美国的遏制战略的研究，⑤ 罗伯特·吉尔平、保罗·肯尼迪和阿伦·弗里德伯格关于大国兴衰的研究，⑥ 以及马克·特拉亨伯格对美国核战略的历史研究等。⑦

（5）经济安全与综合国力研究。尽管早在 1943 年出版的《现代战略的缔造者》一书中，厄尔便指出，经济与安全之间的关系"是治国理政中最关键、最需要关注的问题之一"，⑧ 但在 1977 年出版的《经济问题与国家安全》一书的前言中，诺尔和特拉格仍然慨叹，两者之间的关系在国际关系中仍然是一个"被遗忘的研究领域"，该书出版的部分目的便是要弥补这一缺憾。⑨ 此时期出版的国家安全研究成果显示，在 20 世纪 70 年代以后新的国际政治经济环境

---

① Stephen M. Walt, *The Origins of Alliances*, Ithaca: Cornell University Press, 1987; Glenn H. Snyder, "The Security Dilemma in Alliance Politics," *World Politics*, Vol. 34, No. 3, July 1984, pp. 461-495.

② 关于安德鲁·马歇尔对美国国防战略的影响及其"净评估"方法的介绍，参见〔美〕安德鲁·克雷佩尼维奇、巴里·沃茨《最后的武士：安德鲁·马歇尔与美国现代国防战略的形成》，张露、王迎辉译，世界知识出版社，2018。

③ Ernest R. May, *"Lessons" of the Past: The Use and Misuse of History in American Foreign Policy*, New York: Oxford University Press, 1973.

④ Richard E. Neustadt and Ernest R. May, *Thinking in Time: The Uses of History for Decision-Makers*, New York: The Free Press, 1986.

⑤ 〔美〕约翰·加迪斯：《遏制战略：冷战时期美国国家安全政策评析》（增订本），时殷弘译，商务印书馆，2019。

⑥ 〔美〕罗伯特·吉尔平：《世界政治中的战争与变革》，宋新宁、杜建平译，上海人民出版社，2007；〔美〕保罗·肯尼迪：《大国的兴衰》，梁于华等译，世界知识出版社，1990；Aaron Friedberg, *The Weary Titan: Britain and the Experience of Relative Decline, 1895-1905*, Princeton, NJ: Princeton University Press, 1988。

⑦ Marc Trachtenberg, *History and Strategy*, Princeton, NJ: Princeton University Press, 1991.

⑧ Edward Mead Earle, ed., *Makers of Modern Strategy: From Machiavelli to Hitler*, Princeton, NJ: Princeton University Press, p. 117.

⑨ 参见 Klaus Knorr and Frank N. Trager, eds., *Economic Issues and National Security*, New York: The National Security Education Program of New York University, 1977, "Foreword," p. V. 经济安全方面的相关研究成果后来很多刊发在《国际组织》期刊上。关于冷战时期的经济与国家安全领域的学术成果，详见 Michael Mastanduno, "Economics and Security in Statecraft and Scholarship," in Peter J. Katzenstein, Robert O. Keohane, and Stephen D. Krasner, eds., *Exploration and Contestation in the Study of World Politics*, Cambridge, MA: The MIT Press, 1999, pp. 185-214。

下，美国对经济安全的关注大大加强了。① 这一时期有关综合国力的研究，特别是由中央情报局副局长克莱因提出的"综合国力方程"，也表明美国对国家力量和国家安全的理解和思考比以前更为全面、系统和深入。②

（6）危机管控研究。冷战过程中美苏之间多次爆发危机，使得危机管控作为一种维护国家安全、处理彼此矛盾的中层理论逐渐发展起来。在这方面做出重要贡献的学者有亚历山大·乔治和理查德·内德·勒博等。他们以美苏之间发生的许多危机为案例，深入探讨避免危机升级和冲突解决之道，总结出一套危机管控的原则、规范、规则和程序，产生了重要的政策影响。③

（7）国际机制和国际制度研究。其中，包括国际机制和国际制度的概念、来源及演变、发挥作用的途径、优势及弱点，以及在当代国际政治中的运用等。虽然这方面的研究更多涉及的是国际政治经济学的领域，但安全机制、安全制度与国家之间的安全合作自此也成为战略研究中的一个重要分支。④

（8）新的安全议题的研究。如普林斯顿大学教授理查德·厄尔曼1983年在《国际安全》杂志上发表的《重新界定安全》一文认为，美国冷战时期对安全的定义"极为狭隘""极端军事化"，实际上，发展中国家的人口增长以及随之而来的对资源的争夺和跨国移民、日益减少的资源等都可能引发严重的冲突，因而也都是安全研究的重要议题。⑤

① 参见 Samuel P. Huntington, ed. , *The Strategic Imperative: New Policies for American Security*, Cambridge, MA: Ballinger Publishing Company, 1982; Harold Brown, *Thinking about National Security: Defense and Foreign Policy in a Dangerous World*, Boulder, Colorado: Westview Press, 1983。在亨廷顿和曾任美国国防部长的物理学家哈罗德·布朗的著作中，经济政策和能源问题都单独列章，作为国家安全的重要组成部分加以阐述。

② Ray S. Cline, *World Power Trend and U. S. Foreign Policy for the 1980s*, Boulder, Colorado: Westview Press, 1980; Idem, *World Power Assessment 1977: A Calculus of Strategic Drift*, Boulder, Colorado: Westview Press, 1977; Idem, *World Power Assessment*, Boulder, Colorado: Westview Press, 1975.

③ 参见 Alexander L. George, ed. , *Managing US-Soviet Rivalry: Problems of Crisis Prevention*, Boulder, Colorado: Westview Press, 1983; Alexander L. George, Philip J. Farley, and Alexander Dallin, eds. , *US-Soviet Security Cooperation: Achievements, Failures, Lessons*, New York: Oxford University Press, 1988; Alexander L. George, ed. , *Avoiding War: Problems of Crisis Management*, Boulder, Colorado: Westview Press, 1991；〔美〕勒博：《和平与战争之间：国际危机的性质》赵景芳译，北京大学出版社，2018。

④ Stephen Krasner, ed. , *International Regimes*, Ithaca：Cornell University Press, 1983，尤其是其中罗伯特·杰维斯撰写的有关"安全机制"的章节，该文1982年首发于《国际组织》；Robert Keohane, *After Hegemony*, Princeton, NJ：Princeton University Press, 1984。

⑤ Richard Ullman, "Redefining Security," *International Security*, Vol. 8, No. 1, Summer 1983, pp. 129-153.

总之，从 20 世纪 70 年代中后期到冷战终结这段时期，国际战略态势的起伏变化较为频繁，导致美国国家安全研究议题、理论和方法呈现多样化发展趋势。如果说此前阶段美国的安全研究主要关注核战略、核威慑和军备控制，集中于对苏军事政策方面，那么，本阶段安全研究的议程要更为丰富，研究的实证性、学术性和应用性都有了较大的提升，对一些概念和理论的辨析也更加深入细致；在研究方法上则出现了从博弈论和系统分析向比较历史案例研究回归的趋势。同时，随着冷战逐渐走向尾声，要求进一步拓宽安全研究的领域，使之不仅局限于国家安全和军事安全的呼声日渐增高。相较越南战争时的困难状况，美国国家安全的研究与教学可以说重新走向兴旺。

四　冷战时期美国国家安全研究与教学的特点与不足

美国国家安全研究创生于 20 世纪 40 年代，在 20 世纪 50~70 年代初经历了一个由盛转衰的过程，在 70 年代中后期到 1989 年冷战终结前后这段时间又逐渐走向复兴。这半个世纪是美国国家安全研究的奠基时期，可以说，直到今天都对美国国家安全的理论和实践具有重大影响，值得认真加以研究。驱动美国国家安全研究演进的因素，既包括国际大环境的变化特别是冷战时期美苏争霸态势的变化，又包括美国大战略调整的影响，还有国家安全作为国际关系学科下一个相对独立的研究领域产生之后，其本身所具有的知识社会学的生长逻辑，包括国家安全议程、理论和方法的逐渐体系化，以及研究和教学的制度化。在此过程中，美国国家安全研究与教学呈现一些特点，也凸显出一些不足。

（一）冷战时期美国国家安全研究与教学的特点

第一，美国国家安全研究具有强烈的政策属性和军事色彩。美国的安全研究是肇始于第二次世界大战之前、在战后美苏冷战背景下快速兴起的一个研究领域。在长达半个世纪的世界大战和冷战中，维持自身的霸权地位、竞胜对手，是推动美国国家安全与战略研究发展的主要动力，这使得其研究领域主要集中在军事力量的使用和威胁使用方面，并随着国际环境和自身力量的变化而呈现阶段化的特征。在美苏冷战高潮的 20 世纪 50 和 60 年代，美国的安全研究集中于核战略、威慑理论和军备控制等几个较为狭小的领域，带有浓厚的军事色彩；进入 20 世纪 70 年代和 80 年代，其安全研究所涵盖的议题则呈现多样化的发展趋势，但主流研究仍将重点放在传统安全议题上，虽然军事色彩有所淡化。

第二，经过 50 年的发展，美国的安全研究从小到大，从弱到强，通过聚焦冲突和战争的根源、军事力量的威胁、使用和管理，以及与此密切相关的问题，基本形成了一个边界较为合理、内部联系较为紧密的相对独立的研究领域。就其内容而言，国家安全研究是一个以政治学为主，涉及历史、哲学、经济学、法律和心理学的跨学科的研究领域，涵盖国家安全战略、对外政策、防卫计划、国防开支、情报、危机管控等重大公共政策议题，但也并非面面俱到。

第三，美国国家安全研究与教学体制经过长期磨合，在议题、方法、组织、人员、经费、管理、政策影响渠道等方面已经形成了一套有章可循的模式。这套模式至少在三个方面实现了有效运转：①促进专业知识服务国家战略需求，即充分利用文人战略家的专业知识和技能，护持"自由帝国"美国的安全；②培养和储备国家安全与战略研究领域的高级人才，保证处于维护国家安全这样的关键位置上的人员具备必要的素质和能力；③服务社会，引导公众理性地认识涉外公共政策问题。这种集研究、教学和社会服务于一体的做法，是美国国家安全研究机构的共同特征，也是我国国家安全体系能力建设可以有所借鉴的地方。

第四，国家安全研究和教学机构发挥影响的途径大致包括以下几种：①通过大学和科研机构教学研究人员直接出任政府职务而对政策制定及实施产生影响，如曾出任总统国家安全助理的基辛格、布热津斯基，曾出任国防部长的詹姆斯·施莱辛格和哈罗德·布朗；②通过研究成果（包括著作、论文和政策报告等）的发布影响政府决策，如沃尔斯泰特和考夫曼；③通过撰写报刊评论、接受电视采访、向政府有关部门提供政策咨询等引导公众意见；④通过培养国家安全与战略研究专业人才、实现知识再生产而持续发挥自身的影响力。

第五，从研究路径来看，美国的国家安全与战略研究机构基本上都采取跨学科的方法，从事与国家安全政策相关的学术研究。不过究竟跨哪些学科，在哪些方向上用力，具体采用何种方法，则要视具体情况而定。

（二）冷战时期美国国家安全研究与教学的不足

显然，美国的安全研究亦存在不少问题。美国有活跃的战略思维，强大的战略研究队伍，雄厚的研究资金，密切的政府与学界的互动，但却屡屡在诸如越南、伊拉克、阿富汗这样的问题上栽跟头，虽然这并不一定是国家安全研究和教育所直接导致的问题，但恐怕也不能完全摆脱干系。事实上，无论是美国学术界自身，还是其他国家的专家学者，对美国的安全研究与教育都多有批评。[①]

作为最早从事国家安全与战略研究的顶尖学者，布罗迪在开始的时候还希望战略研究发展成为一门像经济学那样"硬"的科学，但越南战争还没结束，布罗迪便已经对自己曾经主张过的那种安全研究路径进行了自我否定。他直言不讳地批评自己在兰德公司的同事，认为"他们并不是没有时间来参照历史，而是任何高度发达的科学的信奉者……常常倾向于对其他领域表现出一种蔑视甚至是傲慢"。[②] 他相信如果不将更多的常常被科学家认为是"软"的知识纳入战略研究中，单凭经济学自身是无法提高战略研究的质量的。[③]

在 20 世纪 90 年代，美国大学中从事安全研究的专家学者曾专门讨论过冷战时期美国安全研究与教学中存在的问题。在他们看来，从安全研究领域创生到 1989 年为止的第一代安全研究的课程设置及其所立基的学术文献存在以下弱点。[④]

第一，过于强调抽象的威慑理论及其在全频谱冲突中的运用。这一视角既统领了安全研究领域的理论化的方向，也影响到相关政策研究。与之相对的是，对世界政治舞台上的各种行为体的政治和文化背景关注过少。这种研究范式错误地假定，起初从欧洲的核对峙和常规力量对峙以及从美苏之间的双边对抗中发展起来的那些概念也应该可以容易地运用到其他地区和文化背景的国家

① Michael C. Desch, *Cult of the Irrelevant: The Waning Influence of Social Science on National Security*, Princeton, NJ: Princeton University Press, 2019.

② Bernard Brodie, "Why Were We So (Strategically) Wrong?" *Foreign Policy*, No. 5, Winter 1971-1972, p. 154.

③ Richard Betts, "Should Strategic Studies Survive?" *World Politics*, Vol. 50, No. 1, 1997, p. 16.

④ Shultz, Jr., Godson, and Quester, "Introduction," in Richard H. Shultz, Jr., Roy Godson, and George H. Quester, eds., *Security Studies for the 21st Century*, Washington and London, Brassey's, 1997; Richard Betts, "Should Strategic Studies Survive?" *World Politics*, Vol. 50, No. 1, 1997, pp. 6-7.

关系中，并且对于小规模的常规和非常规冲突也都同样适用，而事实并非如此。

第二，对军事力量在和平时期从从事的非战斗行动关注不够。这些新的任务和使命包括武装说服、维和、前沿部署、人道主义救援，以及对其他国家的援助等。在那些并不面临紧迫安全威胁的国家的对外政策和国家的军事力量建设中，这些非战斗行动很可能扮演更为重要的角色。

第三，研究和教学集中于美国、欧洲和苏联，而世界其他国家和地区几乎被完全排除在外。安全研究领域的发展和演进没有对非欧洲国家和地区对美国安全和国际安全的重要性予以足够的重视。

第四，一般的安全研究对文化和价值观之于冲突、战略和冲突解决的影响关注太少。尽管全球相互依赖在不断加强，国家和民族之间的文化差异仍将持续存在，并对政府、次政府集团和跨国行为体产生重要影响。评估和预测冲突及其解决的一个重要方面是理解基于不同的政治、宗教、民族、传统的社会之间的文化和价值观差异。

第五，安全研究领域过于植根于后第二次世界大战时期，这导致我们对第二次世界大战之前发生的历史研究关注不够，而这些研究本来可以帮助我们处理当前和未来的一些问题。能够为文人战略家提供职业发展的机会大多集中于当前的问题，这加剧了他们对历史的忽视。另外，安全研究领域一般为政治科学家所主导，而他们的关注点一般又是政策导向的。然而，随着对相互确保摧毁的关注的相对下降和对世界上不同地区的不同安全和冲突形式的关注的上升，对第二次世界大战之前的历史研究的需求变得更为紧迫了。

第六，安全研究也忽视了权力和影响力的非军事工具的运用。情报研究只是在近几年才开始取得进展，对世界历史中许多行为体所使用的隐蔽行动和其他安全政策的非军事工具的研究也刚刚进入安全研究领域的主流。未来需要更多关注的议题包括跨国信息和安全项目、技术转移、政治影响力行动和宣传、经济政策，以及金融制度等。

美国学者自己所做的这些诊断与英国资深战略研究学者科林·格雷所指出的美国战略研究中存在的种种问题颇为一致，如对历史重视不够；对不同国家和民族的文化差异重视不足；"美国例外论"培育了一种危险的、傲慢的战略文化；过于机械和总试图用技术手段来规避战略上和政策上的难题，导致战略研究的"非政治化"，如威慑、有限战争和军备控制可谓冷战时代美国战略研究的三大理论支柱，美国学界包括各大学的国际战略研究机构为此投入了大量的人力物力，但很少有人去分析也许是更为重要的产生危机和战争的政治原因等。① 北京大学国际关系学院教授王缉思则一针见血地指出，问题出在美国唯我独尊的"美国例外主义"上，这导致其大战略目标设置失当和对外政策过分意识形态化，从而经常把美国战略引入歧途。②

近几年，美国在国际社会的所作所为又使人们对美国安全与战略研究中存在的问题重新加以审视。美国哈佛大学教授斯蒂芬·沃尔特（Stephen Walt）将美国国际关系研究、在很大程度上也是国家安全研究可以改进之处归结为五点：一是需要理论联系实际；二是需要把经济学与政治学知识相结合；三是加强历史方面的学习；四是要具备"大局观"，保持战略思维；五是大学要保持相对独立的立场和批评精神。③ 可见，理论与实际脱节，过度经济理性化和技术化，对历史重视不够，对世界其他国家和地区的政治、文化和语言了解有限，过度意识形态化，一直是美国安全与战略研究的痼疾。问题是，如果霸权护持这一大战略目标不变的话，想要改掉这些痼疾也是十分困难的。

（本文原载于《国际政治研究》2022年第5期，收录本书时略有修改。）

---

① 例如，〔英〕科林·格雷：《核时代的美国战略》，载〔美〕威廉森·默里等主编《缔造战略：统治者、国家与战争》，时殷弘等译，世界知识出版社，2004，第618~628页。

② 王缉思：《中国国际战略研究视角的转换》，载王缉思主编《中国国际战略评论2008》，世界知识出版社，2008，第6~7页。

③ https：//foreignpolicy.com/2018/02/20/americans-ir-schools-are-broken-international-relations-foreign-policy/，最后访问日期：2022年10月11日。

| 第八章 |

现实关切与政策导向：俄罗斯的国家安全研究

戴惟静

俄罗斯历来非常重视国家安全。沙皇亚历山大三世曾说，俄罗斯只有两个盟友，一个是陆军，另一个是海军。在"安全至上"观念的影响下，俄罗斯在政策上高度重视安全，以安全促发展；在理论上，悠久的历史传统加上强烈的现实需要，西方理论和本国现实的碰撞，催生出了当代俄罗斯独具特色的国家安全研究。本文运用俄罗斯国家安全的官方文件与各类学术成果，从理论、议题、方法与研究队伍四个方面，介绍俄罗斯的国家安全研究。

一 俄罗斯的国家安全理论

（一）俄罗斯国家安全理论的源流

19 世纪前，沙皇的权力几乎不受任何法律的限制，因此，学者的研究也只涉及对外政策与军事领域的安全。俄罗斯最早有关安全的学术研究是尼·米·卡拉姆津（Н. М. Карамзин）、尼·亚·别尔嘉耶夫（Н. А. Бердяев）、弗·伊·维尔纳茨基（В. И. Вернадский）、列·尼·古米廖夫（Л. Н. Гумилёв）等学者的作品，他们在著作中指出对俄罗斯社会安全和国家安全造成影响的一些现实问题。例如，别尔嘉耶夫在第一次世界大战期间力图寻找战争的"最高精神"意义。① 古米廖夫认为，各民族社会经济发展水平的差异会对个人安全

---

① 〔俄〕尼古拉·别尔嘉耶夫：《战争的心理学和战争的意义》，载〔俄〕尼古拉·别尔嘉耶夫《俄罗斯的命运》，汪剑钊译，译林出版社，2011，第 150~179 页。

和社会安全构成威胁。至 19 世纪，俄罗斯尚未形成关于安全的独立的科学。

苏联时期，安全的理论化经历了两个阶段，[①] 分别与当时的社会政治发展阶段相呼应。

（1）第一阶段（1917 年至 20 世纪 30 年代中期）。苏联建立初期，安全保障的理论和实践问题都是从国家立场出发，将对安全的威胁归结到国内的反革命和国外的敌人。这一阶段的特点是，安全保障的一切理论基础首先都是保存和巩固社会主义国家政权。

（2）第二阶段（1936～1991 年）。1936 年，斯大林宣布苏联建成社会主义，这意味着国内可能阻碍政治和经济建设的敌对力量已不复存在，此时保障国家安全被解释为与官方意识形态相左的敌对意识形态作斗争。因此，负责国家安全的一些非公开机构开始研究国家安全，内容包括：外国机构在针对苏联的颠覆行为中的角色，提高国防能力等。在此阶段，俄语文献中出现了"国家安全"（государственная национальность）这一术语，意即"国家"的安全，包括国家安全（政治安全）与国际安全（外部安全、军事安全）。安全政策的基础是共产主义学说，个人和社会的利益要服从国家利益。因此，国家既是安全保障的主体，也是客体，个人和社会不被认为是安全领域的优先事项。

戈尔巴乔夫改革时期，安全问题开始触及政治、军事以外的其他方面，如人文、生态等。1985 年，戈尔巴乔夫提出"新思维"，主张建立考虑全人类价值的国际安全体系。苏联科学院也开始重新审视安全保障的方法，拒绝均势，转向利益平衡。[②]

（二）当代俄罗斯的国家安全理论

苏联解体后，俄罗斯的安全理论主要有三个思想来源。一是西方理论，基

① 也有学者将苏联时期的安全理论划分为三个阶段：正统阶段（1917 年至 20 世纪 70 年代中期）、现代化阶段（20 世纪 70 年代中期至 20 世纪 80 年代中期）、新思维阶段（20 世纪 80 年代中期至 1991 年）。其中，在现代化阶段，表面上批判资产阶级理论，实际上开始借用西方的方法论、概念和材料。参见〔俄〕谢尔古宁《俄罗斯的安全问题研究》，载〔俄〕安·巴·齐甘科夫、巴·阿·齐甘科夫主编《当代俄罗斯国际关系学》，冯玉军、徐向梅译，北京大学出版社，2008，第 172～173 页。

② Кардашова И. Б. Основы теории национальной безопасности. М.：Издательство Юрайт, 2020. C. 17-22.（〔俄〕卡尔达绍娃：《国家安全理论基础》，莫斯科：优莱特出版社，2020，第 17～22 页。）

于现实主义、自由主义和全球主义等传统范式，以及它们的对立面——后实证主义，鉴于俄罗斯所面临的问题的性质，现实主义和地缘政治学是最受欢迎的。二是俄罗斯的非马克思主义理论，如欧亚主义、尼·亚·丹尼列夫斯基（Н. Я. Данилевский）的思想、斯拉夫主义、19 世纪末 20 世纪初俄罗斯宗教哲学学派的观点等。三是改革了的马克思主义，接近欧洲社会民主主义，并吸收了俄罗斯联邦共产党和俄罗斯社会主义者的一些思想。[1] 相较而言，对当代俄罗斯的国家安全理论影响最大的还是西方理论。

目前，俄罗斯的各种国际关系理论学派都有自己的代表——现实主义、自由主义、全球主义和后实证主义，每一个学派对国家安全问题都有自己的观点与看法。尽管现实主义和地缘政治学占据主导地位，其他学派也都有可能自由地表达观点，并努力向政策精英与决策机制施展影响。[2]

关于是否已有称得上学派的"俄罗斯学派"问题，考虑到"国家安全"这一概念都是从西方引入俄罗斯的，俄罗斯的国家安全研究仍然依赖西方的方法论和理论，尚未最终形成自己的研究客体，以及区别于其他国际政治分支（冲突学、战争与和平研究）的特色。[3]

除西方理论以外，俄罗斯还非常关注其他国家的安全研究。例如，国外的国家安全构想和国家安全保障体系，尤其是美国、英国、德国、法国、中国、日本等国家的情况。美国的重要性不仅在于其自身对于俄罗斯安全的意义，还在于它影响着其他西方国家的安全理论和安全政策。美国国家安全委员会与俄罗斯联邦安全会议是俄罗斯学者的比较研究对象。英国、德国和法国作为欧洲大国，是俄罗斯所关切的欧洲安全的重要组成部分。中俄在安全领域的合作不断深化，俄罗斯对中国国家安全的理解也在加深，将和平发展、独立的和平外交政策和反对霸权和强权政治视为中国在国家安全领域的主要方针。日本因长期以来实现了防止国家领土分裂，解决了加强国家安全的问题，也引起俄罗斯

---

① 〔俄〕谢尔古宁：《俄罗斯的安全问题研究》，载〔俄〕安·巴·齐甘科夫、巴·阿·齐甘科夫主编《当代俄罗斯国际关系学》，冯玉军、徐向梅译，第 174 页。

② 〔俄〕谢尔古宁：《俄罗斯的安全问题研究》，载〔俄〕安·巴·齐甘科夫、巴·阿·齐甘科夫主编《当代俄罗斯国际关系学》，冯玉军、徐向梅译，第 183 页。

③ 〔俄〕谢尔古宁：《俄罗斯的安全问题研究》，载〔俄〕安·巴·齐甘科夫、巴·阿·齐甘科夫主编《当代俄罗斯国际关系学》，冯玉军、徐向梅译，第 171、184 页。

学者的兴趣。①

（三）俄罗斯国家安全的法律体系

调节国内外政治关系的国家法律也是国家安全理论的重要组成部分。目前，俄罗斯的国家安全构想已逐渐成形，个人、社会、国家的安全构成国家安全的三大要素。对个人利益的重视在很大程度上归功于 1993 年《俄罗斯联邦宪法》第二条——"人和人的权利与自由具有至高无上的价值。承认、遵守和维护人和公民的权利与自由是国家的责任"。② 1992 年颁布的《俄罗斯联邦安全法》则明确规定了安全的含义："个人、社会和国家的切身利益免受内部和外部威胁的安全状态。"③ 这一定义改变了长期以来俄罗斯只重视国家安全，忽视人民安全和社会安全的问题，至今仍在俄罗斯安全研究中占有主导地位。

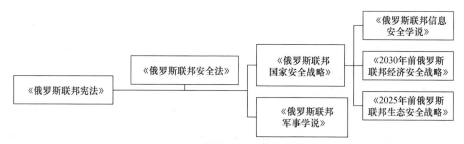

图 1　俄罗斯国家安全的法律体系

资料来源：笔者依据上述法律文件和国家战略文件自制。

除上述《宪法》《安全法》等基本法律文件以外，在国家安全领域最重要的基础文件是《俄罗斯联邦国家安全战略》（以下简称《安全战略》），它也充当了其他领域安全战略文件的法律基础。④ 该文件自 1997 年以来共发布五

---

① 〔俄〕阿·哈·沙瓦耶夫等：《国家安全新论》，军事谊文出版社，2002，第 274～338 页；Кардашова И. Б. Основы теории национальной безопасности. С. 182-200。（〔俄〕卡尔达绍娃：《国家安全理论基础》，第 182～200 页。）

② Конституция Российской Федерации（《俄罗斯联邦宪法》），http：//kremlin. ru/acts/constitution，最后访问日期：2022 年 5 月 25 日。

③ Закон РФ от 5 марта 1992 года о безопасности（«俄罗斯联邦安全法»），https：//base. garant. ru/10136200/，最后访问日期：2022 年 5 月 25 日。

④ 《军事学说》除外，它与《安全战略》的关系是"考虑了《安全战略》的主要条款"，参见《俄罗斯联邦军事学说》I. 4。

版——1997 年版、2000 年版、2009 年版、2015 年版和 2021 年版。[①] 2021 年
最新版《安全战略》将"国家安全"定义为一种状态：保护俄罗斯国家利益
不受外部和内部威胁，保障公民的宪法权利和自由、有尊严的生活质量和生活
水平、国内的公民和平与和谐、维护主权、独立和国家完整、社会和经济发
展。还在保障国家安全的框架内，明确了人的发展、国防（军事）安全、国
家安全与社会安全、信息安全、科技发展、经济安全、精神-文化安全、生态
安全与合理利用自然资源等战略优先事项。[②] 其中，在军事安全、信息安全、经
济安全、生态安全、精神-文化安全等领域分别制定了国家层面的战略规划文件。

（1）军事安全领域。在各版《安全战略》中，军事安全一直居于前列乃
至最重要的位置。在此领域颁有《俄罗斯联邦军事学说》，自 1993 年以来共
发布四版，最新版制定于 2014 年。[③] 该文件将军事危险划分为外部和内部，
将北约视为外部的头号威胁，具体包括北约东扩和北约成员国军事基础设施接
近俄罗斯国境。此外，还首次提出"非核遏制"（неядерное сдерживание）概
念，出现了保障俄罗斯在北极国家利益的任务。

（2）信息安全领域。信息安全领域的战略文件是《俄罗斯联邦信息安全
学说》，共有两版，最新版是 2016 年版。[④] 该学说明确了信息领域的国家利
益、主要信息威胁、信息安全的形势，以及保障信息安全的战略目标与主要方
向等。

（3）经济安全领域。经济安全领域的战略文件是《2030 年前俄罗斯联邦
经济安全战略》，由安全会议制定，并于 2017 年颁布。[⑤] 该战略指出了俄联邦

[①] 该文件 1997 年第一版名为《俄罗斯联邦国家安全构想》（Концепция национальной безопасности РФ），自 2009 年起，称《俄罗斯联邦国家安全战略》（Стратегия национальной безопасности РФ）。批准 2009 年版《安全战略》的总统令中明确说明：伴随着 2009 年版《安全战略》生效，1997 年版和 2000 年版《安全构想》失效。

[②] Стратегия национальной безопасности РФ от 2 июля 2021 г.（《俄罗斯联邦国家安全战略》），http：//www. kremlin. ru/acts/bank/47046，最后访问日期：2021 年 7 月 5 日。

[③] Военная доктрина Российской Федерации（《俄罗斯联邦军事学说》），http：//www. kremlin. ru/acts/47334，最后访问日期：2022 年 5 月 10 日。

[④] Доктрина информационной безопасности Российской Федера ции（《俄罗斯联邦信息安全学说》），http：//www. kremlin. ru/acts/bank/41460，最后访问日期：2022 年 5 月 10 日。

[⑤] Стратегия экономической безопасности Российской Федерации на период до 2030 года（《2030 年前俄罗斯联邦经济安全战略》），http：//www. kremlin. ru/acts/bank/41921，最后访问日期：2022 年 5 月 10 日。

经济安全面临的挑战与威胁，确定了保障经济安全领域的国家政策主要方向，以及至 2030 年经济安全领域内关键任务的完成机制等。

（4）生态安全领域。生态安全领域的战略文件是《2025 年前俄罗斯联邦生态安全战略》，同样颁布于 2017 年。① 该战略评估了当前生态安全的形势、存在的挑战与威胁，提出了实施生态安全领域国家政策的目标、主要任务、重点领域和机制等。

（5）精神－文化安全领域。精神－文化安全领域的战略文件是《保护和加强俄罗斯传统精神－道德价值观的国家政策基础》，颁布于 2022 年。传统价值观是俄罗斯社会的基础，可以保护和加强俄罗斯的主权，根据《安全战略》的评估，俄罗斯需要采取紧急措施保护其传统价值观。②

上述《学说》和《安全战略》等文件与《宪法》《安全法》一起构成了俄罗斯国家安全的法律体系。从文件的数量、更新频率上可以看出，军事安全是俄罗斯最为重视的安全；信息安全、经济安全、生态安全等次之；精神－文化安全的战略制定仍面临一些问题；人民安全、社会安全则内化在国家安全的题中应有之义中。

二　俄罗斯国家安全研究的议题

（一）国家安全的学理争辩

当前，俄罗斯的国家安全研究主要围绕以下议题展开：完善国家安全一般理论的概念体系，形成国家安全理论的基本论点，制定研究复杂的、动态的国家安全体系的新的理论和方法论，包括国家利益、对国家安全的威胁、国家安全保障体系，探索评估国家安全水平等的有效方法。③ 简言之，核心是"是什么—为什么—怎么办"三个问题，"是什么"即国家安全的概念体系，"为什

---

① Стратегия экономической безопасности Российской Федерации на период до 2030 года（《2030 年前俄罗斯联邦经济安全战略》），http：//www. kremlin. ru/acts/bank/41921，最后访问日期：2022 年 5 月 10 日。

② 《保护和加强俄罗斯传统精神－道德价值观的国家政策基础》（Основы государственной политики по сохранению и укреплению традиционных российских духовно－нравственных ценностей），http：//www. kremlin. ru/acts/bank/48502，最后访问日期：2024 年 8 月 13 日。

③ 〔俄〕卡尔达绍娃：《国家安全理论基础》，第 17~22 页。

么"即安全观与安全文化，"怎么办"即国家安全保障体系。

（1）谁的安全：国家安全概念。如前所述，俄语中"государство"一词与"state"接近，苏联时期使用的"国家安全"（государственная национальность）一词所涉安全客体是国家。等同于"national security"的国家安全（национальная безопасность）直到20世纪80年代中期才在俄罗斯开始出现，这一概念从美国引入。在西方，这个概念所表示的是整个国家而非个别民族的安全，这不仅符合"nation"作为国家的词义，而且符合大多数单民族西方国家的现实。

然而，这一术语进入俄罗斯之后便产生了歧义。俄罗斯作为一个多民族国家，有些民族以共和国形式存在，拥有自己的宪法和保障民族安全的安全委员会。严格说来，俄罗斯的国家安全不等于一个民族的安全，而是若干个民族的安全。针对这个问题，有俄罗斯学者使用新的术语"民族-国家安全"（национально-государственная безопасность），但是这一术语也不够准确，因为国家只是社会各要素之一。随着国家安全（национальная безопасность）一词正式出现在国家法律文件和总统国情咨文中，这一概念的内涵才逐渐明晰：俄罗斯多民族人民的安全。[①]

厘清国家安全概念中的"国家-民族"这对关系之后，又出现了"国家-社会-人"三角关系的难题。俄罗斯摆脱了以国家为中心的国家安全概念之后，西方出现了三种关于人的安全的理论。一是哥本哈根学派的社会安全（социетальная безопасность）理论，认为人的安全是不存在威胁和对共同体生存的信心，而共同体是由共同信仰、民族和宗教特征、一致的身份认同的个人联合起来的群体。二是威尔士学派的批判安全研究，这一派认为安全的参照组不是社会，而是个体的人。三是以上两者的折中，与《联合国人类发展报

① Шаваев А. Х. Сущность национальной безопасности и подход к ее определению // Военный академический журнал. 2015. No 3（7）. С. 80-87（〔俄〕阿·哈·沙瓦耶夫：《国家安全的本质与定义国家安全的途径》，《军事学术杂志》2015年第3期，第80~87页）；Анохин Ю. В. и Гадельшин Р. И. Национальная безопасность：теоретические и терминологические аспекты // Теория и практика общественного развития. 2017. No 12. С. 126-129（〔俄〕阿诺欣、加杰尔申：《国家安全：理论与术语方面》，《社会发展的理论与实践》2017年第12期，第126~129页）；Горбачева С. В. Понятие и содержание национальной безопасности Российской Федерации // Вестник Нижегородской правовой академии. 2018. No 16. С. 23-25（〔俄〕戈尔巴乔娃：《俄罗斯联邦国家安全的概念与内容》，《下诺夫哥罗德法学院学报》2018年第16期，第23~25页）。

告》的理念接近。

俄罗斯学者认为，虽然必须承认人的安全，但是把国家排除在安全客体之外谈人的安全是没有意义的、乌托邦的。对于俄罗斯而言，国家与社会不仅不是彼此对立的关系，反而互为要求。只有国家才具备保障社会和人民的生活水平、安全、自由的能力，国家的衰弱会导致其无力保护公民利益和个体安全。① 这种安全概念无疑加强了俄罗斯强国家、弱社会的结构。

（2）安全为何重要：安全观与安全文化。根据 2021 年版《安全战略》，俄罗斯综合安全观的基本理念是：以政治安全为前提，以经济安全为基础，以国防安全为保证，以信息安全为后盾，以精神安全为支柱，以生态安全为补充。根据国家安全和国家利益的定义，2021 年版《安全战略》按人民安全、国防安全、国家安全与社会安全、信息安全、经济安全、科技安全、生态安全、精神文化安全的顺序重申了俄国家安全战略的优先方向（见表 1）。与以往明显不同的是：将人民安全、国防安全和信息安全摆在了比较突出的位置，特别是对信息安全给予了前所未有的重视。②

表 1　五版《安全战略》中的安全排序

	1997 年版	2000 年版	2009 年版	2015 年版	2021 年版
1	经济	经济	国防	国防安全	人民安全
2	社会政治稳定	保护宪法秩序	国家安全与社会安全	国家安全与社会安全	国防安全
3	打击犯罪	打击犯罪	提高俄罗斯公民生活质量	提高俄罗斯公民生活质量	国家安全与社会安全
4	保护文化、精神、道德遗产，历史传统与社会生活规范	保护文化、精神、道德遗产，历史传统与社会生活规范	经济增长	经济增长	信息安全

---

① Цыганков П. А. Теория человеческой безопасн ости：политические последствия и уроки для России//Вестник Московского университета．Серия 12．Политические науки．2010．№ 4．С. 78-83．（〔俄〕齐甘科夫：《人的安全理论：对于俄罗斯的政治后果和教训》，《莫斯科大学学报第 12 辑：政治学》2010 年第 4 期，第 78~83 页。）

② 于淑杰：《俄罗斯新版国家安全战略评析》，《俄罗斯东欧中亚研究》2022 年第 1 期，第 37 页。

	1997 年版	2000 年版	2009 年版	2015 年版	2021 年版
5	公民健康	卫生	科学、技术、教育	科学、技术、教育	经济安全
6	生态	生态	卫生	卫生	科技安全
7	外交	外交	文化	文化	生态安全
8	军事安全（最重要）	军事安全（最重要）	生命系统生态和合理利用自然资源	生命系统生态和合理利用自然资源	精神文化安全
9	边境安全	边境安全	战略稳定与平衡的战略伙伴关系	战略稳定与平衡的战略伙伴关系	无
10	信息安全	信息安全	无	无	无

资料来源：笔者根据五版《安全战略》自制。

在国防安全、国家安全先于经济安全的背后，更为深层的安全文化逻辑则是，俄罗斯始终坚持安全高于发展、安全统领发展。这种态度与特殊的地理和历史条件所导致的俄罗斯民族的不安全感有深刻关系，具有长期性特征。苏联解体后俄罗斯战略缓冲尽失，乌克兰危机使俄与西方关系破裂，俄罗斯重视安全的一面更加凸显。[1] 因此，安全的重要性正是在于，安全的使命是保障发展，影响着社会生活方方面面的发展。[2]

（3）怎样保障安全：国家安全保障体系。俄罗斯已经构建了较为完整的国家安全保障体系，包括国家利益确定、安全威胁判断、安全决策机制与多样化手段。

《安全战略》规定，俄罗斯的国家利益包括：保护俄罗斯人民，开发人的潜力，提高公民的生活质量和福利；保护俄罗斯联邦的宪法秩序、主权、独立、国家和领土完整，加强国防；维护国家的和平与和谐，加强法治，消除腐败，保护公民和所有形式的所有制免受非法侵害，发展国家与公民社会之间的互动机制；发展安全的信息空间，保护俄罗斯社会免受破坏性信息和心理影响；保护俄罗斯经济在新技术基础上的可持续发展；保护环境，节约自然资源和合理利用自然资源，适应气候变化；弘扬俄罗斯传统的精神和道德价值，保

---

① 陈宇：《从俄新版〈国家安全战略〉看其战略走向》，《现代国际关系》2021 年第 10 期，第 62 页。

② 〔俄〕卡尔达绍娃：《国家安全理论基础》，第 28 页。

护俄罗斯人民的文化和历史遗产；维护战略稳定，加强和平与安全，国际关系的法律基础。

关于安全威胁的判断，从来源上看，有来自国家外部和国家内部的威胁；从时间上看，有现实的和潜在的威胁；从领域上看，有军事的、政治的、经济的、生态的、信息的、文化的威胁；从地域范围看，有局部的和全球的威胁。

俄罗斯的国家安全决策机制分为决策指挥系统、信息保障系统、执行保障系统和法律保障体系。决策指挥系统是国家安全保障体系的核心，以总统为首。信息保障系统为决策者提供情报，并为解决问题提供智力保障，重要机构是安全会议和对外情报局。执行保障系统是包括国家安全机关、国防部、情报部门、外交部、紧急情况部等组成的综合系统，各部门贯彻执行决策指挥系统的决策。法律保障体系则为整个国家安全保障体系提供法律依据和支持。

从手段来看，俄罗斯强调军事手段与非军事手段的综合运用。面对国家安全威胁复杂化、安全内容综合化的趋势，维护国家安全的手段必须多样化。俄罗斯主张运用政治、经济、法律、国际组织等一切手段保障国家安全。同时，军事手段的安全保障作用不可替代，加强武装力量建设不能松动。①

（二） 俄罗斯国家安全研究的学术成果

从围绕国家安全议题的期刊与国家安全的教科书中，② 得以一窥近年来俄罗斯学界所关注的国家安全其他前沿问题。

（1）《欧亚安全》（Безопасность Евразии），2000～2017 年出版。如"欧亚"一词所示，该期刊主要关注公民人身安全最重要的人道主义方面、俄罗斯联邦国家安全、独联体国家集体安全、地区和国际安全等。

（2）《地缘政治与安全》（Геополитика и безопасность），2007～2017 年出版，编委会主席是列·格·伊瓦绍夫（Л. Г. Ивашов）上将，他同时也是俄罗斯地缘政治问题学院（Академия Геополитических Проблем）院长。期刊常设的栏目有"地缘政治""全球安全"。

（3）《保卫与安全》（Защита и безопасность），1997 年出版至今，由俄

---

① 姜振军：《俄罗斯国家安全问题研究》，社会科学文献出版社，2009，第 27～34 页。
② 期刊及下文的研究队伍参考了俄罗斯国际事务委员会整理的《俄罗斯的军事政治研究》指南。РСМД，Справочник «Военно-политические исследования в России»，http：//ir. russi ancoun-cil. ru/military/，最后访问日期：2022 年 1 月 10 日。

罗斯火箭和炮兵科学院、特种材料研产联合公司（Научно-производственное объединение специальных материалов）创办。主要面向高级军官和将军、执法人员、军工联合体企业负责人和政府官员。

（4）《安全指数》（Индекс безопасности），出版方是政策研究中心，自中心 1994 年成立以来出版至今。[①]涵盖广泛的国际安全问题，包括不扩散大规模杀伤性武器和军备控制、打击国际恐怖主义、保护关键基础设施、能源安全、军事技术合作、信息安全、人口安全和移民问题、生态安全、全球气候变化、生物安全和传染病控制等。

（5）《国家安全》（Национальная безопасность），2009 年出版至今，主要关注俄罗斯和其他国家的国家安全。栏目包括安全体系比较分析、全球化与国家安全、国家安全的法律保障、信息保障、人文保障等。

（6）《国家安全与战略规划》（Национальная безопасность и стратегическое планирование），2013 年出版至今。栏目包括：社会经济系统的管理、国家安全保障的一般问题、地缘政治领域的战略规划和安全保障、保障国家安全的法律依据，政治安全，社会安全，信息安全，经济安全，军事安全与国防，战略计划，科学、创新和教育，医疗保健和人口安全，科技领域安全、生命系统生态和合理利用自然资源。

近年来，俄罗斯每年都有题为《国家安全基础》《国家安全理论基础》《俄罗斯国家安全基础》等的新版或再版教科书出版，主要面向法学专业学生使用。随着俄罗斯的国内外安全环境不断变化，国家安全的政策文件更新迭代，要求教材与教学必须做到与时俱进。以 2022 年出版的《国家安全基础》为例，[②]该教材研究了国家安全理论的主要问题，反映了安全类型的一般理论基础，梳理了安全保障体系的法律规范和组织基础，依据的是俄罗斯联邦现阶段通过的国家安全领域的基本文件，即《俄罗斯联邦国家安全战略》和《俄罗斯联邦军事学说》。

---

① 2006 年前期刊名为《核军控》（Ядерный контроль）。

② Основы национальной безопасности. Под ред. К. К. Гасанова, О. В. Зибор ова и Н. Д. Эриашв или. М.：ЮНИТИ，2022. С. 351.（〔俄〕哈桑诺夫、济博罗夫、埃里阿什维利编《国家安全基础》，莫斯科：UNTY 出版社，2022，第 351 页。）

三　俄罗斯国家安全理论的方法论及跨学科特征

（一）俄罗斯国家安全的方法论

俄罗斯国家安全理论的方法论包括价值论、认识论、文化学、社会分层理论、道德、人文主义和地缘政治学等。

（1）价值论。国家安全理论的方法论基础是以下基本结论：在目前的文明发展阶段，遵照国家安全的原则构建人类社会是一种积极的价值。相应地，在整个价值体系中，国家安全统领着其他理念，包括世界主义、全球和平、全面裁军、社会进程全球化、世界政府等。

（2）认识论。虽然破坏国家安全的行为在很大程度上具有秘密的特点，但原则上是可知的。国家安全理论的主要任务之一就是要研究学术工具和专门方法，以获得关于这些秘密过程的客观、全面的知识。

（3）文化学。一个社会政治文化的发展能够提高保障国家安全的社会监督效率。国家安全理论的主要任务之一是探究国家安全受损的指标。社会越早意识到国家安全保障的程度不足，消除可能对国家安全造成损失的机会就越多。

（4）社会分层理论。借助社会学中的社会分层概念，可以认识到社会结构的异质性。在异质性条件下，为保障国家安全，应使两个过程发挥作用：一是形成最大限度的、面向所有社会阶层的国家利益；二是根据国家利益调整社会各阶层的利益、需求、生活刻板印象。

（5）道德。在保障国家安全的理论与实践中，道德必要性与国家安全必要性之间常常存在矛盾。因此，在评估一项政策时，必须考虑到其行为结果、历史语境和对社会精神道德状况的影响。

（6）人文主义。保障国家安全的行动不应造成社会的非人化、大众恐惧、社会压迫等。这些为保障国家安全的负面效应不可能完全消除，因此，制定国家安全政策的艺术就在于各方面之间保持平衡。

（7）地缘政治学。国家安全理论中基于以下地缘政治的基本判断：某些国家之间存在不可调和的矛盾；这些矛盾只有通过军备平衡才能摆脱尖锐阶段；只能通过一个国家被另一个国家毁灭彻底解决；存在矛盾的国家之间可以建立友好的对外关系，但只是战术层面的，而不是战略层面的；一国对另一国的行动既可以是直接的也可以是间接的。①

（二）国家安全研究与其他学科的关系

俄罗斯的国家安全研究借鉴了许多其他学科的方法，国家安全研究的研究方法与成果也影响其他学科研究，尤其是安全至上的思维，安全作为方法由此也深刻地渗入各领域研究。

安全可以划分为专门安全和一般安全两类，前者是指医学、地震学、火山学、气象学、放射学等科学，以及工业、农业、运输业等方面的安全；后者则是由社会存在和社会关系特点所决定的，经济学、政治学、法学、国际关系理论、信息学、文化学、冲突学、军事理论，以及各种专门的应用学科已经从多方面涉及这些问题，并已实际上成为安全理论的研究方向。一般安全理论的大部分内容具有哲学和社会政治学属性，其主要研究方向也涉及社会学、政治学、社会心理学及法学等学科。

由于一般安全理论的研究重点是解决交叉性、综合性问题，因此，它与系统论、冲突学、控制论等学科很相似。安全理论与系统论所研究的客体都是系统，不同之处在于，安全理论解决的是当破坏力对系统施加影响时，系统的稳定性、完整性、受保护性和安全性问题。安全理论与冲突学有联系，是因为发生在社会领域的破坏性作用必然在某种程度上与冲突局势有关。安全理论与控制论有交叉点，因为要防止和解决冲突，防止系统的灾难性变化，就离不开一定的信息控制作用。以上三者都为安全理论提供了一些重要概念、规律性的原则和认识方法，由此而形成研究安全理论的专门方法论。

从安全理论中还能看到与军事科学理论的相似之处，军事科学理论是一系列军事学科交叉融合的结果，同样对其他具体学科具有方法论功能。

由此可见，自然科学和社会科学构成了一般安全理论的世界观和方法论基础，系统论、冲突学、控制论等则为一般安全理论发挥专门方法论的作用。同时，一般安全理论也可以作为专门安全理论研究的起始点和方法论基础。②

---

① Иншаков С. М. Основы теории национальной безопасности. М.：КноРус；2021. C. 19-36.（〔俄〕因沙科夫：《国家安全理论基础》，莫斯科：克诺鲁斯出版社，2021，第19~36页。）
② 〔俄〕阿·哈·沙瓦耶夫等：《国家安全新论》，第4~8页。

四 俄罗斯国家安全的学科建设与研究队伍

虽然俄罗斯没有设立与我国相关学科具有相当地位的"国家安全学"学科，但国家安全作为一种复杂、内容丰富的现象，俄罗斯的各个学科都在探索其边界所在，关于国家安全的研究遍布各个学科。

在俄罗斯最高评定委员会专业目录中，俄罗斯有 430 个相当于中国一级学科的学科。其中涉及安全的都在"05.00.00 技术科学"学科门类下，包括建筑和城市经济的环境安全，紧急情况安全（按行业），消防和工业安全（按行业），核安全和辐射安全，化学安全、生物安全和细菌安全等。[1] 按照俄罗斯学者阿·哈·沙瓦耶夫（А. Х. Шаваев）的划分，以上均属于"专门安全"领域。

从研究生论文来看，1991~2022 年俄罗斯通过答辩的副博士论文、博士论文中，论文题目涉及"国家安全"问题的，所属学科涵盖政治学、经济学、法学、哲学、历史学与考古学、社会学（按论文数量从多到少排序）等。[2]

在高等院校系统中，主要有俄联邦武装力量总参谋部军事学院、俄联邦武装力量诸兵种军事学院等军校，以及莫斯科国立大学、莫斯科国际关系学院、俄罗斯联邦总统国民经济与国家行政学院等地方院校，设有与国家安全相关的教研室及培养方向。

（1）俄联邦武装力量总参谋部军事学院。该学院是俄罗斯历史最悠久的军校，可追溯到 1832 年俄罗斯帝国军事学院成立。在为俄罗斯培养具备高级军事资格的战役—战略级军官、[3] 国防和国家安全专家等人才方面一直处于领先地位。学院学者参与制定《俄联邦军事学说》等国家重要文件。国家安全与国防系是学院主要教学单位之一，在 190 多年历史上，该系培养了 462 位"苏联英雄"、28 位"俄罗斯联邦英雄"。该系培养"国家安全与国防"方向的学员与硕士。行政与国家安全教研室则参与制定该学科全国范围的教育标

---

① Паспорт научных специальностей ВАК《最高评定委员会专业目录》，http：//arhvak. minobr-nauki. gov. ru/web/guest/316，最后访问日期：2022 年 1 月 8 日。

② Российская государственная библиотека，Электронная библиотека диссертаций（俄罗斯国立图书馆电子论文图书馆），https：//diss. rsl. ru/，最后访问日期：2022 年 2 月 26 日。

③ 俄联邦武装力量指挥体系分为五个级别，分别为战略级、战役-战略级、战役级、战役-战术级、战术级。

准、教学计划和教学大纲，还成立了常设讨论平台，评估俄罗斯国家安全存在的挑战和威胁，以制订应对措施。①

（2）俄联邦武装力量诸兵种军事学院。其历史与总参谋部军事学院同源，更为人知的前身之一是伏龙芝军事学院。主要任务是为俄军培养受过高等教育的军官。

（3）莫斯科国立大学。莫大世界政治系下设国际安全教研室，俄罗斯国际安全问题专家安·阿·科科申（А. А. Кокошин）任教研室主任，设有"国际安全"硕士项目。②

（4）莫斯科国际关系学院。本科生国际关系专业方向下，设有"国际安全"项目，由管理与政策系、库尔恰托夫研究所联合培养。该项目学生不仅研究军事政治安全，还关注经济安全、能源安全、信息安全、环境安全、技术安全以及人的安全。③

（5）俄罗斯联邦总统国民经济与国家行政学院。法律与国家安全学院国家安全系下设四个教研室：行政与国家安全教研室、俄罗斯国际安全与对外政策活动教研室、冲突学与移民安全教研室、经济安全教研室。培养"经济安全"方向的专家（специалист），以及"行政与国家安全""公民社会运作条件下的冲突与国家安全""移民政策与人口安全""国际安全领域的战略管理"等方向的硕士。④

在俄罗斯科学院系统内，从事国家安全研究的主要有安全问题研究中心和

---

① Военной академии Генерального штаба Вооруженных Сил Российской Федерации—189 лет！（《俄罗斯联邦武力量总参谋部军事科学院：189 周年！》），https：//vagsh. mil. ru/O_VUZe/18-let-VAGHVSRF7；Факультет национальной безопасности и обороны государств（国家安全与国防系），https：//vagsh. mil. ru/Struktura-akademii/Fakultet-nacionalnoj-bezopasnosti-i-obor；Кафедра государственного управления и национальной безопасности（行政与国家安全教研室），https：//vagsh. mil. ru/Struktura-akademii/Kafedra-gosudarstvennogo-upravleniya-i-n，最后访问日期：2022 年 4 月 14 日。

② Факультет мировой политики МГУ. Кафедра международной безопасности（莫斯科国立大学世界政治系国际安全教研室），https：//www. fmp. msu. ru/o-fakultete/kafedry/kafedra-mezhdunarodnoj-bezopasnosti，最后访问日期：2022 年 4 月 14 日。

③ Абитуриенту МГИМО 2022. Факультет управления и политики. Программа « Международная безопасность »（莫斯科国际关系学院 2022 级申请人，管理与政策系的"国家安全"项目），https：//abiturient. mgimo. ru/bakalavriat/sgp，最后访问日期：2022 年 5 月 16 日。

④ Факультет национальной безопасности（俄罗斯联邦总统国民经济与国家行政学院法律与国家安全学院国家安全系），https：//ilns. ranepa. ru/fakultety/istoriya/fakultet-natsionalnoy-bezopasnosti-. php，最后访问日期：2022 年 5 月 10 日。

原国际安全问题研究所。

（1）安全问题研究中心（Центр исследования проблем безопасности，ЦИПБ）。成立于 2004 年，主要研究金融犯罪（洗钱、资助恐怖主义、大规模杀伤性武器扩散）和反恐问题。①

（2）原国际安全问题研究所（Институт проблем международной безопасности，ИПМБ）。1999 年成立，2013 年并入俄罗斯科学院社会政治研究所（ИСПИ РАН），安·阿·科科申曾任所长。该研究所的主要任务是对国际安全问题的政治、经济、国防和法律诸方面开展系统研究，特点是积极利用了自然科学的研究成果，在交叉点进行研究。②

俄罗斯国家安全研究的另一个特点是，纯粹的经院式的安全研究暂时还不存在，学术和政治紧密结合。国家安全问题与俄罗斯的政治利益紧密相关，是学者们当前必须回答的迫切问题。③ 因此，在"学院派"以外，众多政府组织与非政府组织（智库）也从事偏向政策的国家安全研究。

最重要的政府组织是俄罗斯联邦安全会议下属学术委员会（Научный совет при Совете безопасности РФ），其职能主要是为安全会议提供建议和专家支持。④ 目前，该学术委员会由 158 名杰出的专家学者组成，由总统亲自任命。其中，博士（доктор наук）110 人，科学院院士 20 人。大约 60% 的科学委员会成员是从事国家安全问题的知名学术组织的负责人或副负责人。⑤

在非政府组织中，具有一定影响力的有以下机构。

（1）政策研究中心（Политических Исследований России，ПИР-центр）。成立于 1994 年，是专门研究全球安全、核不扩散、国际信息安全和全球互联

① История ЦИПБ РАН（《俄罗斯科学院安全问题研究中心历史》），https：//spsc-ras.ru/spsc-ras/company/（国际安全问题研究所），最后访问日期：2022 年 4 月 6 日。

② Институт проблем международной безопасности（ИПМБ РАН）（国际安全问题研究所），http：//ir.russiancouncil.ru/organisations/ipmb/，最后访问日期：2022 年 1 月 10 日。

③ 〔俄〕谢尔古宁：《俄罗斯的安全问题研究》，载〔俄〕安·巴·齐甘科夫、巴·阿·齐甘科夫主编《当代俄罗斯国际关系学》，冯玉军、徐向梅译，第 176 页。

④ Положение о научном совете при Совете Безопасности Российской Федерации（《俄罗斯安全委员会下属学术委员会章程》），http：//www.scrf.gov.ru/about/NS_spis_organ/polozh_NS/，最后访问日期：2022 年 1 月 8 日。

⑤ Состоялось пленарное заседание научного совета при Совете Безопасности России. 20.12.2021（《俄罗斯安全委员会下属学术委员会举办全体会议》，2021 年 12 月 20 日），http：//www.scrf.gov.ru/news/allnews/3159/，最后访问日期：2022 年 1 月 8 日。

网治理、应对新型挑战和威胁的非政府组织，主要研究项目是"俄罗斯与核不扩散"。①

（2）国家安全科学研究中心（Научно-исследовательский центр проблем национальной безопасности）。主要研究活动包括：对国家安全主要威胁的表现进行状态分析和动态预测，出版有关国家安全问题的科学、科学实用和科普著作，为保障国家安全领域的项目和计划提供科学和方法、信息、专家和分析支持。②

（3）国家全球安全研究所（Национальный институт исследований глобальной безопасности）。该研究所主要关注全球安全，旨在吸引知识精英参与各领域全球安全热点问题的创新研究，提出世界可持续发展的建议，并加强俄罗斯在其中的地位。③

结　语

俄罗斯的国家安全研究在各学科中百花齐放，各类研究队伍齐头并进，这与俄罗斯历来重视安全的传统，以及现实中感知到的安全威胁是密切相关的，这也使得它的国家安全研究带有强烈的实用色彩。尽管多点开花有其长处，但缺乏学科建设，使得俄国内理论界存在争论、各言其志，反映到政策制定和实施上，一些领域的安全战略便难以形成共识、顺利推行。俄罗斯与西方的复杂关系决定了，一方面，俄罗斯必须与西方就安全问题进行对话与争论；另一方面，西方理论也冲击着俄罗斯的安全观和安全理论。在西方理论与方法占主导的大环境下，俄罗斯的国家安全研究面临继续建设和发展本国学派的挑战。

（本文原载于《国际政治研究》2022 年第 3 期，收录本书时略有修改。）

---

① О ПИР-центре（政策研究中心简介），http：//www. pircenter. org/pages/48-about-pir-center，最后访问日期：2022 年 5 月 10 日。

② Научно-исследовательский центр проблем национальной безопасности. О центре（国家安全科学研究中心简介），https：//nic-pnb. ru/about/，最后访问日期：2022 年 1 月 10 日。

③ Национальный институт исследований глобальной безопасности. Об институте（国家全球安全研究所简介），https：//www. niiglob. ru/ru/2011-02-26-18-55-34. html，最后访问日期：2022 年 1 月 10 日。

第九章

大国意识与独立自主：法国的国家安全研究

于 江

法国的国家安全和战略研究起源于法国大革命。国际安全研究讲到法国，常常谈及普法战争惨败与拿破仑三世盲目自大、达拉第的绥靖政策和马其诺防线的不堪一击等反面案例，却容易忽视法国数百年来活跃在欧洲与世界舞台中央和背后坚实的国家安全研究与战略思想支撑。本文尝试综合国际安全领域的学术研究成果，结合《法国国防与国家安全白皮书》等官方文件，从历史演进、研究现状、教研体系与战略文化等方面评析法国国家安全研究。

一 法国国家安全研究的历史演进

法国国家安全与战略研究起源于法国大革命，是全球国家安全研究领域的先行者。自产生后，法国国家安全研究经历了长期曲折发展。伴随着法国自身和欧洲乃至世界格局的剧烈变化，学界围绕法国国家安全开展的各方面研究，在摸索阶段的思考碰撞和实践探索中产生了一批开创性成果，为现代法国和全球国家安全研究积累了正反两方面的经验。但面对近代欧洲战略环境乃至整个国际格局的剧烈变化，法国国家安全和对外关系研究在国家安全的具体内涵外延，乃至实现途径、条件等多方面都处在持续不断的大幅调整之中，长期以来既没有形成明确的主导理论体系，也未形成稳定的传承，甚至不存在国际关系学科。① 这种状况直到第二次世界大战后第五共和国成立、戴高乐主义正式确立才得到根本改变。

法国国家安全研究的历史演进，以戴高乐主义这一主导思想的诞生和确立为主要标志，大体上可以分为两个发展阶段。

（一）国家安全理论的萌芽与发展（从法国大革命到第四共和国结束）

在这一阶段，民族国家代替封建王朝成为国际关系主体，标志着法国、欧洲乃至整个世界新时代的来临，也伴随着一个半世纪新旧秩序的碰撞和两次世界大战的爆发。法国战略家安德烈·博福尔（Andre Beaufre）指出，"19 世纪和 20 世纪前半段，是拿破仑时代的传统战略（以军事胜利为目的的猛烈冲突）为主流"的时代。② 法国围绕国家安全、国防与战争开展研究与探索。在这个阶段，1789 年法国大革命创建了第一个现代民族国家，法国的国家安全实践与研究随之产生，对现代国家安全和战略研究具有开创性意义。法国大革命与拿破仑战争一道，对现代国家安全和军事理论产生重要影响，并催生了与国家安全直接相关的现代爱国主义与民族主义。尽管拿破仑最终失败，但其军事思想和战争实践给法国乃至全世界留下了重要遗产。

大革命使国家安全意识在法国深入人心。1792 年，推翻封建统治的法国受到欧洲封建王权围攻，丹东作为大革命领袖在立法议会发表演说，明确地把法国国家作为需要保护和拯救的主体。法国成为世界上首个实行普遍义务兵役制的国家和现代总体战的思想源头。在丹东等人的号召下，人民组成国民自卫军走上前线，取得瓦尔密之战的胜利。这是法国革命军队对封建君主国家联盟的第一次胜利。由未经训练的法国志愿军组成的革命队伍击败了训练有素的奥普联军，法军的高昂斗志和国民卫国抗敌的爱国主义热潮对战斗胜利起了决定性作用。法国国民公会次年通过的法兰西第一共和国《共和元年宪法》第 107条和第 109 条明确规定："共和国武装力量由全体人民组成"，"所有法国人都

---

① 〔美〕奥利·维弗尔：《国际关系学科的社会学：美国与欧洲国际关系研究的发展》，载〔美〕彼得·卡赞斯坦等主编《世界政治理论的探索与争鸣》，秦亚青等译，上海人民出版社，2018，第 74 页。

② 〔法〕安德烈·博福尔：《战略入门》，军事科学院外国军事研究部译，军事科学出版社，1989，第 13 页。

是士兵，都需要操演武器"。①

法国思想家雷蒙·阿隆（Raymond Aron）认为，法国大革命以及拿破仑执政期间发动的一系列战争代表着一个新的阶段，国家间战争不再由职业化军队来从事，而是由人民作为一个总体来进行，所争夺的不再是王朝利益或一省命运，而是整个社会或其理想的未来。② 法军从大革命直至滑铁卢所显示的战斗精神和高昂斗志，受到拿破仑、福煦、戴高乐等历代国家安全掌舵者的高度重视。法国研究界也把视野拓展到武器和日常训练以外的军队士气等因素，并为各国国家安全研究带来启示。

1870 年普法战争惨败后，法国国家安全研究聚焦于"国防"和"战争"。法国在蒙受首都被占和割地赔款的耻辱后，举国关注国防，"国防"概念随之进入官方法律体系，并成为战争的同义词。③ 在外部环境不利和实力地位遭到削弱的境况下，法国研究界围绕国防和战争积极开展思考与理论创新。

19 世纪 80 年代，面对占据优势地位的英国海军和德国陆军，法国兴起了一种突出新技术应用的全新海权理论——青年海军学派。它跳出大舰巨炮主义的传统海战思想，提出应利用先进技术克服法国在地理位置和国防资源方面的劣势，主张建立以小型、快速舰种为主力的舰队，创造性、进攻性地使用鱼雷、潜艇等技术，避开大舰队，打击敌商业航线，迫使敌方最终按有利于法国的条件谈判，以维护法国安全。④ 该学派的可贵之处在于，正视法国国力难追英德两强、造舰竞争难以胜出的现实，着眼科技最新进展，另辟蹊径地为法国谋求安全与利益。法国当代学者仍对该学派予以高度评价，认为这种以非常规手段制造绝对威胁、迫使对手同意实现和平的思路，对后来的以绝对威胁实现

---

① https：//www. conseil-constitutionnel. fr/les-constitutions-dans-l-histoire/constitution-du-24-juin-1793，最后访问日期：2022 年 8 月 1 日。

② Raymond Aron, *The Century of Total War*, Boston: Beacon Press, 1965, p. 19.

③ Bertrand Warusfel, "La sécurité nationale, nouveau concept du droit français," in Pierre-Andre Le-cocq, et al., *Les différentes facettes du concept juridique de sécurité-Mélanges en l'honneur de Pierre-André Lecocq*, Université Lille 2, 2011, pp. 461-476. （〔法〕伯特兰·瓦胡斯斐：《国家安全：法国法律的新概念》，载皮埃尔-安德烈·莱科克等编《法律安全概念的不同方面：纪念皮埃尔·安德烈·莱科克文集》，里尔大学出版社，2011，第 461~476 页。）

④ 师小芹：《试析 19 世纪后期法国"青年学派"的海权理论》，《军事历史》2010 年第 1 期，第 49~54 页。

和平的核威慑悖论有所启示，具有前瞻性意义。[①]

　　法国海军上将拉乌尔·卡斯泰（Raoul Castex）是马汉之后世界海军战略界继承传统和理论创新的集大成者。卡斯泰在两次世界大战期间出版的《战略理论》一书，是法国战略思想的一座里程碑。[②] 他综合了历史学派与青年海军学派所长，对大航海时代以来的海军战略进行系统总结，认为制海权仍应是主导思想，但技术因素影响制海权的获取，并探讨了潜艇的巨大潜力和飞机对水面舰艇的严重威胁。他突出的贡献在于，从青年海军学派对技术因素的极端化主张中，发掘出使用新技术和更新武器装备的重要性并加以系统阐述，创建了后人称为"装备学派"的理论体系，也帮助青年海军学派摆脱了被指斥为异端邪说的窘境。但遗憾的是，同第二次世界大战前的戴高乐一样，卡斯泰未在战争期间担负重要军事职务，他虽然提出了系统战略战术思想，但却没机会亲自实践。

　　两次世界大战使法国创巨痛深，激起各领域专家的普遍思考，各门类研究包括哲学、社会学、人类学都介入国际和平、国家安全、社会安定的研究，形成法国学界全面参与国际问题讨论、学者跨领域参与国际关系研究的传统。[③] 从国家安全和国际安全角度看，下列研究情况和动向仍具现实意义。

　　一是两次世界大战前后及期间，法军的战略战术思想都过于保守，没能及时吸收前瞻性主张，其国防研究滞后，法国为此付出了沉重代价。贝当和戴高乐的国防研究都曾颇有前瞻性，但分别在第一次世界大战和第二次世界大战前遭冷遇。1900年，贝当因提倡"火力优先论"而遭国家射击学校解聘，后来在军事学院任教还是因为"火力优先论"得罪了正统战术家，迷信刺刀冲锋的教授们将他视为异端，阻挠他提升为教授。但第一次世界大战结局证明了他的正确。[④] 然而，在第一次世界大战中颇有建树的贝当在第二次世界大战前夕却成了军队保守思想的代表，并成为带领法国投降纳粹德国的民族罪人。戴高乐1922年在高等军事学校就读，与战术教师墨守第一次世界大战成规的保守

---

①　Martin Motte, *Une éducation géostratégique: La Pensée navale française de la jeune école à 1914*, Paris: Economica, 2004. （〔法〕马丁·莫特：《地缘战略教育：1914年法国海军思想》，巴黎：经济学出版社，2004。）

②　冯梁主编《海洋战略大师：理论与实践》，南京大学出版社，2017，第306~361页。

③　〔美〕奥利·维弗尔：《国际关系学科的社会学：美国与欧洲国际关系研究的发展》，载〔美〕彼得·卡赞斯坦等主编《世界政治理论的探索与争鸣》，秦亚青等译，第74页。

④　周荣耀：《戴高乐评传》，东方出版社，1994，第47~48页。

思想激烈碰撞。第二次世界大战爆发 5 年前，他通过《建立职业军》一书论述建立机械化部队和积极防御思想，对比法国与其他大国不同的地理条件和战略要素配置，反对法国奉行构筑马其诺防线的单纯防御战略，主张专业军人组成机械化部队在航空兵支援下机动作战，才能确保国家安全。① 但法军当权派固守堑壕战经验，对其建议未予理睬。戴高乐建设陆空联合作战的职业化军队的建军思想后来在第五共和国时期才终于得到实施。

二是伴随着第二次世界大战后法国国力和士气的衰落，主张依靠美国的大西洋派产生。法兰西第四共和国（1945～1958 年）政府频繁更替，自顾不暇，国家安全研究的重心转向知识界，研究主体包括大学教授、记者、政治活动家甚至神父在内的整个知识分子群体。在美国解放法国和西欧并推行"马歇尔计划"拯救西欧经济的超强实力面前，法国拥护美国盟主地位的大西洋派应运而生。

法国原本是个古老而保守的欧陆大国，在两次世界大战期间也不存在为国际问题热烈辩论的状况，② 但第二次世界大战后受美苏两强对峙影响，国家安全研究的涉外因素显著上升，风格也发生变化，大西洋派和进步人士之间展开激烈的公开论战，主要争论苏联制度和美式民主优劣，③ 带有较为强烈的意识形态色彩。雷蒙·阿隆是大西洋派的代表人物。战后初期，作为《费加罗报》记者和巴黎大学哲学系教授，他撰写时评、办讲座、授课，宣讲欧洲霸权终结而美国继承了启蒙思想是西方联盟天然盟主等观点，批评戴高乐分化大西洋联盟。④ 1955 年出版的《知识分子的鸦片》集中了他在那一时期的思考，⑤ 强调东西方的激烈对峙和必须抵制苏联极权主义扩张，抨击法国知识界"爱走极端"和"左"倾。他批判苏联和支持大西洋联盟的立场随着苏联情况为外界所知而逐渐在法国赢得广泛支持。

三是第二次世界大战后主张法德和解和欧洲一体化的研究起步。第二次世界大战结束时，欧洲赖以号令世界的物质和心理能力荡然无存，没有一个欧洲

---

① 李巨廉、金重远主编《第二次世界大战百科词典》，上海辞书出版社，1994。
② 〔美〕奥利·维弗尔：《国际关系学科的社会学：美国与欧洲国际关系研究的发展》，载〔美〕彼得·卡赞斯坦等主编《世界政治理论的探索与争鸣》，秦亚青等译，第 74 页。
③ 〔法〕雷蒙·阿隆：《雷蒙·阿隆回忆录》，杨祖功、王甦译，社会科学文献出版社，2017，第 436 页。
④ 〔法〕雷蒙·阿隆：《雷蒙·阿隆回忆录》，杨祖功、王甦译，第 437 页。
⑤ 〔法〕雷蒙·阿隆：《知识分子的鸦片》，吕一民、顾杭译，译林出版社，2005。

国家有能力凭借自己的力量决定本国的未来。① 美苏两极争霸和东西方两大阵营的形成，给法国学界的国家安全意识和战略思维带来巨大冲击。雷蒙·阿隆就曾谈到，"已经没有欧洲协调，只有世界协调"，"政治舞台扩大了，一个国家在欧洲是大国，在世界上只算小国"，"欧洲不能没有法国，也不能没有德国，不能没有这两个国家重归于好"。②

法国人终于突破数百年来的欧洲地缘思维，从全球视角思考国家安全。基于"要想单枪匹马解决面临的问题，法国已力不从心"的基本判断，③ 让·莫奈（Jean Monnet）、罗贝尔·舒曼（Robert Schuman）等欧洲一体化设计师研究出统一煤钢生产以解决法德共同安全关切的方案，推动设立欧洲煤钢共同体，为欧洲一体化打开了理论研究与实践探索的大门。法国学界深厚的历史研究功底、制度建设经验和战略创新能力得以发挥，以欧洲一体化确保法国安全、提升大国地位的研究从此开展起来。

第二次世界大战后第四共和国时期，刚刚摆脱亡国之灾的法国国家发展方向并不明朗，安全研究也处于低迷和反思中。由于国力孱弱和执政地位虚弱，几任政府都奉行亲美政策，但1956年"苏伊士运河事件"让法国颜面尽失，也让法国第二次世界大战后10年间追随美国的安全路线走到尽头。一心重振大国声威的戴高乐恰好在这个时期从政坛急流勇退、韬光养晦，完成重要的思想积累。④ 他从个人和国家的双重视角反思了第二次世界大战和法国的遭遇，对两极格局下法国的未来进行了深入系统思考，戴高乐主义蓄势待发。

（二）国家安全主导思想的形成和确立（从第五共和国建立到冷战结束）

这一时期，法国恢复了大国地位，建立起独立核威慑，国家安全与战略研究复苏发展，方向逐渐清晰。在戴高乐主义指引下，现代法国国家安全研究维护大国地位与追求战略自主的历史逻辑、理论逻辑和实践逻辑逐步成熟

① 〔美〕亨利·基辛格：《世界秩序》，胡利平等译，中信出版社，2015，第102页。
② 〔法〕雷蒙·阿隆：《雷蒙·阿隆回忆录》，杨祖功、王甦译，第403页。
③ 〔法〕瓦莱里·吉斯卡尔·德斯坦：《德斯坦回忆录：政权与人生》，侯贵信译，世界知识出版社，1991，第83页。
④ 周荣耀：《戴高乐评传》，第161～164页。

和定型。美国军事史学家、战略家西奥多·罗普（Theodore Ropp）对 20 世纪 50~70 年代的法国战略研究评价颇高，恰如其分地称当时的法国为"复苏中的国家"。①

　　戴高乐主义是现代法国国家安全研究复苏和定型的标志。第二次世界大战后期，戴高乐为恢复法国大国地位已经确定了"法兰西伟大"的核心思想，②其思想主旨和指导原则浓缩在 20 世纪 50 年代他退隐期间创作的《战争回忆录》（共三卷）中。③ 这部研究第二次世界大战和法国国家安全的佳作，开宗明义地确立了戴高乐主义的逻辑起点："以当前的我国与当前的其他国家相处，如果没有一个高尚的目标和正直的胸怀，就会遭到致命的危险。总之，法兰西如果不伟大，那就不成其为法兰西。"④ 戴高乐对他恢复法国大国地位的努力目标毫不隐晦："战争一结束，美国就要回到它的西半球，英国就要回到它的岛上，只有法国依然屹立在旧大陆上。只要我们愿意，我们有法子打破我们的伙伴强加给我们并要求我们消极认可放弃利益的局面。"⑤ "在所有这些领域中，我要使法国发挥积极的作用。主要的是，我们所说的和所做的必须保持独立性！我重新执政以来，这就是我们的规则！"⑥

　　戴高乐对法国大国地位、荣誉和尊严的鲜明追求，以及为之服务的一整套理念和政策被认为是法国唯一的"大战略"，并被继任总统和国家安全政策制定者所认同与遵守。⑦ 1972 年，在蓬皮杜总统任内，法国公布了第一份《国防

① 〔澳〕罗伯特·奥尼尔等编《战略思想新趋向》，李植云、李鹏贵等译，军事科学出版社，1987，第 17 页。

② https://citations.ouest-france.fr/citation-charles-de-gaulle/france-peut-etre-france-sans-111702.html，最后访问日期：2022 年 8 月 1 日。

③ 〔法〕夏尔·戴高乐：《战争回忆录》，陈焕章译，第一卷"召唤"、第二卷"统一"、第三卷"拯救"，中国人民大学出版社，2015。

④ 〔法〕夏尔·戴高乐：《战争回忆录》，陈焕章译，第一卷"召唤"，第 3 页。

⑤ 〔法〕夏尔·戴高乐：《战争回忆录》，陈焕章译，第三卷"拯救"，第 50 页。

⑥ 〔法〕夏尔·戴高乐：《希望回忆录》，《希望回忆录》翻译组译，中国人民大学出版社，2005，第 170 页。

⑦ 《大战略比较》的第一主编、法国巴黎政治学院教授、曾任法国国防研究中心科技主任的蒂埃里·巴尔扎克称，"被戴高乐制定和推行的大战略以伟大为特征，法国右翼和左翼总统都不质疑这些基本原则"，认为继任者对戴高乐战略原则的遵守几乎令人费解。参见 Thierry Balzacq, Deter Dombrowski, Simon Reich, eds., *Comparative Grand Strategy: A Framework and Cases*, Oxford: Oxford University Press, 2019, p. 99.

白皮书》,① 确定了法国国防政策的重点和目标及实现手段与途径。其指导思想正如蓬皮杜在戴高乐正式隐退当天致信戴高乐所说："我可以向您保证，您指定的大政方针的任何方面，特别是对外政策和国防方面，我决不会放弃。"② 从蓬皮杜、德斯坦、密特朗一直到希拉克、萨科齐、奥朗德和现任总统马克龙，无论左中右，都走在既不脱离西方联盟又与第二次世界大战后初期亲美安全战略彻底区分的道路上。虽然追求大国荣耀、强调欧洲建设与加强对美合作等政治潮流折冲不断，但维护大国地位和坚持独立自主的主线再无改变。

戴高乐和戴高乐主义具有持续的、广泛的国际影响力。除了全面研究戴高乐生平和思想的大量成果外，涉及法国国家安全和战略研究的也不在少数。奥利维埃·吉夏尔（Olivier Guichard）、让·拉古杜尔（Jean Lacouture）等都以传记方式记录了戴高乐率领法国恢复大国地位、争当欧洲领导的努力;③ 皮埃尔·米盖尔（Pierre Miquel）、莫里斯·瓦伊斯（Maurice Vaisse）等史学家则对两次世界大战期间法国混乱的国家安全思想和绥靖政策进行批判,④ 赞誉戴高乐直接上承了法兰西的大国传统。⑤ 1990 年戴高乐 100 周年诞辰时，法国戴高乐研究所主办的国际学术研讨会竟聚集了全世界 2000 多名研究者参会。⑥

戴高乐及其继任者连贯的政策思路，带动法国研究界在国家安全、国际关系以及核战略的实践探索与学理研究等多领域开展了自成体系的努力。从1958 年至冷战结束阶段，法国国家安全研究总体上在三个方向展开。

1. 传统和常规安全领域

法国学界延续了战争与和平、国家安全和国际关系等传统研究主题，在战

---

① http：//www.livreblancdefenseetsecurite.gouv.fr/archives-Livre-blanc-1972.html，最后访问日期：2022 年 8 月 1 日。

② 〔法〕乔治·蓬皮杜：《恢复事实真相：蓬皮杜回忆录》，龚元兴译，世界知识出版社，1984，第 284 页。

③ 两人分别是《我的将军》和《戴高乐》的作者，具体可参见 Olivier Guichard, Mon général, Paris：Grasset, 1980（奥利维埃·吉夏尔：《我的将军》，巴黎：格拉塞特出版社，1980）；Jean Lacouture, De Gaulle, Paris：SEUIL, 2010（让·拉古杜尔：《戴高乐》，巴黎：塞伊出版社，2010）。

④ 莫里斯·瓦伊斯著有《1945 年以来的国际关系》，具体可参见 Maurice Vaisse, Les relations internationales depuis 1945, Paris：Armand Colin, 17e éd, 2021（莫里斯·瓦伊斯：《1945 年以来的国际关系》，巴黎：阿尔芒·科林出版社，2021 年第 17 版）。

⑤ 〔法〕皮埃尔·米盖尔：《法国史》，蔡鸿滨等译，商务印书馆，1985，第 601 页。

⑥ 周荣耀：《戴高乐评传》，序言第 3 页。

略战术及理论机理等多方面取得了丰富成果。

对两次世界大战深入反思，法国学界发现法国战略思想严重滞后，并发展出新的国际关系和战略理论。阿隆指出，法军总参谋部 1914 年开战前的作战计划令人发笑，并严厉批判法方当时的战备、战争筹划严重滞后于时代。[①] 通过对克劳塞维茨的研究，他挖掘出克劳塞维茨在哲学、科技、货币经济等多方面的造诣，高度评价其开创性军事研究，深刻分析其军事理论背后的哲学思考，但对 19 世纪末 20 世纪初法国军官培训仍在刻板地讲授克劳塞维茨的军事技战术而不是完整深入地理解克劳塞维茨的思想进行批判。他举例指出，福煦元帅作为法国高等军事学院院长和克劳塞维茨信徒，1911 年还在其军事著作中强调："战争仍然遵循过去的法则。形式进化，但首要原则不变"，批评福煦实际上僵化解读和歪曲了克劳塞维茨军事理论，也没能从 20 世纪初的布尔战争和日俄战争中学到新东西，并揶揄地认为，福煦可以代表那个时代法军对克劳塞维茨理论原意理解的最高水平。[②]

阿隆在第五共和国成立后，对美国战略实践与研究越来越持批评态度。他对美国 20 世纪 60 年代初宣布以"灵活反应战略"取代"大规模报复战略"存疑，反对对苏核打击主要"打击军事力量"的麦克纳马拉主义，批评其降低对苏威慑、导致美战略核力量与北约防务"脱钩"。[③] 他斥责美国 1971 年终止美元兑换黄金"厚颜无耻"，[④] 对摩根索现实主义理论以国家利益为研究基石表示质疑，主张战争与和平才是国际关系真正的研究主题，强调国家间关系现在由外交家和士兵这两种人决定。[⑤] 他从社会学和人类行为学入手剖析国家间战争根源，指出国家会为了安全、权力和荣耀而发动战争，各国只有互相监督以确保自身安全。[⑥]

---

① Raymond Aron, *The Century of Total War*, Boston: Beacon Press, 1965, p. 18.

② Raymond Aron, *Clausewitz: Philosopher of War*, New Jersey: Prentice-Hall, 1985, p. 247.

③ Raymond Aron, *The Great Debate: Theories of Nuclear Strategy*, London: Greenwood Press, 1965, pp. 73-85.

④ 〔法〕雷蒙·阿隆：《雷蒙·阿隆回忆录》，杨祖功、王甦译，第 877 页。

⑤ Pascal Boniface, *Comprendre le monde: Les relations internationales expliquées à tous*, Paris：Armand Colin, 4e éd. 2017. （〔法〕帕斯卡·博尼法斯：《了解世界：向所有人解释国际关系》，巴黎：阿尔芒·科林出版社，2017 年第 4 版。）

⑥ 〔法〕雷蒙·阿隆：《民族国家间的和平与战争》，王甦、周玉婷译，第 75～107 页。

因为采用从社会学切入国际问题的研究方法，阿隆被视为国际关系社会学理论的代表。该学派另一重要人物是马塞尔·梅勒（Marcel Merle）。梅勒将系统理论引入国际关系社会学研究，在他的理论框架中，各类行为体、因素和互动都包含在国际关系概念下，都在分析过程中占一定地位。① 伯特兰·巴迪（Bertrand Badie）也用社会学观点参与国际关系研究，跳出阿隆以国家为中心的框架，提出跨国主义思想，对法国学界多边世界和反霸研究产生影响。②

博福尔是法国战略学复苏的标志和第二次世界大战后西方军事理论界一位集大成者。他从军事史的角度指出，19世纪以来，追求单纯军事胜利的克劳塞维茨-拿破仑战略一直在欧洲占主流，并导致两次世界大战。第一次世界大战中的阵地战证明"战略破产"，也证明了克劳塞维茨-拿破仑战略的局限。这在20世纪大变动时代的紧要关头，给战略蒙上了阴影。③ 博福尔把法国在第二次世界大战中先绥靖后惨败于德国的经历归因于缺少指导性原则（即哲学），缺少行动的思想（即战略），④ 进而提出独具特色的"间接战略"思想。与英国军事理论家利德尔·哈特（Liddell Hart）提出的不要"死打硬拼"、用较小代价取胜的"间接手段"不同，博福尔创造的间接战略概念跳出了追求军事胜利的范畴，主张以军事胜利以外的方式取得某一结果，更加注重双方总体对抗中的政治、心理和道义因素。博福尔的"间接战略"思想来自对法美等国面对第三世界游击战屡屡碰壁的实践体会，融合进了对核武器时代的思考，把研究战争的战略视野拓展到政治、经济和外交等广泛领域，并提出"战略必须是总体的"，⑤ 对第二次世界大战后西方军事理论产生了重要影响。博福尔还对第二次世界大战后西欧的和平主义思潮进行了反思，围绕现代战争的军事问题和未来战略进行了深入研究。他提出，在21世纪可能会发生一场为争夺世界性组织统治权而进行的大冲突，而海军将起重要的作用。⑥ 他反对

① 吴志成、杨娜：《法国的国际关系研究述评》，《教学与研究》2008年第10期，第85~91页。
② 〔美〕奥利·维弗尔：《国际关系学科的社会学：美国与欧洲国际关系研究的发展》，载〔美〕彼得·卡赞斯坦等主编《世界政治理论的探索与争鸣》，秦亚青等译，第75页。
③ 〔法〕安德烈·博福尔：《战略入门》，军事科学院外国军事研究部译，第2页。
④ 〔法〕雷蒙·阿隆：《雷蒙·阿隆回忆录》，杨祖功、王甦译，第14页，引言第3页。
⑤ 〔法〕安德烈·博福尔：《战略入门》，引言第5页。
⑥ 〔法〕安德烈·博福尔：《明天的战略：现代战争的军事问题》，复旦大学国际政治系编译组、中国人民解放军38640部队译，上海人民出版社，1977，第94~102页。

西方舆论对准备战争和发展军事装备的简单批评态度，认为武装力量的未来取决于 21 世纪国际政治的进展，包括能否建立一个有效的国际仲裁制度，强调在世界前景还不明朗的时候不能降低军事力量的重要性和作用。①

2. 核威慑领域

核威慑研究是在第二次世界大战后特别是在冷战背景下新兴起的安全领域，一度为美苏两强所垄断。作为"法国国防战略的拱顶石"，② 法国核威慑及相关战略研究经历了从产生、兴盛到调整三个发展阶段。这种阶段性变化与法国自身战略环境的变迁和国际安全环境的实际变化密切相关，浓缩了法国国家安全与战略需求目标、努力重点与走向，凸显了核威慑在现代法国国家安全与战略研究和政策制定中的重要性。

法国核威慑形成于戴高乐主政的第五共和国时期，是戴高乐维护大国地位与独立自主外交和安全战略的核心。戴高乐坚持，法国必须有自主的核威慑以确保安全，维护大国地位。基于从第二次世界大战后一系列挫败特别是苏伊士运河危机中受到苏联核威胁，法国政界和学界认识到，美国的核保护伞在涉及法国核心利益的时候不可信。戴高乐看得更远："美国人是不会给一个没有核武器的国家以大国地位的，我们必须依靠自己的努力。"③ 1959 年，美国总统艾森豪威尔访法时曾试图说服法国放弃独立研制核武器，戴高乐用"以小慑大"的核威慑理论反驳，即法国只要杀死敌人一次的核武器就足够。美国又提出"多边核力量"计划，试图通过北约控制法国核力量，戴高乐明确予以抵制，④ 后来干脆宣布退出北约军事一体化组织。

坚定不移地发展核威慑，不仅提升法国大国自信和安全感，而且成为法国领导欧洲一体化的重要工具。戴高乐虽然主张对德和解，但坚决反对德国拥有任何形式核武器及其运载工具，而且在欧洲一体化进程中首先推进原子能一体

① 〔法〕安德烈·博福尔：《明天的战略：现代战争的军事问题》，复旦大学国际政治系编译组、中国人民解放军 38640 部队译，第 110~113 页。

② Ministère des Armées de la France, *Revue stratégique de défense et de sécurité nationale 2017*, p. 73（〔法〕法国武装部：《2017 年国防和国家安全战略评论》，第 73 页）；https：//www. defense. gouv. fr/dgris/presentation/evenements-archives/revue-strategique-de-defense-et-de-securite-nationale-2017，最后访问日期：2022 年 5 月 16 日。

③ 〔美〕布莱恩·克洛泽：《戴高乐传》，西安外国语学院英语系、四川师范学院外语系、广西大学外语系、南开大学外文系合译，商务印书馆，1978，第 626 页。

④ 吴国庆：《法国政治史 1958~2012》，社会科学文献出版社，2014，第 52~53 页；方连庆等主编《国际关系史（战后卷）》，北京大学出版社，2006，第 315~316 页。

化，把德国进行原子能研究和核能利用的一切细节置于国际监督之下，从而把德国拥有核武器的可能性降到最低。

戴高乐之后的历任总统都坚持了戴高乐主义的核战略路线，但戴高乐领导法国建立独立核力量并发展相应战略理论之初，在法国政界、学界受到广泛质疑，遇到巨大阻力。大西洋派担心开罪美国，反对戴高乐与北约军事脱钩，环保界担心核污染，和平人士担心核扩散，财经界担心负担太重。阿隆也提醒戴高乐"关心力量对比，不要同北约和美国断绝关系，不要把美国赶出欧洲"，认为戴高乐的言行动摇了西方外交架构的支柱。[1] 阿隆后来接受了法国建立核威慑的现实，但强调核威慑要保持节制，要求"法国做出生产原子弹这一决定的国家决策者，必须去考察核俱乐部的进一步扩展会带来怎样的后果，而不仅仅考虑法国成为第四个拥核国家能得到什么好处"。[2] 在有和平主义传统的法国学界，阿隆所提倡的"节制"的观点广受认可，为法国坚持以弱慑强的核威慑巩固了思想基础。

博福尔是研究界支持建设法国独立自主核力量的代表。他同意严格限制动用核武器，[3] 但认为核武器在第二次世界大战后为欧洲带来了和平。他反对美苏核垄断，认为欧洲未来发展必须依靠独立自主的核威慑，英国会满足于英美特殊关系而放弃独立核威慑，法国的独立核力量就对自身和欧洲的未来具有特殊价值。[4] 这一思想至今仍启发着法国政府和研究界。

3. 所谓的"反叛乱"领域

除传统常规战外，第二次世界大战后，"反叛乱"战争数量大增，这主要源于亚非民族解放运动对西方传统殖民大国及其殖民地所带来的严重冲击，与此相关的理论研究也逐渐展开。在本国殖民体系瓦解中，法国学界对相关的惨痛教训和丰富经验进行总结，诞生出一批研究成果，这对西方卷入第三世界国家武装冲突及后来的反恐战研究都有一定的借鉴意义。

其中，代表性著作是大卫·加鲁拉（David Galula）的《反叛乱战争：理论与实践》，该书是他在 20 世纪 60 年代以军事专家身份应美方之邀在哈

---

① 〔法〕雷蒙·阿隆：《雷蒙·阿隆回忆录》，杨祖功、王甦译，第 595 页。
② 〔法〕雷蒙·阿隆：《民族国家间的和平与战争》，王甦、周玉婷译，第 867 页。
③ 〔法〕安德烈·博福尔：《战略入门》，军事科学院外国军事研究部译，第 73 页。
④ Andre Beaufre, *Deterrence and Strategy*, New York: Frederick A. Praeger, 1965, pp. 152-169, 172-174.

佛大学做研究期间撰写。① 加鲁拉对西方国家特别是法国在越南、阿尔及利亚等地镇压民族解放运动屡次失败进行深入思考，跳出"情报很关键、必须赢得民众支持"等通常认知，在研究毛泽东军事思想的基础上，提出首先要为西方国家镇压第三世界民族解放运动"正名"，认为后者并非"革命"、前者也非"反革命"，而是"叛乱"与"反叛乱"，二者不是"政治以另一种方式继续"的普通战争，而是"一国内部的某个派别不择手段奉行其政策"。② 他分析了"叛乱者"战斗能力等方面的不利条件以及做民众工作的有利条件后指出，赢得"反叛乱"的关键不是高技术武器，而是把"叛乱者"这批"积极的少数"与民众隔绝，找到支持己方的"积极的少数"组成政党以有效控制民众。"反叛乱"的战略问题是政治，是在当地成立支持己方的政党并搞选举。

　　加鲁拉军事思想的高明之处，在于跳出传统的军事对抗思维思考非常规战争的新问题，③ 更多地从政治角度着力和重视深入基层做民众工作，从而部分解答了为什么西方军事大国在军事力量占绝对优势的情况下，依旧屡屡败于落后的亚非国家甚至弱小的民族解放运动。加鲁拉的"反叛乱战争"理论与博福尔的"间接战略"在重视战争以外的总体对抗因素方面有相通之处，也都不同程度体现了西方前殖民国家对第三世界民族解放运动成功实践的重视和反思。2009 年，法国学者埃尔韦·古多-贝嘉里（Hervé Coutau-Bégarie）还以《不规则战略》一书，结合全球反恐新形势，赞誉了加鲁拉的理论，④ 但美军在随后的越南战争中并未遵循他的建议。⑤ 美国在伊拉克重建中的糟糕表现和从阿富汗狼狈撤出显示，美国至今也没有听进加鲁拉的劝告。

① David Galula, *Counterinsurgency Warfare: Theory and Practice*, Connecticut: Greenwood Publishing Group, Inc., 1964.

② David Galula, *Counterinsurgency Warfare: Theory and Practice*, Connecticut: Greenwood Publishing Group, Inc., 1964, Introduction xiii-xiv.

③ 20 世纪 40~50 年代曾被法国政府派往中国、希腊、越南、阿尔及利亚等多地任军职，参见 David Galula, *Counterinsurgency Warfare: Theory and Practice*, Connecticut: Greenwood Publishing Group, Inc., 1964, Foreword vii.

④ Hervé Coutau-Bégarie, *Stratégies irrégulières*, Paris：Economica, 2009.（〔法〕赫维·库托·贝加里：《不规则战略》，巴黎：经济学出版社，2009。）

⑤ David Galula, *Counterinsurgency Warfare: Theory and Practice*, Connecticut: Greenwood Publishing Group, Inc., 1964, Foreword vii.

二　当代法国国家安全研究的创新发展

从冷战结束后至今，法国国家安全与战略研究在坚持戴高乐主义基本原则的同时，跳出冷战窠臼，转向多极化和全球化发展方向，贯穿其中的独立自主意识和多极化思维在西方独树一帜。中国外交部网站在介绍法国时这样评价其外交政策："外交具有独立自主、积极进取的鲜明特色。在重大外交问题上敢于坚持原则和自身立场……马克龙上任以来，外交政策向戴高乐主义传统回摆……以维护国家安全稳定、捍卫主权独立、提升国际影响力为三大任务。"①

（一）当代法国国家安全与战略研究的理论探索

作为西方强国和欧盟创始国之一，法国主动适应全球化的国际安全与战略形势，加强战略自主的理论研究和实践探索，坚持法国特色的核威慑战略，在冷战后世界多极化时代独树一帜。打通传统和非传统安全的战略视野，辅以厚重的战略文化，使得百科全书式的研究人才辈出，为法国在全球安全领域的影响力和议题设置权提供了有力支撑。同时，面对大国互信下降、安全风险加剧、传统安全问题重新爆发等现象，法国战略界的忧患意识在加重，而法国的核威慑研究也在酝酿着变化。

1. 在多极化方向的多方面探索

苏联解体、冷战结束带来的两极格局瓦解，使得法国研究界对国际秩序展开重新思考。法国外交部《法国外交》杂志主编、戴高乐基金会科学委员会主席和国防历史研究中心主任莫里斯·瓦伊斯从历史研究出发，对多极世界和全球治理进行深入阐述。他认为，实际上，在20世纪80年代，两极世界已让位于多极世界，美国作为独一无二的超级大国在冷战后曾有可能带领世界建立新秩序，而"9·11"事件爆发使这种可能消失，21世纪初的新特点是全球化和新兴大国特别是中国的崛起。② 他还反思了20世纪的国联历史，强调一个

---

① 《法国国家概况》，中国外交部网站，https：//www.mfa.gov.cn/web/gjhdq_676201/gj_676203/oz_678770/1206_679134/1206x0_679136/，最后访问日期：2022年8月1日。

② Maurice Vaisse, *Les relations internationales depuis 1945*, Paris：Armand Colin, 17ème édition, 2021. （〔法〕莫里斯·瓦伊斯：《1945年以来的国际关系》，巴黎：阿尔芒·科林出版社，2021年第17版。）

以合作而不是对抗为基础的国际制度的重要性，认为这是全球治理的希望所在。① 法国外交部分析预测与战略中心主任、国际关系研究所所长德蒙布里亚尔（de Montbrial）主张多极世界。② 其研究立场具有鲜明的戴高乐主义色彩，坚决支持维护法国大国地位和战略自主，主张以多极化取代美苏两极世界，反对意识形态因素干扰对外战略，强调法国应保持平衡和战略主动。他从人类学和组织行为学入手创立国际关系领域的实践学，认为世界被分割为相互冲突的政治单元和不同性质的有组织人群，是国际体系冲突的根源，国际关系必须发展实践学。③ 伯特兰·巴迪是主张包容性多边主义的国际关系社会学代表。他把社会学分析框架用于国际关系研究，认为以非对称冲突和跨国流动为特征的国际安全破坏者使得单极化思想和国际霸权都变得不切实际。国际冲突和危机都是社会病态，原因是国际体系产生了失常、排斥或屈辱的情况，只有国际社会实现融合才能确保个体安全。④

2. 核威慑研究的发展变化

法国核威慑在冷战后依然是法国国家安全战略的核心内容和根本保障。其研究主体始终是政府和军方，虽然在发展目标、手段方式和应用战略上有重要调整，但独立自主原则始终得以延续，成为法国坚持戴高乐主义的核心参照。一方面，法方对美俄围绕核裁军、限制战略武器展开的激烈博弈高度关注，不断调整完善本国的核力量；另一方面，法国也在依托核威慑做文章，谋求领导和推进欧洲新安全体系的构建。

1994 年，法国公布冷战后的第一份《国防白皮书》，提出对西欧的严重威胁重新出现，对此应采取有效的预防措施，一旦失效，法国必须动用核威慑力量，显示出法国依然高度倚重核力量。同时，法国也根据大国紧张关系下降的现实，调整和简化核战略，对空对地、地对地和潜（潜艇）对地的"三位一

① Maurice Vaisse, "Un espoir de gouvernance mondiale," Isabelle Richefort, ed. , *In Aux sources de la paix: Les Archives du Service français de la SDN*, Aubervilliers: Comité des travaux historiques et scientifiques-CTHS, 2021, pp. 5-12. （〔法〕莫里斯·瓦伊斯：《全球治理的希望》，载〔法〕伊莎贝尔·里奇福主编《和平之源：国际联盟的法国服务相关档案》，奥伯维利尔：历史和科学工作委员会，2021，第 5~12 页。）

② 法国外交部分析预测与战略中心即法国外交部政策司。

③ 〔法〕蒂埃里·德·蒙布里亚尔：《行动与世界体系》，庄晨燕译，北京大学出版社，2007。

④ Bertrand Badie, *L'impuissance de la puissance: Essai sur les nouvelles relations internationales*, Paris: Fayard, 2004. （〔法〕伯特兰·巴迪：《权力的无能：新国际关系论文》，巴黎：法亚德出版社，2004。）

体"战略核力量进行了削减和"以质代量"的提升，将威慑建设重点转移到空中和海上。法国海军的弹道导弹核潜艇和可发射空地核导弹的攻击机（包括航母舰载机）成为法国核威慑力量的支柱。①

2008 年 8 月，时任法国总统萨科齐公布了冷战后第二部《国防与国家安全白皮书》，强调"核威慑仍然是法国战略的一个重要基础。它是国家安全与独立的最后保证……它的唯一目的是防止一种源于某个国家、来自任何地方、以任何形式出现、针对法国生死攸关利益的侵略"。② 白皮书同时提到，"法国核威慑还为欧洲安全做了贡献。一个梦想进攻欧洲的侵略者应该意识到这一点"，③ 表明了法国核力量对欧洲安全和防务的重要性。

2020 年 2 月，马克龙发表了关于法国核威慑战略的专题讲话。他把法国最新的核威慑战略概括为"三不一新"，即不将自身核武器交给北约节制、不单方面进行核裁军、不放弃进行核报复的权利；加大投入对现有核力量进行更新，到 2038 年建成一艘欧洲最大新型核动力航母。他还提出"具有欧洲维度的法国核威慑战略"新概念。④ 在当前传统安全因素影响回升的背景下，法国奉行独立自主、务实管用的核威慑战略凸显其"小而美"的战略价值。

核威慑对法国推动欧洲自主防务的潜力不可低估，但美国不会坐视法国核威慑发展出"欧洲维度"。虽然美国历来鼓励和欢迎欧洲国家加大国防投入，但其心态始终是欧洲防务"为美所用"，绝不可另立门户，甚至与北约分庭抗礼。⑤

3. 对全球性挑战的关注

冷战后，法国国家安全和战略研究加大了对从反恐、网络安全、防治流行性疫病到环保气变等一系列全球性安全议题的关注，其理论和实践值得重视。

法国国际关系与战略研究所的创始人巴斯卡尔·博尼法斯（Pascal Boni-

---

① http：//www. livreblancdefenseetsecurite. gouv. fr/archives-Livre-blanc-1994. html，最后访问日期：2022 年 8 月 1 日．
② 法国国防部：2008 年《法国国防与国家安全白皮书》，军事科学出版社，第 31~32 页。
③ 法国国防部：2008 年《法国国防与国家安全白皮书》，军事科学出版社，第 32 页。
④ 2020 年 2 月 7 日，马克龙总统在第 27 届战争学院学员面前发表的关于防御和威慑战略的演讲，参见 https：//www. elysee. fr/emmanuel-macron/2020/02/07/discours-du-president-emmanuel-macron-sur-la-strategie-de-defense-et-de-dissuasion-devant-les-stagiaires-de-la-27eme-promotion-de-lecole-de-guerre。
⑤ 海宁：《行动迟缓 美国打压"欧洲军"成军前景莫测》，光明网，2021 年 11 月 18 日，https：//m. gmw. cn/baijia/2021-11/18/35320164. html，最后访问日期：2022 年 1 月 15 日。

face）是全球性安全问题研究的代表性学者。作为法国国家安全与国际问题研究重镇，法国国际关系与战略研究所的研究议题涵盖从核威慑与核裁军、欧洲安全、法国外交政策到体育地缘政治、人工智能与地缘政治关系以及新冠疫情等。博尼法斯主张，国际问题不再是外交官或少数专家的事，国家和国际之间界限变得模糊，需要新的参照物、新的行动者。2020 年新冠疫情暴发后，他推出专著，揭示这场灾难的地缘战略后果，认为此次危机会在一定程度上推动欧洲一体化和世界走向更多的多边主义，并预测了新冠疫情后的世界。①

法国的战争理论和地缘战略学也与全球化挑战的研究相结合得到新的发展。马丁·莫特（Martin Motte）是法国年轻一代地缘政治和战略学者，他梳理了当前的混合战争、模糊战略、公海竞争、机器人化、外层空间军事化、网络攻击、核武器的回归等新发展，认为战争本质并未改变，各国仍需向孙子、拿破仑、克劳塞维茨、戴高乐等军事家战略家学习。② 他还探讨了在多国联合行动、超级恐怖主义和核扩散时代，克劳塞维茨的军事思想应该如何保留、放弃或重新发现。③

近年来，法国是本土遭遇恐怖袭击最频繁的西方大国之一，国家安全和战略研究高度关注周边反恐和本土安全。一方面，法国在北非发力，全力支持萨赫勒五国反恐，启动"新月形沙丘""塔库巴特遣队"行动，向马里等国出兵，为当地军队提供支持；④ 另一方面，在国内发力，2015 年，法国出台《反恐情报法》，2017 年颁布《加强国内安全和反恐法》，2021 年出台《总体安全法》，⑤ 强化警察、宪兵保卫国土安全和社会秩序的职责手段和法律保障，并

① Pascal Boniface, *Géopolitique du Covid-19: Ce que nous révèle la crise du coronavirus*, Paris: Eyrolles, 2020.（〔法〕帕斯卡·博尼法斯：《Covid-19 的地缘政治：冠状病毒危机向我们揭示了什么》，巴黎：埃罗勒出版社，2020。）

② Martin Motte, *La Mesure de la force: Traité de stratégie de l'École de guerre*, Paris: Tallandier, 3e édition, 2021.（〔法〕马丁·莫特：《力量的衡量：巴黎战争学院战略条约》，巴黎：塔兰迪尔出版社，2021 年第 3 版。）

③ Martin Motte, *De la guerre?: Clausewitz et la pensée stratégique contemporaine*, Paris: Economica, 2008.（〔法〕马丁·莫特：《战争？克劳塞维茨与当代战略思维》，巴黎：经济学出版社，2008。）

④ 徐永春：《法国和加拿大等国宣布从马里撤军》，新华网，2022 年 2 月 17 日，http://www.news.cn/2022-02/17/c_1128387961.htm。

⑤ JORF n 0120, *Loi No 2021-646 du 25 mai 2021 pour une sécurité globale préservant les libertés*, L'Assemblée nationale et le Sénat, 2021.（法国国民议会、参议院：2021 年 5 月 25 日第 2021-646 号《全面安全保障法》。）

突出国防、内政、教育、经济等部门整体安全责任。

近年来，法国政府和学界还在全球发展、非洲减贫、气候变化、保护生物多样性等领域发力，主办多场多边甚至全球性会议，推出多项环保和发展倡议，国际影响力有所上升。

（二）当代法国国家安全研究的主要关注议题

基于第二次世界大战以来国家内外综合安全环境的变化，当代法国国家安全和战略研究强政府主导的传统，使得整体政策研究和实操的中心议题与手段方式都操于国家之手。总统及其主持的内阁会议、最高国防会议和国防委员会等发挥中枢引领作用，国防部、外交部、内政部、情报部门等及其附属智库襄助，圈子以外的专家学者经常地位尴尬。博福尔就曾揶揄说，阿隆的思想对一般的人民甚至军人都不曾产生影响。[①]

因此，对法国 1972 年和 1994 年《国防白皮书》、2008 年和 2013 年《国防与国家安全白皮书》、2017 年战略回顾、2021 年战略更新，以及《国防法》等相关政策和法律文件的文本分析及解读，可以集中了解当代法国国家安全和战略思考与决策。

1. 2008 年的《国防与国家安全白皮书》把"国家安全"概念引入法国法律体系

法国陆军上将贝诺·杜里厄（Benoît Durieux）、法国安全与国防法协会副主席伯特兰·瓦鲁斯费尔（Bertrand Warusfel）和前国家情报协调员扬·朱诺（Yann Jounot）都提出，2008 年《国防与国家安全白皮书》确立了法国"国家安全"概念。杜里厄强调，这一创新沟通了外部和内部安全之间的联系，预示着法国战略设计开始了新阶段，20 世纪的全面战争的国防战略概念需要重新思考。[②] 朱诺认为，当今世界是开放的世界，其特点是社会内部和社会之间存在着广泛、深刻和复杂的相互依存，国家安全战略需要全面实践加以充

---

① 〔法〕安德烈·博福尔：《战略入门》，军事科学院外国军事研究部译，第 4 页。

② Benoît Durieux, "La stratégie, de la défense à la sécurité nationale," *Revue Défense Nationale*, Vol. 10, No. 845, 2021, pp. 37-42.（〔法〕贝诺·杜里厄：《从国防到国家安全的战略》，《国防评论》2021 年第 10 卷，总第 845 期，第 37~42 页。）

实。[1] 作为法学家，瓦鲁斯费尔提出，国家安全的概念因为白皮书生效而进入法国法律词汇，2009 年此概念又被引入《国防法》，意味着国家安全是远远超出国防的一个新概念，不再是一个主要准备边界战争的问题，而是一个完全或部分处理各种内外危机的问题，使得国防具有了全球性质。[2]

但反对把国防和安全概念系统联系起来的观点也存在。法国海军上将克里斯蒂安·吉拉德（Christian Girard）就认为，这可能造成严重混乱，"9·11"事件后美国的对外军事干预就是以安全问题为借口，实施了超出传统国防概念的进攻性行动。[3]

2. "战争"和"冲突"的概念逐渐被"危机"取代

法国国防研究委员会成员托马斯·梅萨罗斯（Thomas Meszaros）提出，法国战略文件中"危机"一词使用频率上升，意味着传统的战争、冲突等军事概念正在全球化和多极化环境下被取代。危机的一般含义是指全球化和国际体系日益多极化造成的不稳定和不确定性，在战略领域是犹豫不决、不稳定或不确定的同义词，这导致风险和脆弱性增加。如表 1 所示，他对法国迄今为止所发布的四份国防白皮书（以下简称"白皮书"）和 2017 年战略回顾文件进行了统计和研究，如表 1 所示。

表 1　关于法国发布的四份国防白皮书和 2017 年战略回顾文件的统计和研究

	1972 年白皮书	1994 年白皮书	2008 年白皮书	2013 年白皮书	2017 年战略回顾
冲突	4	63	82	0	0
战争	2	58	75	30	18
危机	10	88	271	166	58

---

① Yann Jounot, "Stratégie de sécurité nationale: la nécessité de l'approche globale, " *Revue Défense Nationale*, Vol. 10, No. 845, 2021, pp. 43-48. （〔法〕雅恩·朱诺：《国家安全战略：全球方法的必要性》，《国防评论》2021 年第 10 卷，总第 845 期，第 43~48 页。）

② Bertrand Warusfel, "De la défense à la sécurité nationale, " *Revue Défense Nationale*, Vol. 10, No. 845, 2021, pp. 11-17. （〔法〕伯特兰·瓦胡斯斐：《从国防到国家安全》，《国防评论》2021 年第 10 卷，总第 845 期，第 11~17 页。）

③ Christian Girard, "Défense et sécurité：du renversement de la hiérarchie des concepts à la stratégie de sécurité nationale, " *Revue Défense Nationale*, Vol. 5, No. 830, 2020, pp. 78-84. （〔法〕克里斯蒂安·吉拉德：《国防与安全：从概念层次到国家安全战略的转变》，《国防评论》2020 年第 5 卷，总第 830 期，第 78~84 页。）

	1972 年白皮书	1994 年白皮书	2008 年白皮书	2013 年白皮书	2017 年战略回顾
危机因素	核武器的美苏两极化	冷战结束、全球化、核扩散、民族主义和宗教恐怖主义、有组织犯罪，国际体系是美国单极霸权	全球化、金融市场、跨国恐怖主义、NRBC（核放生化）、网络攻击、环境、流行病、有组织犯罪，国际体系多极性	金融市场、跨国恐怖主义、网络威胁、扩散、NRBC-E威胁（核放生化爆）、失败国家、国内危机、阿拉伯之春、混合威胁、环境、流行病、有组织犯罪，国际体系多极性	跨国恐怖主义、核扩散、网络威胁、移民流动、人口统计、欧盟（英国脱欧、加泰罗尼亚）、自然灾害、NRBC-E威胁（核放生化爆）、有组织犯罪、能源竞争、技术和数字中断，国际体系多极性

资料来源：Thomas Meszaros, "La Revue stratégique et les Livres blancs: la notion de crise," *Revue Défense Nationale*, Vol. 1, No. 806, 2018, p. 34.（〔法〕托马斯·梅萨罗斯：《战略评论和白皮书：危机的概念》，《国防评论》2018 年第 1 卷，总第 806 期，第 34 页。）

　　他提出，为应对未来的危机，有必要与危机的概念保持距离，超越不稳定和不确定性，从三个方向上开展工作：一是推进前瞻性研究，根据法国和欧洲可能面临的危机，制定一个危机类型学；二是对私营部门的官员和协调人进行培训，提高法国的预测和应对能力以及遭遇重大危机的修复能力；三是建立跨部门行动中心，在日常危机预防时期和危机反应的初期，负责全面协调民事军事行动。[①]

　　扬·朱诺强调法国在预防和管控危机方面有四大优势。一是协调能力。在全球层面，法国既可以依靠欧盟及国际组织的行动能力，还可以依托庞大的法语国家（88 个国家，3 亿讲法语人口）支持。在国家层面，法国拥有跨部门协调国家安全的高层推动机制。二是预测能力。法国国防部和外交部都设立了战略预测机构，为国际行动提供战略指导，并为部长和各部门提供监测、信息、警报和专门知识。大学及其研究人员也越来越多地参与国家安全工作。三是行动能力。法国可以利用欧盟或世界银行等组织，国内也设有打击恐怖主义、有组织犯罪和非正常移民的专门技术援助机构和专业运营商。四是联合能

---

① Thomas Meszaros, "La Revue stratégique et les Livres blancs：la notion de crise," *Revue Défense Nationale*, Vol. 1, No. 806, 2018, pp. 27-34.（〔法〕托马斯·梅萨罗斯：《战略评论和白皮书：危机的概念》，《国防评论》2018 年第 1 卷，总第 806 期，第 27~34 页。）

力。通过利用专门信息和工具，专业化社会团体正在成为国家预防和保护体系的正式参与者。①

3. 法国需要为国家间冲突爆发和大国崛起所导致的激烈冲突做好准备

针对 2017 年战略回顾没有提及全球军备控制体系瓦解的问题，法国国防研究小组专家伊莎贝尔·杜福尔（Isabelle Dufour）提醒说，战略竞争已经成为国家间关系的规则，法国在即将爆发的激烈冲突与维护国际制度和多边主义之间必须取得微妙的平衡。法国应当将重点放在提升高强度作战能力上，但极端主义在欧洲并未结束，法国在国外从事反叛乱行动也未结束。②

法国时任国防部长勒德里昂（Le Drian）在 2016 年的一次演讲中指出，欧盟战略环境已经改变，出现了严重的地缘政治紧张局势并与俄罗斯关系紧张。俄质疑整个大陆安全秩序的基础，对北约的一贯不信任和对欧盟的不信任感不断加剧。俄正在运用"非线性"的危险行动模式，使"武力威胁"在欧洲回归。

4. 法国必须推动欧洲共同防务建设

前法国总理国防顾问路易斯·高蒂埃（Louis Gautier）提出，现有白皮书对法国与欧洲共同防务的关系阐述不清，必须进行改进。首先，在一个多核的世界里，法国必须将核能力与欧盟防务实现战略层面的结合，否则，随着探测和拦截系统发展，法国核威慑的可信度会受到严重影响。法国的指挥和情报收集能力可以在欧盟层面发挥更大影响力。其次，是财政问题，法国应该推动欧盟发挥国防支出的协同作用，并采取坚定的欧洲联合观点。最后，白皮书应该明确法国与欧洲防务的关系，法国军事结构的合理化取决于欧盟建设。

他指出，法国仍然不愿意完全将其国防纳入欧洲，但重新加入北约几乎没有得到具体好处，欧洲安全与防务政策（European Security and Defence Policy, ESDP）的设计比北约内部的美国体系更具前瞻性，法国对欧洲安全政策的承诺应优先于参加北约行动。要振兴欧洲防务，法国需要修改宪法和法律，在军事规划和工业方面进行有组织持续合作，推动在欧盟内部建立统一指挥的永久

① Yann Jounot, "Stratégie de sécurité nationale: la nécessité de l'approche globale," *Revue Défense National- ale*, Vol. 10, No. 845, 2021, pp. 43-48. （〔法〕雅恩·朱诺：《国家安全战略：全球方法的必要性》，《国防评论》2021 年第 10 卷，总第 845 期，第 43～48 页。）

② Isabelle Dufour, "Stratégie de défense nationale et sécurité extérieure: les approches globales à l'épreuve des faits," *Revue Défense Nationale*, Vol. 10, No. 845, 2021, pp. 56-60. （〔法〕伊莎贝尔·杜福尔：《国防战略和外部安全：全球循证方法》，《国防评论》2021 年第 10 卷，总第 845 期，第 56～60 页。）

性部队，协调战略和行动规划，共同制定军官培训方案、军事预算趋同标准，统一主要装备方案。未来起草白皮书的一项重要工作，是要巩固法国国防的战略层面，改革军事模式，提出欧洲共同防御的想法。他强调，建立欧洲防务是防止法国主权完全落入美国陷阱的唯一途径。[1]

三 当代法国国家安全和战略研究的教学科研体制

当代法国国家安全和战略研究教学体制健全，研究议题丰富，政策导向清晰，研究资金充足，与政府之间在保持良性互动的基础上联系不断加强，从而不断推动法国国家安全和战略研究向前发展。

（一）法国国家安全的教育体系和学科设置

1. 政府高度重视国家安全，其教育已形成体系

法国第五共和国历任总统都利用每年一度的国庆阅兵和诸多演讲、采访机会宣讲国家安全。国防和国家安全文化是法国学生在小学、初高中期间必须获得的共同知识和技能基础的一部分，在大学本科教育阶段也作为通识教育进行。教育部负责在基础教育阶段（小学、初高中）推广国防和国家安全教育、提升公民意识，高等教育部和国防部共同牵头负责高等教育阶段的国家安全教学与科研。

2. 国家安全学科建设呈现跨学科的特点

法国教育部和高教部都认为，国家安全不是一个学科，而是一个集安全、国防、历史、法律、外交和科技等于一体的广泛概念。国防部则认为，国防教育和国家安全应该围绕几个贯穿各领域的问题展开，包括国家安全、军事防御、全球防御、新出现的风险和威胁、欧洲防务的进展等。但是，法国有人文社科各领域学者参与国际问题研究的传统，加之各大学自主权较大，这在一定程度上影响了国家安全相关学科建设的专业化、精细化发展，难以形成合力，其理论性研究在国际上影响较小。

法国高等教育研究生阶段没有国家安全学学科。公立高校在具备一定的师

---

[1] Louis Gautier, "Les chausse-trapes du Livre blanc, Institut français des relations internationales, " *Politique étrangère*, Vol. 4, 2007, pp. 743-755. （〔法〕路易斯·高蒂埃：《白皮书中的陷阱》，《外交政策》2007 年第 4 卷，第 743~755 页。）

资和教学条件后，都可以向高教部和国防部申请教学与硕士学位授予资格。学位课程是拼盘式的，包括外交学、国际关系学、情报学、法学、历史学乃至网络技术等跨学科课程。教材不是统编，而是由授课教师自主制定，报送大学教学委员会审议即可。授课教师包括各领域专门人才，不限于职业教师，公务员、军人都可兼职，退休、退役后更无限制。

3. 发展方向上突出精英教育

法国国家安全的人才培养，是一个跨部门和学科融合的过程，政府在其中发挥重要的协调作用。政府支持高等教育机构加强国家安全领域的教研，支持高校为学生提供国防和国家安全文化教育，并为承担相关公职储备人才。高教部高等教育总司和国防部国防教育局还直接指导某些大学研究院所的教学与研究。① 面对国家安全研究领域日益广泛、综合性问题突出的形势，法国政府也在尝试推动高校之间联合培养国家安全人才，特别是具有国际影响力的顶尖人才，同时鼓励更多有能力开展国家安全教育的高校参与其中。

以 2016 年教育部、国防部、农业部三部门联合发表的《发展青年、国防和国家安全之间的联系》政策文件为例，"部长们认识到国防和国家安全研究的重要性，一致认为需要加强这一研究。在国际、战略和国防问题上，培养和维持一大批学术专家，不断推进战略研究，这是国防部的一项具体责任。为此，国防部也投入大量预算资源。签署本文件的部长一致认为，有必要发展国防、高等教育和研究的联系，三部要为此联合行动，提供各种援助，培养国际水平的学术英才"。②

2016 年，法国国防部还与巴黎第一大学合作，设立"当代重大战略问题"讲席，为军官提供在职读博士学位机会。时任防长勒德里昂也曾去该讲席授课。

（二） 法国国家安全的研究平台与研究方法

1. 法国从事与国家安全相关领域研究的人员和机构，主要来自公立大学、私立高等教育机构、独立智库和国立研究机构

（1）公立大学。法国公立大学的安全和战略相关研究起步较晚。随着冷战

---

① 总司在法国的公职体系中略等于部级以下的副部级行政机构。

② 法国国防部、教育部、农业部，三部委联合发表跨部委政策《发展青年、国防和国家安全之间的联系》，https：//www.education.gouv.fr/bo/16/Hebdo26/MENE1600477X.htm，最后访问日期：2022 年 8 月 1 日。

结束，面对急剧变化的国际局势，社会各界对法国及欧洲安全问题予以关注，法国公立大学的相关研究才逐渐发展起来。由于法国公立大学享有较大自治权，各校在安全研究的方向、议题和方法上各具特色。

巴黎第八大学被公认为法国大学的地缘政治研究发源地，1989 年设立首个地缘政治硕士项目，1992 年获高教部批准设立首个地缘政治学教授席位。该校主张以地缘政治学作为分析当代世界问题的方法，跨学科培养人才，授课和研究人员包括地理学家、政治学家、历史学家、法学家和经济学家等。博尼法斯在该校担任国际关系学教授。兰斯大学同样也开设地缘政治硕士项目，教研状况与巴黎第八大学相似，但增加了区域国别研究和环境问题、计算机绘图等内容。

法国的国家安全议题往往嵌入国际关系研究领域。巴黎政治学院、巴黎第二大学等都属于此类。巴黎政治学院因为培养出第二次世界大战后 8 位法国总统中的 6 位（包括前总统希拉克及现任总统马克龙）、4 名国际货币基金组织总裁和前联合国秘书长加利而享誉全世界。该校开设的政治学与国际关系专业，在"2020 年 QS 世界大学学科排名"榜单中位列第二。[①] 巴黎二大为法国培养了众多法律、经济、政界高级人才，包括前总统奥朗德。该校与索邦大学文学院合办的国际关系硕士项目，旨在培养国际关系分析专家，同时依托全球化、区域一体化和国际贸易理论与统计数据进行高质量研究。

近年来，国家安全也直接出现在部分大学的研究领域中。里昂第三大学设立了国际关系与外交硕士点，但首要研究方向是国际安全与防御，其他研究方向中还包括战略情报与危机管理等直接涉及安全的内容。塞尔齐·巴黎大学（Cergy Paris Université）设置了战略分析和经济情报专业硕士，研究对象广泛，既包括地缘战略等传统范畴，也涵盖黑手党结构、洗钱、金融情报、信息破坏策略等新领域，还回应社会关切陆续增加了社会伦理、经济爱国主义、危机管控等课程。

近年来，作为法国最优秀的理工类高校，隶属于法国国防部的巴黎综合理工学院为应对全球网络安全问题而设置网络安全理学硕士项目。该项目基于跨学科方法，提供网络安全硬件和软件培训，培养面向未来的计算机安全专家、

---

① 参见巴黎政治学院官网，https://www.sciencespo.fr/en/news/sciences-po-ranks-2nd-in-the-2020-qs-rankings-for-politics-international-studies，最后访问日期：2022 年 8 月 1 日。

数据保护专家。主要研究对象包括现代计算机网络基础、密码学导论、高级密码学、数据库管理系统和信息系统安全等。

（2）私立高等教育机构。巴黎国际关系学院和巴黎政治与国际研究高等学院都是私立高等教育机构涉足国家安全研究的佼佼者。前者设有国际安全和国防硕士专业，重点培养国际安全和国防问题高级专家，主要研究方法是以糅合了法律、经济、政治、军事等多学科知识形成的新式安全观分析全球问题。研究方向包括国际安全法和国防、武装冲突法、政治-种族冲突、维持和平法、欧盟安全与对外关系、国际安全经济学，以及战争与经济冲突、新技术和安全挑战等。后者设有国防政策与战略公共管理硕士专业，主要分析全球战略形势最新发展，制订专门国防和国家安全计划，研究对象包括网络安全、信息战、公共安全和国防工业等。这两家私立高教机构在运行上还有一个共同特点，就是大量聘请在职或刚刚退役的法国国防和安全系统高官参加授课和研究。

巴黎天主教学院因为宗教因素，不在法国公立大学之列。该校设立了地缘政治和国际安全硕士项目，注重以多学科方法进行案例研究，跟踪世界关键地区的武装冲突演变，了解导致武装冲突的社会和政治机理，分析预防暴力、战后国际重建等问题。

（3）独立智库。法国与国家安全和战略研究相关的现代智库起步略早于公立大学。当前综合类研究机构呈现法国国际关系研究所（Institut français des relations internationales，IFRI）、法国国际关系和战略研究所（Institut de Relations Internationales et Stratégiques，IRIS）、蒙田研究所（Institut Montaigne）三家鼎足而立，大批中小型、专业化智库不断涌现的发展态势。法国很多大企业、跨国公司也出于参与国家安全事务或运筹国际战略的需求，纷纷建立自己的相关研究机构。

最负盛名、历史最久的法国国际关系研究所建立于1979年。据其官方网站介绍，该所在智库影响力排名中连续被评为全球第二、欧洲第一。其研究队伍主要由终身职业研究者构成，致力于就冷战、数字革命、反恐、经济危机、气候变化以及其他全球性问题对外提供咨询。①

法国国际关系和战略研究所建立于1991年。研究范围包括国防与安全、

---

① https://www.ifri.org/sites/default/files/atoms/files/ifri_brochure_english_version_numerique_bd. pdf，最后访问日期：2022年8月1日。

国际均势、能源、环境、人道主义、国际体育、国别区域事务等，从事研究、主办研讨、出版和培训等活动。研究力量由主任研究员、研究员和联系研究员三部分构成，并可提供多专业支持。该所出版的《战略年鉴》和《国际战略评估》季刊在国际安全研究领域广受重视。①

蒙田研究所是法国涉及国家安全和战略研究的三大独立研究机构之一。与前两家自负盈亏的机构不同，该所公开宣称是非营利机构，官方色彩浓厚，主要为法国和欧盟提供政策咨询。研究力量根据课题需要来配置，来自政府、企业和民间。研究目的是确保法国代议制民主和欧洲主权与领土完整。②

近年来，法国国家安全和战略领域智库"小而美"的传统正在改变。随着国家安全研究涉及的层面增多、复杂度上升、技术越来越高深、所需资金量越来越大，传统智库常驻研究人员少、依靠领域带头人个人影响力的运作模式难以为继，开始在资金运作、研究选题、人员组成等方面推进改革，紧盯前沿课题，及时将外部权威专家甚至科研机构纳入研究团队。重视交流合作，既与政府紧密配合，又拓展和跨国企业、媒体、高校甚至外国政府合作，吸收各方资金。

（4）国立研究机构。法国涉及国家安全和战略研究的官办研究机构为数众多。总统府、总理府、外交部、国防部和三军参谋部、内政部、经济部、文化部、情报系统等均下设有专门研究机构作为部门思想库，但除了在法国《国防与国家安全白皮书》等国家安全类重要文件公开发表后，适当对社会开展导读式分析，对外接触较少。

在公开机构中，最具研究实力的是隶属于高教部的法国国家科学研究中心。作为法国最大的政府研究机构，该中心在进行自然科学和生命科学研究的同时也从事国际关系研究。培训法军高级指挥和参谋军官的战争学院是从事国家安全和战略研究的重要机构，教学和研究内容包括国防政策、军事战略、国际关系学、武器装备、信息技术、企业管理、经济学、社会学等。战争学院下设智库"法国军校战略研究院"（Institut de Recherche Stratégique de l'Ecole Militaire，IRSEM）也颇为活跃，经常发布国际安全领域的研究成果。

---

① https://www.iris-france.org/presentation-en/，最后访问日期：2022 年 8 月 1 日。
② https://institutmontaigne.org/en/about-us，最后访问日期：2022 年 8 月 1 日。

2. 国家安全领域的研究方法和发展趋势

从研究传统看，不同平台在研究内容和方法上各有所长，但总体上并不注重单一国际关系理论研究，普遍以实践性课题为主，文理打通，同时引入哲学、社会学、史学、人类学等人文学科和区域国别研究。

从发展趋势看，随着国际安全领域不稳定因素增加，法国政府和教研各界对国家安全研究的重视和投入在上升，硕士培养点在增加，涉及网络等新安全领域的横向合作显著加强，法国特色战略与安全研究更加积极发声、扩大影响。

教研应用一体贯通的倾向突出。在大学中增加国际战略研究和联合开发正在成为潮流，相关参与方各取所需。政府更多借用大学智力资源，培养和储备国家安全和国际战略研究领域公务员后备人才。除了本单位的教学和科研人员外，高校还邀请校外专家（来自外交、国防、情报部门在职或退役官员居多）加入；在研究经费方面，高校还通过政府部门、基金会或私人赞助等渠道获取；学者则实现"学以致用"，利用专业知识和技能为国家和社会的安全需求和战略制定贡献力量。私人部门或基金会得以参与国家安全和战略事务。

四　法国国家安全研究的特色

法国在国际安全与战略格局剧烈动荡中能保持一定独立自主与战略定力，在错综复杂的国际合作、竞争乃至激烈较量中能维护法国的大国地位和根本利益，这同法国政学各界精英厚植深埋、应时而动的大国意识与战略共识，法国国家安全研究的悠久传统和厚重战略文化，以及法国在欧洲和世界舞台中央的丰富实践密不可分。具体体现在以下方面。

（一）国家安全研究的同向性

法国学者普遍认同以大国意识与独立自主为标志的戴高乐主义，在学术研究中普遍遵循发挥大国作用、维护独立自主的基本逻辑，与英美研究界百花齐放、百家争鸣甚至长期公开和政府唱反调的情况大不相同。

第一，这是戴高乐主义的诞生和被法国政学各界内化继承的结果。戴高乐主义是现代法国国家安全和战略研究的思想源头和里程碑。在第二次世界大战后美苏争霸的战略背景和秩序转型中，法国一度深受震撼，研究视野极度变窄，面对本国实力地位骤降、民心散乱失焦、欧洲整体衰落的现实状况，充满悲观幻灭情绪。戴高乐主义横空出世的政治和战略意义在于，为现代法国重新树立了"法兰西伟大"的民族自信心和核心价值观，为失去自信和方向感的法国学界指明国家根本利益所在和努力目标，确立了恢复大国地位、维护独立自主、保持全球视野和在主要力量之间纵横捭阖的基本研究内容和风格。① 就连戴高乐的主要政敌密特朗都认为："戴高乐享有发出希望的第一声呐喊的荣誉，他使法兰西恢复了幸运和自信。"②

戴高乐主义的诞生标志着法国国家安全研究趋向成熟与定型。戴高乐之后的国家安全研究者，无论何种流派和政治立场，总体上都以发挥大国作用、加强独立自主为出发点和归宿，只是在研究领域对象、方式方法等技术层面体现特点与差异。这种状况在冷战后世界格局剧变及法国国家安全战略和对外政策的重大调整中，也未发生根本改变。

第二，从体制因素看，第五共和国总统大权独揽的制度设计和法国强政府主导的传统也是法国国家安全研究具有较高同向性的原因。第五共和国宪法不仅规定总统为武装部队统帅，更授予其主持内阁会议、最高国防会议和国防委员会的实权和非常时期"根据形势需要采取必要措施"的全权。③ 戴高乐是强力主导的典型。他喜欢利用记者招待会突如其来地宣布重大决策，甚至以诉诸全民公决的极端方式强势推某项政策。他通过电视广播讲话提出让阿尔及利亚人自治的解决方案，直接引发政府内部分裂。④ 法国退出北约军事一体化组织、否决英国参加西欧共同市场等，戴高乐事先未露风声，多数部长也不知情，学界当然更无从研究。

与美英相比，法国国家安全研究界的核心圈还处于一种半封闭状态，保持着"高级政治"的传统运作方式，政策研究和制定者主要是"体制内人士"，

① 参见 Jacques Chirac, *My Life in Politics*, London：Palgrave Macmillan, 2011；张锡昌、周剑卿：《战后法国外交史 1944~1992》，世界知识出版社，1993；吴国庆：《法国政治史 1958~2012》。
② 弗朗茨-奥利维埃·吉埃斯贝尔：《密特朗传》，曹松豪译，上海译文出版社，1999，第 87 页。
③ 《法国国家概况》，中国外交部网站，https：//www.mfa.gov.cn/web/gjhdq_676201/gj_676203/oz_678770/1206_679134/1206x0_679136/，最后访问日期：2022 年 8 月 1 日。
④ 周荣耀：《戴高乐评传》，第 205 页。

如职业外交官、军人等技术官僚，学者因难得与闻国家安全事务，[①] 也就失去了参谋的机会，只能随风起舞，连带效应是学界也难以通过发布研究成果影响政府决策，更难见到如美国基辛格、赖斯等知名学者直接出任政府要职并对政策制定产生重大影响的情况。但熟悉国际事务的政要如德斯坦、拉法兰、韦德里纳等，退休后仍能对国家安全和战略事务保持影响力。高级职业外交官、高级军官退休后往往可以到高校教书或在智库开展学术研究。由于对戴高乐主义的认同内化和强政府主导、决策圈与学界单向旋转等复杂因素，加之国家安全领域的社会需求远没有美国那种规模和普及度，法国相应地形成了国家安全领域"战略界围绕官方指针开展研究"的基本态势。

（二）国家安全研究中的独特性

法国国家安全研究在国际上地位较低，但不时产生独特而深刻的思想。仅第二次世界大战后法国享誉世界的安全研究者就有以独到方式剖析国际问题的阿隆，被利德尔-哈特誉为"当代撰写战略专著实践经验最丰富"的博福尔和写出所谓"反叛乱圣经"的加鲁拉，更不用说戴高乐。[②]

这种现象背后有着复杂的语言、文化传统和历史原因。法国迄无"国家安全学"学科，历来对于"国家安全"也无公认定义。究其原因，一方面，有学者认为安全这个词本身就是"宽泛的、可自由回答的、模糊的，因而它的一切使用和解释都会引起争议"，[③] 遑论国家安全？另一方面，也有学者认为，"国家安全"是个"美国政治词语"，[④] 因而并不积极使用。法国的《拉鲁斯词典》《罗贝尔大词典》都未收录"国家安全"词条。2009 年《国防与

---

① Bertrand Badie, *Le diplomate et l'intrus: L'entrée des sociétés dans l'arène internationale*, Paris: Fayard, 2008.（〔法〕伯特兰·巴迪：《外交官与入侵者：社会群体进入国际舞台》，巴黎：法亚德出版社，2008。）

② 〔法〕安德烈·博福尔：《战略入门》，军事科学院外国军事研究部译，第 1 页。

③ 〔法〕达里奥·巴蒂斯特拉：《国际关系理论》，潘革平译，社会科学文献出版社，2010，第 322 页。

④ Bertrand Warusfel, "La sécurité nationale, nouveau concept du droit français," in Pierre-Andre Lecocq, et al., *Les différentes facettes du concept juridique de sécurité-Mélanges en l'honneur de Pierre-André Lecocq*, Université Lille 2, 2011, pp. 461-476.

国家安全白皮书》正式生效，"国家安全"一词才正式进入法国法律体系。①没有了概念的束缚，反倒方便了法国各领域有识之士以广博的视野和深厚的知识储备、跨学科参与国家安全和战略问题的研讨。

从文化传统看，法语长期以来都是欧洲首要外交和学术语言，法国学界接受英语及美英国际关系理论都比较晚近，曾长期"对卡普兰系统理论无动于衷、对华尔兹冷漠"。②以阿隆为代表的知识界还曾对美国国际关系理论和国际关系专家颇多微词，认为他们"描述或讲述得很多，分析或解释得却很少……进行粗略描述是件很容易的事……真正的问题还在比这些无可争议的主张更高的层次上"，③认为与简单归类、大而化之的理论、系统、模型相比，社会学分析才更能抓住国际关系中人性的精髓。

从历史角度看，法国历经两次世界大战、冷战期间夹在美苏之间的特殊经历，让法国学界得以全面参与国际社会维护世界和平与安全的研究与实践，对本国安危和战略得失展开全方位深刻反思，进而形成了糅合多学科知识研究国际安全问题的传统和特长。作为杰出代表，阿隆实际上上承了法国"百科全书派"先贤的传统，他以自己的博学，把多学科知识融会贯通应用于国家安全和国际战略研究，为现代法国国际关系和国家安全学首重社会和历史研究、深刻触及问题本质奠定基础。他建构国际关系的独到方式，在美国学界也赢得广泛承认。④马塞尔·梅勒、莫里斯·瓦伊斯、伯特兰·巴迪、德蒙布里亚尔等学者在国家安全和战略研究中能够别开生面、深入钻研，都与跨领域跨学科研究方式相关。

英美学界也不得不承认"法国学界的相对孤立的确也有自己的优点，它赋予了国际关系学以多样性以及独立的学术话语……让国外学者感受到新的与

---

① Bertrand Warusfel, "La sécurité nationale, nouveau concept du droit français," in Pierre-Andre Lecocq, et al., *Les différentes facettes du concept juridique de sécurité-Mélanges en l'honneur de Pierre-André Lecocq*, Université Lille 2, 2011, pp. 461-462.

② 〔美〕奥利·维弗尔：《国际关系学科的社会学：美国与欧洲国际关系研究的发展》，载〔美〕彼得·卡赞斯坦等主编《世界政治理论的探索与争鸣》，秦亚青译，第74页。

③ 〔法〕雷蒙·阿隆：《民族国家间的和平与战争》，王甦、周玉婷译，导言第1~4页。

④ 参见《总体战的世纪》扉页和封底书评（Raymond Aron, *The Century of Total War*, Boston: Beacon Press, 1965）；〔美〕奥利·维弗尔：《国际关系学科的社会学：美国与欧洲国际关系研究的发展》，载〔美〕彼得·卡赞斯坦等主编《世界政治理论的探索与争鸣》，秦亚青等译，第75页。

众不同观点的冲击"。①

（三）浸透国家安全理论与实践的均势思想

均势是法国在数百年国际格局剧烈动荡变化中保障生存、维护安全、扩大利益的核心战略手段，作为一种思维特征遍布法国国家安全的政策制定者和研究者，其影响远超意识形态考量，超越法国与任何国家之间的特殊关系。

均势思想的发展轨迹在法国悠久丰富的战略文化中清晰可见。其原点是作为现代主权国家基本特征的"国家至上"原则。该原则源自法国，由宰相红衣主教黎塞留确立。他支持新教各国同哈布斯堡王朝对抗，为法国的欧陆霸权奠定基础。基辛格认为，黎塞留主张"国家至上"作为国家政策的指导原则，奠定了国际关系理论体系。② 法国学者更认为，黎塞留实际上因此而首开了欧洲均势体系。③ 法国另一位均势大师是塔列朗。他作为复辟王朝的外交大臣，在参与维也纳会议期间，积极利用各国矛盾，主动配合梅特涅建立了维也纳体系，实现了新的欧洲均势，维护了法国作为战败国的利益。

均势思想的典型范例是第二次世界大战后法国主导的法德和解。第二次世界大战后，法国一度主张肢解或大大削弱德国，没有得到美英苏同意。东西方冷战开始后，法国审时度势，主动将对德政策转变为和解与合作，戴高乐就是法德轴心的设计师和首席建筑师，并得到法国学界普遍支持。在他的主导下，法德友好合作条约在爱丽舍宫隆重签字。但戴高乐的目标并不是为高卢人和日耳曼人结束近 2000 年的仇怨，而是"关于德国将来的命运这个重要问题，我已经打定了主意：我认为德国必须成为有组织的国际合作的组成部分……这样，在大西洋和乌拉尔之间，所有国家的安全就会得到保证"。④ 戴高乐经常强调"从大西洋到乌拉尔的欧洲"，顺带把与美国保持特殊关系的英国排除在

---

① 〔美〕奥利·维弗尔：《国际关系学科的社会学：美国与欧洲国际关系研究的发展》，载〔美〕彼得·卡赞斯坦等主编《世界政治理论的探索与争鸣》，秦亚青等译，第 75 页。

② 〔美〕亨利·基辛格：《大外交》，顾淑馨、林添贵译，海南出版社，1998，第 39~42、46~47 页。

③ Cécile d'Albis, *Richelieu: l'essor d'un nouvel équilibre européen*, Paris: Armand Colin, 2012, p. 16.（〔法〕塞西尔·阿尔比斯：《黎塞留：欧洲新平衡的兴起》，巴黎：阿尔芒·柯林出版社，2012，第 16 页。）

④ 〔法〕夏尔·戴高乐：《希望回忆录》，《希望回忆录》翻译组译，中国人民大学出版社，2005，第 176~177 页。

欧洲之外，这种高明的均势运作让法国比较顺利地掌握了欧洲一体化的领导权，而且戴高乐和继任者还牢牢攥紧核威慑牌，作为对德最终制衡的工具。

法国均势思想的研究和实践在冷战期间运用娴熟。在冷战高潮期，戴高乐力主法国同中国建交，成为首个同中国建立全面外交关系的西方大国。冷战后，法国又是第一个和中国建立战略伙伴关系的西方大国。马克龙主张做中、美之外的第三大"平衡力量"，① 本质上也是均势外交思想。纵观现代国际关系史，法国能始终发挥大国作用，"拿二等车票坐一等车厢"，在很大程度上归功于"均势理论"的当代运用。

结　语

作为欧洲历史最悠久的大国、"世界历史上最会打仗的国家"② 和首批现代民族国家，法国国家安全和战略研究为人们呈现出法国国家安全意识和战略理念从产生、发展到逐步定型的完整框架，也为人们思考大国在国内外复合变量交织作用、剧烈演进中追求国家安全的进退得失提供了一定借鉴。作为联合国安理会常任理事国和欧盟创始国，法国国家安全研究具有鲜明特色，它始终遵循较纯粹的均势战略思想，通过坚持欧洲一体化建设，为其理论构建不断添砖加瓦。

在 2022 年爆发的俄乌冲突中，美国等西方国家对俄进行严厉制裁，在欧洲舆论一边倒批俄的形势下，马克龙成为唯一同普京直接沟通的西方大国领导人，较为清醒地面对这场"欧洲二战以来最严重危机"，③ 公开反对拜登指责俄在乌犯下"种族灭绝"罪行，④ 积极同中国等各方一起斡旋劝和，并在欧洲议会演讲强调"欧盟国家支持乌克兰主权和领土完整不意味着对俄作战""欧

① 《法国国家概况》，中国外交部网站，http://switzerlandemb.fmprc.gov.cn/web/gjhdq_676201/gj_676203/oz_678770/1206_679134/1206x0_679136/，最后访问日期：2022 年 8 月 1 日。

② Niall Ferguson, *The Cash Nexus: Money and Power in the Modern World, 1700-2000*, New York: Basic Books, 2001, pp. 25-27.

③ 《习近平同法德两国领导人举行视频峰会》，习近平外交思想和新时代中国外交专题网站，http：//cn.chinadiplomacy.org.cn/2022-03/08/content_78096311.shtml，最后访问日期：2022 年 5 月 12 日。

④ 《马克龙批拜登"种族灭绝"言论 称或导致冲突加剧》，光明网，2022 年 4 月 15 日，https：//m.gmw.cn/baijia/2022-04/15/1302901036.html，最后访问日期：2022 年 5 月 12 日。

洲长期和平需要重建安全平衡""欧盟使命是建设自主、强大、向世界开放的欧洲"。① 其独立自主的国家安全意识和战略定力表明了法国所一贯坚持的国家安全观和安全战略。

　　面对世界之变、时代之变、历史之变以及和平、发展、安全、治理四大赤字不断加重，通过系统梳理和探究法国的国家安全研究，注重借鉴和学习其问题导向和注重实用性的研究传统、兼具广度精度的研究方法，以及从全人类视角展开战略思考，这对中国推进国家安全研究和体系能力现代化、探索构建区域集体安全机制等有重要参考价值，也有益于打破国际安全研究中的美国话语霸权。

　　（本文原载于《国际政治研究》2022 年第 5 期，收录本书时略有修改。）

---

① 《法国总统欧洲未来会议演讲》，法国总统府网站，https：//www.elysee.fr/emmanuel-macron/2022/05/09/cloture-de-la-conference-sur-avenir-de-europe，最后访问日期：2022 年 5 月 12 日。

第十章

从克制到进取：德国的安全研究

卢　晓

第二次世界大战以前，德国安全研究大多着眼于战争，考察如何使用或威胁使用武力以追求国家利益。德国历史上一批战略思想家及其理论曾对德国对外发动战争起到了直接或间接的推动作用，其中较为知名的人物包括卡尔·冯·克劳塞维茨（Carl Philipp Gottfried von Clausewitz）、弗里德里希·拉策尔（Friedrich Ratzel）、沃尔夫冈·韦格纳（Wolfgang Wegener）、卡尔·豪斯霍费尔（Karl Haushofer）和埃里克·鲁登道夫（Erich Ludendorff）等。以克劳塞维茨为代表的战略家率先区分了战争的军事意义和政治意义，认为军队战场上的胜利最终服务于国家政治目标。[①] 在这种进攻性军事思想指导下，普鲁士对外发难，通过三次王朝战争实现了德意志统一。伴随德国领土的统一和扩张，当时的德国战略家们不断创新战争理论，提出消耗战、歼灭战、运动战、闪电战、总体战等著名战术思想，为德国发动两次世界大战提供了理论和方法指导。[②] 然而，随着德国战败，以及去纳粹化和去军事化进程在德国国内的推进，这些进攻性战争理论失去了正当性，取而代之的是对德国在欧洲和世界中地位与作用的反思。

关于德国的地位与作用，基辛格辩证地将其概括为"对欧洲而言太大，在世界上又太小"。[③] 对欧洲而言"太大"的德国曾凭借其军事力量多次向邻

[①] Julian Lider, "Introduction to Military Theory," *Cooperation and Conflict*, Vol. 15, No. 3, 1980, pp. 151-168.

[②] Julian Lider, *Strategic Studies 1949-1966*, The Swedish Institute of International Affairs, 1984, p. 36.

[③] Zanny M. Beddoes, "Europe's Reluctant Hegemon," *The Economist*, June 13, 2013, https://www.economist.com/special-report/2013/06/13/europes-reluctant-hegemon, accessed: 2023-01-23.

国发难，"德意志特殊道路"、扩张性军国主义政策和种族灭绝政策给欧洲带来了深重灾难，也使德国成为欧洲各国时刻提防的对象；对世界而言"太小"的德国在全球人口和经济中的比重无法与超级大国相抗衡，在冷战期间成为美苏阵营对抗的前线，国际政治地位同战前相比一落千丈。如何在消除"太大"的德国对欧洲威胁的同时，维持"太小"的德国在国际政治中的地位？这是德意志联邦共和国①成立以来，德国安全研究关注的核心问题。

基于对战争历史的反思和第二次世界大战后分裂与统一的教训，战后德国安全研究的关键思想可以大体概括为"谨慎克制""联欧自强"。"谨慎克制"是指德国淡化民族国家观念，试图摒弃现实主义的权力政治，在军事安全领域自我约束，维持欧洲安全均衡。这有助于缓解"太大"的德国对欧洲造成的安全威胁，减轻邻国的安全忧虑。"联欧自强"则要求德国融入欧洲、依靠欧洲、服务欧洲，②通过协调欧洲、跨大西洋乃至泛欧亚等层面各方利益和资源，在保障自身安全的同时，维持"太小"的德国在国际政治中的地位。

德国主流学者认同融入西方的战略选择和欧洲一体化道路，强调德国应放弃单边主义强权政治，主张在多边平台上建构安全框架，要成为"欧洲的德国"而非"德国的欧洲"。③可以说，"谨慎克制"和"联欧自强"的原则确立了德国在欧洲自处与他处的模式，平衡了"大""小"德国间的矛盾，并广泛涉及德国安全领域的历史责任、国家定位、法律原则、安全架构、政策目标和行动规范等，是战后德国安全研究的核心内容。

德国安全研究发展至今，已成为范围广阔、对象繁杂、方法多样的综合学科体系，仅用一篇文章难以对德国安全研究做穷举式的详述。本文以德欧关系为核心，从"德国问题"、欧洲一体化、安全理念变迁和安全研究机制与学科建设四个方面对德国安全研究做一梳理，力图展现德国安全领域的学理探索，

---

① 以下简称德国，1990 年统一前又称西德。相比于西德，东德将自己视为反抗法西斯主义的共产主义斗士，拒绝继承纳粹德国的历史责任，在安全政策和安全研究方面采取了截然不同的路径。鉴于东西德在安全研究方面的极大差异，限于篇幅，本文对东德安全研究不做讨论。

② Helmut Schmidt, "Deutschland in und mit Europa," SPD-Bundesparteitag, Berlin, 4. Dezember, 2011.

③ Thomas Mann, "Ansprache vor Hamburger Studenten (1953)," in Thomas Mann, *Gesammelte Werke. Band 10: Reden und Aufsätze*, Frankfurt am Main: S. Fischer, 1990, S. 402. 转引自连玉如《21 世纪新时期"德国问题"发展新考》，《德国研究》2012 年第 4 期，第 19 页。而德国社会学家乌尔里希·贝克（Ulrich Beck）也认为，"德国的欧洲"将无法成功。参见 Ulrich Beck, *Deutsches Europa*, Berlin: Suhrkamp Verlag, 2012.

厘清战后德国安全研究的大体脉络，为研判德国及欧洲安全走向提供有益参考。其中，"德国问题"主要涉及德国历史责任与纳粹问题、两德问题以及德国统一后产生的"新德国问题"。安全领域的欧洲一体化问题则涉及战后德法关系、欧洲和平问题，以及统一后德国对欧洲安全贡献等内容。德国安全理念变迁主要涵盖对军事力量的地位与作用、域外军事力量部署合法性，以及新安全挑战下综合安全观等议题的讨论。关于安全研究学科建设，本文在梳理其大体历史沿革基础上，以德国安全研究代表性智库科学与政治基金会（Stiftung Wissenschaft und Politik）为例进行个案阐述。

一　"德国问题"与德国安全研究

无论分裂还是统一，德国对欧洲安全体系乃至世界安全格局具有重大影响。[①] 这也促使"德国问题"成为战后德国安全研究的关键所在，催生了"谨慎克制"的德国安全文化。"德国问题"是关于德意志民族以及德国边界和主权定义的"问题复合体"（Problemkomplex），同德国所处欧洲中心的地缘位置及其潜在的政治、军事、经济能力息息相关，在不同时期有不同的内涵和外延，兼具内外两方面属性。[②] 一方面，德意志民族意识觉醒后，生活在德语区的民众形成了强大的统一愿望，不断致力于构建一个德意志民族国家，并在国际政治中争取相应地位；另一方面，统一德意志民族国家的建立对欧洲安全格局产生深刻影响，其人口、经济和军事体量构成对其他欧洲国家的潜在安全威胁，导致围绕德国主权与统一的欧洲安全困境。对该问题的讨论深刻影响了德国安全研究的文化、议题与理论，也促成了战后德国安全研究的克制文化，即对军事力量使用和进攻性国家安全战略的审慎态度。[③]

在"德国问题"框架下，战后德国安全研究的主要议题包括德国的历史责任与纳粹问题、两德问题，以及德国统一对欧洲安全影响的"新德国问题"等，核心目标在于恢复国家主权、谋求欧洲信任、争取国际平等地位。

---

① 连玉如：《21世纪新时期"德国问题"发展新考》，《德国研究》2012年第4期，第22页。

② Josef Foschepoth（Hrsg.），*Adenauer und die Deutsche Frage*, Göttingen: Vandenhoeck & Ruprecht, 1988, S. 10.

③ Sven B. Gareis/Paul Klein（Hrsg.），*Handbuch Militär und Sozialwissenschaft*, Wiesbaden: VS Verlag für Sozialwissenschaften, 2006, S. 9.

（一） 纳粹问题

战后德国社会的主流观点认为，"德国问题" 的解决首先需要德国承认历史罪责，防止重蹈 "德意志特殊道路" 的覆辙，为欧洲安全做出积极贡献。① 于是，在战后德国学界出现了一系列反思德国战争史、解释德国侵略性的安全研究，并逐步发展成一套德国罪责论。"德国福音教会" 最先发表了《斯图加特认罪书》，承认德国给 "许多民族和国家带来了无穷的痛苦"。② 德国政治思想家卡尔·雅斯贝斯（Karl Jaspers）则将其在海德堡大学的演讲汇编成《罪责问题》一书，批判德国盲从权威的传统文化和民族特性，抨击德国传统政治中的民族主义和权威主义倾向。③ 针对战后初期德国社会对 "集体罪责" 的抵制情绪，雅斯贝斯认为所有德国人都应为德国的战争罪行承担责任，至少是道德上的责任。④

在承认德国战争罪行的思想基础上，德国学者尝试进一步探讨纳粹主义的历史根源，从军国主义传统、平民暴政和霸权政治等角度分析纳粹上台的原因。历史主义学派代表人物弗里德里希·梅尼克（Friedrich Meinecke）在《德国的浩劫》一书中认为纳粹主义是普鲁士军国主义传统的延续。⑤ 德国保守派历史学家格哈德·里特尔（Gerhard Ritter）则撰写了《欧洲和德国问题》一书，认为纳粹的兴起是基于脆弱的魏玛民主以及普通民众的支持，这使纳粹有机会将自己塑造成民众意志的化身。⑥ 他认为纳粹极权的原因不在于民主太少，而在于民主太多。⑦ 而后，里特尔出版了被称为德国版《菊与刀》的《剑与权杖：德国军国主义问题》四卷本，否认纳粹主义与德国军国主义传统的

---

① Sven B. Gareis/Paul Klein (Hrsg.), *Handbuch Militär und Sozialwissenschaft*, Wiesbaden: VS Verlag für Sozialwissenschaften, 2006, S. 9.

② 〔德〕卡尔·迪特利希·埃尔德曼：《德意志史 第四卷 世界大战时期（1914~1950）》（下册），华明等译，商务印书馆，1986，第 262~263 页。

③ Karl Jaspers, *Die Schuldfrage. Von der politischen Haftung Deutschlands*, München: Piper Verlag, 1987.

④ Karl Jaspers, *Die Schuldfrage. Von der politischen Haftung Deutschlands*, München: Piper Verlag, 1987. 亦可参见金寿铁《罪责反省：克服过去的新生之路》，《中国社会科学》2015 年第 9 期，第 26~42 页。

⑤ 〔德〕梅尼克：《德国的浩劫》，何兆武译，生活·读书·新知三联书店，2002。

⑥ Gerhard Ritter, *Europa und die deutsche Frage: Betrachtungen über die geschichtliche Eigenart des deutschen Staatsdenkens*, München: Münchner Verlag, 1948.

⑦ Gerhard Ritter, *Europa und die deutsche Frage: Betrachtungen über die geschichtliche Eigenart des deutschen Staatsdenkens*, München: Münchner Verlag, 1948.

关联，重申平民的暴政给德国带来了纳粹灾难。①

　　针对德国历史学界否定德国军国主义传统的倾向，汉堡大学历史学教授弗里茨·菲舍尔（Fritz Fischer）在 1959 年发表了讨论第一次世界大战德国战争目标的文章，认为德国介入第一次世界大战是出于军国主义动机，是为了实现欧洲霸权和强国政治。② 在此后出版的包括《争雄世界》和《幻想之战》等著作中，菲舍尔又系统阐述了这一观点，认为德国对第一次世界大战的爆发负有主要责任。③ 这一结论冲击了当时关于第一次世界大战起因的主流观点，形成所谓的"菲舍尔争论"（Fischer-Kontroverse），指出了德国侵略性文化在两次世界大战中的延续性。在此基础上，科隆大学军事史专家安德烈亚斯·希尔格鲁贝尔（Andreas Hillgruber）系统研究了希特勒的战略、大屠杀政策，以及德国对外政策在两次世界大战中的延续性和转变。④ 而其学生、当时在曼海姆大学攻读特许任教资格（Habilitation），后担任法兰克福大学、明斯特大学、波恩大学等高校教授的克劳斯·希尔德布兰特（Klaus Hildebrand）则基于地缘政治学说，认为德国在欧洲地缘政治中的中心地位促使德国采取冒险性的"德意志特殊道路"。⑤

　　从 20 世纪 60 年代中后期开始，随着社会科学研究方法的引入和发展，以及一批年轻德国学者的崛起，德国安全研究开始尝试从社会学、政治学和经济学等角度出发，用新的理论和方法对德国战争与纳粹问题进行分析，研究范围逐渐从外交领域扩展到内政领域。例如，柏林自由大学特奥多尔·艾伯特

① Gerhard Ritter, *Staatskunst und Kriegshandwerk: das Problem des "Militarismus" in Deutschland*, München: R. Oldenbourg Verlag, 1954. 英文版参见 Gerhard Ritter, *The Sword and the Scepter: The Problem of Militarism in Germany-Volume I: The Prussian Tradition, 1740-1890*, University of Miami Press, 1969。

② Fritz Fischer, "Deutsche Kriegsziele: Revolutionierung und Separatfrieden im Osten 1914-1918," *Historische Zeitschrift*, Bd. 188, H. 1, 1959, S. 249-310.

③ Fritz Fischer, *Der Griff nach der Weltmacht: Die Kriegszielpolitik des kaiserlichen Deutschland 1914/1918*, Düsseldorf: Droste Verlag, 1961. 中译本参见〔德〕弗里茨·菲舍尔《争雄世界：德意志帝国 1914~1918 年战争目标政策》，何江、李世隆译，商务印书馆，1987。Fritz Fischer, *Krieg der Illusionen. Die deutsche Politik von 1911 bis 1914*, Düsseldorf: Droste, 1998 (zuerst 1969). 英译本参见 Fritz Fischer, *War of Illusions: German Policies from 1911 to 1914*, Norton & Company, Inc. and Chatto & Windus Ltd., 1975。

④ Andreas Hillgruber, *Deutschlands Rolle in der Vorgeschichte der beiden Weltkriege*, 3. Auflage, Göttingen: Vandenhoeck & Ruprecht, 1986.

⑤ Klaus Hildebrand, *Deutsche Außenpolitik 1933-1945. Kalkül oder Dogma?* Stuttgart: Kohlhammer, 1971.

（Theodor Ebert）从社会学角度出发，讨论了德国军事政策问题，主张战后德国非军事化，倡导以"社会防御"（Soziale Verteidigung）的概念代替战争，并于 1969 年创办《非暴力行动》（Gewaltfreie Aktion）杂志来推广这一理念。① 比勒费尔德大学教授海因里希·温克勒（Heinrich A. Winkler）在《中产阶级、民主和国家社会主义》一书中结合经济史，讨论了中产阶级对纳粹发展的政治作用。② 新社会历史学代表人物于尔根·科卡（Jürgen Kocka）着眼于官僚政治架构，通过社会学理论和方法，研究了职员阶层同法西斯的关系。③ 德国史专家韦勒（Hans-Ulrich Wehler）则从工业化和社会不均衡发展角度解释俾斯麦时期的帝国主义、殖民政策和"德意志特殊道路"问题。④

在反思德国罪责、解释德国侵略性的基础上，战后德国安全研究初步建立起来，强调以务实、克制和均衡的方式处理德国与其他欧洲国家间关系，出现了一股反战、反军事化的和平思潮。然而，在思考德国责任的同时，德国安全研究绕不开对自身国家利益和主权问题的探讨。特别是战后德国被人为分裂为两个国家的现实和由此产生的两德问题，是德国安全研究绕不开的话题。

（二）德国统一问题

两德问题是"德国问题"的重中之重。德国统一与否不仅影响欧洲力量平衡，也是影响欧洲安全体系的关键因素。在冷战初期，两德互不承认对方主权、合法性和唯一代表性，产生了德国边界划定问题，以及国际法上的德国主权代表性问题，成为欧洲安全秩序的重大不确定性因素和战后德国安全研究的重要组成部分。⑤

① Theodor Ebert, *Gewaltfreier Aufstand. Alternative zum Bürgerkrieg*, Freiburg: Verlag Rombach, 1968.

② Heinrich A. Winkler, *Mittelstand, Demokratie und Nationalsozialismus. Die politische Entwicklung von Handwerk und Kleinhandel in der Weimarer Republik*, Köln: Kiepenheuer & Witsch, 1972.

③ Jürgen Kocka, *Angestellte zwischen Faschismus und Demokratie. Zur politischen Sozialgeschichte der Angestellten. USA 1890-1940 im internationalen Vergleich*, Göttingen: Vandenhoeck & Ruprecht, 1977.

④ Hans-Ulrich Wehler, *Bismarck und Imperialismus*, Frankfurt: Suhrkamp Verlag, 1984; Hans-Ulrich Wehler, *Deutsche Gesellschaftsgeschichte*, Bd. 1, München: C. H. Beck, 1987.

⑤ Bundeszentrale für politische Bildung/bpb, *Außen-und Sicherheitspolitik der beiden deutschen Staaten*. https://www.bpb.de/themen/zeit-kulturgeschichte/deutschland-chronik/131463/12-aussen-und-sicherheitspolitik-der-beiden-deutschen-staaten/, accessed: 2022-11-26.

为在外交上孤立东德，西德出台了"哈尔斯坦主义"。1955 年 12 月 8~9 日，西德外交大臣冯·布伦塔诺在波恩举行的大使会议上提出德国唯一代表权问题，[①] 强调除了对德负责的苏联以外，西德政府拒绝与同东德保持外交关系的国家建交。[②] 根据"哈尔斯坦主义"的精神之父、法律学者埃里克·考夫曼（Erich Kaufmann）的说法，哈尔斯坦主义旨在根据国际法原则使波恩的德国政策合法化，并确保西德安全。[③] 然而，"哈尔斯坦主义"使得德国对外政策受限，甚至在一定程度上处于国际孤立状态。在该政策影响下，德国学界很少从国际政治角度或在国际法框架下讨论两德问题，而主要讨论"德意志内部关系"。[④]

随着 20 世纪 60~70 年代美苏关系趋向缓和，美国不愿继续在德国问题上承担与苏联冲突的风险，倾向于维持德国分裂现状。[⑤] 这促使勃兰特政府改变僵硬的"哈尔斯坦主义"，转向更为灵活的"新东方政策"（Neue Ostpolitik），从而改善与苏联、东欧和东德的关系。在该政策指导下，勃兰特在 1969 年的施政声明中首次使用"德意志民主共和国"称呼东德，开始在"国家法"框架下有保留地承认东德。[⑥] 西德虽然承认德国分为两个国家，但又强调两个德国从属一个民族（即一族两国），并对东德实行"以接近求演变"（Wandel durch Annäherung）的策略。这一系列政策转变推动了德国政界和学界在一个更为广阔的泛欧视角下讨论德国外交安全问题。[⑦]

为解释和处理两德关系，德国学者提出均势思想、"积极区域"、搁置意识形态分歧等观点。施密特提出的安全均势思想，旨在维持东西方军事力量平

① Werner Kilian, *Die Hallstein-Doktrin. Der diplomatische Krieg zwischen der BRD und der DDR 1955-1973. Aus den Akten der beiden deutschen Außenministerien*, Berlin: Dunker & Humblot, 2001.

② Werner Kilian, *Die Hallstein-Doktrin. Der diplomatische Krieg zwischen der BRD und der DDR 1955-1973. Aus den Akten der beiden deutschen Außenministerien*, Berlin: Dunker & Humblot, 2001.

③ Bundeszentrale für politische Bildung/bpb, *Deutschlandpolitik und deutsch-deutscher Konflikt 1955-1961*. https://www.bpb.de/themen/zeit-kulturgeschichte/deutschland-chronik/131500/8-9-dez-1955/, accessed: 2022-11-28.

④ Andreas H. Apelt u. a. （Hrsg.）, *2 × Deutschland. Innerdeutsche Beziehungen 1972-1990*, Halle: Mitteldeutscher Verlag, 2013.

⑤ 连玉如：《试论两个德国关系的发展与演变》，《政治研究》1988 年第 1 期，第 56~64 页。

⑥ Wilhelm Bruns, *Deutsch-deutsche Beziehungen: Prämissen, Probleme, Perspektiven*, Wiesbaden: VS Verlag für Sozialwissenschaften, 1978.

⑦ Gisela Müller-Brandeck-Bocquet u. a. （Hrsg.）, *Deutsche Europapolitik von Konrad Adenauer bis Gerhard Schröder*, Opladen: Leske+Budrich, 2002, S. 54.

衡，同时促进东西方间缓和。① 为解释演变中的两德间关系，德国政治学家威廉·布伦斯（Wilhelm Bruns）提出"积极区域"的概念，认为政治制度迥异的两德之间存在着一种"积极的和平状态"，即通过对话和接触，推动冷战下的裁军和军备控制进程。② 这有利于防止在德意志土地上重新发生战争，从而为欧洲和平做出贡献。③ 在两德政党层面，关于两德安全的研究也积极展开。1988 年，西德社民党基本价值委员会同东德统一社会党中央委员会共同发布了"意识形态的争论与共同安全"的共同原则文件，研究了和平、东西方关系和意识形态等问题，强调意识形态分歧不应阻碍两德争取和平，任何一方都不能否认对方存在的权利。④ 然而，不久后东欧剧变，柏林墙倒塌，东德并入西德。虽然两德关系成为历史，但由于德国统一产生的"新德国问题"成为冷战后德国安全研究的重要议题。

（三）"新德国问题"

20 世纪 80 年代末 90 年代初，德国和欧洲发生了一系列具有历史意义的重大转折，从根本上改变了德国、欧洲乃至世界的安全环境，也影响了德国安全研究的发展。在德国统一背景下，德国安全研究开始讨论德国统一后的"新德国问题"，特别是德国正常化问题，并围绕德国统一的性质和德国是否应该正常化出现了激烈的学术争论。以波恩大学教授汉斯-彼得·施瓦茨（Hans-Peter Schwarz）为代表的历史学家认为，德国重新实现了历史上曾有过的统一；然而，以前德国外交政策协会研究所主任卡尔·凯泽（Karl Kaiser）为代表的政治学家则认为，德国并非"重新"统一，而是在新的民主制度基础上实现了全新的统一。⑤ 德国学界对于统一问题的争论也延伸到德国的"正常化"问题，即在多大程度上统一的德国可以被视为一个"正常国家"，在国

---

① 〔德〕赫尔穆特·施密特：《均势战略：德国的和平政策和超级大国》，上海外国语学院英语系、复旦大学资本主义国家经济研究所译，上海人民出版社，1975。

② Wilhelm Bruns, *Deutsch-deutsche Beziehungen: Prämissen, Probleme, Perspektiven*, Wiesbaden: VS Verlag für Sozialwissenschaften, 1978.

③ Wilhelm Bruns, *Deutsch-deutsche Beziehungen: Prämissen, Probleme, Perspektiven*, Wiesbaden: VS Verlag für Sozialwissenschaften, 1978.

④ Grundwertekommission der SPD und Akademie für Gesellschaftswissenschaften beim ZK der SED, "Der Streit der Ideologien und die gemeinsame Sicherheit, " *Politik*, Bd. 3, H. 3, 1987, S. 53-72.

⑤ Karl Kaiser/Hanns W. Maull (Hrsg.), *Deutschlands neue Aussenpolitik, Schriften des Forschungsinstituts der DGAP*, München: R. Oldenbourg Verlag, 1994, S. 1-14.

际政治中发挥作用。基民盟政治家沃尔夫冈·朔依布勒（Wolfgang Schäuble）认为解决分裂问题的德国已经可以被视为一个正常国家。① 而以毛尔为代表的另一派认为，由于德国的历史责任，德国应继续实行克制政策，奉行"文明国家"理念，在原则上放弃使用武力，从而在国际舞台上发挥"特殊作用"。② 前国际研究协会副主席沃尔克·里特伯格（Volker Rittberger）考察了德国对外政策的不同理论模式，包括基于现实主义的权力国家、基于自由主义的贸易国家，以及基于理想主义的文明国家模式，认为德国将放弃传统权力政治，以"贸易国家"为导向，积极在国际关系中实现文明价值。③

与战后德国军事安全领域的克制文化形成鲜明对比，冷战后部分德国学者开始强调德国在欧洲的安全领导责任。其中，德国外交政策协会研究主任克里斯蒂安·墨林（Christian Mölling）撰写了《欧洲防务危机的出路》一文，警告欧洲正处于严重的国防危机之中，④ 认为"为了不至于在几年内无法通过军事手段实现其国防政策目标，欧盟国家必须创造政治条件以更有效地组织自己的军事行动并更有效地利用其资源"。⑤ 莫勒建议德国在军事方面展现领导力，通过与英法协作，在一个永久性安全框架内承担军事领导责任；在北约层面，成员国通过协调军事资源和行动加强集体防御，而德国将在其中发挥关键作用。⑥

---

① Helmut Hubel/Bernhard May, "Ein ' normales' Deutschland? Die souveräne Bundesrepublik in der ausländischen Wahrnehmung, "*Arbeitspapiere zur internationalen Politik*, Bonn: Europa Union Verlag, 1995, S. 130. 转引自连玉如《新世界政治与德国外交政策：新德国问题探索》，北京大学出版社，2003，第 10 页。

② Helmut Hubel/Bernhard May, "Ein ' normales' Deutschland? Die souveräne Bundesrepublik in der ausländischen Wahrnehmung, "*Arbeitspapiere zur internationalen Politik*, Bonn: Europa Union Verlag, 1995, S. 130. 转引自连玉如《新世界政治与德国外交政策：新德国问题探索》，第 10 页。

③ Volker Rittberger, "Deutschlands Außenpolitik nach der Vereinigung-Zur Anwendbarkeit theoretischer Modelle der Aussenpolitik: Machtstaat, Handelsstaat oder Zivilstaat?"in Wolfgang Bergem u. a. (Hrsg.), *Friedenspolitik in und für Europa*, Opladen: Leske+Budrich, 1999. 转引自连玉如《新世界政治与德国外交政策：新德国问题探索》，第 23 页。

④ Christian Mölling, "Wege aus der europäischen Verteidigungskrise: Bausteine für eine Verteidigungssektorreform, " *SWP-Studie*, 2013, S. 8.

⑤ Christian Mölling, "Wege aus der europäischen Verteidigungskrise: Bausteine für eine Verteidigungssektorreform, " *SWP-Studie*, 2013, S. 5.

⑥ Christian Mölling, "Wege aus der europäischen Verteidigungskrise: Bausteine für eine Verteidigungssektorreform, " *SWP-Studie*, 2013, S. 5.

随着默克尔时代的结束，由社会民主党、绿党和自由民主党三党联合组阁的新政府开始大幅改变德国在安全领域的克制政策，在军备规模、军事架构和安全战略等方面做出重大调整。① 在俄乌冲突和德国大幅转变外交与安全政策的背景下，"德国问题"产生了新的内涵和外延。② 虽然关于主权和领土的旧"德国问题"已随着德国统一成为历史，但在新的安全局势下，德国在欧洲安全政策上的自我定位、领导力与责任催生出新的"德国问题"，包括德国将在变化了的国际体系中奉行何种安全政策，德国是否将承担起欧洲、欧盟的领导责任，如何平衡同法国与美国的关系以及欧洲主义与大西洋主义间的矛盾，如何回应欧洲国家尤其是波兰等东欧国家对德国日益增长的军事实力的担忧，乃至德国是否会重蹈"特殊道路"覆辙进而威胁欧洲乃至世界和平与安全等。③ 回答这些"新德国问题"成为德国安全研究的重要内容。

二 欧洲一体化与德国安全研究

通过长期理论探讨和实践摸索，欧洲一体化被认为是处理德欧关系、解决"德国问题"的关键。④ 无论是煤钢共同体还是北约或欧盟框架下的共同防务体系，欧洲一体化都同"德国问题"紧密相连。根据德国前总理施密特的说法，在欧洲一体化框架下，德国将"携手欧洲并服务于欧洲"，而欧洲也有机

① 2022 年 2 月，德国总理朔尔茨在联邦议院关于俄乌冲突的特别会议宣布 1000 亿欧元特别国防基金和 2% 国内生产总值的国防预算，并改变"不向冲突区输送致命武器"的安全传统，深度介入乌克兰冲突。在战略层面，德国政府开始制定国家安全战略和中国战略等文件。

② Yuru Lian, "Die 'Zeitenwende' und die Außenpolitik Deutschlands, " in Yuru Lian/Raimund Krämer (Hrsg.), *China und Deutschland in einer turbulenten Welt: 50 Jahre diplomatische Beziehungen*, Potsdam: WeltTrends, 2022, S. 242-258。

③ 连玉如：《新世界政治与德国外交政策：新德国问题探索》，第 4~6 页；Yuru Lian, "Die 'Zeitenwende' und die Außenpolitik Deutschlands, " in Yuru Lian/Raimund Krämer (Hrsg.), *China und Deutschland in einer turbulenten Welt: 50 Jahre diplomatische Beziehungen*, Potsdam: WeltTrends, 2022, S. 242-258。

④ 曾负责曼海姆大学欧洲研究教席、现担任曼海姆欧洲研究中心项目主任的科勒-科赫教授从治理角度对欧洲一体化问题做过系统论述。参见〔德〕贝娅特·科勒-科赫等《欧洲一体化与欧盟治理》，顾俊礼等译，中国社会科学出版社，2004。

会"接纳德国并框住德国"。① 通过将德国纳入欧洲一体化进程，德国安全与欧洲安全深度融合，有助于消解由于"德国问题"带来的欧洲安全困境。② 在欧洲一体化视角下，德法关系、欧洲和平问题以及德国统一对欧洲一体化的影响是德国安全研究的重要内容。

（一）欧洲一体化与德法关系

欧洲一体化的前提是德法和解，而德法关系在很大程度上取决于德国在亲美的大西洋主义和亲欧洲一体化的欧洲主义之间的平衡。维尔茨堡大学教授吉塞拉·米勒-布兰德克-博凯（Gisela Müller-Brandeck-Bocquet）等学者系统梳理了自阿登纳到施罗德政府时期德国的欧洲政策，发现德国在大西洋主义和欧洲主义间的政策平衡对德法关系产生重要影响：当大西洋主义占据主导地位时，德法关系往往不顺；而德法关系的离合直接影响欧洲一体化在政治、经济、防务和农业等各个领域的进展。③ 阿登纳政府下台后，属于大西洋派的艾哈德总理更为重视同美国的关系，导致与戴高乐领导的法国在欧洲一体化政策上出现严重分歧，使得欧洲一体化一度陷入停滞。对于战后德法关系，柏林自由大学教授吉尔贝特·齐布拉（Gilbert Ziebura）从政治关系方面系统梳理了自 1945 年以来德法关系的发展，包括萨尔问题的解决、戴高乐时期的法德关系、《德法友好合作条约》的签署。④ 通过整理战后德法和解的历史脉络，齐布拉认为，虽然战后德法关系并非一帆风顺，但是，两国的和解与合作稳定了欧洲的自由安全秩序。⑤

在德法和解基础上，学者们探讨了深化欧洲一体化的条件和过程，并提出欧洲联邦主义、新功能主义和欧洲文明力量等理论。萨尔大学教授瓦尔特·利

---

① Helmut Schmidt, "Deutschland in und mit Europa," SPD-Bundesparteitag, Berlin, 4. Dezember, 2011.

② 在德欧关系上，德国前财长朔伊布勒直言："德国人承受不了一个德国的欧洲。"See Wolfgang Schäuble, "We Germans Don't Want a German Europe," *The Guardian*, July 19, 2013, https://www.theguardian.com/commentisfree/2013/jul/19/we-germans-dont-want-german-europe, accessed: 2023-01-01.

③ Gisela Müller-Brandeck-Bocquet u. a. (Hrsg.), *Deutsche Europapolitik von Konrad Adenauer bis Gerhard Schröder*, Wiesbaden: VS Verlag für Sozialwissenschaften, 2002, S. 54.

④ Gilbert Ziebura, *Die deutsch-französischen Beziehungen seit 1945. Mythen und Realitäten*, Pfullingen: Neske-Verlag, 1970.

⑤ Gilbert Ziebura, *Die deutsch-französischen Beziehungen seit 1945. Mythen und Realitäten*, Pfullingen: Neske-Verlag, 1970.

普根斯（Walter Lipgens）回顾了在反纳粹运动中产生的欧洲联邦主义，认为战时反纳粹运动为战后欧洲一体化提供了思想和社会基础。[1] 德国战后初期负责外交事务的瓦尔特·哈尔斯坦（Walter Hallstein）积极倡导"欧洲联邦"和"欧洲合众国"。[2] 在纳粹反犹太人运动中逃亡美国的德裔政治学家恩斯特·哈斯（Ernst Bernard Haas）创立了新功能主义理论以解释欧洲一体化过程。区别于传统的以民族国家为核心的政府间主义理论，哈斯认为利益集团及国际官僚为区域一体化创造了条件。[3] 在个别部门取得的一体化合作成效将外溢至其他部门，从而逐步推进欧洲一体化进程。[4] 不来梅大学教授埃娃·森哈斯-克诺布洛赫（Eva Senghaas-Knobloch）对战后初期欧洲一体化文献做了综述，涵盖了当时关于功能性一体化、世界政府和地区主义的讨论，认为欧洲和平可以通过一体化与合作实现。[5] 然而，尽管欧洲一体化在经济领域已经获得巨大成功，政治领域的一体化在 20 世纪 70 年代却几乎止步不前，甚至产生了溢回（spillback）。[6] 在对欧洲一体化的质疑声中，欧洲大学学院创始主席马克斯·科恩斯塔姆（Max Kohnstamm）和欧洲大学学院前项目主管沃尔夫冈·哈格尔（Wolfgang Hager）则指出，区别于现实主义政治逻辑，欧洲的崛起不在

---

[1] Walter Lipgens, *Europa-Föderationspläne der Wiederstandbewegungen 1940-1945*, München: R. Oldenbourg Verlag, 1968.

[2] 参见 Walter Hallstein, *Der unvollendete Bundesstaat. Europäische Erfahrungen und Erkenntnisse*, Düsseldorf: Econ Verlag, 1969; Walter Hallstein, *Die europäische Gemeinschaft*, Düsseldorf: Econ Verlag, 1973。哈尔斯坦推动了欧洲煤钢共同体的建立并担任欧洲经济共同体第一任主席，然而其同戴高乐在欧洲共同农业政策融资和决策机制问题上的公开矛盾引发了著名的"空椅"危机，对欧洲一体化发展产生了深远影响。

[3] Ernst B. Haas, "The Challenge of Regionalism," *International Organization*, Vol. 12, No. 4, 1958, pp. 440-458; Ernst B. Haas, "Persistent Themes in Atlantic and European Unity," *World Politics*, Vol. 10, No. 4, 1958, pp. 614-628; Ernst B. Haas, *The Uniting of Europe: Political Social, and Economic Forces 1950-1957*, University of Notre Dame Press, 1958.

[4] Ernst B. Haas, "The Challenge of Regionalism," *International Organization*, Vol. 12, No. 4, 1958, pp. 440-458; Ernst B. Haas, "Persistent Themes in Atlantic and European Unity," *World Politics*, Vol. 10, No. 4, 1958, pp. 614-628; Ernst B. Haas, *The Uniting of Europe: Political Social, and Economic Forces 1950-1957*, University of Notre Dame Press, 1958.

[5] Eva Senghaas-Knobloch, *Frieden durch Integration und Assoziation. Literaturbericht und Problemstudien*, Stuttgart: Ernst Klett Verlag, 1969.

[6] Andrew Moravcsik, *The Choice for Europe: Social Purpose and State Power from Messina to Maastricht*, Routledge, 1999, p. 16.

于其政治强权，而是作为一支新型的文明力量在国际政治中发挥作用。[1]

（二）欧洲一体化与和平研究

欧洲一体化进程不仅有助于消解"德国问题"和欧洲国家间冲突，同时也激发了德国学者将和平作为公共物品外溢到世界其他区域的想法。作为安全研究的重要组成部分，德国和平研究从 20 世纪 60 年代中期开始兴起并迅速发展。[2] 在 1969 年 7 月 1 日就任联邦总统的就职演说中，海涅曼谈到了制度化和平研究的想法。[3] 1970 年 6 月 8 日，勃兰特在联邦总理府的一次谈话中表示："和平研究对我们所有人都有特殊意义。我们都希望以非暴力方式解决冲突；和平与冲突研究可以向我们展示在这些努力中采取行动的新途径和新可能性。"[4] 在海涅曼的倡议下，德国和平与冲突研究协会于 1970 年成立。[5]

相比传统安全研究主要分析"消极和平"的视角，即观察国家和集团间冲突的原因，欧洲一体化视域下的德国和平研究试图寻找欧洲乃至世界"积极和平"的条件，尝试解决因国家结构、内部权力分配、社会经济不均衡发展、制度法律不公正等问题产生的安全困境。根据凯泽的定义，安全研究的核心在于用科学的方法来研究和平的创造和维护。[6] 历史和平研究工作组（Arbeitskreises Historische Friedensforschung）联合创始人沃尔弗拉姆·韦特（Wolfram Wette）区分了和平研究的六个特征，包括致力于和平的内在价值、涵盖社会所有领域的系统分析、跨学科合作、以改变非和平的现状为目标、研究同政治保持相对独立以及维护国家利益。[7]

---

① Max Kohnstamm und Wolfgang Hager, *Zivilmacht Europa-Supermacht oder Partner,* Frankfurt: Suhrkamp Verlag, 1973.

② Peter Sonnet, "Friedensforschung in der Bundesrepublik Ein zehnjähriges Jubiläum?" *Vorgänge. Zeitschrift für Bürgerrechte und Gesellschaftspolitik,* Bd. 55, H. 1, 1982, S. 27-35; Ekkehart Krippendorff (Hrsg.), *Friedensforschung,* Cologne, Berlin, 1968.

③ Presse-und Informationsamt der Bundesregierung (Hrsg.), Bulletin Nr. 87, 1969, S. 749.

④ Presse-und Informationsamt der Bundesregierung (Hrsg.), Bulletin Nr. 80, 1970, S. 798.

⑤ Peter Sonnet, "Friedensforschung in der Bundesrepublik Ein zehnjähriges Jubiläum?" *Vorgänge. Zeitschrift für Bürgerrechte und Gesellschaftspolitik,* Bd. 55, H. 1, 1982, S. 27-35.

⑥ Karl Kaiser, *Friedensforschung in der Bundesrepublik,* Göttingen: Vandenhoeck & Ruprecht, 1970, S. 31.

⑦ Wolfram Wette, "Friedensforschung, Militärgeschichtsforschung, Geschichtswissenschaft. Aspekte einer Kooperation," in Manfred Funke (Hrsg.), *Friedensforschung-Entscheidungshilfe gegen Gewalt,* Bonn: Hohwacht Verlag, 1978.

在和平研究框架下，德国学者对军备控制、裁军、去军事化和安全决策机制等问题进行了深入讨论。其中，德国政治学会前主席、马格德堡大学创校教授埃哈德·福恩德兰（Erhard Forndran）研究了军备控制、裁军和军事威慑政策之间的张力。[1] 科隆联邦东欧和国际研究所（Bundesinstitut für ostwissenschaftliche und internationale Studien in Köln）外交和安全政策研究部前主任格哈德·韦蒂希（Gerhard Wettig）研究了 1943~1955 年德国去军事化和重新武装问题。[2] 通过分析冷战期间德国在美苏安全领域中的地位，施密特认为，美国不会冒核战争风险来全力守护德国，因此，德国需采取一种防御性的欧洲安全政策，并在常规军事领域对华约军事力量形成遏制。[3] 此外，由柏林大学教授乌尔里希·阿尔布雷希特（Ulrich Albrecht）和马尔堡大学教授维尔弗里德·冯·布雷多（Wilfried Freiherr von Bredow）等学者于 1974 年出版的《以合作促和平？泛欧安全与合作问题》论文集讨论了通过欧洲合作促进和平的可能性，分析了东西欧在经贸和技术领域的交流冲突、军备控制与裁军以及公众态度对安全政策的影响。[4] 新自由制度主义代表人物赫尔加·哈夫滕多恩（Helga Haftendorn）等则系统分析了德国安全政策的官僚决策机制。[5] 总体而言，冷战期间德国和平研究从德国战争责任出发，围绕欧洲一体化，不断探寻维护和平的方法路径，形成了独具特色的德国和平研究路径。

（三）欧洲一体化与德国统一

为应对 1990 年后出现的地区冲突和人道主义危机，以美国为首的西方盟友要求德国改变军事克制政策，积极参与欧洲防务。然而刚完成统一的德国却

① Erhard Forndran, *Rüstungskontrolle, Friedenssicherung zwischen Abschreckung und Abrüstung*, Düsseldorf: Bertelsmann Universitätsverlag, 1970; Erhard Forndran, *Abrüstung und Friedensforschung*, Düsseldorf: Bertelsmann Universitätsverlag, 1971; Erhard Forndran, *Abrüstung und Rüstungskontrolle. Historische Erfahrungen und theoretische Probleme*, Berlin: Colloquium Verlag, 1981.

② Gerhard Wettig, *Entmilitarisierung und Wiederbewaffnung in Deutschland, 1943-1955*, München: Oldenbourg Verlag, 1967.

③ Helmut Schmidt, *Verteidigung oder Vergeltung*, Stuttgart: Seewald Verlag, 1965. 当 1960 年完成此书第一版时，施密特担任社会党议员，并且是防卫委员会成员。

④ Ulrich Albrecht u. a. (Hrsg.), *Durch Kooperation zum Frieden? Probleme gesamteuropäischer Sicherheit und Zusammenarbeit*, München: Carl Hauser Verlag, 1974.

⑤ Helga Haftendorn u. a (Hrsg.), *Verwaltete Außenpolitik. Sicherheits-und entspannungspolitische Entscheidungsprozesse in Bonn*, Köln: Wissenschaft und Politik, 1978.

仍踟蹰于"德国问题"，尚未在理论、法律、军事和思想层面完成新时期国家安全政策的重新定位。德国以经济支持代替出兵的保守安全政策甚至被盟友斥责为"支票外交"。[①] 如何平衡统一后德国日益增长的经济、政治、军事实力和欧洲一体化需求成为冷战后德国安全研究的重要问题。

对于统一后德国安全政策和战略选择问题，特别是德国是否会脱离欧洲一体化道路问题，政治家和学者提出了不同的观点。德国社民党元老埃贡·巴尔（Egon Bahr）期待德国在统一后走上一条"正常的德意志道路"，认为每个国家都有权代表自身利益并努力实现其目标，而不是受困于历史记忆。[②] 他批评统一前的波恩只是消极应对世界政治局势变迁。在他看来，康拉德·阿登纳的西方一体化政策、威利·勃兰特的东方政策或赫尔穆特·施密特在阿富汗危机中的缓和政策，体现了德国对美国为首的西方联盟的"无条件的效忠"。[③] 埃尔朗根-纽伦堡大学教授格雷戈尔·舍尔根（Gregor Schöllgen）也认同德国将重返世界舞台，甚至将回归现实主义的强权政治，并逐步实现正常化。[④] 但他不清楚德国是否将以积极的姿态参与多边合作，抑或从跨大西洋关系和欧洲一体化中脱离开来，重新走上一条单边主义的"德意志特殊道路"。[⑤] 温克勒在其两卷本的《通往西方的漫长道路》一书中记录了德国从第二帝国末期到魏玛共和国，以及从第三帝国到重新统一的历史，详述了德国融入西方的历史进程，认为德国融入西方是一个不断前进、难以逆转的趋势。[⑥] 法兰克福大学教授岑皮尔（Ernst-Otto Czempiel）也认为，德国可以继续作为一种"共识力量"在欧洲和国际舞台上发挥作用，通过维护国际法和加强欧洲多边合作来促进国际协调与合作。[⑦]

由特里尔大学教授汉斯·毛尔（Hanns W. Maull）提出的"文明国家"理

---

① Reinhard Rode, "Europäisches oder atlantisches Deutschland: Die ökonomische Dimension, " in Thomas Jäger u. a. (Hrsg.), *Deutsche Außenpolitik: Sicherheit, Wohlfahrt, Institutionen und Normen*, Wiesbaden: VS Verlag für Sozialwissenschaften, 2007, S. 604-618.

② Egon Bahr, *Der deutsche Weg. Selbstverständlich und normal*, München: Blessing Verlag, 2003.

③ Egon Bahr, *Der deutsche Weg. Selbstverständlich und normal*, München: Blessing Verlag, 2003.

④ Gregor Schöllgen, *Der Auftritt. Deutschlands Rückkehr auf die Weltbühne*, Berlin: Propyläen Verlag, 2003.

⑤ Gregor Schöllgen, *Der Auftritt. Deutschlands Rückkehr auf die Weltbühne*, Berlin: Propyläen Verlag, 2003.

⑥ 参见 Heinrich A. Winkler, *Der lange Weg nach Westen*. 2 Bände, München: C. H. Beck, 2000。两卷分别为 Band 1: Deutsche Geschichte vom Ende des Alten Reiches bis zum Untergang der Weimarer Republik; Band 2: Deutsche Geschichte vom "Dritten Reich" bis zur Wiedervereinigung。

⑦ Ernst-Otto Czempiel, *Kluge Macht. Außenpolitik für das 21. Jahrhundert*, München: C. H. Beck, 1999.

论对统一后德国安全研究和安全政策制定产生了重要影响。毛尔认为，德国将延续"文明国家"道路，其安全政策以及行为目标将考虑社会价值观、思想和规范，为国际关系文明化服务。① 基于文明国家理论，毛尔强调，德国从第二次世界大战中吸取的重要教训是放弃单边强权政治和维护绝对的国家利益；统一的德国仍将不断发展成为一个文明国家，继承战后德国外交和军事领域的"克制文化"，放弃争霸和侵略，转而在多边主义框架，特别是在欧盟框架内协调利益。② 德国联邦国防军指挥学院社科部学术主任斯文·加赖斯（Sven B. Gareis）也认为，欧盟、北约、联合国和许多其他国际组织已成为塑造德国外交安全政策不可或缺的平台；多边主义已发展成德国外交政策存在的理由。③

但也有学者认为，德国在军事领域的克制文化可能阻碍德国追寻国家利益。④ 汉堡和平研究与安全政策研究所高级研究员埃尔哈特（Hans-Georg Ehrhart）提出"和平力量"理论，认为没有强制手段的文明力量将没有机会为维护国际秩序做出贡献，因此，德国应加强军事力量以更好地促进和平。⑤ 从伊拉克战争的经验出发，他认为德国安全政策应当同传统"文明力量"告别，加强德国以及欧洲的安全独立性。⑥ 更为激进的学者认为，德国应当像正

---

① Hanns W. Maull, "Zivilmacht Deutschland, " in Siegmar Schmidt u. a. (Hrsg.), *Handbuch zur deutschen Außenpolitik*, Wiesbaden: VS Verlag für Sozialwissenschaften, 2007. S. 73-84. Hanns W. Maull, "' Normalisierung' oder Auszehrung? Deutsche Außenpolitik im Wandel, " *Aus Politik und Zeitgeschichte*, Bd. 11, 2004, S. 17-23.

② Hanns W. Maull, "Zivilmacht Deutschland, " in Siegmar Schmidt u. a. (Hrsg.), *Handbuch zur deutschen Außenpolitik*, Wiesbaden: VS Verlag für Sozialwissenschaften, 2007. S. 73-84. Hanns W. Maull, "' Normalisierung' oder Auszehrung? Deutsche Außenpolitik im Wandel, " *Aus Politik und Zeitgeschichte*, Bd. 11, 2004, S. 17-23.

③ Sven B. Gareis, *Deutschlands Außen-und Sicherheitspolitik. Eine Einführung*, 2. Aufl. , Opladen: Verlag Barbara Budrich, 2006.

④ Gunther Hellmann, "Agenda 2020. Krise und Perspektive deutscher Außenpolitik, " *Internationale Politik*, Bd. 9, 2003, S. 39-50.

⑤ Hans-Georg Ehrhart, "Leitbild Friedensmacht? Die Europäische Sicherheits-und Verteidigungspolitik und die Herausforderung der Konfliktbearbeitung, " in Hans-Georg Ehrhart (Hrsg.), *Die Europäische Sicherheits-und Verteidigungspolitik. Positionen, Perzeptionen, Perspektiven, Probleme*, Baden-Baden: Nomos Verlag, 2002, S. 244.

⑥ Hans-Georg Erhart, "Abschied vom Leitbild ' Zivilmacht' ? Konzepte zur EU-Sicherheitspolitik nach dem Irak-Krieg, " in Johannes Varwick/ Wilhelm Knelangen (Hrsg.), *Neues Europa-alte EU? Fragen an den europäischen Integrationsprozess*, Opladen: Leske+Budrich, 2004, S. 160.

常民族国家那样在国际政治中维护其政治、经济、军事和社会利益。[①]

针对改变德国安全领域克制文化的呼声，不少学者持反对态度。例如，柏林自由大学教授托马斯·里塞（Thomas Risse）认为，虽然随着东西方冲突结束，强加在德国的许多主权限制因素已然消除，但是不能认为主权独立意味着德国在安全政策上的完全自由，德国仍然受到经济、文化、全球化相互依存的影响。[②] 在欧洲共同外交和安全政策领域，德国一方面支持北约，另一方面扩大欧洲安全政策范围，通过同其他成员国在共同制度框架下倡导安全防务政策，而非单方面行事。[③] 他认为，为避免一个统一后重新强大起来的德国再次对欧洲乃至世界发难，德国需要同欧洲紧紧捆绑在一起，努力加强欧洲一体化。[④] 毛尔认为，德国安全政策欧洲化在许多方面符合德国外交和安全政策在第二次世界大战后的基本方向和指导原则，包括军事克制文化、参与多边主义、接受西方价值观、拒绝民族主义和强权政治，并在必要时分享国家主权，以对话与合作来取代武力与冲突。[⑤] 在阿姆斯特丹自由大学任教的德国学者瓦格纳（Wolfgang Wagner）则指出，德国安全政策欧洲化为德国提供了两方面有利地位：一方面，由于欧洲的支持，德国的目标可以在世界政治中更易获得实现；另一方面，在一个多边框架下行动可以避免德国在外交和安全政策上给人单打独斗的印象。[⑥]

尽管不同学者切入角度不同，但在德国安全政策欧洲化方面，特别是在将德国安全政策纳入欧盟和北约的多边框架问题上，德国学界存在普遍共识。

---

① Thorsten Oppelland, "Parteien," in Siegmar Schmidt u. a. (Hrsg.), *Handbuch zur deutschen Außenpolitik*, Wiesbaden: VS Verlag für Sozialwissenschaften, 2007, S. 269.

② Thomas Risse, "Kontinuität durch Wandel: Eine 'neue' deutsche Außenpolitik?" *Aus Politik und Zeitgeschichte*, Bd. 11, 2004, S. 24-31.

③ Thomas Risse, "Kontinuität durch Wandel: Eine 'neue' deutsche Außenpolitik?" *Aus Politik und Zeitgeschichte*, Bd. 11, 2004, S. 24-31.

④ Thomas Risse, "Kontinuität durch Wandel: Eine 'neue' deutsche Außenpolitik?" *Aus Politik und Zeitgeschichte*, Bd. 11, 2004, S. 24-31.

⑤ Hanns W. Maull, "Außenpolitische Kultur," in Karl-Rudolf Korte/Werner Weidenfeld (Hrsg.), *Deutschland Trendbuch. Fakten und Orientierungen*, Bonn: Bundeszentrale für politische Bildung, 2001, S. 645-672.

⑥ Wolfgang Wagner, "Die Außen-, Sicherheits-und Verteidigungspolitik der Europäischen Union," in Siegmar Schmidt u. a. (Hrsg.), *Handbuch zur deutschen Außenpolitik*, Wiesbaden: VS Verlag für Sozialwissenschaften, 2007, S. 143-168.

三　德国安全理念的变迁

战后德国安全理念的形成与发展也紧紧围绕德欧关系展开，包括关于北约和欧盟框架下军事力量的地位和作用、域外军事部署的合法性，以及在新安全挑战下综合安全观的讨论。值得注意的是，德国安全研究通常将安全问题置于对外政策框架下，① 很少使用"国家安全"的概念。② 在德国统一前，安全研究甚至缺乏对德国军事力量使用和国家安全战略的系统性学术讨论。③ 伴随着德国和欧洲安全形势的变化，德国安全理念不断更新，经历了从恪守军事克制文化到积极参与域外军事行动，从对国家利益讳莫如深到主动思考国家安全战略的重大转变。特别是在德国统一后，德国安全研究开始探讨重新强大起来的德国在欧洲和世界安全格局中的地位和作用，对德国安全政策制定产生了重要影响。

（一）德国军事力量的地位与作用

在美苏冷战背景下，德国被分裂为东西两部分且重新武装。这不仅加强了战后欧洲东西方阵营对峙的格局，也对德国安全研究产生了长远影响。在此背景下，德国安全研究开始讨论军事力量的地位与作用。对于德国重新武装与战后安全政策问题，学者做出了不同判断。施瓦茨认为，战后德国安全政策经历了一个由"权力痴迷"到"权力忘却"的历史过程，从现实主义的权力国家转变为将使用武力视为禁忌的"驯服"国家。④ 施瓦茨由此判断，即使在重新武装后，德国仍将在军事政策上保持克制态度。⑤ 与此相对，勃兰特在其外交

---

① Wilfried von Bredow, *Die Außenpolitik der Bundesrepublik Deutschland: Eine Einführung*, Wiesbaden: VS Verlag für Sozialwissenschaften, 2006.

② 对"安全研究"定义的讨论，参见于铁军《霸权的护持：冷战时期美国的国家安全研究》，《国际政治研究》2022 年第 5 期，第 10 页。鉴于历史反思和战争责任，第二次世界大战后德国安全研究避免讨论军事导向的战争术，也很少推崇传统进攻性战略思想理论。

③ Sven B. Gareis/Paul Klein (Hrsg.), *Handbuch Militär und Sozialwissenschaft*, Wiesbaden: VS Verlag für Sozialwissenschaften, 2006, S. 9-10.

④ Hans-Peter Schwarz, *Die gezähmten Deutschen. Von der Machtversessenheit zur Machtvergessenheit*, Stuttgart: Deutsche Verlags-Anstalt, 1985.

⑤ Hans-Peter Schwarz, *Die gezähmten Deutschen. Von der Machtversessenheit zur Machtvergessenheit*, Stuttgart: Deutsche Verlags-Anstalt, 1985.

部长任期出版了《欧洲安全政策》一书，认为德国不能给人一种没有自身利益和意志的印象，而应当采取新的安全政策。[1]

为设计新的安全政策，德国首先需要对国家利益做出相对明确的定义。在美苏冷战背景下，德国联邦议院、主流政党基金会及阿登纳政府的联盟协议普遍认同德国所追求的三个核心利益：一是维护自身领土完整和政治主权；二是防止冷战演化为热战，甚至是核战争；[2]三是所谓的德国"特殊利益"，即实现德国重新统一。[3]直到德国统一前，这些利益反复体现在不同联合政府的联盟协议中，并反映在联邦国防部不定期发布的白皮书中。[4]这些文件认为，为实现三个核心利益，德国需实行和平、非暴力、睦邻友好、军备控制、融入北约、加入西方一体化，以及同华约组织国家关系正常化等外交和安全政策。[5]柏林自由大学教授理查德·洛文塔尔（Richard Löwenthal）继而指出，实现在外交和安全政策领域的自主权应当成为德国的政策目标。[6]

德国统一后，随着安全形势的变化和盟友对德国日益增长的军事贡献的期待，军事力量的使用成为德国安全研究的重要话题。[7]为避免重蹈军国主义和"德意志特殊道路"的覆辙，德国《基本法》在1949年制定之初就为德国军事行动创建了一个严格的法律框架。首先，在联邦和州之间安全政策的权责划

[1]　Willy Brandt, *Friedenspolitik in Europa*, Frankfurt am Main: S. Fischer Verlage, 1968, S. 49.

[2]　John H. Herz, *Weltpolitik im Atomzeitalter*, Stuttgart: W. Kohlhammer Verlag, 1961.

[3]　Stephan Böckenförde, "Die Entwicklung des Sicherheitsverständnisses in Deutschland," in Stephan Böckenförde/Sven B. Gareis (Hrsg.), *Deutsche Sicherheitspolitik: Herausforderungen, Akteure und Prozesse, 3. Auflage*, Opladen & Toronto: Verlag Barbara Budrich, 2021, S. 15-48.

[4]　Stephan Böckenförde, "Die Entwicklung des Sicherheitsverständnisses in Deutschland," in Stephan Böckenförde/Sven B. Gareis (Hrsg.), *Deutsche Sicherheitspolitik: Herausforderungen, Akteure und Prozesse, 3. Auflage*, Opladen & Toronto: Verlag Barbara Budrich, 2021, S. 24.

[5]　Stephan Böckenförde, "Die Entwicklung des Sicherheitsverständnisses in Deutschland," in Stephan Böckenförde/Sven B. Gareis (Hrsg.), *Deutsche Sicherheitspolitik: Herausforderungen, Akteure und Prozesse, 3. Auflage*, Opladen & Toronto: Verlag Barbara Budrich, 2021, S. 24.

[6]　Richard Löwenthal, "Freiheit der Eigenentwicklung," in Deutsche Gesellschaft für Auswärtige Politik (Hrsg.), *Außenpolitische Perspektiven des westdeutschen Staates*, Bd. 1, München: Oldenbourg Verlag, 1972.

[7]　Wilfried von Bredow, *Die Zukunft der Bundeswehr: Gesellschaft und Streitkräfte im Wandel*, Opladen: Leske+Budrich, 1995; Franz-Josef Meiers, *Bundeswehr am Wendepunkt: Perspektiven deutscher Außen-und Sicherheitspolitik*, Wiesbaden: VS Verlag für Sozialwissenschaften, 2017; Ulf von Krause, *Bundeswehr und Außenpolitik: Zur Rolle des Militärs im Diskurs um mehr Verantwortung Deutschlands in der Welt*, Wiesbaden: Springer VS, 2016.

分上，《基本法》第 35 条规定了联邦和州机构之间在有限范围内协作的原则，即在防御状态和紧急状态下才允许联邦政府在州管辖范围内部署联邦国防军。① 其次，《基本法》吸取了纳粹时期国家秘密警察和情报部门滥用权力的教训，严格限制安全机构权力，并将情报机构与警察系统明确区分开来。② 最后，德国《基本法》第 87a 条关于"武装部队的建立和投入使用"的第 2 款明确规定："除用于防御外，武装部队只有在本基本法明确准许时，方能投入使用。"根据对该条款的狭义解释，德国士兵甚至一度无法参与联合国维和行动。③

（二）域外军事部署的合法性

随着德国在军事实践上不断突破传统克制政策，在北约防区外部署联邦国防军问题上出现了激烈的政治、学术和法律争论。一方面，《基本法》第 87a（2）款几乎禁止所有联邦国防军域外行动；另一方面，《基本法》第 24 条第 2 款规定："为维护和平，联邦可加入一种相互的集体安全体系；为此，联邦同意对其主权加以限制，以在欧洲和世界各国人民之间建立和保障和平、持久的秩序。"④ 根据对《基本法》第 24 条第 2 款的解释，联邦国防军可以在主权受限的条件下参与集体安全体系，特别是北约的军事行动。据此，尽管在《基本法》第 87a（2）款有明确限制的情况下，联邦国防军还是于 1991～1994 年参与了在伊拉克、柬埔寨、南斯拉夫、索马里、波斯尼亚和黑塞哥维纳等地的军事行动。⑤《基本法》内部的法理矛盾以及军事实践和法律的冲突，成为统一后德国安全领域的重要问题。

为解决《基本法》关于域外军事部署的法理矛盾，联邦宪法法院和联邦

①　Grundgesetz für die Bundesrepublik Deutschland, Artikel 35.

②　Sven B. Gareis, "Die Organisation deutscher Sicherheitspolitik-Akteure, Kompetenzen, Verfahren und Perspektiven," in Stephan Böckenförde/Sven B. Gareis (Hrsg.), *Deutsche Sicherheitspolitik: Herausforderungen, Akteure und Prozesse, 3. Auflage*, Opladen & Toronto: Verlag Barbara Budrich, 2021, S. 87.

③　Sven B. Gareis, "Die Organisation deutscher Sicherheitspolitik-Akteure, Kompetenzen, Verfahren und Perspektiven," in Stephan Böckenförde/Sven B. Gareis (Hrsg.), *Deutsche Sicherheitspolitik: Herausforderungen, Akteure und Prozesse, 3. Auflage*, Opladen & Toronto: Verlag Barbara Budrich, 2021, S. 87.

④　Grundgesetz für die Bundesrepublik Deutschland, Artikel 87a(2).

⑤　Theo Sommer, "Geopolitik-Deutschlands neue Rolle," in Presse-und Informationsamt der Bundesregierung (Hrsg.), *Deutschland*, Berlin, 2001, S. 10-13. 转引自连玉如《新世界政治与德国外交政策：新德国问题探索》，第 7 页。

议院对军事部署的法律框架做出了一系列解释和调整。其中，联邦宪法法院于1994年7月12日就两条对立的《基本法》条款做出最终解释，承认特定条件下联邦国防军域外部署的合法性，为统一后德国域外军事部署扫清了障碍，也为德国军事领域的学术讨论提供了一个法律框架。2004年12月，联邦议院通过《议会参与法》，在赋予联邦议院随时撤回驻外军队授权权利的同时，对联邦议院的参与程序进行了更详细的规定。① 自第17个立法期以来，外交事务委员会还专门成立了"国内危机预防、冲突管理和网络行动"小组委员会，通过专家听证会并咨询专业研究机构，将安全议题纳入联邦议会议程。②

虽然在合法性层面解决了联邦国防军行动与部署问题，德国及其参与的欧盟安全政策仍存在军事能力和财政方面的结构性缺陷，这成为德国安全研究讨论的重要内容。这包括欧盟缺乏必要的军事能力以应对高强度冲突，欧盟与北约在安全领域的关系缺乏明确定义，③ 德国海外部队投送能力低下以及德国军事开支不足等问题。④ 关于欧洲共同安全与防务政策的军事行动能力，特别是在诸如欧盟是否必须完全依赖其自身军事指挥和行动能力，以及欧盟是否同时可以使用北约军事资源等问题上，在军事、政治、法律和经济层面都存在不少需要解决的问题，是近年来德国安全研究的热点。⑤

（三）新综合安全观

相比冷战期间相对单一的安全维度，德国安全研究在冷战后面临着包括恐

① Sven B. Gareis, "Die Organisation deutscher Sicherheitspolitik-Akteure, Kompetenzen, Verfahren und Perspektiven," in Stephan Böckenförde/Sven B. Gareis (Hrsg.), *Deutsche Sicherheitspolitik: Herausforderungen, Akteure und Prozesse, 3. Auflage*, Opladen & Toronto: Verlag Barbara Budrich, 2021, S. 93.

② Sven B. Gareis, "Die Organisation deutscher Sicherheitspolitik-Akteure, Kompetenzen, Verfahren und Perspektiven," in Stephan Böckenförde/Sven B. Gareis (Hrsg.), *Deutsche Sicherheitspolitik: Herausforderungen, Akteure und Prozesse, 3. Auflage*, Opladen & Toronto: Verlag Barbara Budrich, 2021, S. 93.

③ 2023年1月10日，欧盟和北约发布《欧盟-北约合作联合声明》。虽然声明进一步明确了两机构在安全领域相互补充的战略关系，但在具体操作层面却仍有不少需要解决的问题。See The President of the European Commission, and the Secretary General of the North Atlantic Treaty Organization, "Joint Declaration on EU-NATO Cooperation by the President of the European Council," https://www.nato.int/cps/en/natohq/official_texts_210549.htm, accessed: 2023-01-11.

④ Johannes Varwick/Wichard Woyke, *Die Zukunft der NATO: Transatlantische Sicherheit im Wandel*, Wiesbaden: VS Verlag für Sozialwissenschaften, 2000.

⑤ Johannes Varwick/Wichard Woyke, *Die Zukunft der NATO: Transatlantische Sicherheit im Wandel*, Wiesbaden: VS Verlag für Sozialwissenschaften, 2000.

怖主义、地区冲突、人道主义危机、大规模杀伤性武器扩散以及由于贫富差距、环境退化、气候变化和传染病所带来的区域和全球性安全挑战。这丰富了德国安全研究维度。然而，应对这些多元安全挑战已经超出了单一军事安全政策和国家范畴，促使德国在欧洲整体安全框架下做出调整，以适应迅速变化的安全环境。同时，随着美国在全球范围内采取多边行动的意愿不断减弱，特别是在特朗普政府时期大幅削减全球公共物品供给，许多德国学者认为，德国必须为国际政治中可能出现的重大动荡做好准备。① 在中东难民危机、克里米亚危机、特朗普政府时期的欧美关系下滑，以及英国脱欧等一系列外部事件刺激下，德国安全研究开始认真考虑长期缺位的德国国家安全战略问题，思考如何推动顶层设计以提高德国在北约和欧盟机制下应对综合安全威胁的能力。

在这一背景下，德国安全研究逐渐突破战后克制文化，重新加强权力政治与大国博弈研究。其中，具有重要政治影响力的安全研究协会、政治基金会的研究报告在冷战后极大地推动了德国安全研究的转型与发展。2013 年 10 月，科学与政治基金会及德国马歇尔基金会共同发布了题为《新力量—新责任》的政策分析报告，对德国国际战略环境做了系统评估。② 报告认为，民族国家是国际关系的主要参与者，国家权力、竞争和地缘政治因素依然显著。在大国竞争的背景下，德国首要战略目标是"维护和进一步发展自由、和平和开放的秩序"。③ 然而，全球化下的相互依存在带来人员、货物、信息自由流通的同时，也造成了前所未有的国家间相互依赖和民族国家应对新安全挑战时的脆弱性。对德国而言，这意味着必须在欧洲一体化框架下实现安全政策目标，维护德国利益和价值。报告同时呼吁德国承担更多安全责任，提高行动意愿，做出与实力相称的安全贡献。④

① Stephan Böckenförde/Sven B. Gareis（Hrsg.），*Deutsche Sicherheitspolitik: Herausforderungen, Akteure und Prozesse, 3. Auflage*, Opladen & Toronto: Verlag Barbara Budrich, 2021.

② Stiftung Wissenschaft und Politik (SWP) und des German Marshall Fund of the United States (GMF)，"Neue Macht-Neue Verantwortung, Elemente einer deutschen Außen-und Sicherheitspolitik für eine Welt im Umbruch," Berlin, Oktober 2013, S. 3.

③ Stiftung Wissenschaft und Politik (SWP) und des German Marshall Fund of the United States (GMF)，"Neue Macht-Neue Verantwortung, Elemente einer deutschen Außen-und Sicherheitspolitik für eine Welt im Umbruch," Berlin, Oktober 2013, S. 3.

④ Stiftung Wissenschaft und Politik (SWP) und des German Marshall Fund of the United States (GMF)，"Neue Macht-Neue Verantwortung, Elemente einer deutschen Außen-und Sicherheitspolitik für eine Welt im Umbruch," Berlin, Oktober 2013, S. 3.

德国安全研究对德国安全政策制定产生了重要影响。在制定《2016年安全政策与联邦国防军未来白皮书》的过程中，联邦国防部建立了四个专家工作组来分别研究国际安全政策发展、联盟与伙伴关系政策、国家行动框架以及德国联邦国防军的作用。2015年4月13日，时任国防部长冯德莱恩在柏林召开的第一工作组安全政策专家研讨会上表示，国际安全局势已经变得"更为复杂、更具爆炸性且更难以预测"，除了恐怖主义、宗教极端运动和网络攻击等威胁外，世界正在经历"传统强权政治的复兴"。[1] 为应对这些风险与挑战，科学与政治基金会德国国际与安全事务研究所原主任沃尔克·佩尔特斯（Volker Perthes）建议将德国定位为一个集体防御下追求合作安全、参与国际危机管理的"负责任的中等强国"，并积极为欧洲战略自主做出贡献。[2] 随着新安全政策白皮书的制定，德国外交安全政策从谨慎克制变得更加积极进取，进而又对德国安全研究产生影响。

2022年，北约和欧盟分别发布了《战略概念》和《战略指南针》两份战略指导文件，明确了未来欧洲及世界层面的安全威胁和应对策略。国际政治的权力转移、西方地位的相对下降及脆弱的多边协调机制促使德国安全政策和研究做出相应调整。对于未来德国安全政策的发展，毛尔认为德国需要在一个总体战略框架下实施外交安全政策，对内完善政府与议会在相关政策上的协调机制，对外完善多边主义体系和同盟国伙伴关系。[3] 可以看到，随着欧洲安全局势的变化，德国安全研究中的历史反思与克制文化影响力下降，而对国家战略利益与大国竞争的关注度不断上升。

四 德国安全研究的学科建设

作为德国与欧洲安全事务研究的组织和制度基础，德国安全研究学科建

---

[1] Bundesministerium der Verteidigung, Weißbuchprozess: Arbeitsgruppe tagt zum internationalen Umfeld der deutschen Sicherheitspolitik, 14. 04. 2015, https://www.bmvg.de/de/themen/dossiers/weissbuch/perspektiven/arbeitsgruppe-tagt-zum-internationalen-umfeld-12358, accessed: 2022-11-27.

[2] Bundesministerium der Verteidigung, Weißbuchprozess: Arbeitsgruppe tagt zum internationalen Umfeld der deutschen Sicherheitspolitik, 14. 04. 2015, https://www.bmvg.de/de/themen/dossiers/weissbuch/perspektiven/arbeitsgruppe-tagt-zum-internationalen-umfeld-12358, accessed: 2022-11-27.

[3] Hanns W. Maull, "Multilateralismus und Partnerschaft in der deutschen Außen-und Sicherheitspolitik," *SIRIUS-Zeitschrift für Strategische Analysen*, Bd. 4, H. 3, 2020, S. 258-275.

设紧密围绕德国安全研究主题展开，可以德国统一为界，大体分为两个阶段。相较而言，第一阶段着重反思德国与欧洲传统安全关系，尚未出现系统化的安全研究体系。伴随统一后国内外安全形势变化，第二阶段德国安全研究在议题、对象、方法和理论上都有了较大扩展，特别是关于德国国家战略的讨论开始兴起，逐渐形成一个跨部门、跨领域和跨学科的综合性安全学科体系和研究架构。

（一）统一前德国安全学科建设

虽然在统一前德国未能建立起一个完整的安全学科，这个阶段德国安全研究依然在打破旧有纳粹体制的基础上，伴随着新的教育、研究和咨询体系的建立和改革而不断发展完善。在纳粹统治时期，作为安全研究的重要支柱学科，政治学长期被囊括在一个"国家学"（Staatswissenschaft）或"外国学"（Auslandswissenschaften）框架中，德国中央政府在相关学科建设和研究活动中发挥指导作用。[1] 随着战后德国《基本法》的生效，联邦各州在文化、教育、学术研究中拥有了更大的自主权。伴随着一批曾经流亡海外学者的回归，德国高等教育和研究机构变得更为多元化。[2]

战后初期，由于"去纳粹化"工作在德国高校进展相对缓慢，1948年，西柏林议会决定重建政治学专门院校——德国政治高等学校，主攻政治学研究。[3] 同年，柏林自由大学宣告成立，以区别于坐落在东柏林的柏林大学。[4] 在黑森州政府支持下，关于政治学学科建设的第一次会议在1949年召开，讨论设立世界政治、政治社会学、比较国家研究、现代史和政治理论等领域教席

① Ernst R. Huber, "Die deutsche Staatswissenschaft," *Zeitschrift für die gesamte Staatswissenschaft/Journal of Institutional and Theoretical Economics*, H. 1, 1935, S. 1-65; Gideon Botsch, "'Politische Wissenschaft' im Zweiten Weltkrieg: die 'Deutschen Auslandswissenschaften' im Einsatz 1940-1945," in Gideon Botsch, *"Politische Wissenschaft" im Zweiten Weltkrieg*, Paderborn: Brill Schöningh, 2005.

② 孙立新等：《联邦德国史学研究：以关于纳粹问题的史学争论为中心》，社会科学文献出版社，2018。

③ Hans Kastendiek, "Political Development and Political Science in West Germany," *International Political Science Review*, Vol. 8, No. 1, 2002, pp. 25-40.

④ Hans Kastendiek, "Political Development and Political Science in West Germany," *International Political Science Review*, Vol. 8, No. 1, 2002, p. 32.

的问题。① 在 1950 年召开的第二次会议中，由德国政治高等学校和黑森州政府主导，会议决定组建德国政治学协会，并于 1951 年正式宣告成立。② 1952年，柏林自由大学的政治学研究所同德国政治高等学校签订协议，共同组建政治学教席。③ 在此基础上，1954 年召开的大学校长会议建议在条件允许下设立新的教席，包括政治学教席。④ 随后政治学学科在弗赖堡、慕尼黑、马尔堡、法兰克福、海德堡、汉堡和曼海姆等地高校组建起来。尽管缺少安全研究的专门教席，在政治学教席下部分德国学者开始涉足安全问题的研究和教学工作，包括传统国际政治和战略理论、欧洲一体化和北约问题。

在联邦政府层面，德国联邦内政部在 1952 年设立了联邦国土服务中心，后来发展为联邦公民教育署（Bundeszentrale für Politische Bildung），旨在推动公民政治教育、加快去纳粹化进程、促进德国战后民主建设。⑤ 作为德国联邦议院周报《议会》（Das Parliament）的副刊，联邦公民教育署每周出版的《政治与当代史》（Aus Politik und Zeitgeschichte）从 1952 年以来发表了大量有关德国外交和安全政策的研究与讨论。⑥ 与此同时，战后各类安全相关的专业协会陆续建立，对战后德国安全研究体系建设起了重要的推动作用。其中，安全政策协会（Gesellschaft für Sicherheitpolitik）的前身——军事科学学会于1951 年成立并在 1952 年正式注册为协会组织，1951~1953 年，由美国中央情报局通过德国科学捐助者协会（Stifterverband für die Deutsche Wissenschaft）秘密资助。⑦ 该学会着眼于安全和国防政策研究，通过公共活动和信息咨询服务来影响公众舆论和政府决策。

① Hans Kastendiek, "Political Development and Political Science in West Germany," *International Political Science Review*, Vol. 8, No. 1, 2002, p. 32.

② Hans Kastendiek, "Political Development and Political Science in West Germany," *International Political Science Review*, Vol. 8, No. 1, 2002, p. 32.

③ Hans Kastendiek, "Political Development and Political Science in West Germany," *International Political Science Review*, Vol. 8, No. 1, 2002, p. 32.

④ Hans Kastendiek, "Political Development and Political Science in West Germany," *International Political Science Review*, Vol. 8, No. 1, 2002, p. 33.

⑤ Gudrun Hentges, *Staat und politische Bildung: Von der "Zentrale für Heimatdienst?" zur "Bundeszentrale für politische Bildung*," Wiesbaden: VS Verlag für Sozialwissenschaften, 2013.

⑥ Gudrun Hentges, *Staat und politische Bildung: Von der "Zentrale für Heimatdienst?" zur "Bundeszentrale für politische Bildung*," Wiesbaden: VS Verlag für Sozialwissenschaften, 2013, S. 22.

⑦ Central Intelligence Agency, "QKSNITCH Final Report," EGZA-946, 14. April 1953, https://www.cia.gov/readingroom/docs/CLASSEN, %20WILHELM_0042. pdf, accessed：2022-11-22.

随着 1955 年德国获得主权地位并加入北约，美国外交关系委员会和英国皇家国际事务研究所在波恩联合成立德国外交政策协会。作为德国外交领域的重要智库，德国外交政策协会主要从事对外政策和安全政策研究，并以实践为导向，在科学研究基础上为德国及国际各类对外政策决策者提供政策建议。① 其下属的信息中心作为协会图书馆和文献中心，是历史最悠久的德国外交和安全政策公共专业图书馆之一。协会同时发行德国知名的对外政策专业期刊《国际政治》（*Internationale Politik*）。成立于 1956 年的德国大西洋协会则通过讲座、研讨会和专家会议来推动北约和德国安全政策研究。②

　　除了政府机构和专业协会，一大批安全问题相关的研究机构也在战后德国迅速组建起来。其中包括影响较大的科学与政治基金会及其下属的德国国际政治与安全研究所。科学与政治基金会主要从事不同区域安全问题研究，涵盖欧洲、美洲、亚洲、非洲与中东等地区。在联邦外交部、巴登－符腾堡州科学部和路德维希堡市政府的资助下，法德研究所在 1948 年成立，针对政治、经济、社会和安全等各个领域的法德关系进行研究，并提供政策建议，为促进战后法德间相互理解以及欧洲一体化进程做出了贡献。③ 1959 年建立的欧洲政治研究所则在欧洲一体化领域提供研究报告和政策咨询服务，通过研究项目、论坛和会议、培训计划以及出版欧洲一体化相关论著等方式推动欧洲研究。④ 除此之外，战后组建的各类基金会，特别是亲政党基金会也积极推动安全政策研究，力图影响公共舆论和政治决策。⑤ 亲政党基金会下知名的安全研究机构包括艾伯特基金会研究所组建的安全与裁军研究小组（Studiengruppe Sicherheit und Abrüstung des Forschungsinstituts der Friedrich-Ebert-Stiftung），以及塞德尔基金会下属的安全、战略和国际问题研究所（Forschungsinstitut für Sicherheit, Strategie und internationale Fragen），两个机构在安全战略领域较为活跃，出版研究报告并提供咨询服务。为防止第二次世界大战重演，1963 年，原纳粹德国国防军军官、抵抗运动战士埃瓦尔德－海因里希·冯·克莱斯特（Ewald-Heinrich von Kleist）创办了国际防御科学会议（Internationale Wehrkundebegegnung），

① Deutsche Gesellschaft für Auswärtige Politik, *65 Jahre Geschichte der DGAP*, 2020.

② Deutsche Atlantische Gesellschaft, https://ata-dag. de/ueber-uns/, accessed: 2022-12-01.

③ Deutsch-Französisches Institut（Hrsg.）, *Frankreich Jahrbuch 2016: Sozial-und Solidarwirtschaft in Frankreich und Europa*, Wiesbaden: Springer VS, 2017.

④ Satzung des Instituts für Europäische Politik, 20. Februar, 2014.

⑤ 闫瑾：《德国外交政策决策过程中的政治基金会》，《国际论坛》2004 年第 2 期，第 58~63 页。

并逐步发展成为汇聚全球安全政策决策者和研究者的知名会议——慕尼黑安全会议（Münchner Sicherheitskonferenz）。① 另外，1970 年，在黑森州政府支持下，黑森州和平与冲突研究基金会成功组建，开展以知识为导向的基础研究，分析国际和国内暴力冲突。②

为应对 20 世纪 70 年代东西方阵营冲突、冷战下局部热战的国际安全形势以及新的安全挑战，德国开始组建一批新的安全研究机构。其中，1971 年成立的伯格霍夫冲突研究基金会主要分析当时东西方阵营间的军备竞赛问题。③ 1971 年，在时任联邦总统古斯塔夫·海涅曼（Gustav Heinemann）的提议下，汉堡大学建立了汉堡和平研究与安全政策研究所，旨在调查德国、欧洲及其他地区的和平与安全状况。④ 1972~1973 年，汉堡联邦国防军大学和慕尼黑联邦国防军大学相继成立，旨在推动德国军事安全领域研究。⑤ 1983 年创立的基尔大学安全政策研究所专注增强战略科学作为德国政治学分支学科的重要性，特别关注恐怖主义、海上安全和海军力量建设。⑥ 在联邦政府前总理勃兰特倡议下，1986 年，发展与和平基金会成立，目标是促进国际理解、国际合作与发展及全球相互依存。⑦ 1986 年，汉堡大学成立战争起因研究工作组的学术网络，研究重点为第三世界国家的武器转让问题以及军事化问题，同时为战争起因理论的各种研究项目提供制度框架。⑧ 1988 年，由时任波鸿鲁尔大学校长克努特·伊普森（Knut Ipsen）发起建立的维持和平法和国际人道主义法研究

---

① Wolfgang Ischinger, "Towards Mutual Security: from Wehrkunde to the Munich Security Conference," In *Towards Mutual Security. Fifty Years of Munich Security Conference*, Vandenhoeck & Ruprecht, 2014, pp. 29-36.

② Peter Sonnet, "Friedensforschung in der Bundesrepublik Ein zehnjähriges Jubiläum?" *Vorgänge. Zeitsc hrift für Bürgerrechte und Gesellschaftspolitik Nr. 55 (Heft 1/1982)*, 1982, S. 27-35.

③ Berghof Forschungszentrum für konstruktive Konfliktbearbeitung, www. berghof-center. org, accessed: 2022-12-02.

④ Peter Sonnet, "Friedensforschung in der Bundesrepublik Ein zehnjähriges Jubiläum?" *Vorgänge. Zeit schrift für Bürgerrechte und Gesellschaftspolitik*, Bd. 55, H. 1, 1982, S. 27-35.

⑤ Thomas Ellwein u. a. (Hrsg.), *Hochschule der Bundeswehr zwischen Ausbildungs-und Hochschulreform*, Wiesbaden: VS Verlag für Sozialwissenschaften, 1974.

⑥ Institut für Sicherheitspolitik an der Christian-Albrechts-Universität Kiel, https://www. ispk. uni-kiel. de/de, accessed: 2022-11-30.

⑦ Stiftung Entwicklung und Frieden, https://www. sef-bonn. org/, accessed: 2022-11-30.

⑧ Arbeitsgemeinschaft Kriegsursachenforschung, https://www. wiso. uni-hamburg. de/fachbereich-sowi/professuren/jakobeit/forschung/akuf. html, accessed: 2022-11-29.

所，致力于和平法、国际人道主义法以及欧洲人道主义研究。[①]

总体而言，受美苏冷战和战后历史责任影响，这一阶段德国安全研究关注的安全问题维度较为单一，主要着眼于传统安全防务领域，包括德国在欧洲安全问题上的历史责任、北约防务问题和欧洲集体安全问题。德国统一后，德国安全环境发生巨大改变，为解释和应对新的安全议题，德国安全学科体系和研究迅速发展起来。

（二）德国统一后的安全学科建设

德国统一后的安全学科体系建设进入一个新时期，一大批新研究教学机构的建立推动了德国安全学科发展。学科建设更加强调跨学科、跨领域研究，促进德国与欧洲及跨大西洋国家间安全研究合作。为适应变化了的欧洲安全环境，从 20 世纪 90 年代开始，德国相继建立了由杜伊斯堡-埃森大学社会科学系和发展与和平基金会合作的发展与和平研究所（1990 年建立）、强调跨学科安全研究的海德堡国际冲突研究所（1991 年建立）、专注于跨大西洋安全领域信息交流的柏林跨大西洋安全信息中心（1991 年成立）、服务安全政策领域的跨部门培训的联邦安全政策学院（1992 年成立）、研究国际冲突的波恩国际转换中心（1994 年建立）和着眼于政策应用的慕尼黑大学应用政策研究中心（1995 年成立）等。

进入 21 世纪，德国安全学科建设进入了一个新阶段。2004 年波茨坦大学开设"军事社会学"课程。[②] 2006 年建立的弗劳恩霍夫人工智能研究所涉及人工智能、机器学习和大数据领域的安全问题研究。2009 年成立的弗赖堡大学安全和社会中心从社会学、伦理学、法律和（信息）技术的角度研究公民安全问题。[③] 同年，由联邦议会发起跨学科安全研究机构，旨在协调不同学科间

---

① Institut für Friedenssicherungsrecht und Humanitäres Völkerrecht, https://forschung. ruhr-uni-bochum. de/de/institut-fuer-friedenssicherungsrecht-und-humanitaeres-voelkerrecht-ifhv, accessed: 2022-11-30.

② Sven B. Gareis/Paul Klein (Hrsg.), *Handbuch Militär und Sozialwissenschaft*, Wiesbaden: VS Verlag für Sozialwissenschaften, 2006, S. 12.

③ Center for Security and Society, Universität Freiburg, https://www. css. uni-freiburg. de/, accessed: 2022-12-05.

的安全研究，整合不同领域的理论和方法。① 2013 年，联邦国防军建立了联邦国防军军事历史和社会科学中心，由军事长官和高级科学家军民双重领导管理，代表联邦国防部进行军事历史、军事社会学和安全政策研究，并运营德国联邦国防军和前东德国家人民军的位置信息数据库（Standortdatenbanken），出版军事科学期刊《军事历史杂志》（*Militärgeschichtliche Zeitschrift*）。② 2013 年，德国组建了汉堡警察学院，以研究应对网络犯罪、恐怖袭击、自然灾害和流行病等非传统安全威胁。③ 为加强对中国崛起的研究，德国在 2013 年专门成立了墨卡托中国研究所。④

在此期间，与德国安全研究相关的专业期刊数量迅速扩展，形成了较为完整的安全研究学术期刊体系。这些期刊发行单位多样，有高校和科研院所主办的期刊，如弗赖堡大学主办的《欧洲安全研究杂志》（*European Journal for Security Research*）和基尔大学主办的《基尔安全政策分析》（*Kieler Analysen zur Sicherheitspolitik*）；有专业协会负责的刊物，如德国政治学会主办的《政治季刊》（*Politische Vierteljahresschrift*）和德国外交政策协会主办的《国际政治》（*Internationale Politik*）；也有联邦政府机构下属期刊，如联邦国防部下属的《欧洲安全与技术》（*Europäische Sicherheit und Technik*）和联邦国防军下属的《IF-内部领导力杂志》（*IF-Zeitschrift für Innere Führung*）。不同期刊从政治、历史、军事、法律、教育和发展等各个领域研究安全问题，成为德国跨领域安全研究学术网络的重要组成部分。

总体而言，德国安全研究在研究机构、研究对象、研究手段和人员配置等方面在深度和广度上都有了迅速发展。德国安全研究的研究主体从高校和研究机构扩展到专业协会、基金会、论坛以及各级政府下属的咨询研究机构，形成教学、研究、政策分析紧密结合，国内外密切联系，跨学科、跨领域、跨区域和网络化的安全研究布局。在专业基金会和研究中心方面，大量政府和非政府机构的成立为安全研究提供了组织基础。以下，本文将以科学与政治基金会为

① AG Interdisziplinäre Sicherheitsforschung, https://www.sicherheit-forschung.de/, accessed: 2022-12-05.

② Wilfried von Bredow, *Sicherheit, Sicherheitspolitik und Militär: Deutschland seit der Vereinigung*, Wiesbaden: Springer VS, 2015, S. 261.

③ Akademie der Polizei Hamburg, https://akademie-der-polizei.hamburg.de/, accessed: 2022-12-04.

④ 近年来，墨卡托中国研究所发表的许多研究报告带有很强的主观性和政治色彩，且散布涉华虚假信息，沦为有意识形态偏见的政策宣传工具。2021 年，该机构被中方制裁。

例，剖析德国安全研究体系建设具体发展脉络。

五 德国安全研究学科建设的个案分析：以科学与政治基金会为例

了解和处理德国与欧洲关系问题是德国安全研究的主题，也是众多德国安全研究机构建立的初衷。在试图影响政策制定的同时，德国安全研究体系力图保持相对独立性，尽量减少政治斗争对科学研究的干扰，其中最具代表性的当数科学与政治基金会（以下简称"基金会"）。① 基金会在美苏冷战背景下成立，作为最具影响力的德国乃至欧洲安全研究智库，其起源和发展紧密围绕"德国问题"和欧洲安全合作这两个主题，同时也反映了德国安全研究的制度化进程和高度的独立性。本文以该基金会为例，剖析德国安全研究体系建设在不同历史时期的特点，分析其连续性与转变。

（一）"德国问题"与战后安全研究学科建设

20世纪60年代，在美苏关系相对缓和的背景下，"德国问题"的解决遥遥无期，而超级大国的核战威胁却迫在眉睫。对此，1963年，基民盟政治家海因里希·克朗（Heinrich Krone）在日记中写道："我们是美国缓和政策的受害者。"② 为促进解决"德国问题"并确保德国利益不在东西方冲突中受损，德国迫切需要一个专门的安全研究机构，为联邦政府和联邦议院提供政策咨询服务和科学研究报告，分析美苏冷战下欧洲安全环境和德国安全政策。

在强烈的政策需求下，科学与政治基金会于1962年成立。成为战后德国安全研究体系的重要组成部分。基金会最初由德国历史学家格哈德·里特尔的侄子、德国情报局前身"盖伦组织"的成员克劳斯·里特尔（Klaus Ritter）

---

① 基金会及德国国际政治与安全研究所（Deutsches Institut für Internationale Politik und Sicherheit）共同组成一个法律实体。

② 转引自 Albrecht Zunker, "Stiftung Wissenschaft und Politik: Die Neu-Berlinerin," in Svenja Falk u. a. (Hrsg.), Handbuch Politikberatung, Wiesbaden: VS Verlag für Sozialwissenschaften, 2006, S. 364。

领导，① 联合创始人也包括之后出任联邦德国总统的冯·魏茨泽克。② 基金会借鉴美国兰德公司的运作模式，成立之初为德国政界和决策者提供关于核裁军、军备控制和东西方冲突问题的战略研究和政策建议，进而推动"德国问题"的解决。③ 为更好地促进裁军和军备控制相关领域研究，在德国联邦议院推动下，在联邦外交部框架内成立了联邦政府裁军事务专员办公室，基金会作为核心研究机构为裁军事务提供学术支持。④ 同时，根据联邦议院决议，基金会核心活动经费被纳入联邦总理府财政预算，使研究活动获得了稳定的经费来源。⑤

相比其他由联邦政府资助的机构，基金会不从属于联邦政府，不为特定联邦机构服务，并且有权自主决定是否为特定咨询对象提供服务，从而维持了相对的研究独立性。基金会建立初期的独立性也体现在总部选址、联邦议院政党在基金会的普遍代表性和基金会研究议程的自主性等方面。首先，基金会最初的选址清晰地体现了将研究活动与政治活动区分开来的意图。直到 2001 年机构搬迁前，基金会总部既不在波恩，也不在柏林，而是选择了远离德国政治中心的慕尼黑远郊小镇埃本豪森（Ebenhausen）。⑥ 这减少了德国联邦层面政治竞争对基金会研究内容的干预。其次，参与联邦议院的所有党派都有权在基金会的咨询委员会中获得席位，从而获得代表权。⑦ 这种政党中立的制度安排降

---

① 在组建科学与政治基金会前，里特尔在刚组建的联邦情报局工作，并在 1959 年成为"政治评估"分部负责人。在美国休假时，里特尔访问了外交安全领域的研究机构和基金会，发现德国缺乏安全政策领域的非官方研究和沟通渠道。随后，在联邦情报局的组织和支持下，里特尔联合一批政商学界人士组建了基金会。参见 Jörg Kronauer, "Die Berater. Hintergrund. Von den braunen Wurzeln bis zum Masterplan für den Umbruch in Syrien. Ein Blick auf 50 Jahre Stiftung Wissenschaft und Politik," *junge Welt*, 2012。

② Albrecht Zunker, *Stiftung Wissenschaft und Politik (SWP). Entwicklungsgeschichte einer Institution politikbezogener Forschung*, Berlin: Berliner Wissenschafts-Verlag, 2007, S. 10.

③ Albrecht Zunker, *Stiftung Wissenschaft und Politik (SWP). Entwicklungsgeschichte einer Institution politikbezogener Forschung*, Berlin: Berliner Wissenschafts-Verlag, 2007, S. 10.

④ Albrecht Zunker, "Stiftung Wissenschaft und Politik: Die Neu-Berlinerin," in Svenja Falk u. a. (Hrsg.), Handbuch Politikberatung, Wiesbaden: VS Verlag für Sozialwissenschaften, 2006, S. 364.

⑤ Albrecht Zunker, "Stiftung Wissenschaft und Politik: Die Neu-Berlinerin," in Svenja Falk u. a. (Hrsg.), Handbuch Politikberatung, Wiesbaden: VS Verlag für Sozialwissenschaften, 2006, S. 364.

⑥ 基金会最初的选址也与联邦情报局在基金会成立初期的支持有关。埃本豪森与当时联邦情报局总部所在地普拉赫仅 10 多分钟车程。

⑦ Volker Perthes, "Scientific Policy Advice and Foreign Policymaking-Stiftung Wissenschaft und Politik (SWP), the German Institute for International and Security Affairs," in Justus Lentsch and Peter Weingart, eds., *The Politics of Scientific Advice*, Cambridge: Cambridge University Press, June 2011, pp. 286-294.

低了基金会研究方向受政党竞争干扰的可能性。最后，基金会拥有制订年度研究计划的自主权。根据基金会章程，基金会在国际政治与外交安全政策领域进行独立学术研究，在研究基础上提供独立政策建议。[①] 高度的研究独立性也为基金会高质量研究与政策咨询提供了制度保障。在科学委员会（Wissenschaftsrat）的第三方评估中，基金会的独立性被认为是其高质量研究产出的重要基础。[②] 值得注意的是，基金会的相对独立性并不意味着基金会的研究活动脱离德国国家利益。恰恰相反，这种独立性保证基金会学术活动免受短期政治波动或特定党派干扰，有助于研究服务于中长期德国国家利益。

然而，受美苏冷战和战后历史责任影响，基金会在德国统一前关注的安全问题维度较为单一，主要着眼于传统安全防务领域。在德国统一后，德国安全环境发生巨大改变，为解释和应对新的安全议题，基金会研究领域迅速扩展，组织架构也日渐庞大。

（二）德国统一与安全研究转型

伴随德国统一与国内外安全形势的剧烈变化，德国安全研究在议题、对象、方法和理论上都有了较大扩展，关于德国国家战略和欧洲安全合作的讨论开始兴起，逐渐形成一个跨部门、跨领域和跨学科的综合性安全学科体系和研究架构。这种变化也反映在基金会的研究架构和研究议程上。

首先，基金会在其研究框架下组建了八个研究部门，包括欧洲一体化部、欧盟对外关系部、安全政策部、美国部、俄罗斯/独联体部、中东与非洲部、亚洲部，以及涉及一般性国际政治经济问题的全球问题部。[③] 从研究机构设置可以看出，欧洲及其安全问题是基金会研究的重中之重。其中，欧洲一体化部负责分析欧盟机构以及成员国的外交和欧洲政策，研究欧洲内部谈判和决策形成的机制与过程。具体而言，该研究部门主要考察欧盟法律体系和社会政治基础的发展变化，探讨欧盟组织机构的设计与影响，并对成员国及其政府的行为

---

① Stiftung Wissenschaft und Politik, 50 years Stiftung Wissenschaft und Politik (SWP)-German Institute for International and Security Affairs, June 2012.

② Wissenschaftsrat, "Stellungnahme zum Deutschen Institut für Internationale Politik und Sicherheit der Stiftung Wissenschaft und Politik (SWP)," Drs. 7262-06, Nürnberg, 2006.

③ Stefan Mair u. a. , "Wissenschaftliche Politikberatung am Beispiel der Stiftung Wissenschaft und Politik (SWP)," in *Politikberatung-Ein Handbuch*, Stuttgart, 2008, S. 1-17. 基金会随后又组建了土耳其研究部门，并将欧洲一体化部和欧盟对外关系部合并为欧盟/欧洲研究部。

和决策偏好进行循证分析。而欧盟对外关系部的研究工作则主要涉及三个研究领域，包括欧盟共同外交与安全政策以及欧洲安全与防务政策在国际多边体系中的地位、欧盟扩大进程的作用和影响、欧盟在巴尔干地区的稳定和监管政策。在欧盟研究基础上，该部门为德国外交和安全政策提供学术支持。安全政策部则负责更为广泛的安全政策问题，重点研究欧洲和跨大西洋安全关系，具体领域包括军备合作、军备控制、防大规模杀伤性武器扩散和防导弹技术扩散等内容。该部门同时也与联邦国防军保持着密切联系。其他几个研究部门主要从欧洲视角出发，分析欧洲与世界其他区域的外交和安全关系。

其次，随着国际形势的变迁与安全议题的转变，基金会研究方向随之改变，研究基础与服务对象也不断扩大。为更快获取外交安全信息并加强同政策制定者间的交流，在2001年基金会总部迁往柏林的同时，基金会同东欧和国际研究联邦研究所（Bundesinstitut für ostwissenschaftliche und internationale Studien）合并，[1] 并吸收了东南研究所（Südost-Institut）的部分研究资源，[2] 加强了东南欧以及俄罗斯问题的研究力量。[3] 在"中东与非洲"研究部前负责人佩尔特斯执掌基金会后，基金会于2009年专门在布鲁塞尔开设了一个小型办事处，以促进与北约和欧盟内部及周边伙伴的沟通和交流，体现了欧洲在德国外交安全研究中的绝对中心地位。与此同时，冷战后德国内外部安全界限变得越发模糊，不仅外交部和国防部的安全研究需求不断增加，联邦其他各部门以及各州政府也出现了日益增长的外交安全政策咨询需求。在此背景下，基金会在扩展政府层面服务对象的同时，也积极面向企业和公众发布相关安全研究成果、提供咨询服务。例如，基金会组织的"跨大西洋外交政策讨论会"（Transatlantic Foreign Policy Discourse）为政策制定者、商业机构和研究人员交换关于跨大西洋关系的意见提供了平台。[4] 埃本豪森论坛（Forum Ebenhausen）

---

[1] 东欧和国际研究联邦研究所于1961年在科隆成立，原名"联邦马克思列宁主义研究所"（苏维埃学研究所）［Bundesinstitut zur Erforschung des Marxismus-Leninismus（Institut für Sowjetologie）］，1966年更名为"东欧和国际研究联邦研究所"，主要负责苏联和东欧，以及苏联解体后的俄罗斯研究。

[2] 东南研究所于1930年在慕尼黑成立，最初研究东南欧德意志种族问题。1943年开始隶属于纳粹党卫队国家安全部。1951年在原主任弗里茨·瓦尔雅维克（Fritz Valjavec）推动下重建。

[3] Jörg Kronauer, "Die Berater. Hintergrund. Von den braunen Wurzeln bis zum Masterplan für den Umbruch in Syrien. Ein Blick auf 50 Jahre Stiftung Wissenschaft und Politik," *junge Welt*, 2012.

[4] Wissenschaftsrat, "Stellungnahme zum Deutschen Institut für Internationale Politik und Sicherheit der Stiftung Wissenschaft und Politik（SWP）," Drs. 7262-06, Nürnberg, 2006, S. 24.

则汇聚了政治家、学者、媒体和企业代表，推动商业、政策和科学研究间的相关信息交流。同时，基金会部分研究成果在其官方主页上全文发布，供公众免费阅读。广阔的安全研究领域及扩展的咨询服务对象也成为基金会在安全政策领域影响力的重要来源。

（三）安全研究人才培养与研究项目

在研究人员培养上，基金会同高校及其他研究机构合作，通过大量资金投入和培训项目促进青年研究人才发展。根据 2006 年科学委员会的评估报告，基金会 2005 年不包括第三方资金在内的预算达 1012 万欧元，其中人事预算占比超过 70%（730 万欧元）。[①] 而到 2020 年，基金会预算达到 1590 万欧元，其中，人事开支高达 1150 万欧元。[②] 这些预算对于拥有近 70 名专职研究人员的机构而言已是相当充裕。同时，基金会与几十所高校和非高校研究机构合作，支持研究人员在高校进修，并资助不同类型的研讨会以促进研究交流。[③] 基金会也为年轻学者提供实习岗位和奖学金资助，在专业学习基础上培养年轻学者的政治咨询能力。在国际合作方面，基金会同英国皇家国际事务研究所、法国国际关系研究院、美国兰德公司、布鲁金斯学会等外交政策和安全研究机构保持密切联系，并经常互派人员访学交流。通过充裕的资金支持和多样的交流进修机会，基金会储备了一批高质量安全研究人才。

在研究项目上，基金会强调跨学科研究，将基础研究和应用政策研究更加紧密地结合起来。在基础研究方面，基金会研究人员广泛使用社会科学研究方法，结合国际关系、比较政府理论、和平与冲突研究、国际与欧洲法、政治经济学、区域文化研究乃至自然科学等领域的最新成果。[④] 在应用政策研究方面，基金会积极回应来自不同部门的咨询请求，通过中长期研究报告（SWP-Study）和时政评论（SWP-Aktuell）等研究产品，为公众和不同咨询对象提供

① Wissenschaftsrat, "Stellungnahme zum Deutschen Institut für Internationale Politik und Sicherheit der Stiftung Wissenschaft und Politik (SWP)," Drs. 7262-06, Nürnberg, 2006, S. 6.

② Finanzierung der SWP, https://www.swp-berlin.org/die-swp/ueber-uns/grundlegendes/finanzierung, accessed: 2022-12-24.

③ Wissenschaftsrat, "Stellungnahme zum Deutschen Institut für Internationale Politik und Sicherheit der Stiftung Wissenschaft und Politik (SWP)," Drs. 7262-06, Nürnberg, 2006, S. 34.

④ Stefan Mair u. a., "Wissenschaftliche Politikberatung am Beispiel der Stiftung Wissenschaft und Politik (SWP)," in *Politikberatung-Ein Handbuch*, Stuttgart, 2008, S. 11.

针对特定问题的分析服务和研究报告。基金会同时参与同欧盟委员会、福特基金会和大众基金会等机构的联合研究项目，并在德国科学基金会框架下参与跨机构研究合作。① 这些合作项目既有关于欧洲治理理论的基础研究［例如，欧盟第五框架研究计划"自我协调的欧盟治理？走向集体经济政府"（GOVE-COR）项目以及德国科学基金会 1996~2004 年"欧盟治理"项目］，也有针对特定领域和地区的政策研究［例如，同大众基金会合作的"以古阿姆民主和经济发展组织（GUUAM）为例，以俄罗斯为中心的重返社会与独联体地区的多极秩序之间的紧张关系"项目］。② 在某些政策领域，基金会甚至突破战后德国安全研究的克制传统，出现了推动特定区域政治变革的政策意图。例如，在同福特基金会合作的"阿拉伯世界的精英变革"项目中，基金会研究人员试图分析推翻突尼斯总统本·阿里和埃及总统穆巴拉克的政治影响，预测阿拉伯世界的政治精英更迭。③ 而在基金会同美国和平研究所合作的著名项目"翌日"（The Day After）中，研究人员试图为巴沙尔·阿萨德（Bashar al-Assad）垮台后的叙利亚设计政治路线图。从研究项目的内容也可以看出，基金会不仅试图解释国际安全环境变革，同时也希望通过研究对安全政策制定产生影响，甚至在一定程度上改变现有安全平衡。

结　语

总而言之，德国安全研究的方向和重心随着欧洲和国际局势变化以及德国国内政治生态变迁而不断变化，学科体系建设也随着人员、机构和资金上的持续投入而不断完善。德国安全研究同政策制定紧密结合，并将继续对德国安全政策制定发挥引导作用。德国总统施泰因迈尔（Frank-Walter Steinmeier）在2022 年庆祝基金会成立 60 周年时强调，德国需要把分散在各地的专业知识结

---

① Stefan Mair u. a. , "Wissenschaftliche Politikberatung am Beispiel der Stiftung Wissenschaft und Politik (SWP)，" in *Politikberatung-Ein Handbuch*, Stuttgart, 2008, S. 6-7.

② Stefan Mair u. a. , "Wissenschaftliche Politikberatung am Beispiel der Stiftung Wissenschaft und Politik (SWP)，" in *Politikberatung-Ein Handbuch*, Stuttgart, 2008, S. 6-7.

③ Stefan Mair u. a. , "Wissenschaftliche Politikberatung am Beispiel der Stiftung Wissenschaft und Politik (SWP)，" in *Politikberatung-Ein Handbuch*, Stuttgart, 2008, S. 6-7. 亦可参见 Jörg Kronauer, "Die Berater. Hintergrund. Von den braunen Wurzeln bis zum Masterplan für den Umbruch in Syrien. Ein Blick auf 50 Jahre Stiftung Wissenschaft und Politik，" *junge Welt*, 2012。

合起来，创建一个外交和安全政策研究共同体，将科学研究内化于政策制定过程中。① 与此同时，在德国安全研究转型背景下，在"德国问题"研究中形成的克制文化逐渐被积极的安全政策研究取代，甚至出现了干涉主义倾向，成为影响德国安全政策转型和欧洲安全平衡的重要因素。

尽管"谨慎克制"是德国安全研究基于历史经验总结而来的重要原则，然而伴随着历史影响的减退、新安全问题的涌现和战后新生代研究力量的崛起，德国安全研究不断突破战后传统，将大国博弈、权力政治甚至武力使用作为追求德国国家利益的可行手段加以研究，并在新的历史时期积极谋划德国国家安全战略。可以说，德国安全研究正经历文化、导向和范式的重大转变，并推动德国安全政策不断调整，影响欧洲安全战略平衡。随着德国加强军备建设、英国脱欧以及东欧国家宪法与欧盟条约冲突的加剧，② 欧洲传统安全平衡开始倾斜，德国在欧洲安全格局中的作用也越发凸显。在军事上不断突破克制原则的德国如何回应欧洲邻国乃至世界的安全忧虑，"联欧自强"如何在欧洲邻国对德国影响力日益增长的忧惧下实现，德国又将如何承担起欧洲的安全责任，这是未来德国安全研究需要重点回答的"新德国问题"。

（本文原载于《国际政治研究》2023 年第 2 期，收录本书时略有修改。）

---

① Bundespräsidialamt, Bundespräsident Frank-Walter Steinmeier bei der 60-Jahr-Feier der Stiftung Wissenschaft und Politik am 7. September 2022 in Berlin, https://www. bundespraesident. de/SharedDocs/ Reden/DE/Frank-Walter-Steinmeier/Reden/2022/09/220907-60-Jahre-SWP. html, accessed: 2022-12-05.

② Thomas König and Xiao Lu, "Should I Stay or Should I Go? British Voter You Got to Let Me Know! Prime Ministers, Intra-party Conflict, and Membership Referendums in the British Westminster Model, " *Journal of Theoretical Politics*, Vol. 32, No. 4, 2020, pp. 557-581.

第十一章

历史、文化与规范：英国的安全研究

王梓元

安全研究在英国拥有深厚的历史传统，它的起源可追溯到 19 世纪末至 20 世纪初的地缘政治学。第一次世界大战后，随着国际关系学科的建立，安全研究逐渐融入国际关系学成为其分支领域。在之后一个世纪的发展中，英国的安全研究不仅在机构和规模上发展壮大，而且在学科体系和学术研究方面形成了鲜明的特色。在学科的发展脉络中，英国的国家安全研究处于"国际安全"（international security）和"战略研究"（strategic studies）的交汇中，也与国际关系的理论与实践存在诸多联系。具体说来，英国的国家安全研究关注的是如何促进国家利益，尤其是免受侵略和胁迫。另外，英国学者也重视国际秩序与国家安全的兼容性，以及国内政治对国家案例议题的塑造力。简言之，英国的国家安全研究（以下简称"安全研究"）在研究对象和路径上呈现多元性和批判性，兼具世界主义（cosmopolitanism）的情怀。本文尝试从英国安全研究的发展历程以及理论和方法论特色等角度出发，探讨英国的安全研究。

一 安全研究在英国的起源

讨论英国的安全研究传统无法脱离该国的知识界对"安全"这一概念的理解，其概念释义须涉及安全的主体（谁的安全）、安全的领域（哪些人类活动涉及安全）及安全的途径（如何实现安全）。[①] 在英国的安全研究学科史上，

[①] 〔英〕巴里·布赞、〔丹〕琳娜·汉森：《国际安全研究的演化》，余潇枫译，浙江大学出版社，2011。

"国家安全"这一概念虽然始终以国家为指涉对象，但涵盖的领域和实践内容在不同时期都发生着深刻变化。

英国的安全研究诞生于 19 世纪末大英帝国的转型与战略竞争的背景下。19 世纪中后期，英国在全球的殖民地和势力范围开始受到法国和俄国的挑战。20 世纪初，德国更是成为英国的头号战略竞争对手。相应地，英国知识界进行了关于英国全球殖民体系的性质和转型前景的大讨论。在这方面，既有后世熟知的提出"陆权说"的哈福德·麦金德（Halford Mackinder），也有以英国历史学家约翰·瑟雷（John Seeley）为代表的联邦主义者。前者强调英国面临的来自陆上大国的竞争，后者则呼吁大英帝国对内部的政治单位进行整合，从而能够充分动员帝国范围内的物质资源与大陆国家进行竞争。① 这些丰富的讨论体现出英国学者所抱持的世界主义情怀，以及对英国战略利益的关切，从而为英国的安全研究兴起打下基础。虽然第一次世界大战前英国的安全研究尚未充分制度化，但一些研究职位已经设立，其研究倾向对之后的英国安全研究产生了深远影响。1909 年，英国牛津大学设立"军事史讲席教授"（The Chichele Chair in Military History），标志着安全研究成为英国国际问题研究的主流。

第一次世界大战震撼了整个西方世界，因此，实现和维护和平与安全成为整个国际社会共同追求的目标。国际关系学科应运而生。威尔士的阿博斯维大学（Aberystwyth University）首先成立了国际关系学系。之后，伦敦政治经济学院和皇家国际事务研究所（Royal Institute of International Affairs, Chatham House）也相继成立专职研究国际事务的机构。1922 年，皇家国际事务研究所旗下的《国际事务》（International Affairs）作为首个专业期刊开始出版发行。1924 年，伦敦政治经济学院设立了首个国际关系学的教职，由菲利普·诺尔贝克（Phillip Noel-Baker）担任。② 诺尔贝克以其在裁军方面的理论而受到广泛赞誉，并于 1949 年获得"诺贝尔和平奖"。此外，他还持续关注科技进步与经济依存对国际安全的影响。③ 诺尔贝克个人的学术贡献和职业发展充分体

① 关于早期英国知识界对帝国的性质和利益的讨论，参见 Duncan Bell, *The Idea of Greater Britain: Empire and the Future of World Order, 1860-1900*, Princeton: Princeton University Press, 2007。

② Amitav Acharya and Barry Buzan, *The Making of Global International Relations: Origins and Evolution of IR at Its Centenary*, Cambridge: Cambridge University Press, 2019, p. 84.

③ 王黎、王梓元：《论诺尔贝克的集体安全观及其影响》，《史学集刊》2010 年第 1 期，第 89~95 页。

现出在国际关系学科创建伊始安全研究就占据着中心地位。

第一次世界大战后，安全研究一方面继承了战前的地缘政治学，关注地理位置和资源分布对大国关系的影响；另一方面，通过裁军实现普遍和平标志着安全研究成为新兴的国际关系学科的核心领域。[1] 在这一时期，国家存亡与军备问题在安全研究中占有支配地位，而学者们对此也持有不同态度。以麦金德为代表的地缘政治学派强调地理条件是国家间关系的基础，不过，他们又格外重视国家政策和个人能动性。因此，他们摒弃"地理决定论"，并在这一问题上与带有鲜明的社会达尔文主义色彩的德国地缘政治学派分道扬镳。[2] 因此，英国的地缘政治学派更具战略研究色彩。

在如何实现国家安全的问题上，与地缘政治学派对立的则是以裁军和国际组织为主要议题的研究。这类研究从英国自身的安全利益出发，强调英国须在国联中发挥领导作用，但更为重视集体安全与国际合作。尽管在这一时期英国的国家安全研究尚未充分关注公民个体的福祉，但是，学者们以促进人类和平为己任的世界主义倾向颇值得赞赏。从维护和平的立场出发，英国国内涌现出诸多学说，着重探讨国际秩序的历史与结构，以及国联裁军的理论基础和技术问题。[3] 爱德华·卡尔（Edward Carr）将这些学说贬斥为"乌托邦"，实际上是夸大了它们的共同点且忽略了这一时期内真正受到重视的研究问题，例如，资本主义与战争的关系及如何预防大国的侵略行为等。[4]

简言之，第一次世界大战以后，英国的安全研究已形成若干独具特色的研究议程。这对国家安全这一议题的发展具有开创意义，并且直接影响了安全研究在美国的早期发展。作为国联的批判者，卡尔在第二次世界大战之后名噪一时，其著作《二十年危机》经过汉斯·摩根索（Hans Morgenthau）的推广而为美国的安全研究奠定了理论基础。[5]不过，卡尔正是在批判英国安全研究的

① Amitav Acharya and Barry Buzan, *The Making of Global International Relations: Origins and Evolution of IR at Its Centenary*, Cambridge: Cambridge University Press, 2019, pp. 88-96.

② Lucian M. Ashworth, "Mapping a New World: Geography and the Interwar Study of International Relations," *International Studies Quarterly*, Vol. 57, No. 1, 2013, pp. 138-149.

③ 王黎、王梓元：《跨国视角下的世界秩序与国际社会》，天津人民出版社，2011。

④ Lucian M. Ashworth, "Did the Realist-Idealist Great Debate Really Happen? A Revisionist History of International Relations," *International Relations*, Vol. 16, No. 1, 2002, pp. 33-51.

⑤ Hans J. Morgenthau, "The Political Science of E. H. Carr," *World Politics*, Vol. 1, No. 1, 1948, pp. 127-134.

基础上完成了其代表作。[①] 在某种意义上，卡尔的"现实主义"学说起到承上启下的作用。他的理论旨在批判第二次世界大战前时兴的和平思潮，并强调权力政治是国家间关系的核心内容，这一假设恰好为第二次世界大战之后美国应对苏联的战略提供了理论上的指引。

二　第二次世界大战后英国安全研究的发展

第二次世界大战后，国际关系和安全研究的重心由英国转向美国。研究的风格和议题也发生了重大转变。虽然冷战时期的安全研究几乎由美国的政策关切所主导，但英国的安全研究依然保持和发扬了自身特色。最突出方面是战略史和大战略理论。在战略史领域涌现出了李德·哈特（Liddell Hart）、J. F. C. 富勒（J. F. C. Fuller）、迈克·霍华德（Michael Howard）、保罗·肯尼迪（Paul Kennedy）、柯林·格雷（Colin Gray）和劳伦斯·弗里德曼（Lawrence Freedman）等学术泰斗。在研究对象上，这些学者主要聚焦大国运用军事力量维护和促进国家利益的方式。在研究方法上，他们均偏好历史研究，尤其是通过丰富的叙事来阐明战略实践的原则。这些研究突破了先前学者对具体事件和政策议题的关注，拓宽了研究的视野。在研究本体上，他们虽然恪守国家中心主义，但对国家的理解和考察角度已经有所转变。相较于先前的地缘政治学派，他们更加强调国家（尤其是领导人）的能动性。富勒和哈特还先后提出了"大战略"（grand strategy）的概念，这一概念从 20 世纪至今一直被学者们热议。[②]

人们今天所熟知的"大战略"概念事实上是战后思想酝酿的结果。就概念的内涵而言，"大战略"对"战略"做出了延伸。19 世纪普鲁士军事理论家卡尔·冯·克劳塞维茨（Carl von Clausewitz）对战略的经典定义是"调动军事力量赢得战争的方法"，而"大战略"强调的内容是领导人动用一切国家掌控的资源（包括人力、技术、财力、意识形态、制度、外交和军事力量）

---

① E. H. Carr, *The Twenty Years' Crisis: An Introduction to the Study of International Relations*, London: Palgrave, 2001; Michael Cox, ed. , *E. H. Carr: A Critical Appraisal*, Basingstoke: Palgrave, 2000.

② Nina Silove, "Beyond the Buzzword: The Three Meanings of 'Grand Strategy'," *Security Studies*, Vol. 27, No. 1, 2018, pp. 34-36; Hal Brands, *What Good Is Grand Strategy: Power and Purpose in American Statecraft from Harry S. Truman to George W. Bush*, Ithaca: Cornell University Press, 2014, pp. 2-3.

来促进国家根本利益。因此，"大战略"不仅包括战略的制定和执行过程，还包括与军事力量相关但在性质和特征上又有所不同的各种手段。此外，"大战略"的实践不限于战争时期武力的使用，也包括国家在和平时期进行的政策规划和资源调配等活动。①

J. F. C. 富勒与迈克·霍华德等学者以总结战争的教训和经验为己任，其目标是培养和启迪政治家和决策者。柯林·格雷和劳伦斯·弗里德曼的视角则更为宽广，其研究不再限于战争的进行和军事力量的使用原则，而是尝试将战略的一般性原理运用到冷战时期兴起的核威慑问题上。保罗·肯尼迪则将大战略的原则和实践放在更为宽广的历史时空中，着重讨论军事力量和国家实力（尤其是经济实力）间的关系，这一视角将对"大战略"的考察上升到更高层次。可以说，在20世纪后期产生广泛影响的肯尼迪的著作，既是对冷战时期英国战略史研究的推广，也是对这一传统的升华和发展。

冷战时期英国的国家安全研究依然以防止大国战争和限制国家间暴力手段的运用为核心议题，其有别于美国安全研究之处在于研究方法而非研究对象。在实现安全的手段上，英国的安全研究也并未回归到战前的世界主义思潮上。尽管这些思潮在英国社会及大西洋国家之间依然存在一定影响，但是，它们已难以塑造安全研究的整体议程。国际主义思潮在英国安全研究中的式微，既与英国在第二次世界大战后的国力下降有关，也是美英"特殊关系"的产物。第二次世界大战后，英国丧失了全球霸权地位，其关注点自然也就转移到自身所在区域和自身的利益上。在这一背景下，与美国官方和民间的密切联系进一步促进了战略研究和地缘政治等议题在英国的发展。在此方面，赫德利·布尔（Hedley Bull）具有一定的代表性。布尔早年曾担任洛克菲勒基金会（Rockefeller Foundation）赞助的英国国际政治理论委员会（British Committee on the Theory of International Politics）秘书一职，后任教于英国伦敦政治经济学院、澳大利亚国立大学和英国牛津大学等高校。布尔在国际关系理论上成就斐然，但他在安全研究上的学术遗产则很容易被淡忘。②与英国学派的其他理论家相比，布尔更加关注军备和武力在国际关系中的作用，表现出国际主义的倾向。

---

① Paul M. Kennedy, ed. , *Grand Strategies in War and Peace*, New Haven: Yale University Press, 1991.

② 关于布尔的学术贡献，斯坦利·霍夫曼（Stanley Hoffman）做出过较为全面的总结，参见 Stanley Hoffmann, "Hedley Bull and His Contribution to International Relations, " *International Affairs*, Vol. 62, Vol. 2, 1986, pp. 179-195。

他曾批评冷战时期的军控研究不应只关注美苏两国在国际事务中的支配地位,① 与此同时，他也强调战略研究无法排除道德因素。②

尽管英国的安全研究在冷战期间追随了美国的研究议程，但在研究方法和视角上依然保持了自身特色。美国哈佛大学政治学教授江忆恩（Alastair Iain Johnston）曾将战略文化研究分为三代。他将柯林·格雷作为"第一代"学者，同时也批评其关于战略文化的归纳和分析难以证伪，诚然，"第一代"学者将物质和非物质因素都纳入战略文化的分析框架，看似难以对战略行为做出清晰和简约的实证分析。③ 然而，柯林·格雷则回应称，以实证科学的标准来衡量和指引战略文化的研究会让学者们误入歧途。在性质上，文化是一种习惯性的行为模式，这种行为在无意识中引导决策者和国家机构不断塑造其战略环境，因此，文化难以和行为分开，只有通过解读行为背后的动机和习惯才能开展战略文化研究。④ 格雷在安全研究上的贡献并不限于战略文化，他将战略实践看作国家历史传统的一部分，认为各国在较长的历史过程中形成的自身特殊的理论和价值体系将引导他们对未来做出预判。由于未来是不可知的，决策者们只得依靠历史经验及由此形成的原则来做出"刚刚好"却不那么完美的战略规划。⑤

正是在自身历史传统的基础上，英国的安全研究机构开始大量涌现。这些机构不仅促进了跨学科的研究方法的应用，还为学术研究与政策实践之间的沟通对话提供了便利。以英国伦敦大学国王学院（King's College of London）为代表的一批研究型大学纷纷设立安全研究项目，这些项目以开设军事史和战略研究的课程为主。虽然它们中的不少机构（包括国王学院）直至冷战后才将培养本科生作为主要的教育使命，但其研究特色和师资力量均发展于冷战时期，至今仍享有盛誉的伦敦国际战略研究所（Institute of International and Strategic Studies）就是成立于冷战时期。这一试图促进实践知识与学术研究之间

---

① Hedley Bull, "Arms Control and World Order," *International Security*, Vol. 1, No. 1, 1976, pp. 3-16.

② Hedley Bull, "Strategic Studies and Its Critics," *World Politics*, Vol. 20, No. 4, 1968, pp. 593-605.

③ Alastair Iain Johnston, "Thinking about Strategic Culture," *International Security*, Vol. 19, No. 4, 1995, pp. 32-64.

④ Colin Gray, "Strategic Culture as Context: The First Generation of Theory Strikes Back," *Review of International Studies*, Vol. 25, No. 1, 1999, pp. 49-69.

⑤ Colin Gray, *Strategy and Defence Planning: Meeting the Challenge of Uncertainty*, Oxford: Oxford University Press, 2015.

沟通对话的传统延续至冷战后。21 世纪初，伦敦政治经济学院的历史系与国际关系学系共同成立"战略与外交研究中心"（LSE IDEAS），该中心不仅定期组织专家学者完成报告，还开设了在职硕士研究生项目，旨在为外交和国防领域的职业人才提供进一步学习和深造的机会。

冷战结束、全球化深化和美国霸权的扩张及其后果为英国的安全研究开辟了新的领域，并使其在很大程度上摆脱了战略视角的桎梏。冷战的终结带来国际力量的重组，全球化扩展让国际共同体意识更加深入人心，而美国霸权的扩张又刺激非西方世界（也包括西方世界中的不少国家和团体）伸张自身的地位和影响。在此背景下，英国的安全研究从国家的视角出发开始以批判的眼光发现和研究新的问题。

第一，区域（regions）开始得到空前的重视。巴里·布赞等学者注意到，冷战的终结释放了各个区域内的国家、次国家与跨国力量，一些原先在美苏地缘政治竞争中受到压制的团体开始活跃起来，区域内的国家开始追求更多的与超级大国的利益不一致的目标。特别是区域内国家由于处于不同发展阶段和采取不同发展模式，因而面临不同程度和不同来源的安全威胁。在应对这些威胁时，区域国家间会形成不同的规范和制度，而这一过程也可能伴随着不同形式的冲突。① 英国的安全研究最先注意到不同区域的国家在安全实践上的多样性，因此，区域知识不仅能够丰富实证研究，还可以为学者们发展新的理论提供灵感。

第二，世界主义再次回归。冷战结束后，英国的安全研究不仅注重国家个体的安全利益，还关注安全议题如何以一种非对抗的形式出现在世界政治中。诚然，在冷战时期，相互依存理论、安全共同体理论和安全机制等方面的研究已在美国出现，并对集体安全和安全领域的非零和博弈进行了较为深入的探讨。不过，这些研究都将国家作为独立的、善于权衡个体利益的行为主体，并以此为前提开展研究。与之不同的是，英国的安全研究试图从国家运用权力（无论对内还是对外）的正当性出发，讨论政府、公民与社会组织等多重力量在国家安全议题上的争论和社会动员，相关的舆论既能塑造国家主体并赋予其

---

① Barry Buzan and Ole Waever, *Regions and Powers: The Structure of International Security*, Cambridge: Cambridge University Press, 2003.

运用暴力资源的正当性，也可以塑造规范来限制国家行为。①

第三，冷战后的英国学者更加倾向于采取"自下而上"的视角考察安全如何塑造了国家权力以及公民社会的角色。需要指出的是，公民社会及全球化的深化尽管可以对国家权力产生更多的约束机制，但这并不意味着国家不再面临安全威胁，也不意味着国家会更加倾向于通过非暴力的手段追求其目标。尤其是发达国家中公民面对的各种社会风险（如失业、交通事故）正悄然改变着西方国家对安全的认知。安全不再是要免除确切的威胁（尤其是战争），而是要减少关于未来的不确定性。② 在欠发达国家，全球化瓦解了当地社区的完整性，但同时也促进了人员、观念和财物的流动，这些状况有利于大国通过代理人来争夺势力范围和战略资源。③ 在这个意义上，冷战后的英国安全研究更加重视新的威胁来源和国家暴力在组织形式上的变化。

一言以蔽之，英国的安全研究承袭了 19 世纪以来的地缘政治学，在第一次世界大战后融入了国际关系学科体系。作为国际关系学的分支领域，安全研究在英国经历了一个世纪的学科发展历程。在传统上，英国国家安全关注国家利益和战略，同时也超越了国家本位的思考方式，兼具世界主义情怀，秉持批判精神。

三　文化与规范：英国安全研究的理论特色

实证主义要求社会科学理论必须对特定类型的经验现象提出一系列可供检验的假设，其目的是揭示导致现象重复出现的因果规律和机制。④ 上述严格的科学实证主义实际上是将自然科学研究的标准嫁接到了社会科学上。英国的安全研究对理论的性质和用途有不同的理解。在英国学者的视角下，理论的功能

① 近期的代表作包括，Andrew Linklater, *The Problem of Harm in World Politics: Theoretical Investigations*, Cambridge: Cambridge University Press, 2011; Ken Booth, *Theory of World Security*, Cambridge: Cambridge University Press, 2007。

② Mikkel Vedby Rasmussen, *The Risk Society at War: Terror, Technology, and Strategy in the Twenty-First Century*, Cambridge: Cambridge University Press, 2006.

③ Andreas Krieg and Jean-Marc Rickli, *Surrogate Warfare: The Transformation of War in the Twenty-First Century*, Washington, D. C. : Georgetown University Press, 2019.

④ Stephen Van Evera, *Guide to Method for Political Science*, Ithaca: Cornell University Press, 1997, pp. 7-15.

仅是"系统地安排一个研究领域，条理清晰地表述问题，并完整而严谨地建立一套相互关联的概念和类别"。[1] 在这一标准下，从事安全研究的英国学者不刻意追求实证上的严谨和精确，而是立足现实问题。在战略和安全问题上，英国的学术共同体普遍认为，那些亟待研究的问题或许都难以满足科学实证主义的要求，其原因在于，政治领域内的现象本身就是异常复杂和模糊的，事态发展的过程也充满了曲折。当研究者无法遵循一套固定的程序去归纳现象、衡量变量、总结因果规律和排除干扰因素的时候，他们就只得回到那些关于政治生活的根本原则上，并运用这些原则和有限的历史经验来评判政治事件。[2]

在这一认识论的影响下，英国的安全研究更加注重文化、观念和伦理等非物质因素在政治中的作用。因此，英国学者普遍认为，国家追求安全利益的实践也是其各自民族文化的产物。事实上，即便是以物质形态呈现出来的战略要素，也无法脱离非物质条件的作用。例如，军事力量往往被看作战略实践的物质基础，但是，军人的士气、专业技能和组织能力都是军事力量的构成要素，其本质却是非物质性的。因此，重视非物质因素并加以精心的研究意味着学者们需要从不同的理论视角出发来考察战略行为。以上的争论可作为一个例证突出英国学者重视非物质的因素（包括文化、观念和伦理），并且认为实证社会科学不适用于研究这类因素。类似的情况也适用于规范研究。在一般意义上，无论是国内还是国际规范都是国家间动态互动的产物，其对国家使用武力能够产生约束作用，但是，其发生作用的方式却是充满不确定性的，尤其是容易受到大国的操控。[3] 因此，规范一方面是观念的产物，另一方面又与物质力量等传统的大国政治因素有着复杂的联系。与战略文化的研究相一致的是，英国学者的规范研究并不倾向于将规范与物质因素（如地理、人口、经济水平和技术条件等）和行为区分开，而是以规范为视角对各国的安全实践进行批判性

---

[1]　Barry Buzan and Ole Waever, *Regions and Powers: The Structure of International Security*, Cambridge: Cambridge University Press, 2003, p. 83.

[2]　Hedley Bull, "International Theory: The Case for a Classical Approach," *World Politics*, Vol. 18, No. 3, 1966, pp. 361-377. 关于这一时期英国学者们关于传统方法的运用和讨论，参见陈小屋《"经典路径"与国际关系理论建构》，《国际政治研究》2021年第1期，第98~121页。

[3]　Nicholas J. Wheeler, *Saving Strangers: Humanitarian Intervention in International Society*, Oxford: Oxford University Press, 2000; Gary J. Thompson, *Great Powers and Outlaw States: Unequal Sovereigns in the International Legal Order*, Cambridge: Cambridge University Press, 2004.

考察。规范的作用不仅是塑造国家的政策行为，也是通过该行为不断重塑物质环境。换言之，英国学者倾向于认为文化与规范同物质环境之间形成了共生关系。考察这种共生关系更有助于理解不同国家在战略实践上的差异。英国伦敦国王学院的战略史家安德鲁·兰伯特（Andrew Lambert）从国家的内部属性（尤其是民情、制度和战略文化）出发，来探讨海权国家和陆权国家在战略实践上的区别。在兰伯特看来，陆权与海权并不完全由地理位置决定，而是战略实践下形成的习惯模式。这一模式的形成和演变会经历漫长的时间，但是，其突变也是难以预料的，并且对国际秩序乃至人类历史都会产生重大影响。①

无论是规范还是战略文化，就其观念基础而言，英国学者倾向于思想史的研究路径（genealogy，又称系谱学）。思想史的路径并不只是对前人的经典著述进行介绍和阐释，其要旨是考察人们根据实践的不同需要对经典概念赋予的不同含义。②因此，其价值在于总结人类在实现个体和族群安全的努力中获得的经验、教训和智慧。民族的特殊历史经验可以塑造其关于安全和战略等涉及其根本利益的理解和共识，因而，思想史的研究有助于揭示不同民族国家在安全领域的实践差异。③ 不过，思想史的研究对象并不局限于民族国家。既然国家安全是各民族国家普遍追求的目标，那么，与"安全"相关联的概念和思想也理应体现在各国的历史中。为了研究战略这一概念及其相关原则，英国雷丁大学教授贝蒂斯·胡瑟尔（Beatrice Heuser）追溯了从希腊文明至今人类有关战略的实践原则，其中不仅涉及有关赢得战争的要义，还有关于战争伦理的演化过程的探讨。④

规范与秩序息息相关，从秩序的角度研究规范也是英国安全研究的特色之一。布尔将秩序看作一种稳定的状态，该状态可塑造参与者的行为模式，从而

---

① Andrew Lambert, *Seapower States: Maritime Culture, Continental Empires, and the Conflict that Made the Modern World*, New Haven: Yale University Press, 2018.

② Iver B. Neumann, *Russia and the Idea of Europe*, London: Routledge, 1995.

③ Ken Booth, *Strategy and Ethnocentrism*, New York: Holmes and Meier, 1979; Bradley S. Klein, *Strategic Studies and World Order: The Global Politics of Deterrence*, Cambridge: Cambridge University Press, 1994; Christoph O. Meyer, "Convergence towards a European Strategic Culture? A Constructivist Framework for Explaining Changing Norms, " *European Journal of International Relations*, Vol. 11, No. 4, 2005, pp. 523-549.

④ Beatrice Heuser, *The Evolution of Strategy: Thinking War from Antiquity to the Present*, Cambridge: Cambridge University Press, 2010.

使他们一道促进共同价值（尤其是安全和繁荣）。① 在日常的政治中，秩序的参与者则需要特定的规范来审视彼此行为的正当性，并利用规范为自身的行为进行辩护。因此，规范与国家追求个体利益的工具理性并不对立，国家恰好可以借助规范来追求利益。已故的伦敦政治经济学院国际关系学教授迈克·拉夫（Michael Leifer）关于东盟的著作在此方面就具有开创性。拉夫追溯了东盟成立以来至冷战末期的每一个重大外交事件和决策细节，并结合东盟的纲领性文件论证了东盟国家的决策者推动不干涉原则的各种动机。其核心发现是，第二次世界大战后新兴的东南亚国家为了防范冷战意识形态对其国内秩序和政治合法性的影响，而创建了东盟组织。这一组织以促进区域和平为宗旨，但其核心动机是国内政治安全。虽然这一动机是一贯的，但是，东盟国家需要经过若干次重大事件的冲击（包括印尼与马来西亚的敌对关系、越南战争的威胁和第三次印支战争）才能在不干涉的规范上形成共同认知并在彼此间相互确认。②

在研究后冷战时代的区域秩序时，曾在英国长期任教、现任教于澳大利亚国立大学的政治学教授吴翠玲（Evelyn Goh）也将规范作为透镜来观察大国政治和区域秩序的互动。她试图解释为何多边主义在冷战后的东亚地区蓬勃发展，以及传统的大国竞争模式为何没有在中美之间出现。事实上，在东亚地区并没有出现如欧盟这样的具有较强约束力的国际制度和多边机制。即便如此，地区规范为大国追求和巩固其影响力创造了媒介，而中小国家恰好利用了这一媒介在大国之间扮演中间人的角色。作为区域国家的联合体，东盟的积极作用正体现于此。由于缺乏统一且有力的权威支持，国际规范难以同国内规范一样具有强大的约束力，但是，规范在促进国家间沟通和制造声誉成本方面依然可以有助于让国家在争端中保持克制。此外，规范也为国家间的竞争提供了新的媒介，调动规范进行外交游说的做法可进一步降低使用武力的意愿。吴翠玲的著作通过经验例证对上述机制进行了详尽阐述，其论述以规范的演进为中心，不仅体现了规范对国家政策的约束，还强调了规范对国家维持其身份和国际地位的意义。③后者能够强化国家维护国际秩序的动机，这一点不仅在理论上得

① Hedley Bull, *The Anarchical Society: A Study of Order in World Politics*, London: Palgrave, 2012.
② Michael Leifer, *ASEAN and the Security of South-East Asia*, London: Routledge, 1989.
③ Evelyn Goh, *The Struggle for Order: Hegemony, Hierarchy, and Transition in Post-Cold War East Asia*, Oxford: Oxford University Press, 2013.

到了来自心理学、社会学等领域的支持，在实践中也值得重视。①

事实上，即便是对规范构成了最大挑战的大国干预行为也无法脱离规范本身的影响。在一般定义上，干预是指一个国家通过武力或强制手段改变另一个国家的政治制度。在历史上，大国为了实现其自身利益，频繁地利用实力上的优势将自己偏好的制度强加于其他国家之上。这一行为模式破坏了威斯特伐利亚以来确立的主权独立原则，也因此表明了国际规范（哪怕是历史最为显眼的规范）缺乏约束力。② 这一发现立足行为主义，即关注规范对国家行为的影响。从不同的认识论前提出发，英国的安全研究则强调国际秩序本身就是干预行为的产物，而干预行为本身也难以脱离规范的影响。早在主权国家出现之前，各个政治行为体的权威边界存在较大的模糊性，而干预行为让这些政治行为体对彼此的边界有了更为清晰的认识，并且发展出了相应的规范来限制干预行为。③ 主权国家成为国际主流的政治参与者之后，干预成为大国的特权，在势力范围内对他国进行干预也就成为大国伸张其地位的方式。④ 简言之，在关于规范的研究中，英国的安全研究突破了行为主义对干预行为的动因和效果的关注，而着眼于干预与主权之间的互构。

综上所述，英国的安全研究在理论上关注国际政治中的非物质因素，尤其是战略文化和规范。战略文化折射出国家在界定和追求安全的过程中形成的迥异的历史经验，而国际规范则牵涉国际秩序的出现和演变。英国安全研究的理论特色有助于摆脱"西方中心主义"的桎梏，这也是英国安全研究的世界主义情怀的体现。

四 历史与实践经验：英国安全研究的方法论特色

英国的安全研究并不以方法论见长，但在历史积淀下，其学术共同体也形

---

① Alastair Iain Johnston, *Social States: China in International Institutions, 1980-2000*, Princeton: Princeton University Press, 2008.

② Stephen D. Krasner, *Sovereignty: Organized Hypocrisy*, Princeton: Princeton University Press, 1999.

③ Christian Reus-Smit, "The Concept of Intervention," *Review of International Studies*, Vol. 39, No. 5, 2013, pp. 1057-1076; Lee Jones, "Sovereignty, Intervention, and Social Order in Revolutionary Times," *Review of International Studies*, Vol. 39, No. 5, 2013, pp. 1049-1067.

④ Edward Keene, "International Hierarchy and the Origins of the Modern Practice of Intervention," *Review of International Studies*, Vol. 39, No. 5, 2013, pp. 1077-1090.

成了别具一格的方法论。其特点是重视历史研究和个案分析，表现了更多的反思性而非科学性，追求历史经验和教训的独特性而不是社会科学理论在经验分析上的普适性。布尔将这一"传统方法"（classical approach）定义为："从哲学、历史和法律学科中提炼理论并主要依靠判断……因而其主要论点也必然取自于一种在科学上不够完美的认知或直觉。"[1]哲学提供了逻辑上的训练，法律提供了围绕国际规范的论证形式，历史不仅提供了思考现实问题的素材，还为理论发现提供了灵感。

英国的安全研究试图从历史的个案中总结实践经验。如今，历史研究在英国的安全研究领域依然占有重要地位。与美国不同的是，英国的安全研究学术共同体由历史学家和国际关系学者共同构成。即使在国际关系领域，博士研究生依然可以自由地进行历史研究而不被要求做出理论上的论断。此外，即便是如今已经在理论上有所建树的学者，他们中不少人的博士论文依然是纯粹的历史研究。可以说，在英国安全研究的视野中，历史研究在很大程度上弥合了理论与实践的鸿沟。一些在历史研究上颇有建树的学者也可以在国际顶尖公共事务学院担任讲席教授。现任教于美国耶鲁大学历史系的文安立（Odd Arne Westad）教授在这一方面颇具代表性。20世纪90年代中期任教于英国伦敦政治经济学院以来，文安立出版了多部重要的历史著作，开辟了冷战史研究的新方向。他参与主编的三卷本《剑桥冷战史》（*The Cambridge History of the Cold War*）为学术共同体树立了重要的研究议程。此后，他转任美国哈佛大学肯尼迪政府学院，试图运用历史知识服务对外政策的制定。这是他在过去的十年间一贯努力的方向。这一努力既体现了英国安全研究的历史传统，也促进了安全研究与政策实践之间的联系。

英国的安全研究学者珍视历史经验。然而，由于历史过程本身也是复杂的，从同一事件中人们往往可以得到不同的教训。英国伦敦政治经济学院国际关系史教授大卫·史蒂文森（David Stevenson）以"古巴导弹危机"的决策为例，揭示了历史类比的吊诡和矛盾之处。众所周知，美国总统约翰·肯尼迪在"古巴导弹危机"中援引第一次世界大战爆发的原因，强调大国冲突会因"误判"（miscalculation）而难以收场。但是，在总结了半个世纪以来第一次世界

---

[1]　Hedley Bull, "International Theory The Case for a Classical Approach," *World Politics*, Vol. 18, No. 3, 1966, p. 361.

大战爆发原因的研究以后，史蒂文森发现误判并非最主要的原因。事实上，肯尼迪和他的幕僚们不仅引用了多个历史类比（尤其是"猪湾事件"的教训），还运用了这些类比来为其政策进行辩护。① 在现实中，历史对决策的作用取决于领导人自身的信条和决策的具体情境，在这一过程中，领导人往往借助多个历史类比来为政策选项背书。

因此，英国学者尤其重视历史经验的价值，且只有丰富（而非单一）的历史案例才可以为决策提供有价值的依据。况且，由于人类社会的发展不可能机械地重复过去，历史经验对政策实践的价值必然也只能是启发性的（而非指导性的）。与美国学者不同的是，英国学者并非将历史事实本身当作发展和检验理论的素材，而是将历史看作实践经验的来源。因而，历史研究的价值在于提供更多可以用作类比的实践经验，而非直接指导领导人的决策，历史研究的价值也就在于突出历史的复杂性。相应地，英国的安全研究共同体内形成了战争史、海军史、外交史、情报史和战略史等多个门类，旨在揭示国家方略的各个方面。在宏观层面，战略史以大国在崛起和衰落中实施的政策为例，展现这些国家的精英们如何运用国家可以动用的一切手段来捍卫核心利益，并且评价其得失。在较为微观的层面，英国的安全研究曾经以外交史见长，即通过研究外交决策的过程，尤其是领导人在国际和国内政治的事态变化下如何界定成本和收益并权衡得失。这一研究传统可追溯到第一次世界大战前，以英国历史学家乔治·古奇（George P. Gooch）为代表人物，而其集大成者则是现任教于美国耶鲁大学历史系的保罗·肯尼迪。②

如今的安全研究正在突破以上框架，进入国家机器运转的细微之处，涉及情报、外交部门、军方等对于制定国家安全政策能够发挥重要影响的部门。例如，在外交史研究中，英国东安格利亚大学（University of East Anglia）历史学教授奥托（T. G. Otto）的研究已经超越传统上对决策的关注视角，深入外交官的社会背景及其从社会阶层中继承下来的价值观，这些本土的非物质性及国际体系之外的因素对其审视地缘政治和大国关系发挥了微妙的作用，也潜移默

---

① David Stevenson, "Learning from the Past: The Relevance of International History," *International Affairs*, Vol. 90, No. 1, 2014, pp. 5-22.

② David Stevenson, "Learning from the Past: The Relevance of International History," *International Affairs*, Vol. 90, No. 1, 2014; George P. Gooch, *Studies in Diplomacy and Statecraft*, London: Longman, 1942; Paul M. Kennedy, *Diplomacy and Strategy*, London: Harpercollins, 1992.

化地塑造了英国对外政策。① 英国剑桥大学历史学教授克里斯托弗·安德鲁（Christopher Andrew）研究了英国情报系统在冷战起源过程中的角色，并丰富了人们对英美间"特殊关系"的认识。② 他的研究还展现了在核武时代大国竞争的隐蔽手段，即通过代理人和隐蔽的军事介入谋求势力范围以及地缘政治上的相对优势。③ 英国伦敦国王学院名誉教授劳伦斯·弗里德曼（Lawrence Freedman）在 20 世纪以研究肯尼迪政府时期实践强制外交和威慑战略的经验案例而享誉学界，④ 而在过去十年内他开始追溯战争和战略在漫长历史过程中呈现的各类形态。其研究的显著特征是将深刻的哲理蕴藏在故事中，以丰富的历史细节展示了人类在战争与战略实践中积累的智慧。⑤

这些研究对于人们理解大国竞争与国际秩序的稳定颇具启发意义。在一个新的现象产生之初，学者们关于其性质和特征往往存在较大争议，因而也就难以将其高度地概括为自变量和因变量，而采取描述和叙事手法对现象本身的复杂性进行阐释和说明，或许更有助于之后的社会科学学者进行理论化的处理。英国国家安全研究重视实践意义，而将追求社会科学的严谨性和科学性看作长期（但绝非核心）目标。从这一目标出发，英国的安全研究重在描述事件、厘清事实，以及提供各种竞争性解释。这些努力对于理解国家安全的实践活动都是必不可少的基础工作。此外，在深厚历史积淀和扎实研究传统的基础上，遵循英国的安全研究路径或许比单纯追求科学的严谨性更具现实意义。在通常情况下，以实证性的角度去回应规范性的问题是不够的。前者要求人们回答：为什么某个国际事件会发生？规范性的研究则要在这个事件发生后判定各方的是非曲直。若将两者混为一谈，则容易掉入"存在即合理""合理即正义"的诡辩之中。可是，一国伸张其利益的时候又必须借助国际社会中通行的规范（包括国际法）才可取信于各国。借鉴英国学术研究的成果有助于训练我们自

① T. G. Otto, *The Foreign Office Mind: The Making of British Foreign Policy, 1865-1914*, Cambridge: Cambridge University Press, 2011.
② Christopher Andrew, *Secret Service: The Making of the British Intelligence Community*, Portsmouth: Heinemann Publishing, 1985.
③ Christopher Andrew, *For the President's Eyes Only: Secret Intelligence and the American Presidency from Washington to Bush*, London: Harpercollins, 1995.
④ Lawrence Freedman, *Kennedy's Wars: Berlin, Cuba, Laos, and Vietnam*, Oxford: Oxford University Press, 2000.
⑤ Lawrence Freedman, *Strategy: A History*, Oxford: Oxford University Press, 2015; Freedman, *The Future of War: A History*, London: Penguin Books, 2017.

身对国际规范的认识和在国家安全实践中培养"规则意识"。这更加有利于我们在规范问题上清晰阐明自身立场，从而有效地维护国家安全利益。

结　语

简言之，英国的安全研究经过历史传统的积淀已形成了一套独特的研究方法。其主要特点是从历史案例的细节中发现和总结经验，其目的在于为后世的实践提供启发（而非具体的指导意见）。

在英国脱离欧盟之后，英国的安全研究面临新的挑战和机遇。一方面，脱离欧盟意味着英国同欧洲大陆的商业和人文交流会在一定程度上受限，这也意味着英国的安全研究会更多转移到欧洲以外；另一方面，在英国试图打造"全球英国"的身份标识之际，无论是安全研究的学术共同体还是政策实践者都希望将视野拓宽到欧洲以外地区，尤其是那些在历史上曾与英国有着紧密的政治、商业和战略联系的区域和国家。在此方面，英国安全研究的传统特色将发挥一定优势。如本文所概括的，这些特色包括：在方法论上重视区域和历史知识，在理论上重视安全和战略实践中的非物质因素。上述研究取向不仅适用于分析和研判正在发生的世界政治的深刻变革，还可能提供新的理论启发。

（本文原载于《国际政治研究》2022 年第 3 期，收录本书时略有修改。）

| 第十二章 |

威胁应对与安全环境塑造：
印度的国家安全研究

楼春豪

　　1947 年独立后，印度面临非常复杂的国内外安全环境。虽然在每个历史阶段，印度所面临的国家安全挑战的来源和严重程度不同，维护国家安全的政策工具和能力也不同，但总体而言，印度是世界大国中面临国家安全挑战较多的国家之一。从内部安全角度看，受制于国内宗教民族矛盾和阶级阶层不平等，印度国内的宗教极端主义、民族分裂主义和左翼激进势力是长期存在且难以根除的三大安全挑战。从外部安全角度看，印度曾与中国和巴基斯坦这两个最大邻国爆发过军事冲突，始终对中国和巴基斯坦怀有深深的战略疑虑。而在周边近邻中，不少国家所存在的政治动荡、经济困境等，也在一定程度上给印度的国家安全构成了输入性冲击。此外，时代变迁使国家安全的内涵和外延不断丰富，水资源、恐怖主义、网络、生物、有组织犯罪等非传统安全问题涌现，使印度面临的国家安全环境更趋复杂。面对复杂的国家安全环境，20 世纪 90 年代，印度设立国家安全委员会，不断完善国家安全工作体制机制、提升维护和保障国家安全的能力，且曾就核问题、海洋安全等具体领域出台过国家安全政策文件。不过，印度迄今并没有公开发布综合性的国家安全战略，这制约了印度从战略和全局高度谋划国家安全工作的能力和效果。

　　印度善于辩论的民族特性和复杂多变的国家安全形势，推动了印度国家安全研究"从无到有"和"从有到多"的发展过程。印度最初的国家安全研究并非综合性的国家安全研究，大多是基于对国家安全的威胁认知、围绕具体国家安全议题的研究。但是，在印度国家发展进程和世界百年未有之大变局的交织作用下，印度国家安全的内涵和外延不断丰富，印度对非传统安全、国际安全的关注明显增多，主动塑造安全环境的意愿和能力也有所增强，这些变化也使得印度国家安全研究的综合性、系统性和进取性更强。特别是 2014 年莫迪政府上台后，印度国家安全研究在兼顾"威胁应对"的同时，更多地向"主动塑造"转变。

本文旨在对印度独立以来国家安全研究的演变进程进行总结梳理，重点阐述不同时期印度国家安全研究的主要影响因素、主要特点、代表性人物和主要观点，以便更准确地把握印度国家安全研究体系的内在逻辑和未来态势。

一　印度国家安全研究的历史演进

独立初期，印度并不具备专门的从事国家安全研究的机构，政府主导了国家安全议程的设置和决策。1962 年中国对印自卫反击战、1971 年第三次印巴战争，以及美苏在冷战期间对峙的加剧，推动印度战略界不断深化对国家安全议题的研究。苏联解体、冷战结束，意味着印度在冷战期间国家安全战略的一些逻辑动因发生了根本性变化，迫使印度大幅调整国家安全和对外战略，极大催生了印度国内对国家安全议题的研究，印度的国家安全研究迎来了大发展。

（一）印度国家安全研究的萌芽期（1947~1962 年）

这一时期，印度国内教派矛盾、阶级矛盾和民族矛盾比较严重，教派冲突、土邦问题、语言邦纷争、工农运动等，都对国内稳定构成巨大挑战。不过，得益于尼赫鲁及其领导的国大党在民族独立运动中形成的巨大威望，以及国大党作为包含左中右各派势力的主导性政治力量，印度政府努力应对各种执政挑战，渡过了独立初期"百废待兴"的危急时刻。在对外安全战略方面，反殖民主义、不结盟运动是该时期印度基本的外交政策原则，印度试图同时发展与美国和苏联的关系，但对美苏冷战持批评态度。印度视巴基斯坦为最主要的外部安全挑战，对中国的威胁认知则出现显著分歧。由于印度在西藏问题和边界问题上的错误立场和政策，中印关系在 20 世纪 50 年代末开始出现下滑，印度国内对华安全认知趋于负面。

印度在这一阶段很难说有成形的国家安全研究。一方面，尽管面临党内不同派系纷争及左翼政党和印度教民族主义势力的质疑、掣肘，尼赫鲁本人的政治威望和影响力甚高，他对包括国家安全议题在内的内外政策具有主导性影响，战略界人士对外交、军事议题的发言权很小，这制约了战略界人士对国家安全议题的深入探讨；另一方面，该时期印度最紧迫的任务是应对独立初期的各种现实风险挑战，对国家安全的认知在逐渐形成和丰富过程中，与国家安全相关的工作更多的是事务性的、实践层面的，缺乏对国家安全议题的系统研究。此外，在自治领时期（1947 年 8 月 15 日至 1950 年 1 月 26 日），蒙巴顿还曾担任印度自治领总督，英籍文官和军官仍保留在印度文官队伍和军队中，所以，英国对印度的国家安全事务仍有很大影响力。英殖民者对印度国家安全和对外战略的影响很大，以致"印度是否具有战略文化"一直都是国际学界争论的话题。有学者甚至指出，"英殖民时期，英国在没有印度参与的情况下制定了国防政策和战略。印度民族主义运动的主要人物努力创造了一个现代民族国家的概念。然而，除了对威胁和霸权野心的基本认识外，印度并没有形成现代战略思维传统"。①

印度世界事务委员会（Indian Council of World Affairs）是当时唯一的外交与战略领域的研究机构。1943 年，该委员会从印度国际事务研究所（Indian Institute of International Affairs）独立出来，其原因主要是不满后者在外交安全问题上支持英印政府。因此，印度世界事务委员会与国大党关系密切，后来也成为隶属于印度外交部的智库。此外，为弥补外交战略领域教育培训上的不足，尼赫鲁政府于 1955 年推动建立印度国际问题研究院（Indian School of International Studies）。该学院最初设在德里大学，是印度区域国别研究的开山鼻祖，1970 年被并入尼赫鲁大学之前，共培养了 66 名博士、出版了近 60 本书籍、发行了刊物《国际问题研究》（*International Studies*），对印度国际关系学科的创立发挥了至关重要的作用。② 在军事领域，1959 年 5 月，印度内阁国防委员会批准成立国家国防学院（National Defence College），1960 年该学院正式成立，成为高级军官的培训学校。③

---

① A. Z. Hilali, "India's Strategic Thinking and Its National Security Policy," *Asian Survey*, Vol. 41, No. 5, 2001, p. 741.

② "School of International Studies," Jawaharlal Nehru University, https://www.jnu.ac.in/sis, accessed: 2023-03-08.

③ 印度国家国防学院官网，https://ndc.nic.in/About/about-ndc/ndc-origin。

在战略思想方面，印度首任驻华大使、历史学家 K. M. 潘尼迦（K. M. Panikkar）对印度海权思想的形成有巨大推动作用，① 这集中体现在《印度和印度洋：略论海权对印度历史的影响》一书中。潘尼迦认为，"认真研究一下印度历史上的各种力量，就可以毫不怀疑地认识到：谁控制印度洋，谁就掌握了印度。来自海上能够控制其漫长海岸线的权威，用武不多，就可以确保其对印度的统治"；"同中国一样，印度也曾几番遭到来自陆上的外族征服。但是，这两国的例子都说明，这样的征服固然能引起一时变乱，到头来却总是以征服者被当地文明的同化而告终"，"然而，来自海上的控制却不同。对于像印度这样一个由于地理因素几乎全靠海上贸易过日子的国家，这种来自海上的控制，就好比是用手掐住脖子"。② 他因此总结到，"从 16 世纪起，印度洋就成为争夺制海权的战场，印度的前途不决定于陆地的边境，而决定于从三面围绕印度的广阔海洋，印度有两千英里以上开阔的海岸线，如果印度洋不再是一个受保护的海洋，那么，印度的安全显然极为可虑"。③ 此外，包括潘尼迦在内的不少战略界人士，都将印度视为英帝国的继承者，认为既然英帝国将印度洋打造成其内湖，则印度也应将印度洋打造成"印度之洋"。潘尼迦据此提出著名的"钢圈理论"，即"如果在适当的地方布置下海空军基地，打造一个环绕印度的钢圈，又在圈内建立一支力量强大、足以保卫内海的海军，那么，对于印度的安全与昌盛大有关系的海洋就可以受到保护，变为一个安全区"。④

（二）印度国家安全研究的稳步发展期（1962~1991 年）

该时期影响印度国家安全研究的因素主要有三。一是国大党内部派系之争激化，在印度国内政治中的地位开始下滑，印度教民族主义政党和地方实力派逐渐走上政治舞台，国内矛盾极度激化，国内政治陷入动荡时期。例如，在这

① 潘尼迦是印度著名的政治家、学者、主编，系印度首任驻华大使，著有《两个中国：一名外交官的回忆录》（In Two Chinas: Memoirs of a Diplomat）。其著作《印度和印度洋：略论海权对印度历史的影响》（India and the Indian Ocean—An Essay on the Influence of Sea Power on Indian History）对印度的海权理论和政策影响很大，也被认为是"印度海权之父"。
② 〔印〕潘尼迦：《印度和印度洋：略论海权对印度历史的影响》（内部读物），德隆、望蜀译，世界知识出版社，1965，第 81 页。
③ 〔印〕潘尼迦：《印度和印度洋：略论海权对印度历史的影响》（内部读物），德隆、望蜀译，第 1~2 页。
④ 〔印〕潘尼迦：《印度和印度洋：略论海权对印度历史的影响》（内部读物），德隆、望蜀译，第 9 页。

一时期，纳萨尔巴里运动、旁遮普分离主义、东北部民族分离运动和克什米尔问题等都严重冲击印度的国内安全。二是不结盟虽然仍是印度外交政策的指导原则，但印度对外政策总体上越来越偏向现实主义和权力政治。1962年，中国对印自卫反击战对印度造成极大震撼；1964年，中国成功进行核试验，印度开始考虑发展核武器；1971年，印度出兵支持孟加拉国的独立运动，第三次印巴战争重创巴基斯坦，使印度摆脱了之前遭受巴基斯坦左右夹击的困境。此外，印度曾试图同时与美国和苏联发展关系，但随着美苏冷战对抗的升级、美巴走近、中美关系正常化等，印度事实上偏离了不结盟政策，逐渐倒向苏联。三是信息科技的发展、工商界的壮大、媒体影响力的上升等，使公众对国家安全议题的参与度和影响力不断增强，客观上推动了国家安全研究的发展。隶属国防部的智库国防研究分析所（Institute for Defence Studies and Analyses, IDSA）、隶属外交部的印度世界事务研究所，以及前述高校系统的国际问题研究院是最主要的三家机构，印度国际中心（India International Centre）及其"星期六俱乐部"提供了就国家安全和外交政策进行讨论的平台。

在这一时期，对印度国家安全研究影响最大的人物是战略思想家、现任印度外交部长苏杰生的父亲 K. 苏布拉马尼亚姆（K. Subrahmanyam）。苏布拉马尼亚姆于1962~1965年、1979~1980年在国防部任职，1977~1979年担任联合情报委员会（Joint Intelligence Committee, JIC）主席，1969~1975年和1980~1987年担任国防研究分析所所长，也担任过印度国家安全顾问委员会召集人、卡吉尔评估委员会主席，对印度的国家安全战略思想和国家安全决策体系产生了巨大影响，被称为"印度的基辛格"。[①] 他在该阶段对印度国家安全研究的主要贡献有三个方面。一是积极主张印度发展核武器。苏布拉马尼亚姆是最早且持续呼吁印度发展核武器的人士。1964年，中国核试验成功后，当时在国防部任副秘书（deputy secretary）的苏布拉马尼亚姆就向高层提交报告，呼吁就中国核武器对印度国家安全的影响及其印度的应对措施进行研究，对印度政府最终下决心发展核武器起到了重要的推动作用。印度前国家安全顾问梅农曾表示，"当苏布拉马尼亚姆开始谈到印度需要制造核武器，并将之作为应对我们独特情况的最具成本效益的解决方案时，他是一个孤独者。经过多年持久不

---

① 苏布拉马尼亚姆对国防、外交、国家安全议题的论述主要收录在下书中，K. Subrahmanyam, *Shedding Shibboleths: India's Evolving Strategic Outlook*, Delhi: Wordsmiths, 2005。

懈的争论和劝说之后，他的意见才被广泛接受"。① 二是推动印度干预孟加拉国独立运动。1947年，巴基斯坦独立后包括西巴基斯坦和东巴基斯坦两部分，西巴基斯坦在政治、经济上都居于优势地位。1971年3月，东巴基斯坦的政党人民联盟（Awami League）掀起了要求建立独立的孟加拉国的运动。印度国内对是否进行军事介入存在很大分歧，但苏布拉马尼亚姆力主出兵，认为东巴基斯坦的局势对印度国家安全造成了严重威胁，印度军事介入既有助于解决东巴基斯坦的难民问题，也有助于改变受困于巴基斯坦东西夹击的困境，其观点对印度政府最终出兵东巴基斯坦（并引发第三次印巴战争）起到推动作用。② 三是积极主张军事现代化。印度国内不少声音认为发展军事会消耗本应投入经济社会发展的资源，但苏布拉马尼亚姆强调要统筹推进国防和发展，认为国防工业发展可以促进技术进步、带动相关产业发展，而考虑到当时的外部安全威胁，印度需要加强国防建设。此外，在担任国防研究分析所所长期间，苏布拉马尼亚姆在媒体撰写国家安全议题评论文章，有助于提升公众对国家安全议题的关注，有助于启迪公众的"国家安全意识"，也使得国防研究分析所成为当时印度国家安全研究最重要的理论阵地和人才基地。③

印度国家安全研究在该阶段特别注重防范应对来自中国和美国的威胁。1962年，中国对印自卫反击战，印度国内爆发反华浪潮，印度政府开始反思其对外战略和国家安全决策体系。不少战略界人士都批评不结盟主张使印度未能第一时间获得美国和苏联的军事援助，理想主义色彩较重的尼赫鲁主义又未能给予国防建设足够重视。作为应对，印度开始寻求美国和苏联的军事和经济援助，加快成立对外情报机构研究分析局（Research and Analysis Wing，RAW），组建国防研究分析所，强化对国家安全威胁的情报预警和分析研判，且直接出兵巴基斯坦以改变面临巴基斯坦（东西夹击）和中国"三线作战"的困局。1975年，印度政府组建聚焦国防改革的专家委员会，委员会报告明

---

① Shivshankar Menon, "Subrahmanyam and India's Strategic Culture," *Air Power*, Vol. 7, No. 1, Spring 2012, https://capsindia.org/wp-content/uploads/2022/09/Shiv-Shankar-Menon.pdf, p. 6, accessed: 2023-04-01.

② "The Truth about 1971," in K. Subrahmanyam, *Shedding Shibboleths: India's Evolving Strategic Outlook*, Delhi: Wordsmiths, 2005, pp. 328-330.

③ C. Raja Mohan, "The Making of Indian Foreign Policy: The Role of Scholarship and Public Opinion," *ISAS Working Paper*, No. 73, 2009, p. 7.

确将中国和巴基斯坦均视为主要敌人，并呼吁在此基础上推动军队结构性改革。① 不过，1988 年，印度总理拉吉夫·甘地访华，中印关系恢复正常化。印度对美国的不信任甚至反感也在这一时期得到强化。印度一度想发展与美国的关系，尼赫鲁在与中国冲突期间寻求美国军事援助，英迪拉·甘地也于 1966 年出访美国，但囿于美苏冷战大格局加之美印外交政策理念不同，美印关系日渐疏远。特别是 1971 年第三次印巴战争期间，美国向印度驻美大使威胁道，"如果印巴就孟加拉问题发生战争，而中国站在巴基斯坦一边并介入的话，美国不会支持印度"；美国在唆使中国出兵干预未果的情况下还派出航母舰队进入孟加拉湾，被印度视为对其国家安全的严重挑衅，促使印度与苏联签署《印苏友好合作条约》，进一步加剧了印美互不信任。② 印度学者拉贾·莫汉（Raja Mohan）曾总结道，"印度是世界上唯一在整个冷战期间独立于西方甚至很多时候反对西方的自由民主国家。到 20 世纪 80 年代末，印度在联合国大会投票反对美国和西方的次数甚至超过了苏联。在印度政治阶层内部，拒绝西方经济模式及其外交政策目标已成为他们的第二天性"。③

　　该时期印度国家安全研究中另一重要体现，是战略界提出了被称为印度版"门罗主义"的"英迪拉主义"。受英殖民者"缓冲区""科学边界"等战略思想的影响，印度自独立以来就强调对周边邻国外交和安全事务的主导，逼迫尼泊尔、不丹等签署"友好条约"。20 世纪 70 和 80 年代，印度对干预南亚国家内部事务的意愿更加强烈，对域外势力在南亚影响力上升的疑虑有增无减，这从其吞并锡金、出兵斯里兰卡和马尔代夫、对尼泊尔进行陆上封锁等事件中可窥一斑。印度战略学者森·古普塔（Sen Gupta）据此提出"英迪拉主义"，并被当时的印度战略界广泛接受，其主要思想是：印度强烈反对外部势力对南亚国家内部事务的干预；任何南亚国家都不应该寻求域外国家的支持，如果需

① A. Z. Hilali, "India's Strategic Thinking and Its National Security Policy," *Asian Survey*, Vol. 41, No. 5, 2001, p. 752.

② K. Subrahmanyam, "Indian Nuclear Policy: 1964-98 (A Personal Recollection)," *Strategic Analysis*, Vol. 42, No. 3, 2018, p. 296.

③ C. Raja Mohan, "Globalization and India's Changing National Security Strategy," in David A. Kelly, et al., eds., *Managing Globalization: Lessons from China and India*, London: World Scientific, 2006, p. 335.

要外部支持，则应该向印度寻求支持，否则将被视为有害于印度的国家利益。① 印度外长苏杰生在回顾印度外交史时，将 1971～1991 年称为"地区强势"阶段。②

（三）印度国家安全研究的快速发展期（1991~2014 年）

这一时期影响印度国家安全研究的因素主要有三。一是冷战的结束和苏联的解体。这对印度对外战略和国家安全政策构成巨大冲击，迫使印度大幅调整内外政策，包括积极改善与美西方国家的关系；总体上延续 1988 年关系正常化以来的中印关系；提出改善与邻国关系的"古吉拉尔主义"；启动经济改革；等等。二是印度国内进入联盟政治时期，地方政治势力抬升势头明显，对印度外交和国家安全议题的影响力上升。此外，经济改革推动财团发展，大财团对智库建设投入增加，与外部联系的增多也给美西方智库进入印度提供了契机。三是印度面临的国家安全威胁出现了新的变化，东北部民族分离势力有所减弱，左翼激进势力徘徊发展，但恐怖主义问题日益显现（如 1993 年和 2008 年孟买遭受重大恐袭、2001 年议会遭遇恐袭）。1998 年核试验、1999 年卡吉尔冲突也极大地刺激了印度战略界对国家安全议题的大讨论。

印度国家安全研究也进入快速发展阶段，涌现出大量与国家安全、国际战略、国防等相关的智库。在国防军事领域，空军准将贾斯吉特·辛格（Jasjit Singh）于 2001 年成立空军力量研究中心（Center for Air Power Studies），前陆军副参谋长维贾·奥贝罗伊（Vijay Oberoi）中将于 2004 年设立陆战研究中心（Centre for Land Warfare Studies），时任国防部长普拉纳布·穆克吉（Pranab Mukherjee）于 2005 年推动成立国家海事基金会（National Maritime Foundation）。在国家安全与战略研究方面，与印度人民党关系密切的辨喜基金会（Vivekananda International Foundation）和印度基金会（India Foundation）都在 2009 年成立，辨喜基金会的创始所长是现任国家安全顾问

---

① Bhabani Sen Gupta, "The Indian Doctrine," *India Today*, August 31, 1983, in Devin T. Hagerty, "India's Regional Security Doctrine," *Asian Survey*, Vol. XXXI, No. 4, 1991, p. 351.

② "External Affairs Minister's Speech at the 4th Ramnath Goenka Lecture, 2019," November 14, 2019, https://mea. gov. in/Speeches-Statements. htm?dtl/32038/External+Affairs+Ministers+speech+at+the+4th+Ramnath+Goenka+Lecture+2019, accessed: 2021-11-23.

多瓦尔。此外，一些大财团支持的智库也在这期间成立或得到大发展。有安巴尼财团背景的观察家研究基金会（Observer Research Foundation）成立于1990年9月，成立不久即向政府提交《印度经济改革议程》，该智库在1991年印度经济改革后得到较大发展。2004年，印度产业联合会（Confederation of Indian Industry，CII）与美国阿斯彭研究所联合创办阿斯彭研究所（印度），2006年更名为阿南塔-阿斯彭研究所（Ananta Aspen Centre）。2009年，马恒达集团（Mahindra Group）、苏司兰能源（Suzlon Energy）、TVS汽车等大企业在孟买创立了"梵门阁：全球关系理事会"（Gateway House：Indian Council on Global Relation）。此外，2013年，布鲁金斯学会在印度成立布鲁金斯学会（印度），2020年9月更名为社会和经济进步中心（Centre for Social and Economic Progress）；2016年，卡内基国际和平基金会在印度成立卡内基（印度）（Carnegie India）。

印度战略界在这一时期对国家安全决策的影响力也大幅增强，一些关于国家安全议题的研究成果甚至直接转化成最终决策。以核政策为例。1999年4月，印度正式组建国家安全委员会，其成员包括总理、内政部长、国防部长、外交部长、财政部长和国家计划委员会副主席，其目的是"对政治、军事、外交、科技等各方面的国家资源进行综合思考和协调应用，保障和促进国家安全目标任务"。[①] 国家安全委员会下设国家安全顾问委员会（1998年12月成立，早于国家安全委员会的正式成立），苏布拉马尼亚姆出任首任召集人，主要听取战略界对国家安全议题的看法并提出研判意见。根据印度内阁秘书处的决议，印度国家安全顾问委员会包括一名召集人，以及在外交事务、对外安全、国防和武装部队、战略分析、经济、科学和技术、内部安全及相关领域具有专长的非政府知名人士，总人数不超过30人。[②] 1999年8月，国家安全顾问委员会提出《核学说草案》（Draft Nuclear Doctrine），就印度在核裁军和军

---

① 1990年8月，印度政府曾经设立过国家安全委员会，但该委员会仅在1990年10月召开过一次会议，昙花一现。1998年核试验后，印度政府成立研究国家安全决策体制机制改革的工作组，并根据工作组建议于1999年4月设立国家安全委员会且运行至今。See Cabinet Secretariat Resolution No. 281/29/6/98/TS, *The Gazette of India: Extraordinary*, April 19, 1999, https://ia800601. us. archive. org/13/items/in. gazette. e. 1999. 383/E_94_2013_050. pdf, accessed: 2023-08-10.

② Cabinet Secretariat Resolution No. 281/29/6/98/TS, *The Gazette of India: Extraordinary*, April 19, 1999, https://ia800601. us. archive. org/13/items/in. gazette. e. 1999. 383/E_94_2013_050. pdf, accessed: 2023-08-10.

备控制、核政策目标、核力量建设、研发、可信度和生存性、指挥控制体系等方面的政策立场进行阐述，草案提出"印度核武器的根本目的是威慑任何对印度及其武装力量使用或威胁使用核武器的国家或实体。印度不首先发起核攻击，但如果威慑失败，将进行惩罚性报复。印度不对不拥有核武器或不与核力量结盟的国家使用或威胁使用核武器"，"印度寻求可信的最低核威慑，核武库的生存至关重要"。① 2003 年，印度政府正式发布官方核学说，增加了"遭受生化武器袭击时保留使用核武器进行反击的权利"等内容，但主要内容都基于《核学说草案》。② 当然，印度国内对核政策也存在争论，主要分为以苏布拉马尼亚姆为代表的温和以派和巴拉特·卡纳德（Bharat Karnad）为代表的强硬派。③ 温和派认为，核威慑更多基于认知而非数量，只要让对手感受到印度的核生存能力以及核报复能给其造成巨大损失，印度就能够实现核威慑。④ 巴拉特·卡纳德、布拉马·切拉尼（Brahma Chellaney）等强硬派学者则认为，"只有对本国核武器的生存能力以及发起毁灭性报复打击的能力足够自信，加之具备有效的危机管理体系的情况下，不首先使用核武器才有意义，而印度显然不具备这样的能力"，"因此，印度要维持让对手不可接受的损失的威慑可信度的话，就必须扩充核武库"。⑤

再如，1999 年卡吉尔冲突之后，苏布拉尼亚姆出任卡吉尔评估委员会主席，就完善印度国家安全体制机制进行研究。1999 年 12 月，卡吉尔评估

---

① "Draft Report of National Security Advisory Board on Indian Nuclear Doctrine," August 17, 1999, https://www.legal-tools.org/doc/70efe4/pdf/2023-04-10.

② "Cabinet Committee on Security Reviews Progress in Operationalizing India's Nuclear Doctrine," January 4, 2013, https://archive.pib.gov.in/archive/releases98/lyr2003/rjan2003/04012003/r040120033.html, accessed: 2023-04-10.

③ Rajesh Rajagopalan, *India's Nuclear Doctrine Debate*, June 30, 2016, https://carnegieendowment.org/2016/06/30/india-s-nuclear-doctrine-debate-pub-63950, accessed: 2023-03-20.

④ K. Subrahmanyam, "No Second Thoughts," *Indian Express*, September 8, 2009, http://archive.indianexpress.com/news/no-second-thoughts/514258/0, accessed: 2023-03-20; K. Subrahmanyam, "Because the Bluff Might Just Be Called," *Indian Express*, September 16, 2009, http://archive.indianexpress.com/news/because-the-bluff-might-just-be-called/517622/, accessed: 2023-03-20; Manpreet Sethi, *India and No First Use: Preventing Deterrence Breakdown*, New Delhi: Institute for Peace and Conflict Studies, 2014.

⑤ Bharat Karnad, *Nuclear Weapons and Indian Security: The Realist Foundations of Strategy*, New Delhi: Macmillan, 2002; Brahma Chellaney, "India's Missing Hard Power," *Mint*, April 21, 2010, http://chellaney.net/2010/04/20/indias-missing-hard-power/, accessed: 2023-03-27.

委员会提交评估报告，不少建议最终被印度政府采用。[①] 委员会建议"应该根据国家安全需求向情报机构下派任务；情报机构之间应该加强协调，填补情报空白；要避免重复采购，但情报机构应该装备先进的技术工具"，最终推动政府成立了情报协调小组（Intelligence Coordination Group，负责情报工作的分配和评估）、国家技术装备组织（National Technical Facilities Organization，负责技术情报，2004 年更名为国家技术研发组织）、多情报中心（Multi-Agency Center，负责情报机构和执法部门的实时信息传递，在全国有429 个分中心），以及金融情报小组（Financial Intelligence Unit，负责金融反恐）等。[②]

二　印度国家安全研究的转型发展

2014 年，莫迪政府上台后，印度的国家安全研究持续发展。一方面是因为印度所处的国内外安全环境正在深刻调整、转型，全球安全治理赤字严重，国内安全形势隐忧仍存，大国关系复杂重塑，传统与非传统安全议题相互交织，安全与发展问题相互影响，需要印度战略界对国家安全环境、国家安全战略、国家安全政策等进行反思评估；另一方面则是因为莫迪政府高度重视国家安全议题，在国家安全领域采取诸多有别于前任政府的做法与举措，对国家安全决策的体制机制进行大刀阔斧的改革，以莫迪政府独特的方式处理若干国家安全挑战，推动了战略界对国家安全议题的关注和研究。

（一）转型发展时期印度国家安全研究的特点

之所以将 2014 年至今的国家安全研究称为"转型发展期"，原因有三：一是印度的国内外安全环境都在发生深刻调整，对印度国家安全研究的主要议题、价值取向等都产生了重要影响；二是该时期印度的国家安全研究成果颇为丰富，莫迪政府对国家安全议题的重视，以及在国家安全领域推出诸多新的做法举措，为国家安全研究提供了丰富的素材；三是莫迪政府对不同政

---

① Kargil Review Committee, *From Surprise to Reckoning: The Kargil Review Committee Report*, New Delhi: Sage, 2000.

② P. S. Raghavan, "The Evolution of India's National Security Architecture," *Journal of Defence Studies*, Vol. 13, No. 3, 2019, pp. 37-38.

治取向的智库和大学采取差异化的态度，对与政府关系密切、认可政府施政理念的智库和大学大力扶持，反之，则予以打压，这导致国家安全研究中的民族主义色彩更加明显。政府对国家安全研究的引领塑造，以及特定智库对国家安全决策的影响都在上升。转型发展时期印度国家安全研究的主要特点有以下三个方面。

第一，莫迪政府对国家安全话语体系的塑造增强，战略界对政府国家安全政策和实践的主动阐释增多。历史上，印度对国家安全议题进行过多次反思，很多时候是外部危机刺激所致，例如，1962 年的中国对印自卫反击战、1991 年的苏联解体、1999 年的卡吉尔冲突等。2014 年以来，虽然也有一些"反思"的研究成果，但更多的是对莫迪政府国家安全政策举措的"解读"和"注脚"，印度国内出现了不少探讨莫迪政府应对国家安全挑战的政策与实践的研究。印度战略界普遍认为，莫迪政府开启了印度对外战略和国家安全政策的新篇章。① 例如，莫迪政府推出国家安全体制机制的改革举措，包括成立国防规划委员会、设立国防参谋长、改组国家安全顾问委员会、强化国家安全委员会秘书处、推动征兵制度改革，以及成立网络、太空、特种作战司令部等，推动了印度国内出现不少关于印度国家安全体制机制改革的研究。② 再如，2015 年 3 月，莫迪政府提出"萨迦"倡议（SAGAR，印地语意为"海"或"湖"，Security and Growth for All in the Region 的缩写，后者意为"地区所有国家的安全与增长"）。2015 年，莫迪政府出台新版海洋安全战略《确保安全海域：印度的海洋安全战略》，③ 被认为是"莫迪治下的印度，在承担更大责任确保印度洋安全、推动构建集体安全和经济整合的地区机制方面，不再犹豫不

① Raj Kumar Kothari, *India in the New World Order: The Changing Contours of Her Foreign Policy Under Narendra Modi*, New Delhi: Atlantic Publishers and Distributors Pvt Ltd, 2021; Sudha Murty, et al., *Modi @ 20: Dreams Meet Delivery*, New Delhi: Rupa Publicaitions, 2022; Ranjit Pachnanda, et al., eds., *Modi 2. 0: A Resolve to Secure India*, New Delhi: Pentagon Press, 2021.

② P. S. Raghavan, "The Evolution of India's National Security Architecture," *Journal of Defence Studies*, Vol. 13, No. 3, 2019, pp. 33-52; Vinay Kaura, "India's National Security Coordination and Policymaking," *The RUSI Journal*, Vol. 165, No. 7, 2020, pp. 68-84.

③ Integrated Headquarters, Ministry of Defence (Navy), *Ensuring Secure Seas: Indian Maritime Security Strategy*, 2015.

决"，"印度要发挥净安全提供者角色"。[1]莫迪政府对美日印澳"四边机制"的参与、提出"印太海洋构想"等，都促进了印度国内对海洋安全问题的研究。更有甚者，为了与莫迪领导的印人党争抢"国家安全牌"，国大党在2019年大选前夕率先推出了自己版本的《印度国家安全战略》。[2]

第二，莫迪政府比较重视国家安全研究成果的转化利用，对与政府施政理念相近的智库给予大力支持，这些智库对政府国家安全战略的影响力也有所增强。莫迪领导的印人党在2014年和2019年连选连胜，是印度独立后首个顺利完成第一任期后再次胜选的非国大党政府，是1984年以来单一政党首次连续两届大选获得议会过半议席，这标志着印度独立以来以国大党为中心的政治版图彻底改变。考虑到印度教民族主义意识形态的牵引、大财团的资金支持、国民志愿服务团（Rashtriya Swayamsevek Sangh，RSS）的组织动员，以及反对党群龙无首等多种因素影响，莫迪及其印人党的执政非常强势，而这在很大程度上塑造了印度国家安全研究的话语体系。印度总理莫迪曾在2014年上任不久表示"决策者应该大量吸收大学和智库的研究成果"，[3]并于2015年将印度最重要的政府机构之一国家计划委员会更名为"国家转型委员会"（NITI Aayog），将之定性为"智库"。另有数据显示，2015~2020年，印度智库数量增长了3倍。[4]莫迪的意识形态、执政思路及其国家安全团队的构成，决定了莫迪政府对国家安全议题较为关注，为印度的国家安全研究奠定了基础。莫迪国

---

[1]　C. Raja Mohan, "Modi and the Indian Ocean: Restoring India's Sphere of Influence, " June 18, 2015, https://amti. csis. org/modi-and-the-indian-ocean-restoring-indias-sphere-of-influence/, accessed: 2023-03-20; Tuneer Mukherjee, "Maritime Security and India: India as a Regional Security Provider, " in Harsh V. Pant edit, *India's Evolving National Security Agenda: Modi and Beyond*, New Delhi: Konark Publishers Pvt Ltd, 2019, pp. 45-72; Amrut Godbole, "Extending India's Maritime Security Strategy, " June 22, 2022, https://www. gatewayhouse. in/extending-indias-maritime-security-strategy-in-the-indo-pacific/, accessed: 2023-04-12.

[2]　Indian National Congress, *India's National Security Strategy*, March 2019, https://manifesto. inc. in/pdf/national_security_strategy_gen_hooda. pdf, accessed: 2022-11-23.

[3]　"PM Calls for Enhancing the Input of Intellectual Thinktanks in Policy Frameworks, " June 8, 2014, https://www. narendramodi. in/ta/pm-calls-for-enhancing-the-input-of-intellectual-thinktanks-in-policy-frameworks-launches-the-book-getting-india-back-on-track-an-action-agenda-for-reform-6286, accessed: 2023-03-20.

[4]　Anusha Rajan, "Indian Think Tanks Are Growing in Big Numbers under Modi. But Impact, Influence Questionable, " July 8, 2022, https://theprint. in/opinion/indian-think-tanks-are-growing-in-big-numbers-under-modi-but-impact-influence-questionable/1025749/, accessed: 2023-03-20.

家安全团队的重要成员国家安全顾问多瓦尔、外交部长苏杰生都与智库界联系密切，也在一定程度上推动了印度智库界的国家安全研究。多瓦尔曾在印度情治部门工作数十年，是与印人党关系密切、吸纳不少退休军情人员的辨喜基金会的创始所长，其儿子绍利亚·多瓦尔（Shaurya Doval）是印度基金会的创始人。苏杰生的父亲苏布拉马尼亚姆在战略界德高望重，给苏杰生在战略界积累了相当人脉。苏杰生担任外长之后，继续就印度国家安全和对外战略著书立说，他的思想集中体现在 2022 年出版的《印度道路：不确定世界的战略》一书中。① 苏杰生的儿子德鲁瓦·贾尚卡尔（Dhruva Jaishankar）于 2016～2019 年在布鲁金斯（印度）就职，2020 年出任观察家研究基金会美国分部负责人。② 得益于政府的信任和支持，辨喜基金会、印度基金会、观察家研究基金会等对政府的影响力大幅增强，而传统智库政策研究中心（Center for Policy Research）则因与政府政见不合而受到打压。③

第三，国家安全研究议题更加多元，国家安全研究更加系统。在这一时期，印度国家安全研究议题更为广泛，涉及网络、恐怖主义、金融、有组织犯罪、气候变化、资源能源、国家安全体制机制、国防现代化、阿富汗问题、乌克兰危机、中印关系、科技安全等诸多方面。一方面，这是因为在百年未有之大变局下，世界进入新的动荡变革期，安全领域的各种"黑天鹅"事件、"灰犀牛"事件增多，加之各种事件之间的连带效应、传导效应、溢出效应，推动了大量安全议题的涌现。例如，美国从阿富汗仓促撤军，引起印度国内对阿富汗问题后续发展及其影响的研究；2022 年，乌克兰危机之后，印度战略界对战略自主、能源安全等议题的研究增多；随着气候变化议题的升温，印度国内关于气候变化与国家安全的研究增多。另一方面，美国不断加强对中国的战略竞争，炒作"中国威胁论"，推动"泛安全化""阵营化"，而印度也有意从美国对华战略竞争中渔翁得利，在很多议题上不同程度地呼应、策应美国，也出现"泛安全化"的情况。例如，美国渲染炒作使用中国第五代通信技术、依赖中国产业链供应链等的"国家安全威胁"，积极推动对华产业脱钩，使供

① S. Jaishankar, *The India Way: Strategies for an Uncertain World*, Noida: HarperCollins Publishers India Limited, 2022.

② Eram Agha, "Modi's Messemger," *Caravan*, March 2023. https://caravanmagazine.in/government/jais-hankar-modi-hindu-nationalist, accessed: 2023-04-25.

③ "Government Suspends FCRA Licence of Thinktank CPR for Six Months over 'Violations'," *The Times of India*, March 2, 2023.

应链问题从经济发展议题变成国家安全议题，也引起了印度战略界对产业链供应链过度依赖中国的担忧。①

（二）转型发展期印度关涉的主要国家安全议题

1. 对国家安全环境和国家安全挑战的判断

对国家安全环境和主要风险的评估是任何时期国家安全研究的重要内容。2005 年，印度国防研究分析所在庆祝成立 40 周年时出版了《新兴印度：安全和外交政策的视角》，时任所长西苏迪亚（N. S. Sisodia）认为，印度面临的国家安全任务有：提高海外力量投射能力，拥有可信和可持续的保护海外利益的能力；确保能源安全，保护海外资产和利益，建立国家石油储备；应对周边近邻政治经济形势的快速恶化，应对被"失败国家"包围的风险；为印度洋岛国提供安全保障；打击国内和周边的恐怖主义；管理好威慑能力；将武装力量改造成精干、技术密集、彼此联通、协同联合的力量等。②

当前，印度对国家安全环境的认知总体上比较一致，认为印度的国家安全环境面临深刻复杂调整，国家安全的内涵和外延更加广泛，非传统安全与传统安全的界限越来越模糊，印度应该对国家安全风险进行更加全面的评估。③ 正如有学者指出的，"全球复杂性和相互依赖性的增加对'国家安全'的传统概念提出了挑战。传统意义上的国家安全指主要通过国家工具的胁迫能力，维护国家主权和领土完整。恐怖主义、大流行病和气候变化等非传统威胁导致越来

① Akshat Upadhyay, "Role of Semiconductors in India's National Security," *MP-IDSA Occasional Paper*, No. 61, February 2023, https://www.idsa.in/system/files/opaper/Occasional-Paper-61.pdf, accessed: 2023-04-20; Jagannath Panda, "'China Plus One': Supply Chain Resilience Initiative and Beijing in the Indo-Pacific," *MP-IDSA Issue Brief*, July 26, 2021, https://www.idsa.in/system/files/issuebrief/china-plus-one-beijing-indo-pacific-jpanda.pdf, accessed: 2023-04-20; Manishe Tewari, "Covid Showed Dependence on China Poses All Kinds of Risks. For India, It's Even Greater," May 4, 2020, https://theprint.in/opinion/covid-dependence-china-poses-risks-india/412068/, accessed: 2023-04-20.

② N. S. Sisodia and C. Uday Bhaskar, *Emerging India: Security and Foreign Policy Perspectives*, IDSA and Promilla & Co, 2005.

③ Harsh V. Pant and Kartik Bommakanti, "India's National Security Challenges and Dilemmas," *International Affairs*, Vol. 95, No. 4, 2019, pp. 835-857; Anshuman Behera and Sitakanta Mishra, eds., *Varying Dimensions of India's National Security: Emerging Perspectives*, Springer Nature Singapore, 2022; Harsh V. Pant, ed., *India's Evolving National Security Agenda: Modi and Beyond*, New Delhi: Konark Publishers Pvt Ltd, 2019; Gautam Das, *Securing India's Borders: Challenges and Policy Options*, Second Edition, New Delhi: Pentagon Press, 2016; Arvind Gupta, *How India Manages Its National Security*, New Delhi: Penguin Random House India, 2018.

越需要以更全面的方式考虑国家安全，并适当改变相关的决策结构"。① 最具代表性的当属印度前国家安全顾问阿温德·古普塔的著作《印度如何管理其国家安全》。在该书中，古普塔认为，印度的国家安全挑战主要源于"地理位置、内部多元性、印巴分治和中国"，国家安全挑战主要有：动荡不定的周边、扩展周边（从非洲东海岸到太平洋）的安全形势；印控克什米尔问题、东北部分离武装、左翼激进势力、教派冲突、社会僵化、治理赤字、边境管理、自然灾害等国内安全问题；恐怖主义、有组织犯罪、毒品走私、网络犯罪、粮食安全、能源安全、水安全、流行病、气候变化等非传统安全问题；技术对国家安全的挑战。② 虽然印度国内对各种安全挑战的优先顺序有不同看法，但总体上都倾向于以更加综合、全面、系统的视角来审视国家安全问题。

2. 关于印度国家安全体制机制的研究

对国家安全体制机制的研究是印度国家安全研究的鲜明特色。2014 年以来，莫迪政府在国家安全体制机制领域推出了一系列改革举措，主要包括：大幅提升国家安全顾问的权限，将国家安全顾问升格为内阁部长级别，并兼任新成立的国防规划委员会主席；大幅扩充国家安全委员会秘书处，由之前的一名国家安全副顾问扩充为三名国家安全副顾问和一名军事顾问，分别负责国内安全、外部安全、技术、军事四方面的工作；成立国防规划委员会、设立国防参谋长，加强各军种整合；重组国家安全顾问委员会，压缩总体规模，但提高有在军队和政府部门工作背景的人员的比例，同时鼓励国家安全顾问委员会通过讲座、采访等提高公众的国家安全意识等。

莫迪政府在国家安全领域的改革，推动了印度国内战略界对本国国家安全体制机制的研究。印度国家安全顾问委员会主席 P.S. 拉加万（P.S. Raghavan）对印度国家安全架构的演变进行了系统梳理，对当前的国家安全改革方向持肯定态度。不过，拉加万也强调，"国家安全体系在规模上的扩大、能力上的提升，必然是一个渐进过程，很多改革仍在过程之中"，并指出了印度国家安全体系和能力面临的诸多难题，包括：如何克服部门利益、提升协调水平，如何更好地将军方纳入国家安全决策体系，如何更好地平衡军队与文官系统的关

① Satish Chandra and Rahul Bhonsle, "National Security: Concept, Measurement and Management," *Strategic Analysis*, Vol. 39, No. 4, 2015, pp. 337-359.

② Arvind Gupta, *How India Manages Its National Security*, New Delhi: Penguin Random House India, 2018, pp. 1-59.

系，如何更准确地评估科技对国家安全的影响，以及如何更有效统筹与中国、俄罗斯和美国的关系等。因此，拉加万呼吁智库和公众更多地关注国家安全议题。①

萨达尔帕特尔警察、安全与刑事司法大学教授维奈·库拉（Vinay Kaura）对印度国家安全协调和决策机制进行了深入研究。他认为，领导人的意识形态倾向对国家安全决策有很大影响，莫迪总理对国家安全委员会的改革投入巨大精力，改革后的国家安全委员会更加活跃，但仍缺乏对国家安全事务的长远战略设计。库拉还提出了下一步值得进一步研究的议题，包括政治领导人及其核心顾问的意识形态如何影响国家安全决策、国家安全委员会如何更好地融入印度的议会体系等。②

阿温德·古普塔在《印度如何管理国家安全》一书中对印度国家安全委员会、武装力量、情报机构、警察系统、外交部门等相关机构，以及边境管理、技术、非传统安全、网络安全等进行了勾勒式的梳理介绍，认为印度的国家安全体制机制仍需要处理好七大任务，即改进政府部门日常工作与国家安全战略之间的匹配度、重视各部门领导层的任用、提高官僚机构决策效率、促进各部门之间的协调、进一步深化关键性的改革，以及提高智库建言献策水平和能力，政府也相应地吸收更多智库建议，就重大国家安全议题达成全国共识，国家安全议题不应受政党政治和选举政治干扰。③

3. 关于印度对外安全战略的研究

这里主要指印度是否要坚持不结盟政策、是否应该采取相对温和的对外政策。历史上，印度长期坚持不结盟政策，虽然在政策实践中会有所偏差（例如，在中印边境发生武装冲突时寻求美国军事支持，在20世纪70年代全面倒向苏联），但官方和战略界都将不结盟作为印度最重要的外交政策原则之一，

---

① P. S. Raghavan, "The Evolution of India's National Security Architecture," *Journal of Defence Studies*, Vol. 13, No. 3, 2019, pp. 45-49.

② Vinay Kaura, "India's National Security Coordination and Policymaking," *The RUSI Journal*, Vol. 165, No. 7, 2020, pp. 68-84.

③ Arvind Gupta, *How India Manages Its National Security*, New Delhi: Penguin Random House India, 2018. pp. 351-365.

不结盟也是国际社会对印度外交属性和价值取向的主要认知。[①] 2008 年金融危机之后，印度战略界对是否需要继续坚持不结盟政策有过激烈争论。2012 年，由一批战略界人士推出的《不结盟 2.0：21 世纪印度的外交和战略政策》将争论推向阶段性高潮，认为不结盟政策的内涵需要适应新的形势发展，并倾向于用"战略自主"作为不结盟 2.0 的主要内容。[②] 莫迪政府上台后，大幅深化与美国的防务安全合作、多次缺席不结盟运动峰会，引发了印度国内对印度是否已经抛弃不结盟政策的激烈争论。[③] 实际上，莫迪政府已经用"战略自主"来替代"不结盟"，强调通过"多方接触"（multiple engagement）或"议题接触"（issue-based engagement）的精心设计，来实现国家利益的最大化。印度外长苏杰生表示，"有时国际环境需要我们一边倒，就像中国在 1950 年和1971 年的政策一样"。[④] 2022 年俄乌冲突爆发后，印度基于自身国家利益，并未盲目追随美国谴责或支持俄罗斯，反而从俄罗斯进口大量原油，也在一定程度上体现了其战略自主性。正如印度国家安全顾问委员会主席拉加万指出的，"与俄罗斯任何突然的脱离接触，都将造成印度国防领域的巨大不稳定、推高国防现代化成本、损害与俄罗斯的战略伙伴关系。俄印关系之所以重要，不仅因为两国长期的国防合作关系，还因为俄罗斯与印度扩展周边（中亚）相比邻，以及印度希望保持战略自主，免于与其他大国的交火"。[⑤]

此外，2014 年以来印度对外政策更趋强硬，也引起战略界对其国家安全行为范式的研究。在国内安全方面，莫迪政府通过铁腕手段强势打击安全威

① 李莉：《印度偏离不结盟及其动因分析》，《国际政治科学》2017 年第 1 期，第 1~35 页；李莉：《从不结盟到"多向结盟"：印度对外战略的对冲性研究》，《世界经济与政治》2020 年第 12 期，第 77~95 页。

② Sunil Khilnani and Rajiv Kumar, et al. , *Nonalignment 2. 0: A Foreign and Strategic Policy for Indian in the Twenty First Century*, Centre for Policy Research, 2012.

③ Sumit Ganguly, "India After Nonalignment: Why Modi Skipped the Summit, " *Foreign Affairs*, September 19, 2016, https://www. foreignaffairs. com/india/india-after-nonalignment, accessed: 2022-11-23; P. S. Rag havan, "The Making of India's Foreign Policy: From Non-Alignment to Multi-alignment, " *Indian Foreign Affairs Journal*, Vol. 12, No. 4, 2017, pp. 326-341.

④ "External Affairs Minister's Speech at the 4th Ramnath Goenka Lecture, 2019, " November 14, 2019, https://mea. gov. in/Speeches-Statements. htm?dtl/32038/External+Affairs+Ministers+speech+at+the+4th+Ramnath+Goenka+Lecture+2019, accessed: 2021-11-23.

⑤ P. S. Raghavan, "The Evolution of India's National Security Architecture, " *Journal of Defence Studies*, Vol. 13, No. 3, 2019, pp. 45-49.

胁，特别是在印控克什米尔地区保持高压态势，对国内安全形势的掌控有所增强。① 在外部安全方面，莫迪政府"积极追求国家实力和国际威望，恢复文明荣耀，在国际体系中获得更显著地位"。② 南亚地缘战略力量对比朝着进一步有利于印度的方向发展，美国对华战略竞争也给印度提供了"倚美抗华"的机会，这在一定程度上给印度提供了采取更积极主动对外安全战略的条件。针对莫迪政府对巴基斯坦和中国强硬的国家安全政策，有学者提出"莫迪安全学说"（Modi Security Doctrine），其核心要义就是"印度第一"，"印度的国家安全没有妥协余地，印度的国防、安全和自由不是商品，不能进行交易、稀释或让步"。③

（三）印度对中国的战略认知趋于负面

应对中国挑战是印度国家安全研究的重要议题。早在尼赫鲁时期，印度国内就有主张对华强硬的声音，印度政府对华有着"矛盾的心理"，"从它的外交总原则考虑，它欢迎中国国际地位的提高，希望和中国一起在维护亚洲和世界和平时共同发挥积极作用……印度愿意和中国发展友好关系并建立密切的经济文化联系。但另一方面，对中国的社会主义改革特别是对西藏的民主改革，它又心存疑虑，怕在印度造成影响；在中印边界问题上，它抱着民族利己主义观点，不愿承认这是个待解决的历史遗留问题"。④ 1962 年中国对印自卫反击战之后，对华安全疑虑就成为印度对华安全认知的主要方面。即使 1988 年双边关系正常化以后，"中国安全挑战"始终是印度战略界的重点研究议

---

① 当然，莫迪政府的高压手段并未从根本上解决矛盾，高压下的安全和稳定也夹杂着一定的脆弱性和不稳定性。例如，2019 年，莫迪政府取消印控克什米尔地区特殊地位，推出《公民身份法（修正案）》等，一度引起大规模示威游行乃至冲突；2020 年，莫迪政府强行推进农业法改革引发大规模农民抗议活动，也被认为对主张锡克人独立建国的"卡利斯坦运动"死灰复燃起到刺激作用。See Rhea Mogul, "Khalistan: The Outlawed Sikh Separatist Movement That Has Indian Authorities on Edge," CNN, March 23, 2023, https://edition. cnn. com/2023/03/22/india/in-dia-separatist-khalistan-movement-explainer-intl-hnk/index. html, accessed：2023-04-05.

② Abhijnan Rej and Rahul Sagar, "The BJP and Indian Grand Strategy," in Milan Vaishnav, ed, *The BJP in Power: Indian Democracy and Religious Nationalism*, Carnegie Endowment for International Peace, p. 73.

③ Anirban Ganguly, "Modi's Quest and Action for Securing India," in Ranjit Pachnanda, et al. , eds. , *Modi 2. 0: A Resolve to Secure India*, New Delhi: Pentagon Press, 2021, p. 8.

④ 林承节：《独立后的印度史》，北京大学出版社，2005，第 209 页。

题，出现了"中国武力解决边界问题论""中国染指印度势力范围论""中国进军印度洋构筑珍珠链论""水资源威胁论"等论调。① 当然，印度国内也有主张与中国接触并相互学习的声音，这种声音在曼莫汉·辛格执政时期较为明显。②

2014 年以来，印度试图从美国对华战略竞争中捞取好处，并且越来越倾向于将巴基斯坦与中国挂钩，莫迪及其国安团队的民族主义色彩日益强烈。2017 年中印洞朗对峙和 2020 年加勒万河谷事件等因素的冲击，使得印度战略界对华认知更加趋于负面，"投美遏华"的论调走强。2021 年 8 月，观察家研究基金会发布的报告《2021 年外交政策调查：印度年轻人与世界》（以 18~35 岁的城市年轻人为主要民调对象）显示，70%的受访者对中国崛起表示"关切/担忧"，78%的受访者"支持"或"强烈支持"莫迪政府的对华政策，62%的受访者认为在中美博弈中印度应该选择美国。③ 2021 年 10 月，印度战略界重磅报告《印度通往权力之路：漂泊世界的战略》明确指出，"未来十年，印度外部安全政策最重要的事项是应对来自中国的挑战"。④ 2023 年 2 月，印度前驻华大使顾凯杰（Vijay Gokhale）就中印关系发表在印度国内引起广泛影响的报告，称"中华人民共和国自 1949 年成立以来，就从未平等地看待印度，始终将印度视作处于弱势地位的竞争者"，⑤ 反映了印度战略界乃至官方普遍存在的、质疑中国不尊重印度国家利益和敏感关切的观点。

新加坡国立大学李光耀公共政策学院教授白康迪（Kanti Bajpai）、印度前国家安全顾问梅农等对中印关系相对理性，其对中印关系的认知也变得更加悲

① 楼春豪：《印度对华认知初探》，《国际研究参考》2013 年第 10 期，第 1~9 页。

② Jairam Ramesh, *Making Sense of Chindia: Reflections on China and India*, India Research Press, 2005.

③ Harsh Panta, et al., *The ORF Foreign Policy Survey 2021: Young India and the World*, Observer Research Foundation, August 2021, https://www.orfonline.org/wp-content/uploads/2021/08/ORF_Report_ForeignPolicySurvey.pdf, accessed: 2021-11-23.

④ Yamini Aiyar, et al., *India's Path to Power: Strategy in a World Adrift*, Takshashila Institution, October 2, 2021, p. 18, https://takshashila.org.in/wp-content/uploads/2021/10/Indias_path_to_Power_English_Final.pdf, accessed: 2021-11-23.

⑤ Vijay Gokhale, *A Historical Evaluation of China's India Policy: Lessons for India-China Relations*, Carnegie India, December 2022, https://carnegieendowment.org/files/Gokhale_-_Chinas_India_Policy3.pdf, p. 26, accessed: 2021-02-08.

观，认为"中印注定难以成为朋友"。① 白康迪教授还根据应对中国安全挑战的不同主张，将印度战略界分为"强硬现实主义"（hard realism）、"自由现实主义"（liberal realism）和"谨慎现实主义"（prudential realism）三派。这三派都认为中国是对印度越来越大的战略挑战（甚至超过巴基斯坦），区别在于对应该采取何种应对策略持不同看法。强硬现实主义更重视"军事力量"（military power），自由现实主义更重视"塑造性力量"（shaping power），而谨慎现实主义则更关注"隐形力量"（stealth power）。② 强硬现实主义者认为，印度应强势应对来自中国的挑战，可以采取的措施包括：在中国实施积极的"内部颠覆"政策，给中国西藏和新疆地区的分离势力提供支持，扰乱中国的国内安全与稳定；与东南亚国家、海湾国家和以色列建立盟友关系，对中国的海上生命线进行遏制；调整印度对台湾问题的政策；加快本国军事现代化，提高对华军事威慑能力等。有学者甚至认为，为了避免两线作战，印度应该对巴基斯坦进行"妥协""安抚"，争取巴基斯坦在印度与中国发生冲突时保持中立。③ 自由现实主义者认为，印度应通过"内部平衡"和"外部平衡"来应对中国挑战，前者指增强内部凝聚力、促进经济发展、推动军事现代化等提升自身综合国力，后者指印度要扮演现有秩序稳定性力量的角色，利用民主国家身份与美西方加强联系，将中国抹黑成"破坏规则"的修正主义国家；通过塑造和利用国际规范、国际规则来约束中国，对中国进行"软制衡"。④ 谨慎现实主义者则认为，对于印度最重要的是集中精力发展自身、缩小与中国的实力差距，包括国内的善治、强大的军事和国防实力等；巩固周边，避免周边陷入动荡进而冲击印度国家安全。其结论是，印度应该慎重行事、等待时机，避

---

① Kanti Bajpai, *India Versus China: Why They Are Not Friends*, Noida: Harper Collins Publishers India Limited, 2021; Shivshankar Menon, *India and Asian Geopolitics: The Past, Present*, Gurugram: Penguin Random House, 2021.

② Kanti Bajpai, "Indian Realisms and Grand Strategic Choices," in Kanti Bajpai, *How Realist Is India's National Security Policy?* New Delhi: Routledge India, 2023, pp. 21-36.

③ Bharat Karnad, *Staggering Forward: Narendra Modi and India's Global Ambition*, New Delhi: Penguin Viking, 2018; Pravin Sawhney and Ghazala Wahab, *Dragon on Our Doorstep: Managing China Through Military Power*, New Delhi: Aleph, 2017.

④ S. Jaishankar, *The India Way: Strategies for an Uncertain World*, 2022; Raja Mohan, *Modi's World: Expanding India's Sphere of Influence*, Noida: HarperCollins Publishers India Limited, 2015; C. Raja Mohan, "Indian Resistance to China's Expansionism Would Be a Definitive Moment in Asia's Geopolitical Evolution," *Indian Express*, June 30, 2020.

免过早与中国发生冲突。①

三 印度国家安全教学与研究的主要概况

印度的国家安全教学与研究体系较为庞杂。从教学角度看，印度很多大学都设有各种各样的与国家安全、国际战略相关的系所。近年来，在"国家安全热"的推动下，很多系所更名为国家安全系。不过，除了主要大城市外，很多地方高校都缺乏相应师资力量。从智库角度看，印度退役军官和退休官员往往不甘落寞，热衷于参加智库活动，或者单独组建智库，导致印度智库数量规模巨大。通过对印度战略、外交、国家安全等领域的智库进行梳理可以发现，很多智库都是由退役军官和退休官员成立，并没有稳定的资金来源和研究人员。阿温德·古普塔曾公开抱怨，"大多数智库充斥着退休官员或退役将领，抑制了原创性思想的产生；高校没有给年轻学者提供国家安全相关的教育，这些年轻学者收入不高，经常将智库作为在其他领域谋职的垫脚石"。②

（一）印度的国家安全教学体系

从 20 世纪 50 年代起，印度高等教育体系开始出现国防和战略研究相关内容。20 世纪 90 年代后，为了适应不断变革的外部环境，印度大学拨款委员会（University Grants Commission，UGC）加大对国防和战略研究的支持力度，促进了印度的国别和区域教学。当然，这主要在"国防和战略研究"（defence and strategic studies）范式之下，对语言、文化、社会学、人类学等领域涉及较少，更多偏重传统国家安全。进入 21 世纪后，印度的国家安全教学体系进一步发展，国家安全内涵的拓展也推动了国家安全教学从"国防和战略研究"向"国家安全学"的转型。

印度政府曾经组建专家组对学科建设进行专门评估。除各部门（如军队、警察）对系统内部相关教学工作的评估外，大学拨款委员会曾先后设立 4 个

---

① Shyam Saran, *How India Sees the World: Kautilya to the 21st Century*, New Delhi: Juggernaut Books, 2017; Shivshankar Menon, "India's Foreign Affairs Strategy," *Impact Series*, May 2020, Brookings Institution India Center, https://www.brookings.edu/wp-content/, p. 14, accessed: 2021-11-23.

② Arvind Gupta, *How India Manages Its National Security*, New Delhi: Penguin Random House India, 2018, pp. 363-364.

委员会，对印度高等院校的国防和战略研究情况进行评估。前两个委员会的情况不得而知，第三个委员会成立于 1987 年，第四个委员会成立于 2010 年。第三个委员会的报告认为，各个大学之间缺乏统一的教学大纲，而且过于侧重军事研究，未能对国家安全采取综合性的办法，并力主将"国防研究"改为"国防与战略研究"。该报告的主要建议包括：将国防和战略研究作为本科、研究生、科研各层级的学术课程内容，提高学生的国家安全意识；通过在图书、硬件等方面增加拨款，改善大学的教学和研究基础设施，努力推动印度大学中的国防和战略研究系的发展；大学拨款委员会应该设立专家委员会，密切跟踪各大学国防和战略研究的学科建设情况，推动学者和军方更紧密的联系；设立一个或多个高级研究中心，从事国家安全问题研究。[1]

2010 年成立的第四个评估委员会对印度国家安全教学体系的推动最大。该委员会由时任人力资源开发部部长卡皮尔·西巴尔（Kapil Sibal）推动成立，由国防研究分析所前所长、空军力量研究中心创始人贾斯吉特·辛格担任主席，成员包括《商业标准》主编桑贾亚·巴鲁（Sanjaya Baru）、《国家安全年度评估》负责人萨提什·库马尔（Satish Kumar）、马德拉斯大学国防与战略研究系主任戈帕尔吉·马维亚（Gopalji Malviya）教授、阿拉哈巴德大学国防与战略研究系主任维尔玛（N. M. Verma）教授和大学拨款委员会副主席韦德·帕拉卡什（Ved Prakash）教授。[2] 委员会认为，印度的大学课程几乎没有将国家安全研究和教育作为一门学科，更多地放在政治学、外交政策、国际问题等传统课程之下，并建议用更加全面、更符合时代要求的"国家安全研究"来取代"国防和战略研究"；给极少数科系提供一次性大额拨款，重点打造一批一流的国家安全教学院系；对课程进行重新设计，使之更加符合现实需要；成立"国家安全研究委员会"（Council on National Security Research and Studies），指导各大学的国家安全教学与研究；在选定的大学中开设至少五个国家安全学系，由联邦政府直接拨款。[3] 目前，尚难以全面评估委员会的报告在实

---

[1]　P. K. Ghosh, "Rational and Problems of Strategic Studies in Indian Universities, " in Gautam Sen, ed. , *Conceptualizing Security for India in the 21st Century*, New Delhi: Atlantic, 2007, pp. 354-355.

[2]　"Defence Studies in Universities and Educational Institutions, " December 9, 2011, https://pib. gov. in/newsite/PrintRelease. aspx? relid = 78372, accessed: 2023-03-20.

[3]　*Committee of Experts: To Review the Functioning of Defence and Strategic Studies and Related University System*, January 10, 2011, in Swaran Singh, "The State of Security Studies in India: Limitations and Potential, " *Millennial Asia*, Vol. 6, No. 2, 2015, p. 196.

践层面起到多大作用，但至少已将"国家安全学"学科建设提上议事日程。

总体上看，印度国家安全教学体系分为三类，即军警院校、普通高等院校和智库的培训项目。鉴于培训并非智库的主要职能，加之在研究体系部分会重点介绍智库，故而此处着重介绍军警院校和普通高等院校。

军警院校主要指国防部和内政部的部属院校。印度国防部下属的主要院校有国家防务学院（National Defence College）、国防管理学院（College of Defence Management）、国防参谋学院（Defence Services Staff College）、国家防务研究院（National Defence Academy），以及陆海空各军种下的数十所院校。需要指出的是，印度早在 1967 年就酝酿成立国防大学（Indian Defence University），有意将多所综合性军事院校整合进来，作为印度军方的最高学府，但迄今未有明显进展。印度警察系统也有一些院校，如萨达尔帕特尔国家警察学院（Sardar Patel National Policy Academy）、警察研究发展局（Bureau of Police Research and Development）等。警察系统最重要的院校是隶属内政部的国家保卫大学（Rashtriya Raksha University）。其前身是古吉拉特邦政府 2009 年创建的邦一级的大学"保卫力量大学"（Raksha Shakti University）。2020 年，印度议会通过法案，从古吉拉特邦政府手里接管该学校，将之升级为国家级院校，在古吉拉特邦的甘地讷格尔等地设立分校，并计划在北方邦和卡纳塔克邦再建两所分校。学院下设内部安全、国防和战略研究学院（SISDSS），专门开展面向警察系统的国家安全学科教学工作。2023 年 7 月 2 日，据印度《经济时报》报道，印度政府批准国家保卫大学设立针对中国人民解放军的研究中心，并正在招募人员。①

印度的很多普通高等院校都相继开设与国家安全有关的课程。有学者统计，"到目前为止，印度有 29 所大学开设国家安全教学课程，并具有授予学位的资质。除此之外，还有 137 所院系提供涵盖安全研究不同领域的课程，如军事历史、军事研究、军事科学、战略研究、外交、裁军、和平与冲突或战争与和平等。大多数军事机构还开设了高级指挥和其他培训课程，最后以撰写关于安全研究主题的论文结业，并授予这些机构所属大学的研究学位。此外，还

---

① Rahul Tripathi, "Rashtriya Raksha University Gets Approval to Set Up Centre for Studying Chinese Army," *Economic Times*, July 2, 2023.

有其他公认和未被认可的私立教学机构提供涵盖安全研究相关课程的文凭"。①
如前所述，历史最悠久的当数尼赫鲁大学的国际问题研究院，该学院培养了大
批国际战略和区域国别领域的人才，对印度国际问题研究人才建设发挥了极其
重要的作用。此外，莫迪政府上台以来，印度国家安全教学迎来大发展，多所
大学成立国家安全学院/系或者研究中心。例如，2018 年，大学拨款委员会将
古吉拉特中央大学的安全研究中心升格为"国家安全学院"，下设安全研究中
心、海上安全研究中心和战略科技研究中心，主要从事国家安全教学工作，有
国防和战略研究的文学硕士、安全学的哲学硕士和博士学位的授予资格。2018
年，尼赫鲁大学专门成立兼具教学和研究功能的"国家安全研究特别中心"
（Special Centre for National Security Studies，SCNSS），强调从印度文明和文化
传统的角度来理解国家安全问题，"将印度的社会科学和文明/文化见解与网
络、空间、化学、生物、核、人工智能和其他相关学科的最新新兴技术相结
合，保护印度至关重要的国家安全利益和领土完整，并促进世界和平"。②
2019 年，曼尼普尔大学成立国家安全系，主要从事国家安全、战略研究、边
境管理、冲突管理和科学技术等课程的教学工作，可以授予国家安全学的文学
硕士和博士学位。2020 年，大学拨款委员会专门发布国防和战略研究的课程
框架，加强学科建设。

（二）印度的国家安全研究体系

印度国家安全研究领域的智库大致分为五类，即有政府背景的智库、有企
业背景的智库、有政党背景的智库，以及与国外合作的智库、由退休官员和退
役军官自发创立的智库。印度与国外合作的智库不多，且已逐渐被本土化，最
后一类智库规模不算小，但鉴于其对政府决策影响力有限，加之有些智库是
"光杆司令"，这两类智库在此不做过多论述。根据美国宾夕法尼亚大学智库
与公民社会项目的报告，2020 年，印度有 612 家智库，仅次于美国和中国，
且有不少国家安全相关智库进入全球前 100 名。根据 2020 年全球智库排行榜，
"国防和国家安全"排行榜前 100 名的印度智库有观察家研究基金会（第 27

① Swaran Singh, "The State of Security Studies in India: Limitations and Potential," *Millennial Asia*, Vol. 6, No. 2, 2015, p. 192.
② 印度尼赫鲁大学国家安全研究特别中心官网，https：//www. jnu. ac. in/scnss。

位）、空中力量研究中心（第 29 位）、国防研究分析所（第 33 位）、陆战研究中心（第 74 位）；"外交政策和国际事务"排行榜前 100 名的印度智库有观察家研究基金会（第 19 位）、德里政策集团（第 44 位）、和平与冲突研究所（第 87 位）。① 印度智库规模数量庞大，本文难以——列举，主要介绍具有代表性的三类智库。

第一类是有政府背景的智库。印度历史最悠久的有政府背景的智库是国防研究分析所。该所隶属国防部，最高领导机构是执行理事会。理事会主席由国防部长担任，成员包括外交秘书和国防秘书、个别退役将领和资深外交官、国防研究分析所的所长和副所长等。国防研究分析所英才辈出、人才济济。印度著名战略家苏布拉马尼亚姆曾两度出任所长，还培养了拉贾·莫汉、乌代·巴什卡等一批在印度国内外颇有知名度的学者。研究人员主要有三类：一是军方，包括退役军人和挂职锻炼的现役军人，这些人都是部队的"笔杆子"，且拥有一定的军旅经历，是从事军事、安全等问题研究的主力；二是部委公务员借调，国防部和外交部的一些文官会被派到研究所挂职锻炼；三是非公务员编制的文职人员。此外，一些"有丰富基层经验"的文职人员也会被吸收进研究所工作。国防研究分析所的研究议题主要涉及军事和安全战略，研究所共设有 13 个研究中心，部分研究中心以地域划分，如东亚、西亚、南亚、欧洲和欧亚、东南亚和大洋洲、非洲、拉丁美洲、加勒比和联合国等研究中心；部分研究中心以研究议题划分，如军事问题、国内安全、战略性技术、非传统安全、核与军控、国防经济和产业等研究中心；国内安全研究中心经常承接内政部和国家安全委员会的课题。需要指出的是，目前，国防研究分析所并没有专门的美国研究中心。研究所每年都会邀请高官发表演讲，也会发布研究简报、专题研究、时事评论、专著等不同形式的研究成果。该所有 4 份刊物，包括1977 年创刊的《战略分析》（*Strategic Analysis*）、2008 年创刊的《国防研究学刊》（*Journal of Defence Studies*），都是印度国家安全领域的权威刊物。此外，与军方有关的智库还有空军力量研究中心、陆战研究中心、国家海事基金会、三军协会（United Service Institution of India）等。除军方外，印度外交部有历史悠久的世界事务研究所及新成立的当代中国研究中心（Centre for Contempo-

---

① James G. McGann, *2020 Global Go to Think Tank Index Report*, January 2021, https://repository. up-
enn. edu/cgi/viewcontent. cgi?article = 1019&context = think_tanks, accessed: 2023-03-20.

rary China Studies）。2017年，中印洞朗对峙后，印度专门在外交部下成立当代中国研究中心，首任主任是国家安全顾问委员会成员、曾任驻华武官的纳拉辛汉（S. L. Narasimhan）中将。该中心下设7个部门，分别负责中国的对外关系、与印度近邻的关系、国内问题、国防、经济、科技和中印双边关系等，是印度政府唯一一个专门针对某一具体国家的智库，这也侧面反映了印度将中国视为主要战略对手的情况。

第二类是有企业背景的智库。该类智库中，资金最雄厚、最有影响力的是观察家研究基金会。该基金会成立于1990年，得益于其雄厚的资金、庞大的研究团队、与政府的密切关系，以及非常擅长利用网络和社交媒体进行推广，观察家研究基金会发展非常迅速。基金会设有新经济外交、安全战略和技术、经济与增长、能源和气候变化、政治经济、战略研究、可持续发展、技术和媒体8个中心，同时设有周边研究、网络安全、能源安全、欧亚、海上安全等专题研究项目，算得上是印度规模最大、公开研究成果最多的智库之一。观察家研究基金会在金奈、加尔各答和孟买都有分支，并于2020年成立美国分部，由苏杰生的儿子德鲁瓦·贾尚卡尔出任负责人。2016年开始，观察家研究基金会与印度外交部联合主办"瑞辛纳对话"（Raisina Dialogue），[①] 现已成为印度最有影响力的国际战略和安全领域的论坛，被誉为印度版的香格里拉对话会，印度总理莫迪几乎参加了历届对话会的开幕式。除"瑞辛纳对话"外，观察家研究基金会还有达卡全球对话、金砖学者论坛、亚洲全球治理论坛等国际性论坛。位于孟买的梵门阁成立于2009年，同样具有企业背景，主要研究领域包括地缘经济、能源环境、太空与科技、多边事务、互联互通与地缘政治、国际安全、民主与国家建构等。

第三类是有政党背景的智库。该类智库的典型代表是辨喜基金会和印度基金会。辨喜基金会影响力很大，创始所长是现任国家安全顾问多瓦尔，现任所长是前国家安全副顾问阿温德·古普塔，执委会委员包括国民志愿团理论家、前国家安全副顾问、前陆军参谋长等，军方和情报部门的不少退休官员都是辨喜基金会成员。辨喜基金会综合研究实力较强，包括国家安全与战略、国际关系与外交、周边、治理与政治、科学技术经济、历史与文明等7个研究中心。

---

① "瑞辛纳对话"（Raisina Dialogue）取名自印度中央政府核心办公区的所在地"瑞辛纳山"（Raisina Hill），印度总理办公室、总统府及若干最重要的国家部委都坐落于此。

其中，国家安全与战略研究所的研究议题包括恐怖主义、印控克什米尔、左翼极端主义、东北部叛乱、非法移民、核问题与裁军、边界与沿海安全、国防、警察、气候变化、自然灾害、能源安全、网络安全。辨喜基金会非常重视国家安全研究，2018 年 8 月，基金会正式推出政策性学术刊物《国家安全》（*National Security*）。该刊为季刊，是印度首本专注于国家安全问题的刊物，编委会成员有对外情报机构研究分析局前局长萨海（C. D. Sahay）、前陆军副参谋长拉维·萨维内（Ravi Sawhney）等。

结　语

随着国内政治环境和国际战略环境的变化，印度的国家安全研究经历了从无到有的渐进发展过程。从驱动因素来看，印度的国家安全研究受到本国战略文化、所处战略环境乃至政府强势程度等多重因素影响，既有现实国家安全挑战的刺激驱动，也有印度希望在全球和地区事务及其安全治理中发挥更大作用的愿景牵引。从研究议题来看，印度的国家安全研究总体上偏重国防、军事等传统议题和恐怖主义这一与印巴关系密不可分的议题，高校教学体系侧重"国防和战略"而非"国家安全"，对经济安全、科技安全、生态安全、生物安全等非传统安全议题的研究虽仍显不足但已有所增多。从研究主体来看，印度的国家安全研究主要在智库层面，印度是全球智库最多的国家之一。随着大量退役军官和退休文官被吸纳到智库界，加之政府机构和财团需要借助智库进行专业研究、引导塑造民意，印度战略界对国家安全议题研究的影响力日益显现。高等院校和军事院校主要从事教学和培训工作，但越来越多的高等院校和军事院校开始设立国家安全研究中心，尝试发挥"智库"作用。

印度开展国家安全研究的根本目的是服务印度的国家安全战略和政策实践，兼具威胁应对与环境塑造两个层面。从威胁应对方面看，印度的国家安全研究聚焦中国、南亚周边和国内安全议题，对美国、欧洲等的研究明显不足。近年来，印度开始日益重视网络安全、经济安全等功能性安全议题的研究。从环境塑造方面看，随着综合国力的提升、在国际舞台发挥更大作用的意愿和能力的增强，印度希望在国际和地区安全事务中发挥更大作用，其国家安全研究也开始越来越多地关注引导和塑造，越来越多地提出印度对国际和地区安全治理的倡议方案。

迄今为止，印度国家安全研究和教学可以说取得了长足进步，但仍面临一些需要克服的问题。例如，虽然一些高校开始设立国家安全学系并授予相应学位，但大多数高校仍将国家安全教学放在战略与国防、政治学等其他学科之下；印度的智库数量规模庞大，但质量参差不齐，大量退役军官和退休文官活跃在智库界，有利于其将工作实践运用于战略研究，但也使其很难摆脱思维惯性、产生创新成果；印度政府基于政治偏好（而非研究能力）对不同智库采取不同政策，容易导致智库倾向于提出迎合政府偏好的成果；专门的国家安全学术刊物依然不多，不利于学术成果的相互学习借鉴；国家安全话语范式倾向于使用美西方话语体系，既有主动迎合的考虑，亦有被动塑造的成分，近年来虽然更加重视本土话语体系构建，但又容易过度偏向民族主义等。

（本文原载于《国际政治研究》2023 年第 4 期，收录本书时略有修改。）

| 第十三章 |

安全、武力与自助：以色列的国家安全研究

吴昊昙

传统的国家安全包括国土完整、经济繁荣和特定价值观、组织架构的完整，即确保一国的特定身份不受损害。[①] 由于所处地理环境、历史积淀等多种因素的影响，各国所面临的国家安全威胁差别巨大，所关注的国家安全议题也迥然不同。在挪威、瑞典等处于相对安全环境下的国家，国家安全议题更多地聚焦于环境、气候等非传统安全领域，然而，在以色列，基本的国家存亡问题一直占据着国家安全研究的核心地位。以色列虽然不面临严重的内部国家安全问题，却经历了前所未有的外部国家安全威胁。自其成立的第二天起，以色列先后经历了数次大规模全面战争。除此之外，它还面临来自黎巴嫩真主党和哈马斯等非国家行为体的持续威胁。因此，以色列的国家安全研究在理论构建、研究议题、研究方法等方面都表现出独特性。本文综合运用文本分析、历史分析和采访调研等方法对以色列国家安全研究的相关理论、议题和平台等进行探析。

一 以色列国家安全研究的理论

由于特定的历史经历和现实环境，以色列的国家安全研究在国家安全概念界定、"安全化"理论等方面均对国家安全研究构成了有益的补充。

---

① David Rodman, "Israel's National Security Doctrine: An Appraisal of the Past and a Vision of the Future," *Israel Affairs*, Vol. 9, No. 4, 2003, p. 115.

（一）以色列的国家安全战略

以色列并没有成文的国家安全战略，其政府也未提出过官方的国家安全的概念，但以色列的建国实践却体现了以色列的国家安全原则。早在以色列建国之前的犹太复国主义运动中就已经涌现了关于安全的雏形性思维。在 1904～1914 年第二次移民（The Second Aliya）期间，大约 4 万名犹太人从东欧移民到巴勒斯坦，开始出现犹太人与巴勒斯坦当地居民的冲突。20 世纪 20 年代初，英国开始委任统治巴勒斯坦地区，越来越多的犹太移民和巴勒斯坦人爆发了大规模冲突。在此情况下，犹太移民第一次正式组建准军事组织"哈加纳"（Haganah），[①] 在英国的协助下对抗巴勒斯坦人的反抗。1936～1939 年，犹太移民和巴勒斯坦人之间再次爆发大规模军事冲突。1948 年，以色列率先宣布建国后，旋即迎来数次大规模全面战争。在 1973 年第四次中东战争爆发前，以色列的国家安全原则已经逐渐成形。这一国家安全原则可以概括为三点：安全至上、武力至上和自助至上。

第一，安全至上。以色列成立之初面临严峻的外部安全威胁，输掉任何一场战争将导致以色列国家的灭亡，因此，对当时的以色列而言，所有国家问题都是国家安全问题，或者说包含国家安全问题。[②] 一个典型例证是以色列国父大卫·本-古里安将犹太移民和定居点建设问题看作国家安全问题。[③] 对于本-古里安而言，虽然以色列的经济、社会、道德建设十分重要，但在重要性上都无法与以色列的物理安全相提并论。

第二，武力至上。以色列成立之初即面临生死存亡的国家安全威胁。在这种情况下，武力至上或者说武力是解决所有安全威胁根本办法的思维占据了主导地位。著名的军事行动"拉文惨案"（Lavon Affair）即是这一原则的生动体现。1954 年，英国和埃及就英军撤离苏伊士运河营地达成协议。这是第二次世界大战之后国际体系重构和英帝国衰落的必然结果。然而，以色列却认为，英国这一做法将削弱以色列和埃及之间的力量平衡，因此，时任以色列军事情

---

① 以色列国防军的前身。

② Uri Bar-Joseph, "Towards a Paradigm Shift in Israel's National Security Conception," *Israel Affairs*, Vol. 6, No. 3-4, 2000, p. 105.

③ Uri Bar-Joseph, "Towards a Paradigm Shift in Israel's National Security Conception," *Israel Affairs*, Vol. 6, No. 3-4, 2000, p. 105.

报局局长本亚明·吉夫利（Benyamin Givli）先斩后奏，擅自在埃及境内发动攻击，试图破坏这次撤离行动，结果遭到惨败。后来接任吉夫利的军事情报局局长耶胡沙法特·哈卡比（Yehoshafat Harkabi）曾称"这次失败的军事行动和撤军事件之间没有任何必然联系，双方之间的能力差距和用武力手段解决问题的思维也令人不寒而栗"。①

第三，自助至上。犹太人上千年的大流亡和第二次世界大战期间惨遭纳粹大屠杀的民族创伤造成以色列人的"围困心理"（siege mentality）和对外邦人的根本不信任。这种只有自己能保证自己安全的心理在 1948 年第一次中东战争、1967 年第三次中东战争和 1973 年赎罪日战争中表现得尤其突出。美国前国务卿基辛格曾指出："以色列的生存余地如此之小，以至于其领导人不信任外交中的大姿态，他们通过精确的计算来识别生存空间，这在外人看来是顽固的。"②

时至今日，以色列的安全形势已经发生巨大变化，其国家安全原则也相应发生改变。但是，安全至上、武力至上和自助至上的原则是以色列建国后长期奉行的基本国家安全原则。另外，由于军事行动和国家安全高度相关，以色列学界对国家安全原则的研究有时会与以色列的军事行动原则相混用。在结合"本-古里安原则"并总结以色列政府在国家安全实践的基础上，以色列学界将以色列军事行动方面的国家安全原则归纳为三点（3D 原则）：威慑（deterrence）、侦察（detection）和决策（decision）。③

"威慑"原则指的是以威慑手段而非军事手段防止可能的军事冲突。以色列与周围阿拉伯国家之间在领土、人力、国民生产总值等方面的巨大不平衡，使以色列难以以军事手段对抗冲突。因此，以色列在国家安全上首先寻求"不战而屈人之兵"。"侦察"原则指的是在威慑失败的情况下预估即将发生的

① Uri Bar-Joseph, "Towards a Paradigm Shift in Israel's National Security Conception," *Israel Affairs*, Vol. 6, No. 3-4, 2000, p. 105.

② Henry Kissinger, *White House Years*, Boston: Little, Brown and Company, 1979, pp. 583-584.

③ 以色列开国总理大卫·本-古里安是唯一述及国家安全原则的以领导人，尽管他的表述并未形成正式文字表述。"侦察"在部分文献中也被总结为"早期预警"（early warning）。参见 Gadi Eisenkot and Gabi Siboni, *Guidelines for Israel's National Security Strategy*, Washington D. C. : Washington Institute, 2019; Charles D. Freilich, "Why Can't Israel Win Wars Any More?" *Survival*, Vol. 57, No. 2, 2015, p. 79; Uri Bar-Joseph, "Towards a Paradigm Shift in Israel's National Security Conception," *Israel Affairs*, Vol. 6, No. 3-4, 2000, p. 100。

袭击。对以色列而言，最严重和根本的威胁是来自阿拉伯国家的群体性全面袭击。因此，在威慑失败的情况下，以色列需要转而运用侦察技术，对可能到来的袭击尽早做准备。"决策"原则指的是在威慑失败的情况下取得决定性军事胜利的决策能力。① 总的来看，以色列的国家安全原则集中体现了其防御性而非进攻性的特点。这与以色列的国家规模小、国土资源少、人力资源少密切相关。在此原则下，以色列的军队情报部门、空军、海军等具有威慑、侦察功能的军种为常备军，而地面部队则大多数来自预备役兵源。②

以色列自从建立以来就受到周围强敌的全面包围，其军事行动的成功与否决定了其国家的生死存亡，因此，以色列的国家安全与传统安全议题高度融合。从以色列学界对国家安全原则的讨论中，也可以看出以色列的国家安全概念与军事行动的原则高度重合。

（二）"安全化"理论与以色列案例的"缺席"

"安全化"理论是国际关系学界尤其是国家安全研究领域最重要的主流理论之一。针对这一理论，以色列学界广泛讨论的现象是：既然安全问题和安全话语在以色列国家战略中占据主导地位，为什么在国际学界的安全化研究中，以色列却很少被作为案例进行研究？以色列的案例对主流的安全化理论研究有哪些有益的补充？

主流的安全化理论指出安全化是一个过程。在此过程中，某一问题被建构成一种生存威胁。因此，研究重点是主体间互动。③ 成功的安全化在于使受众接受将某一问题视为生存威胁问题，并同意采取非常规措施来应对这一问题，从而使某一问题从常规问题转变为紧急问题。在安全化过程中，通常涉及施动者（enunciator）、受动者（target audience）、问题本身（issue）和参考对象（referent object），即施动者说服受动者同意某问题对参考对象构成生存威胁，

---

① Charles D. Freilich, "Why Can't Israel Win Wars Any More?" *Survival*, Vol. 57, No. 2, 2015, p. 79; Uri Bar-Joseph, "Towards a Paradigm Shift in Israel's National Security Conception," *Israel Affairs*, Vol. 6, No. 3-4, 2000, p. 100.

② Uri Bar-Joseph, "Towards a Paradigm Shift in Israel's National Security Conception," *Israel Affairs*, Vol. 6, No. 3-4, 2000, p. 100.

③ Barry Buzan, et al., *Security: A New Framework for Analysis*, Boulder: Lynne Rienner, 1998.

并促使受动者采取非常规措施应对此问题。①

从以上分析可以看出，最初的哥本哈根学派的安全化理论强调的是主体间的言语行为。这一研究路径在国际关系学界受到多方面的批判。首先，过分强调安全化的语义学研究，却忽视了安全化的实践、背景和权力关系方面的研究。② 其次，缺乏微观的分析框架，尤其是对如何界定成功的安全化缺乏研究；③ 最后，其道德落脚点值得商榷。虽然有些问题被安全化后有利于人类社会的发展，然而，并不是所有的问题安全化后都能达到类似的效果。④

除了以上角度的学术批判，以色列学者从以色列的角度出发，认为主流安全化理论对以色列这一显著案例讨论的匮乏正凸显了这一理论的不足之处。从理论上讲，以色列的国内政策充斥了安全话语和实践，理应受到安全化理论学者的重点关注。然而，在现实中，以色列的案例往往被忽视了。以色列学界指出如下三点。第一，这是因为安全化理论过度关注非传统安全问题，如环境问题、移民问题。这些看起来并非威胁国家生存的问题被"安全化"，从而这种背离常规的研究问题天然地比研究传统安全问题更有趣。⑤ 因此，以色列这样一个传统安全问题占据统治地位的案例无法引起主流安全化理论学者的兴趣。

第二，非传统安全研究虽然在以色列受到关注，但在面临严重且持久的传

---

① Thierry Balzacq, "A Theory of Securitization: Origins, Core Assumptions, and Variants," in Thierry Balzacq, ed., *Securitization Theory: How Security Problems Emerge and Dissolve*, London: Routledge, 2011; Ulrik Pram Gad and Karen Lund Petersen, "Concepts of Politics in Securitization Studies," *Security Dialogue*, Vol. 42, No. 4-5, 2011, pp. 315-328; Scott D. Watson, "'Framing' the Copenhagen School: Integrating the Literature on Threat Construction," *Millennium*, Vol. 40, No. 2, 2012, pp. 279-301.

② Thierry Balzacq, "A Theory of Securitization: Origins, Core Assumptions, and Variants," in Thierry Balzacq, ed., *Securitization Theory: How Security Problems Emerge and Dissolve*, London: Routledge, 2011, pp. 15-16.

③ Thierry Balzacq, "Enquires into Methods: A New Framework for Securitization Analysis;" Mark B. Salter, "When Securitization Fails: The Hard Case of Counter-Terrorism Programs," in Thierry Balzacq, ed., *Securitization Theory: How Security Problems Emerge and Dissolve*, London: Routledge, 2011, p. 122; Claire Wilkinson, "The Limits of Spoken Words: From Meta-Narratives to Experiences of Security," in Thierry Balzacq, ed., *Securitization Theory: How Security Problems Emerge and Dissolve*, London: Routledge, 2011, p. 95; Philippe Bourbeau, *The Securitization of Migration: A Study of Movement and Order*, London: Routledge, 2011, pp. 7, 18-28.

④ Rita Floyd, "Can Securitization Theory Be Used in Normative Analysis? Towards a Just Securitization Theory," *Security Dialogue*, Vol. 42, No. 4-5, 2011, pp. 427-439.

⑤ Barry Buzan and Lene Hansen, *The Evolution of International Security Studies*, New York: Cambridge, 2009, pp. 187, 212-214.

统安全威胁的以色列，非传统安全问题如环境、气候等很难被建构成威胁生存的安全问题。[1] 首先，建构安全化话语体系的施动者往往在于军方，而军方对于非传统安全问题的威胁感知度不高，也不愿去推动非传统安全问题的安全化。[2] 其次，以色列往往将非传统安全问题纳入传统安全的话语体系中。例如，在以色列，修建隔离墙和撤出加沙等维护传统安全的举措被建构成维护以色列作为一个犹太国家、民主国家身份等非传统安全议题的举措。[3] 另外，在欧洲，经济移民被建构成非传统安全威胁，但在 20 世纪 90 年代初的以色列，移民被看作取代巴勒斯坦工人，防止巴勒斯坦人恐怖袭击的传统安全需要。[4]

第三，成功的安全化（success of securitization）在以色列的案例中难以清晰地表现出来。一般情况下，界定安全化的成功与否是看某一问题是否从正常政治（normal politics）的话语框架中被转移到紧急政治（emergency politics）的话语框架中。但是，在以色列，正常政治和紧急政治的界限是模糊的。不安全感是常态，是以色列国家身份的组成部分，并影响以色列的内政外交政策。因此，在这种情况下，研究安全化的成功与否将非常困难。大多数问题在以色列从一开始就被认定是威胁到生存的安全问题，并实施了紧急政策加以应对。[5] 这也因此阻碍了安全化理论学者对以色列案例的深入研究。

尽管主流安全化理论学者对以色列案例的关注度不高，但是，以色列的案例却为安全化理论提供了深入研究的方向。第一，以色列的案例有利于研究安全化问题和去安全化问题之间的互动关系。主流的安全化理论研究认为一个问题的安全化会影响到其他问题的安全化程度，或者说减少其他问题的安全化程

---

[1] Amir Lupovici, "The Limits of Securitization Theory: Observational Criticism and the Curious Absence of Israel," *International Studies Review,* Vol. 16, No. 3, 2014, p. 401.

[2] Kobi Michael, "Who Really Dictates What an Existential Threat Is? The Israeli Experience," *Journal of Strategic Studies*, Vol. 32, No. 5, 2009, pp. 687-713.

[3] Amir Lupovici, "The Limits of Securitization Theory: Observational Criticism and the Curious Absence of Israel," *International Studies Review,* Vol. 16, No. 3, 2014, p. 403.

[4] Adriana Kemp and Rebeca Raijman, *Migrants and Workers: The Political Economy of Labor Migration in Israel*, Israel: The Van Leer Centre and Hakibbutz HaMeuchad, 2008, pp. 50-94; Vivienne Jackson, "Belonging against the National Odds: Globalisation, Political Security and Philippine Migrant Workers in Israel," *Global Society*, Vol. 25, No. 1, 2011, p. 57.

[5] Alan Dowty, *The Jewish State: A Century Later*, Berkeley: University of California Press, 1998, pp. 94-101; Emanuel Gross, *The Struggle of Democracy against Terrorism: Lessons from the United States, the United Kingdom, and Israel*, Charlottesville: University of Virginia Press, 2006, p. 94.

度，导致其他安全化问题失去危及生存的地位而从紧急政治中移除。① 但是，以色列的案例表明，某个问题的安全化未必导致其他问题的去安全化。例如，近年来，非洲移民问题在以色列被安全化，并促使以色列政府通过修建围墙和拘留营以阻挡来自西奈半岛的移民等非常规措施。② 但是，由于以色列同时面临伊朗核武器的安全威胁，非洲移民问题安全化丝毫没有使得伊朗核问题这一安全问题的安全化程度降低。③

第二，以色列的案例有利于研究安全化的深化。目前，主流的安全化理论大多将安全化的成功界定为三个阶段的实现：施动者将一个问题界定为生存威胁，受动者接受界定，受动者接受非常规措施。④ 但是，现有理论尚未研究一个问题被安全化后的后续发展。以色列的案例提供了安全化的深化的典型案例。换言之，以色列的案例不仅可以说明一个问题如何从普通的政治问题转变为安全问题，还可以说明已经被安全化的问题如何被更进一步安全化，成为更加危及生存的威胁。例如，虽然伊朗核问题在 20 世纪 90 年代已经在以色列被安全化，以色列政府也采取公开支持秘密活动来实践其安全化，但近年来，伊朗核问题被深度安全化，以证明更为非常规的措施（直接袭击伊朗）的合理性。⑤

综上所述，国家安全是以色列政治的核心议题。以色列对国家安全虽然没有形成成文的正式文件，但安全至上的国家安全原则却贯穿于其建国前后的实践之中。恶劣的生存环境导致在以色列传统安全议题研究占据统治地位。这也造成安全化理论研究者对以色列案例研究的缺乏，因为安全化理论研究者更倾

① Barry Buzan and Ole Wæver, *Regions and Powers: The Structure of International Security*, New York: Cambridge University Press, 2003, p. 489.

② Stuart Cohen and Amichai Cohen, *Israel's National Security Law: Political Dynamics and Historical Development*, London: Routledge, 2012.

③ Amir Lupovici, "The Limits of Securitization Theory: Observational Criticism and the Curious Absence of Israel," *International Studies Review*, Vol. 16, No. 3, 2014, p. 404.

④ Rita Abrahamsen, "Blair's Africa: The Politics of Securitization and Fear," *Alternatives*, Vol. 30, No. 1, 2005, pp. 55-80; Salter, "When Securitization Fails: The Hard Case of Counter-Terrorism Programs," in Thierry Balzacq, ed., *Securitization Theory: How Security Problems Emerge and Dissolve*, London: Routledge, 2011.

⑤ Landau B. Emily, "The International Community vs. Iran: Pressure, Delays, No Decisive Results," in Anat Kurz and Shlomo Brom ed., *Survey for Israel*, Tel Aviv: Institute for National Security Studies 2011; Yehuda Ben Meir and Olena Bagno-Moldavsky, "The Voice of the People: Israeli Public Opinion on National Security 2012," Tel Aviv: The Institute for National Security Studies, 2013, pp. 58, 63-69.

向于研究非传统安全问题安全化的过程。尽管如此，以色列的案例对安全化理论仍可以做出一定的补充。

二　以色列国家安全研究的议题

自建国以来，以色列一直面临着高烈度、高频率的冲突和战争。反复的战争和短暂的和平，以及来自非国家行为体持久性的对抗都使得国家安全一直处于以色列政治生活的最前沿、最核心的位置。与此现实相对应，与以色列相关的国家安全议题也呈现多层次、多角度的特点。在众多国家安全研究议题中，国家安全政策制定、国家安全与传统安全议题、国家安全与非传统安全议题是三大核心研究领域。

（一）以色列国家安全政策制定

学界对以色列国家安全政策制定者、决策过程及其特点和原因进行了深入研究。

第一，关于国家安全政策制定者。研究发现，在以色列国家安全政策制定者中，虽然总理办公室、议会、国防部、外交部、国家安全委员会、以色列国防军、摩萨德、以色列国家安全局（辛贝特）均是参与国家安全政策制定的重要机构，但机构之间并无系统连贯的协调机制。此外，近年来涌现出一批从政军关系角度研究以色列国家安全政策制定的成果。研究发现，以色列政军之间的政策网络和社会网络的穿透性使得以色列的国家安全政策制定具有"非正式性"。[1] 在以上提及的正式的国家安全政策制定者之外，以色列还存在一个广泛意义上的"安全网络"，包括以色列军方、前军方人员和民间领域有影响力的行动者，如政治家、一般官僚、富有的企业家、学者、记者等。[2] 尤其值得注意的是，以色列案例凸显了在以色列的国家安全政策制定中，非正式国家安全决策相关者所发挥的显著作用。

---

[1] Oren Barak and Gabriel Sheffer, "The Study of Civil-Military Relations in Israel: A New Perspective," *Israel Studies*, Vol. 12, No. 1, 2007, pp. 1-27; Oren Barak and Gabriel Sheffer, eds. , *Existential Threats and Civil Security Relations*, Lanham, MD: Lexington Books, 2009.

[2] Oren Barak and Gabriel Sheffer, *Security Networks: Israel in a Theoretical and Comparative Perspective*, New York: Cambridge University Press, 2013, p. 2.

第二，关于以色列国家安全政策制定过程的研究。尽管国家安全在以色列的政治生活中占据着至高无上的地位，但众多研究表明，以色列在国家安全政策制定上却未表现出高度的机制化和规范化，甚至表现出许多不合理的地方。

（1）无计划性。由于地区形势变化过快，以色列国家安全政策的制定多是针对当前和近期的形势发展，无法制订长期的计划，因此在本质上是应对性的。在国家安全政策的优先事项、政策目标、实施安排等方面都缺乏系统明确的计划。[1]

（2）高度政治化。这一点尤其体现在内阁层面的国家安全政策制定过程中。由于以色列政府是联合执政，各党派在国家安全政策上也莫衷一是，因此，为了达成共识，最终形成的决策往往不是最适合当下情形的，而是能得到多方同意的折中之策。同时，为了防止问题进一步政治化，决策者往往避免明确界定政策选项和目标，以免限制其行动自由，但代价是缺乏明晰的规划和社会层面的参与。[2]

（3）半组织化的无政府状态。[3] 在国家安全政策的制定上，以色列缺少正式的法定政策平台，国家安全政策缺乏连贯性，泄密现象时有发生。以色列国家安全委员会的成立只是缓解部分问题，无法从根本上解决以色列政府在政策制定上的无政府状态，大多数政策制定都是在小型的非正式团体中进行。在政策制定过程中，特定领导者的政策偏好严重影响决策结果，个人关系和非正式口头交流在政策制定过程中发挥了不相称的作用。

（4）军方的主导性。与其他西方国家相比，以色列国防军在国家安全政策制定中发挥了不同寻常的影响。从事态评估、政策规划到政策实施，以色列国防军在所有政策制定阶段都把持着以色列国家安全政策中最核心、最前沿的位置。虽然以色列国防军的意见并不总是占据上风，但与其他政治机构相比，在以色列国家安全架构中，它是最有影响力的机构。在国家安全决策

---

① Charles D. Freilich, *Zion's Dilemmas: How Israel Makes National Security Policy*, Ithaca and London: Cornell University Press, 2012, p. 3.

② Israel Tal, *National Security: The Israeli Experience*, Martin Kett, trans. , London: Praeger, 2000, pp. 33-95.

③ Charles D. Freilich, *Zion's Dilemmas: How Israel Makes National Security Policy*, Ithaca and London: Cornell University Press, 2012, p. 3.

网络中，军方在塑造哪些问题是对国家安全构成威胁的问题上是主要的"施动者"。①

除了以上讨论较多的"缺点"，以色列国家安全政策制定过程的优点也是众多研究涉及的方面。其一，灵活性。首先，相比其他西方国家，以色列的国家安全架构人数较少，规模较小，但政策制定者大多通过私人途径相互了解，并构建了快速轻松的沟通渠道，因此，可以迅速确定与决策制定相匹配的人选。其次，由于外部环境瞬息万变，即时性政策制定非常普遍。其二，务实性。尽管以色列国家安全决策会受到政治的牵涉，但涉及具体的军事行动时，决策制定者往往以务实的态度进行处理，尽管可能会全盘掀翻前期的政策制定。例如，贝京时期的西奈撤军、拉宾和佩雷斯时期的奥斯陆协议、巴拉克时期的黎巴嫩撤军、沙龙时期的加沙撤军等都推翻了前期的政策。其三，流动性。不同于其他西方国家，以色列军民之间的边界流动性显著。其军事决策圈具有开放性和兼容性。包括军队在内的国家安全政策制定者在没有封闭的军事活动时，完全融入正常公民的生活，从而避免了国家政策制定者与政治、社会、经济现实脱节。普通公民接触军官的频率高，而且军官的退休年龄相对较小，保证了新思想的不断涌入。② 其四，透明性。以色列拥有成熟的媒体和民主建设，新闻媒体和法院的监督角色能得到较好的发挥。另外，以色列的军事决策和行动在国际媒体上的曝光率比一般国家高，也使得其军事决策面临多重监督。

第三，关于以色列国家安全政策成因的研究。研究认为，以色列之所以没有形成内阁层面的国家安全决策架构有两大因素。首先，以色列面临的外部环境通常表现出异常迅速和全面的变化，可预测性与可塑性极其有限，从而限制了以色列的国家安全政策部署。其次，以色列实行比例代表制，这一选举制度导致以色列内部政治严重分裂。在以色列，只要支持率超过2%即可组建政党参加选举，因此，在人口仅900万左右的以色列，小党众多，每

---

① Majid Al Haj and Uri Ben Eliezer, eds., *In the Name of Security: The Sociology of Peace and War in Israel in Challenging Times*, Haifa: Haifa University Press, 2003; Oren Barak and Gabriel Sheffer, "The Study of Civil-Military Relations in Israel: A New Perspective," *Israel Studies*, Vol. 12, No. 1, 2007, pp. 1-27; Kobi Michael, "Military Knowledge and Weak Civilian Control in the Reality of Low Intensity Conflict—The Israeli Case," *Israel Studies*, Vol. 12, No. 1, 2007, pp. 28-52.

② Charles D. Freilich, "National Security Decision-Making in Israel: Processes, Pathologies, and Strengths," *Middle East Journal*, Vol. 60, No. 4, 2006, pp. 635-663.

个政党均有自己狭隘的利益诉求，大党需要联合其他政党共同执政。由此造成的结果是，部长们并不完全听从总理指挥，总理和内阁的特权和资源非常受限。虽然 1999 年以色列成立了国家安全委员会（National Security Council），但是，国家安全委员会的工作人员较少，对国家安全政策制定的影响也十分有限。同样地，外交部和国防部虽然是重要的部门，但两者也缺乏系统制定国家安全政策的能力。因此，以色列的国家安全政策基本是不同部门和官僚之间非正式博弈的结果。与此形成鲜明对比的是，以色列国防军的军事计划署（the Planning Branch of the IDF）和情报部门扮演了与其地位不相称的重要角色。①

综上可以看出，以色列的国家安全政策制定与其他西方国家存在明显的不同，主要体现在缺乏统一、长期、连贯的规划和军方至高的地位上。在 70 余年的发展过程中，以色列国家安全决策体系虽然存在弊病，但是，其灵活性、务实性、流动性和透明性都经受住了重重考验。

（二）以色列国家安全与传统安全议题

以色列建国 70 余年来，先后经历了五次大规模中东战争和难以计数的低烈度冲突。因此，战争、安全形势等是以色列国家安全研究领域长盛不衰的议题。

第一，探讨历次中东战争与国家安全。1948 年 5 月 15 日，以色列宣布建国的第二天就迎来了埃及、约旦、叙利亚、黎巴嫩、伊拉克、沙特和也门的联合军事袭击。这场战争的输赢直接关系到以色列的存亡，其军事政策为以色列的国家安全政策的制定奠定了基础。② 1956 年的第二次中东战争是继第一次中东战争后检验以色列军队战斗力的又一次实践。在纳赛尔封闭蒂朗海峡威胁到以色列的出海自由后，以色列选择与试图恢复对苏伊士运河管控权的英法联合对埃及发动战争。这场战争后，以色列成功获取蒂朗海峡的航行自由。前两场战争对以色列的国家安全政策做了最初的检验。目前，学界针对这两场战争的

---

① David Rodman, "Review Essay: Israel's National Security Doctrine: An Appraisal of the Past and a Vision of the Future," *Israel Affairs*, Vol. 9, No. 4, 2003, pp. 115-140.

② Benny Morris, *1948: A History of the First Arab-Israeli War*, New Haven, CT: Yale University Press, 2009.

研究集中于纪实性的历史研究。①

1967 年爆发的第三次中东战争在历次中东战争研究中最受关注。从结果上看，以色列以闪电战的形式在六天之内迅速夺取南部的西奈半岛、北部的戈兰高地、东部的约旦河西岸，极大地扩大了其战略纵深。此次战争开始的短短数小时内以色列空军就将埃及、约旦的空军几近摧毁，以色列以远低于阿拉伯联军的兵力取得压倒性胜利，是 20 世纪军事史上"先发制人"战争（pre-emptive war）的典范。学界从空军在此次战争中的重要性、"先发制人"战争的理论分析、以色列的核威慑、战争对中东地缘战略格局的改变、对巴以冲突和阿以冲突发展态势的影响等多方面进行了详细分析。②

在以色列所经历的军事行动中，第三次中东战争标志着其成功巅峰，随之而来的第四次中东战争则是以色列国家安全战略的转折点。1973 年 10 月 6日，当以色列士兵都在会堂礼拜时，埃及和叙利亚领导的阿拉伯联军从南北开始夹攻以色列。虽然以色列最终取得战争的胜利，但战争初期的情报失误和贻误战机，导致以色列在这场战争中无法取得决定性的胜利。因此，情报与国家安全是这场战争研究的焦点。③ 研究指出，情报能力在以色列承担着威慑和预警的双重作用，情报自主性确保以色列不与任何他国分享影响其国家安全的情报，对以色列国家安全起到核心支撑的作用。④

而 1982 年爆发的第五次中东战争则开启了以色列军事史中最有争议性的讨论。1982 年 6 月，以色列完全撤出西奈半岛不久，以色列和逃亡黎巴嫩的

① David Tal, *The 1956 War: Collusion and Rivalry in the Middle East*, Routledge, 2001; Derek Varble, *The Suez Crisis 1956*, Osprey Publishing, 2003; Barry Turner, *Suez 1956: The Inside Story of the First Oil War*, Hodder & Stoughton, 2007; Yagil Henkin, *The 1956 Suez War and the New World Order in the Middle East*, Lexington Books, 2015; Simon Smith, ed. , *Reassessing Suez 1956: New Perspectives on the Crisis and Its Aftermath*, Routledge, 2016.

② Richard B. Parker, *The Six-Day War: A Retrospective*, Gainesville: University of Florida, 1996; Michael B. Oren, *Six Days of War: June 1967 and the Making of the Modern Middle East*, Presidio Press, 2003; Isabella Ginor, *Foxbats over Dimona: The Soviets' Nuclear Gamble in the Six-Day War*, Yale University Press, 2007; Jesse Ferris, *Nasser's Gamble: How Intervention in Yemen Caused the Six-Day War and the Decline of Egyptian Power*, Princeton University Press, 2013; Guy Laron, *The Six Day War: The Breaking of the Middle East*, Yale University Press, 2017; Micah Goodman and Elyon Levy, *The Left, the Right, and the Legacy of the Six-Day War*, Yale University Press, 2018.

③ P. R. Kumaraswamy, *Revisiting the Yom Kippur War*, Routledge, 2000; Asaf Siniver, ed. , *The Yom Kippur War: Politics, Legacy, Diplomacy*, Oxford, UK: Oxford University Press, 2013.

④ Yehezkel Dror, *Israeli Statecraft: National Security Challenges and Responses*, London: Routledge, 2011.

巴勒斯坦解放组织（巴解组织）之间的矛盾加剧，以色列因此入侵黎巴嫩，并最终在多国部队的监督下成功驱逐了巴解组织。在这场战争中，以色列伤亡人数较多，更重要的是，不同于以往危及以色列生存的战争得到全国民众的一致支持，这次战争的必要性第一次在国内引起广泛争论。以色列前总理贝京指出，不同于以往所有被视为可怕的、必需的战争，这是一场选择性的战争。①因此，对战争的正当性和战争对以色列国家安全带来的新挑战的讨论是这场战争研究的重点。②

第二，探讨以色列的国家安全环境面临的新形势和新挑战。这些研究发现，以色列面临的新的国家安全形势包括三个方面。其一，非决定性和非对称性战争增多。尤其是五次大的中东战争之后，以色列所经历的战争不再被公众认为是威胁其生存的生死之战，而是可以选择战还是不战的非决定性战争。尤其是随着以色列与非国家行为体，如与黎巴嫩真主党和哈马斯之间的长期性冲突取代大规模的全面战争，这种争论越来越突出。同时，在与非国家行为体的对抗中，强势的以色列一方无法全力出动其兵力，以避免使用不合比例的兵力造成平民伤亡，并引起国际谴责。但是，这也限制了以色列取得军事胜利的程度。③其二，冲突对象无法战胜。与国家行为体不同，对非国家行为体的打击并不能从源头上消灭其战斗目标、战斗意愿，对非国家行为体的打击在一定程度上还会助长其社会地位和威望，因为真主党、哈马斯这类非国家组织背后有着强大的政治、意识形态和社会经济基础。此外，在以往的全面战争中，以色列可以依靠美国、苏联等大国的中间协调来进行调停，但这些国家在面对非国家行为体时一样无法从中协调，因此，在对抗这些非国家行为体时以色列的军事行动和政策制定不再具有决定性。④其三，军事决策难以明确。在1967年第三次中东战争之前，以色列得以迅速果断地出动所有兵力对抗对方，并在对方领土上结束战争，以此避免长期战争对以色列经济社会的消耗。但是，这种能力在1969~1970年的埃以消耗战、1973年的赎罪日战争和2006年的黎以冲

---

① Israel Ministry of Foreign Affairs, "The Lebanon War: Operation Peace for Galilee (1982), "https://www.gov.il/en/departments/general/lebanon-war-operation-peace-for-galilee, accessed: 2022-05-24.

② Efrat Ben-Ze'ev, et al., *Shadows of War: A Social History of Silence in the Twentieth Century*, Cambridge: Cambridge University Press, 2010; Rashid Khalidi, *Under Siege: PLO Decisionmaking During the 1982 War*, New York: Columbia University Press, 2014.

③ Charles D. Freilich, "Why Can't Israel Win Wars Any More?" *Survival*, Vol. 57, No. 2, 2015, pp. 79-92.

④ Charles D. Freilich, "Can Israel Survive Without America?" *Survival*, Vol. 57, No. 2, 2017, pp. 135-150.

突，以及接连不断的以色列与真主党和哈马斯的冲突中，却未能实现或未能全部实现。相反，以色列陷入了持续频繁的低烈度冲突之中。在低烈度冲突中，决定性的军事决策几无用武之地。①

因此，在这种变化的形势下，以色列的国家安全决策原则也在逐渐发生改变。其一，不再认为武力是解决一切问题的根本法宝，而是寻求多途径共同解决问题。1979 年的埃以和谈、1994 年的约以和谈，以及 2020～2021 年开启的阿联酋、巴林、苏丹、摩洛哥四个阿拉伯国家和以色列之间的关系正常化进程就是这一趋势的体现。其二，不再完全以自助为核心原则。特别是在阿以和平进程取得成效的情况下，以色列在中东的地缘战略地位不再孤立，以色列开始寻求与地区国家的正常关系。其三，虽然安全依然是以色列国家政治的最核心议题，但整体上更多地投入防御性工事，如"铁穹系统"的建立，而非通过军事行动解决问题。②

（三）以色列国家安全与非传统安全议题

尽管以色列国家安全研究相关的议题集中在传统安全领域，但近年来，随着外部形势的变化，非传统安全议题也越来越多地涌现出来。其中，网络安全、能源安全、意识形态安全、非洲移民等非传统安全议题受关注较多。

第一，网络安全与国家安全。网络安全是指旨在防止和减少网络空间敌对势力或恶意行为者所带来的负面影响的技术、过程和政策。以色列是目前世界上五大网络强国之一。③ 学界的研究集中在以下几点。首先，对以色列网络安全建设历程的梳理。20 世纪 90 年代中期，网络安全研究在以色列兴起，尤其是以色列国防和情报界在网络安全建设方面积累了宝贵经验。以色列国防界推动政界于 2002 年通过了发达国家中第一个涉及网络安全的政策文件《关键基础设施保护政策》（Critical Infrastructure Protection）。2010 年，以色列总理任命专人负责 2010 年国家网络倡议（2010 National Cyber Initiative）工作组，并出台相关报告。在此基础上，以色列总理办公室成立以色列国家网络局（Israeli National Cyber Bureau），后于 2015 年转变为新的以色列国家网络局（Israeli National Cyber Authority），该机构旨在全面加强以色列国家网络安全建设。

① Charles D. Freilich, "Can Israel Survive Without America?" *Survival*, Vol. 57, No. 2, 2017, pp. 135-150.
② Charles D. Freilich, "Why Can't Israel Win Wars Any More?" *Survival*, Vol. 57, No. 2, 2015, pp. 79-92.
③ Lior Tabansky and Isaac Ben Israel, *Cybersecurity in Israel*, London: Springer, 2015, p. 2.

其次，对以色列网络安全政策制定过程的研究。研究认为，以色列强大的网络安全建设虽然受到信息技术的推动，但更是以色列的国家安全文化和国家安全战略所需。[①] 同时，军方在其中起到先锋队和中枢的作用。[②]

第二，能源安全与国家安全。与中东地区的富油国不同，以色列国土面积狭小，自然资源严重匮乏。自1948年建国以来，以色列高度依赖外国能源以满足国内需求。然而，近年来，东地中海地区发现的大量天然气可能从根本上改变这一局面，引起学界的关注。以色列将能源安全纳入国家安全的重要议题，与周边国家在能源利用上开展了多种合作。[③] 与此类似，水资源也是以色列国家安全研究中重要的非传统安全议题。研究指出，由于以色列将水资源看作国家安全问题，并把确保水资源视为发动战争的合理理由，从而推动以色列与巴勒斯坦的跨界水资源冲突。[④] 也有研究认为，随着以色列与约旦和平进程的推进，水资源被逐步"去安全化"（desecuritization）。[⑤]

第三，移民与国家安全。以色列是一个移民国家，移民在以色列国家政治生活中发挥了至关重要的作用。一方面，研究发现，以色列将移民看作消除传统安全威胁的方法，特别是20世纪90年代初，以色列将外来移民看作替代巴勒斯坦劳工，以防止恐怖袭击的办法；[⑥] 另一方面，以色列面对近年来涌现的非洲移民，却选择关闭国门，甚至在西奈半岛建造拘留营和阻隔墙。因此，移民在以色列具有"安全化"和"非安全化"的双重特质。[⑦]

除了以上比较突出的非传统安全议题，以色列国家安全研究中的非传统安

① Gil Baram, "The Effect of Cyberwar Technologies on Force Buildup: The Israeli Case," *Military and Strategic Affairs*, Vol. 5, 2013, pp. 23-43.

② Matthew S. Cohen, et al., "Israel and Cyberspace: Unique Threat and Response," *International Studies Perspectives*, Vol. 17, No. 3, 2016, p. 308.

③ Gawdat Bahgat, "Alternative Energy in Israel: Opportunities and Risks," *Israel Affairs*, Vol. 20, No. 1, 2014, pp. 1-18.

④ Mark Zeitoun, "The Conflict Vs. Cooperation Paradox: Fighting Over or Sharing of Palestinian-Israeli Groundwater?" *Water International*, Vol. 32, No. 1, 2007, pp. 105-120.

⑤ Philip Jan. Schafer, *Human and Water Security in Israel and Jordan*, Berlin: Springer, 2012.

⑥ Adriana Kemp and Rebeca Raijman, *Migrants and Workers: The Political Economy of Labor Migration in Israel*, Israel: The Van Leer Centre and Hakibbutz HaMeuchad, 2008, pp. 50-94; Vivienne Jackson, "Belonging against the National Odds: Globalisation, Political Security and Philippine Migrant Workers in Israel," *Global Society*, Vol. 25, No. 1, 2011, p. 57.

⑦ Yoav Zitun, "Southern Border Fence Project Expedited", *Ynet News*, June 13, 2012, http://www.ynetnews.com/articles/0,7340,L-4242172,00.html, accessed: 2022-05-22.

全议题还包括媒体自由与国家安全、民主政体与国家安全、山林火灾与国家安全、新型武器与国家安全等。这些议题随着以色列面临的国家安全形势的变化日益得到越来越多的关注。

三　以色列国家安全研究的平台与方法

以色列从事国家安全研究的人数和机构众多。他们从不同角度对以色列的国家安全进行了全方位的研究。在研究方法上，以色列的国家安全研究更多的是定性地描述现实和历史，更接近重军事历史研究的英国模式。这种研究模式可以准确详尽地描述国家安全决策过程、军事冲突过程等问题，但未能很好地解释领导人为何发动战争、为何以色列政府采取特定的行为模式等解释性问题。[1] 高校和智库是以色列国家安全研究的主要平台。

第一，高校的国家安全研究。以色列高度重视公民教育。根据 1958 年的《高等教育法》，以色列设立了高等教育委员会（the Council for Higher Education）。高等教育委员会认定了以色列八所大学。这些大学与其他教育机构不同，它们可以授予博士学位，而其他机构仅能授予硕士和学士学位，因此被称为"学院"，以区别于大学。经高等教育委员会认定的八所大学均为公立大学。另外，赫兹利亚跨学科研究中心（IDC Herzliya）是以色列目前唯一一所授予博士学位的私立高等教育机构，其是否可以被认定为大学仍未确定。

对于以上大学而言，专门针对国家安全的研究项目是最近几年逐渐兴起的。在此之前，国家安全虽然是以色列高等教育的重要研究议题，但往往是其他相关研究领域的一部分。例如，各大高校政治学系的以色列外交政策、历史系的中东历史等课程，都会包含与以色列国家安全相关的主题。[2] 其中，1973年赎罪日战争的情报失误是以色列国家安全研究的热点话题之一。近年来，伊朗核威胁及地区形势的快速变化等新问题也逐渐获得越来越多的关注。同时，国家安全研究项目的发展获得了较大突破，特别是本科和研究生阶段开始出现专门的国家安全研究专业。例如，海法大学设立了国家安全研究硕士学位项

---

[1]　Zeev Rosenhek et al. , "The Study of War and the Military in Israel: An Empirical Investigation and a Reflective Critique," *International Journal of Middle East Studies*, Vol. 35, No. 3, 2003, p. 473.

[2]　笔者对以色列前国家安全顾问雅科夫·阿米卓尔（Jacob Amidror）的采访，2022 年 1 月 20 日，北京（线上形式）。

目、特拉维夫大学设立了安全与外交研究硕士学位项目、赫兹利亚跨学科研究中心设立了反恐与国土安全硕士学位项目。值得注意的是，为了吸引海外学生，这些项目主要以英文授课。

在授课内容上，以色列的国家安全研究项目通常包括必修的核心课程，如"国家安全""法律与道德""全球化"等。除必修课程外，还有一些具有显著中东地区特色的选修课，例如"国际法和中东冲突""以色列国家安全与阿以冲突"。此外，以色列的国家安全研究课程往往还包括"冲突与和平管理""外交学研究"等。在授课教材上，以色列国家安全研究项目将国际化与本土化相结合。国际知名学者如斯蒂芬·沃尔特、亨利·基辛格、伊曼纽尔·阿德勒、肯尼思·沃尔特等的著作都在必读书目之列。随着课程主题的逐步细化，以色列学者针对以色列案例的研究成果则被更多地应用。

在课程设计上，入门课程往往从探讨特定国家安全领域的顶尖研究成果开始，再逐步进入与以色列相关的话题。课程阅读材料也由最初的英文材料为主到后期辅之以希伯来语材料。例如，赫兹利亚跨学科研究中心"威慑"这门课程先由介绍性课程"战略研究：理论学科和实践工具""威慑：基本术语和经典词汇""威慑理论和实践的演变""威慑的认知、情感、文化和结构限制"等引入，随后引入以色列的案例，如"威慑：以色列的情况""恐怖和不对称战争""常规战争的革命：威慑、预防和先发制人""第二核时代的威慑""替代战略的未来：威慑拥有核武器的伊朗"等课程。

在授课对象上，以色列的学生更倾向于现实主义和保守主义。以色列全民皆兵，大多数进入本科学习的学生年龄至少在21岁以上，并拥有在军队服役或参与战争的经验。而攻读国家安全研究硕士学位和博士学位的很多学生则已经在政府工作，参加学习更多是为了扩大知识面、提升职位和薪资。这些学生的背景决定了其看待国家安全问题的现实主义视角。另外，攻读博士学位的以色列学生大多不用参加课程学习，这主要考虑到大多数博士生年龄较大，通常已经参加工作并拥有家庭，因此不参加课程可以让他们全身心地投入自己的研究，并尽快完成博士学习。①

在授课教师上，以色列的教师队伍注重国际化和实践背景。由于高校的教

---

① 笔者对以色列前国家安全顾问雅科夫·阿米卓尔（Jacob Amidror）的采访，2022年1月20日，北京（线上形式）。

职竞争十分激烈，同时博士毕业生的供应量大于以色列大学现有的教职数量，因此，以色列的高校通常非常强调教师的国外学习和工作经历，如在欧美获取博士学位，以此证明他们国际交流和合作的能力。对于以色列本土毕业的博士生，一般需要去欧美做一年以上的博士后方可在高校获取教职。例外情况是，以色列国防军的高级退休军官或情报部门，以及外交部的高级退休公务员一般不需要国外的学位或博士后经历也可以找到教职。[①]

第二，智库的国家安全研究。以色列的智库文化发达，在国际发展、卫生政策、环境政策、安全政策、经济政策、社会政策、科学进步和政府透明度等方面都有专门的智库。目前，以色列共有 69 个智库，排名世界第 19 位。[②] 总体上，这些智库可以分为两大类：学术型智库（隶属于以色列研究型大学）和以党派附属智库、独立私营智库、国家管理的公共智库为主的政策型智库。[③]

首先是政策型智库。以政策为导向的智库是以色列国家安全研究领域新近出现的现象。这种智库尤其倾向于招募退役的高级军官、外交官和其他高级公务员。一方面，智库可以利用这些人的一手经验为决策者提供建议，并向大众普及他们的观点；另一方面，由于以色列国防军的最低退休年龄仅为 42 岁，因此，这些退役人员也有强大的内驱力继续在政策界发挥影响。[④] 例如，吉迪恩·萨尔（Gideon Sa'ar）曾在 2009～2013 年担任以色列教育部长，并在 2013~2014 年担任以色列内政部长。2015 年，为了在利库德党内挑战时任以色列总理内塔尼亚胡，他加入了以色列最著名的智库之一国家安全研究所（Institute for National Security Studies，INSS），并发表了有关对抗真主党的军事战略、非洲移民危机、叙利亚内战和伊朗核威胁等多篇文章，试图通过该智库扩大自己在国家安全领域的影响力。

其次是学术型智库。这些智库的成员大多由高校的终身教职员工组成，进行更为长期和基础性的国家安全学术研究，以扩大自己在国家安全研究领域的

---

① 笔者对以色列前国家安全顾问雅科夫·阿米卓尔（Jacob Amidror）的采访，2022 年 1 月 20 日，北京（线上形式）。

② James G. McGunn, "2019 Global Go to Think Tank Index," Philadelphia, PA: University of Pennsylvania Scholarly Commons, 2020.

③ Heba Gamal El Din, "The Role of Think Tanks in Influencing Policy-making in Israel," *Contemporary Arab Affairs*, Vol. 9, No. 2, 2016, pp. 188-189.

④ 笔者对以色列国家安全研究所研究员科比·麦克尔（Kobi Michael）的采访，2022 年 2 月 10 日，北京（线上形式）。

影响力。近年来，由于以色列的学术市场竞争激烈，毕业却未能在高校找到教职的国家安全领域的博士毕业生则往往选择去智库从事研究工作。[①] 另一个新的趋势是招募国家安全研究项目毕业的硕士生进入智库工作。以往这些毕业生的主要去向是以色列外交部，然而，随着科技进步及以色列联合政府执政模式对外交部影响力的削弱，硕士毕业生越来越多地加入智库研究的行列担任助理研究员。国家安全研究所、以色列政策研究所（Israel Policy Institute）、摩西·达扬中东和非洲研究中心（Moshe Dayan Center for Middle Eastern and African Studies）等智库甚至在这些硕博士生还未毕业时就将其吸收进研究队伍。[②]

总体来说，学术型智库更倾向于长期的、深入的学理分析，而政策型智库则试图扩大其在公共领域和决策制定圈的影响力。以色列的智库近年来发展迅速，从 2008 年的 48 家增长到 2019 年的 69 家。[③]

结　语

以色列建国至今的 70 余年里，始终面临持续不断、或强或弱的军事冲突。在这种极端恶劣的安全环境下，以色列的国家安全决策展现出不同于其他国家的显著特点，如传统安全问题至上、军方决策至上等。在国家安全研究层面，以色列的国家安全研究也更多地与战争、外交研究相重叠，并在高校和智库两大平台的支撑下涌现出大量优秀的研究成果。然而，随着以色列外部安全形势的快速变化，以色列的国家安全研究也逐渐呈现新的特点，如对非传统安全问题的关注度逐渐上升，对和平进程的关注度上升等。以色列的案例展现了面临极端国家安全威胁的国家进行国家安全研究的经验。以色列国家安全研究的发展也展现出议题更趋广泛、研究更趋深入的趋势。

（本文原载于《国际政治研究》2022 年第 3 期，收录本书时略有修改。）

---

① 笔者对以色列国家安全研究所研究员科比·麦克尔（Kobi Michael）的采访，2022 年 2 月 10日，北京（线上形式）。

② 笔者对以色列国家安全研究所研究员科比·麦克尔（Kobi Michael）的采访，2022 年 2 月 10日，北京（线上形式）。

③ James G. McGunn, "2019 Global Go to Think Tank Index," Philadelphia, PA: University of Pennsylvania Scholarly Commons, 2020.

第十四章

本土问题与外来范式：韩国的国家安全研究

宋文志

同美国一样，韩国国家安全研究也是国际关系研究的一个重要分支。但是，对韩国来说，现代意义上的"国际关系研究"是一个舶来品。建国后，韩国从欧美引进了国际政治学与国际关系论，[①] 韩国第一本以"国际政治"命名的教科书就是来自美国的"成品输入"。[②]

朝鲜战争后，安全问题成为政府和学界关注的焦点，"国家安全"的概念开始在韩国被广泛使用，国家安全相关的研究与教育也逐步展开。20 世纪 50 年代中期，韩国国防大学开设了军事战略论、战争论等课程。随后，首尔大学等地方高校也开始开设战争相关课程。20 世纪 70 年代开始，韩国国际关系学界将安全研究看作国际政治学的一个分支专业，主要关注国家间冲突、危机及战争等主题。20 世纪 80 年代后，随着韩国民主化进程的推进，韩国安全研究队伍开始扩展，安全研究不再是国家及军方的专属研究领域，民间专家开始关注军事及安全保障等问题。[③] 从此，韩国国家安全研究进入活跃期。经过几十年的发展，韩国国家安全研究在学科建设、人才培养及学术研究方面都有了很

---

① 박상섭，「한국국제정치학 40 년：현황，방향 및 가능성」，『한국정치학회보』，1987 년，제 21 집 제 2 호，p.176.（〔韩〕朴相燮：《韩国国际政治学 40 年：现状、方向及可能性》，《韩国政治学会报》1987 年第 2 期，第 176 页。）

② 조효원，『국제정치학』，서울：문종각，1954.（〔韩〕赵孝源：《国际政治学》，首尔：文宗阁 1954。）赵孝源于 1954 年毕业于美国俄亥俄州立大学，回国后将自己在美学习期间的一些重要内容介绍到韩国国内，出版了《国际政治学》。

③ 황병무（2004），『한국안보의 영역·쟁점·정책』，서울：봉명，2004，p.11.（〔韩〕黄炳茂：《韩国安保的领域、争点、政策》，首尔：凤鸣 2004 年版，第 11 页。）

大发展。

如何处理本土问题与西方理论范式之间的关系是欧美以外的学界面临的共同问题。通过对韩国国家安全研究的梳理，可以从中总结经验与教训，为中国国家安全研究的发展提供借鉴。对此，本文将从韩国国家安全研究的主要议题（本体论）、研究路径与方法（认识论与方法论）、研究力量与平台等方面考察韩国国家安全研究的特点与不足。

一 韩国国家安全研究的主要议题

特殊的地缘政治环境及国土分裂的现实是韩国国家安全面临的两大问题。其中，特殊的地缘政治状况，使朝鲜半岛的历史发展进程始终笼罩在大国影响的阴霾之下。① 国土的分裂以及由此引发的朝核危机，使韩国长期处于安全对立以及核扩散的威胁之中。在此背景下，分裂与统一、核危机与核安全、大国竞争与韩国安全战略选择等问题成为韩国安全学界的核心研究议题。这也说明，韩国学界的问题意识具有强烈的本土性。

（一）朝鲜半岛安全问题：分裂与统一问题、朝核问题

1945 年，朝鲜半岛在经历了长达 35 年的日本殖民统治之后，获得独立。但是，由于美苏大国的介入及国内政治理念的差异，朝鲜半岛随即分裂，并最终走向战争。从此，朝鲜半岛南北双方开启了竞争与冲突模式，并一直持续至今。冷战的结束并没有给朝鲜半岛带来和平，朝核危机的爆发进一步加剧了朝鲜半岛的不安与冲突。如何应对来自朝鲜的威胁、实现朝鲜半岛的统一成为韩国国家安全面临的重要问题。

冷战时期，韩朝之间体制竞争激烈、安全对立严重。因此，对韩国民间来说，朝鲜研究仍属于一种禁忌。但是，进入 20 世纪 70 年代后，随着中美缓和、朝韩《"7·4"联合声明》的发表，韩国民间对朝鲜研究的关注度开始提高。20 世纪 80 年代末，随着卢泰愚政府"北方政策"及 1988 年《争取民族自尊和统一繁荣特别宣言》的发表，韩国开展了"正确认识朝鲜运动"，推动了朝鲜研究的进一步发展。冷战结束后，随着国际形势的缓和以及韩国民主化

---

① 陈峰君、王传剑：《亚太大国与朝鲜半岛》，北京大学出版社，2002，第 15 页。

进程的推进，韩国的朝鲜研究在数量和质量上实现了飞跃性的发展。一些高校开始设置专门的朝鲜研究专业，系统研究朝鲜的研究人员数量增加，研究领域也从政治、统一、外交领域扩展到经济、社会、文化、日常生活等各个方面。① 可以说，朝鲜半岛分裂后，随着体制竞争的持续，"朝鲜学"和"统一学"在韩国应运而生。② 这也成为韩国国家安全研究的主要特色之一。

当前，涉及朝鲜半岛本土安全问题的研究主要集中在安全领域。其中，朝核问题成为韩国学界关注的重点。20 世纪 90 年代，第一次朝核危机爆发后，朝鲜的核与导弹被视为韩国安全的重大威胁，也成为韩国国家安全学界研究的核心议题。学界的主要研究问题包括朝核问题的根源、朝鲜的核导能力及核战略、朝鲜半岛无核化方案等。韩国安全学界长期跟踪朝鲜核导能力的发展状况，包括朝鲜核武数量、小型化水平、实战化阶段、导弹的运载能力等。③ 其中，核心问题是朝鲜是否具备"拥核国"的条件以及朝核战略的演变等。在朝鲜发展核导的意图方面，韩国学界存在"朝鲜安全需要说""分裂美韩说"等不同观点的争论。其中，"朝鲜安全需求说"认为，朝鲜开发核导主要出于自身安全的考虑。"分裂美韩说"则认为，朝鲜不断展示可以同时打击韩美日的战术、战略核力量，是为了在紧急情况下牵制美日支援韩国，分裂美日韩团结。④

在此基础上，韩国学界对无核化的方案进行了重点分析。其中，外交协商、经济制裁及对朝威慑是学界关注的重点应对战略。

1998 年，金大中政府提出旨在促进民族和解的"阳光政策"。2000 年 6月，朝韩领导人在平壤举行第一次峰会，并发表了历史性的《南北共同宣

---

① 고유환 (2019), 「북한연구방법론의 쟁점과 과제」, 『통일과 평화』, 2019 년제, 11 집제 1 호, pp. 5-32. （〔韩〕高有焕：《朝鲜研究方法论的争点与课题》，《统一与和平》2019 年第 1 期，第 5~32 页。）

② [강남대학교 북한대학인 엮음, 『북한군사문제의 재조명』, 파주: 한울아카데미（〔韩〕庆南大学朝鲜大学院编《朝鲜军事问题的再照明》，坡州：Hanul Publishing 2016 年版）; 김계동, 『북한의 외교정책과 대외관계: 협상과 도전의 전략적 선택』, 서울: 명인문화사, 2012 （〔韩〕金启东：《朝鲜的外交政策与对外关系：协商与挑战的战略选择》，首尔：名人文化社 2012 年版。）; Yongho Kim, *North Korean Foreign Policy: Security Dilemma & Succession*, Lanham, MD: Lexington Books, 2011。

③ 한용섭, 『북한 핵의 운명』, 파주: 박영사, 2018. （〔韩〕韩用燮：《朝鲜核的命运》，坡州：博英社 2018 年版。）

④ 위성락, 『한국 외교 업그레이드 제언: 새로운 북핵, 4 강 외교를 위하여』, 파주: 21 세기북스, 2020. （〔韩〕魏圣洛：《韩国外交升级建言》，坡州：21 世纪书籍 2020 年版。）

言》，朝鲜半岛紧张局势因此出现了前所未有的缓和。在此背景下，如何通过外交协商的方式缓和半岛危机、实现朝鲜无核化成为韩国学界关注的重要议题。[1] 学界的研究可以分为"安全与经济交换论"和"安全与安全交换论"两种主要观点。"安全与经济交换论"认为，朝核问题是一个多元的、复杂的问题，不能只集中在安全方面，本质上要在非军事领域进行南北的经济合作、扩大朝鲜与国际社会的交流。[2] 金大中政府及卢武铉政府时期的无核化政策被概括为"安全与经济的交换"。"安全与安全交换论"认为，安全威胁是朝鲜发展核导的主要原因，可以通过对朝提供安全保障的方式来实现无核化。[3] 其中，朝鲜安全保障的主体包括"中国提供说"和"美国提供说"等，但大部分学者关注的是如何实现无核化与朝鲜半岛和平机制构建之间的交换。其中，他们对无核化与停和机制转换的先后顺序及路径、朝鲜半岛和平机制构建与东北亚秩序、驻韩美军的未来等问题进行了重点研究。但是，随着朝鲜核导能力的不断发展，韩国学界对外交协商方案不断提出质疑。

经济制裁一直是美韩对朝施压的重要工具。在对朝制裁问题上，学界主要关注对朝制裁的方案及制裁的效果。在制裁方法上，强调要在美韩同盟的基础上，联合中国、俄罗斯，对朝进行全方面制裁。[4] 在制裁效果上，韩国学界存在"制裁有用论"与"制裁无用论"之争。其中，"制裁无用论"认为，限于朝鲜经济的特点与朝鲜政策调整的能动性，对朝制裁效果有限，反而会加剧朝鲜的威胁认知，不利于朝鲜无核化。

在应对朝鲜核导威胁方面，威慑一直是韩国的基本应对战略，这也自然成

① 이용준, 『게임의 종말: 북핵 협상 20 년의 허상과 진실 그리고 그 이후』, 파주: 한울, 2010. （〔韩〕李容准（音译）：《游戏的终结：朝核协商20年的空想与真实及其以后》, 坡州: Hanul Publishing 2010 年版。）

② 윤영관, 『외교의 시대: 한반도의 길을 묻다』, 서울: 미지북스, 2015 （〔韩〕尹永宽：《外交的时代: 韩半岛的道路》, 首尔: MIZIbooks 2015 年版）; 문정인 외, 평화의 규칙: 우리는 미래로 가는 첫걸음을 떼었습니다. 서울: 바틀비, 2018 （〔韩〕文正仁等：《和平的规则：我们迈出了走向未来的第一步》, 首尔: Bartleby 2018 年版）; Chung-in Moon, *The Sunshine Policy: In Defense of Engagement as a Path to Peace in Korea*, Seoul: Yonsei University Press, 2012。

③ 이삼성, 『한반도의 전쟁과 평화: 핵무장국가 북한과 세계의 선택』, 파주: 한길사, 2018 （〔韩〕李三星：《韩半岛的战争与和平：核武装国家朝鲜与世界的选择》, 坡州: Hangilsa 2018 年版）; 조성렬, 『한반도 비핵화 리포트』, 서울: 백산서당, 2021 （〔韩〕赵成烈：《韩半岛无核化报告》, 首尔: 白山书堂 2021 年版）。

④ Byung-yeon Kim, *Unveiling the North Korean Economy*, Cambridge: Cambridge University Press, 2017.

为学界关注的重点。学界关于韩国对朝威慑的研究主要围绕三组概念进行：核威慑与常规威慑、拒止性威慑与惩罚性威慑、自主威慑与延伸威慑。韩国学界主要分析了韩国对朝威慑目前存在的问题及完善方案等。在延伸威慑方面，随着朝鲜核导能力的扩展，美国的延伸威慑是否可信，美韩之间的安全关系是否会脱钩成为韩国关注的重点问题。[①] 另外，在自主威慑论方面，韩国学界主要考察了韩国自主核开发的可能性、韩国三个轴心威慑体系（3K）的问题等，[②] 在韩国型导弹防御体系的问题上，学界对韩国自己的导弹防御体系是否会融入美国的导弹防御体系表示担心。[③] 在强化延伸威慑方面，韩国学界考察了美国战术核武器部署、核共享（nuclear sharing）、[④] 美国战略资产在朝鲜半岛常态化部署等方案的可行性，强调美韩威慑在机制方面、战略武器合作方面进一步发展的重要性。[⑤] 另外，在拒止性威慑与惩罚性威慑之间，韩国学界倾向于强调韩国应该发展拒止性威慑能力的建设。[⑥] 在核威慑与常规威慑之间，学界仍然存在一定的争论，核心是常规武器能否完全威慑核武器、常规武器是否具有核武器的威慑效果等。

另外，在统一问题上，近些年，韩国国内出现了"需要统一吗"、"谁来承担统一费用"以及"'统一'与'和平'哪个应该优先"的讨论。延世大学教授朴明林（Park Myunglim）认为，应该打破原有的以民族来看待朝韩关系的视角，有必要放下民族统一、南北关系的已有模式，从"国家对国家"、各自视为正式主权行为者的角度来看待朝韩关系，即在韩朝独立共存的情况

---

① 「김정섭, 한반도 확장억제의 재조명: 핵우산의 한계와 재래식 억제의 모색」, 『국가전략』, 2015 년제21 권 제 2 호, pp.5-40. （〔韩〕金正燮：《韩半岛延伸威慑的再照明：核保护伞的局限与常规威慑的探索》，《国家战略》2015 年第 2 期，第 5～40 页。）

② 包括杀伤链（Kill-Chain）、大规模惩罚报复（KMPR）和韩国型导弹防御系统（KAMD）。

③ 정욱식, 『MD 본색: 은밀하게 위험하게- 미사일방어체제를 해부한다』. 파주: 서해문집, 2015. （〔韩〕郑旭植：《MD 本色：解剖导弹防御体系》，坡州：西海文集 2015 年版。）

④ 황일도, 「동맹과 핵공유: NATO 사례와 한반도 전술핵 재배치에 대한 시사점」, 『국가전략』 2017 년 제 23 권제1 호, pp.5-33. （〔韩〕黄日道：《同盟与核共享：NATO 案例及其对韩半岛的启示》，《国家战略》2017 年第 1 期，第 5～33 页。）

⑤ 김성한, 「미국의 한반도 확장억제 평가」, 『국제관계연구』, 2022 년제 25 권 제 2 호, pp.33-57. （〔韩〕金圣翰：《美国对韩半岛延伸威慑评价》，《国际关系研究》2020 年第 2 期，第 33～57 页。）

⑥ 김정섭, 「군사적 비관주의와 과잉억제의 극복: 북한 SLBM 위협 대응전략에 대한 재조명」, 『국가전략』 2020 년 제 26 권 제 4 호, pp.5-31. （〔韩〕金正燮：《军事悲观主义与过分威慑的克服：应对朝鲜 SLBM 威胁的再照明》，《国家战略》2020 年第 4 期，第 5～31 页。）

下，将朝核问题看作东亚乃至世界的安全与和平问题。①

（二）地缘政治危机：大国竞争与韩国的安全战略

朝鲜半岛地处欧亚大陆和太平洋交界处，大国之间的竞争关系深刻影响了朝鲜半岛各个政权的命运。正如汉斯·摩根索所言："两千多年以来，朝鲜（韩国）的命运都一直取决于一个国家控制朝鲜（韩国）的优势，或者取决于两个竞相控制朝鲜（韩国）的国家之间的权力均衡。"② 因此，如何处理与两个或两个以上竞争性大国的关系一直是韩国安全战略的重要问题。进入21世纪，随着中国综合国力的提升，以及中美在亚太主导权竞争的加剧，亚太地区体系结构压力增大，韩国的大国外交战略面临新的选择难题。这推动了韩国学界关于韩国安全战略的思考，也成为韩国国家安全学界的热门话题。对此，韩国学界一些代表性学者综合自己多年的研究，通过专门著述提出自己的战略思考。从目前研究来看，韩国学界的主要战略思考包括同盟战略、合作安全、集体安全、共同安全战略及大国均衡战略等。

自美韩同盟成立以来，韩国国家安全战略的制定都不能排除美韩同盟，美韩同盟已经成为韩国国家安全的常量。但是，在冷战结束后初期，随着美国对外战略的调整，美国在韩国的作用日益模糊化，美韩同盟的存在受到一定的质疑。另外，2000年初，韩国出现严重的反美情绪，再加上进步政府的上台、中韩经贸关系的发展，以及朝韩关系缓和等因素的影响，美韩同盟调整或再定义成为韩国学界关注的热点问题。

在此背景下，韩国学界对美韩同盟进行反思，对美韩同盟进行解构与重构。第一，韩国学界以建构主义理论的视角，从认知、认同、作用等层面，针对韩国国内存在"美韩同盟神化"、"强调自主就是破坏美韩同盟"、美韩同盟的不可动摇性等说法进行批判，重新思考了同盟安全与自主交换模式，

---

① 박명림，「한국과 조선: 한조관계의 역사·이론·방향-남북관계의 종식을 위하여」，『동방학지』，2020년제 190집, pp. 25-65（〔韩〕朴明林：《韩国与朝鲜：韩朝关系的历史、理论、方向》，《东方学志》第 190 辑，2020 年，第 25～65 页）；이종석，『한반도 평화통일론』，파주：한울아카데미，2012.（〔韩〕李宗奭：《韩半岛和平统一论》，坡州：Hanul Publishing 2012 年版。）

② 〔美〕汉斯·摩根索：《国家间政治：权力斗争与和平》，徐昕等译，北京大学出版社，2006，第 215 页。

以及亲美与反美的问题。韩国全南大学教授金用哲（Kim Yong Cheol）等学者认为，同盟只是手段而不是目的。[①] 他们从小国能动性的角度，强调韩国自身能力的增长及其积极意义，主张追求与美国的平等关系，而不是从属关系。相反，延世大学政治外交系教授金宇祥（Kim Woosang）等从同盟构建的条件，即地理上非邻近国家不会发生领土纠纷，美韩之间存在利害关系及美国的军事投送能力等方面，说明了与美国结盟对韩国安全战略的必要性。[②]

在重构方面，韩国学界对美韩同盟的再定义方向及调整方案进行研究，具体包括未来美韩同盟与东北亚地区合作的关系、美韩同盟与朝鲜半岛统一的关系，以及朝鲜半岛和平机制构建与美韩同盟的关系等。在美韩同盟未来发展方向上，韩国学者多认为美韩同盟要在区域和领域两个方面进行扩展，使美韩同盟走向地区化（全球化）、多元化。另外，韩国学界也强调在未来的美韩同盟转型中，韩国应该在半岛安全问题上起主导作用，即在安全与自主的关系中，可以通过提升自主能力，提高韩国在美韩同盟中的价值，同时获得安全利益。[③]

第二是地区主义战略。东亚地区合作的活跃及韩国政府对地区主义的积极参与是韩国地区主义战略研究的重要推进因素。随着冷战结束和全球化的推进，大多数国家开始通过地区合作的方式应对全球化，各国参与地区一体化的战略也成为其对外战略的重要组成部分。韩国也不例外，韩国参与地区合作的行为始于卢泰愚政府时期，在金大中及卢武铉政府时期达到高潮。[④] 在此背景下，韩国学界将研究重点转移到地区主义及地区主义战略在韩国对外战略中的

① 김용철, 최종건, 「한국인의 반미행동 의도에 대한 인과 분석: 미국의 이미지와 한국의 이미지를 중심으로」, 『국제정치논총』 2005 년 제 45 집제 4 호, pp. 123-142. （〔韩〕金用哲、崔钟健：《韩国人反美行动的意图分析：以美国形象和韩国形象为中心》，《国际政治论丛》2005 年第 4 期，第 123~142 页。）

② Woosang Kim, "Korea as a Middle Power in the Northeast Asian Security Environment," in G. John Ikenberry and Chungin Moon, ed., *The United States and Northeast Asia*, Lanham: Roman Littlefield Publishers, INC, p. 132.

③ 한용섭 편, 『자주냐 동맹이냐: 21 세기 한국 안보외교의 진로』, 서울: 오름, 2014. （〔韩〕韩用燮：《自主还是同盟：21 世纪韩国安保外交的出路》，首尔：ORUEM Publishing House 2004 年版。）

④ 宋文志：《在制衡与依赖之间：韩国地区主义战略的进程与特点》，《上海交通大学学报》（哲学社会科学版）2017 年第 4 期，第 23~31 页。

作用等问题。

韩国地区主义战略的研究是从关注东亚地区秩序演变开始的，韩国学界系统研究了朝贡秩序、近代东亚秩序、冷战秩序及当前秩序的特点，并以此来判断未来秩序的走向等。韩国学界试图创建新的概念来描述东亚地区秩序的特点，但这些概念基本上局限于在韩国学界流通，未能在国际学界传播。其中，"从周边看东亚、双重周边"视角比较突出，在中国学界也有对该视角的讨论。① 这一时期，"地区"的概念及研究范式被韩国学界广泛接受，各大高校政治外交系都开设了东亚及地区主义相关课程。东亚秩序、东亚地区合作、韩国地区主义战略与朝核问题、美韩同盟的关系等话题成为学术会议及研究的重要主题。②

不过，近几年，随着朝核问题的发展、美国亚太战略及同盟战略的强化，韩国对于地区主义的关注度逐渐降低，地区主义相关话题在韩国学界基本上销声匿迹。韩国高校里东亚地区相关的课程计划从地区主义调整为中美竞争、对朝威慑等主题，东亚地区主义相关著述明显减少，学术会议主题也鲜有将地区主义作为核心讨论议题。

第三，大国均衡战略也是韩国学界讨论的重点。冷战后，随着中韩建交及两国关系特别是经济关系迅速发展，韩国在对外关系上出现了"经济上靠中国、安全上靠美国"的基本格局。在此背景下，韩国学界从对冲角度对该战略进行定义，对对冲战略的模式及实施条件、效果评价等问题进行分析。③

除了以上两大议题之外，受国际学界的影响，韩国学界的研究议题也在不

① 백영서 편『동아시아의 지역질서』, 서울：창비, 2005（〔韩〕白永瑞编《东亚地区秩序》, 首尔：创作与批评社 2005 年版）。하영선, 남궁곤 편저,『변화의 세계정치』, 서울：을유문화사, 2007（〔韩〕河英善、南宫坤编《变化的世界政治》, 首尔：乙酉文化社 2007 年版）；白永瑞：《中国帝国论在东亚的意义：探索批判性的中国研究》,《开放时代》2014 年第 1 期，第 79~98 页。

② 문정인 외,『동북아시아 지역공동체의 모색：현실과 대안』, 파주：한국학술정보, 2007（〔韩〕文正仁等：《东北亚地区共同体的探索：现实与方案》, 坡州：韩国学术情报 2007 年版）；문정인 외,『동아시아 지역 질서와 공동체 구상』, 서울：아연출판사, 2007（〔韩〕文正仁等：《东亚地区秩序与共同体构想》, 首尔：亚研出版社, 2007 年版）；최영종,『동아시아의 전략적 지역주의：중-일 경쟁과 중견국가의 역할』, 서울：아연출판부, 2016（〔韩〕崔永宗：《东亚的战略性地区主义：中日竞争与中等强国的作用》, 首尔：亚研出版部 2016 年版）。

③ 이수형,「동아시아 안보질서에서 강대국과 중견국의 헤징전략」,『한국과 국제정치』2012 년 제 28 집제 3 호, pp. 1-29.（〔韩〕李秀亨（音译）：《东亚安全秩序中大国与中等强国的对冲战略》,《韩国与国际政治》2012 年第 3 期，第 1~29 页。）

断扩展。例如，近些年，韩国开始面临前所未有的经济安全风险。特朗普政府时期推行贸易保护主义政策，美国不仅对韩国的商品加征关税，还限制韩国半导体厂商对华出口。日本还对韩国发起了半导体出口管制，使韩国直接感受到了供应链风险的紧迫性。随之而来的新冠疫情又进一步加剧了全球供应链的风险，边境封锁、物资管控、劳动力不足等因素导致芯片、汽车零部件等许多商品都出现了短缺。以半导体产业为例，美国拥有主要的核心技术，但同时中国市场占韩国半导体出口的40%，在技术与市场之间如何进行选择便成为韩国当前的难题。在此背景下，韩国安全研究学界对中美经济脱钩可能性、全球产业链重组的未来、韩国面临的挑战与机遇、韩国的应对策略等问题进行了分析。例如，对于中美脱钩的问题，韩国学界认为，中美之间将部分脱钩，主要是尖端技术领域脱钩，全领域脱钩的可能性不大。供应链重组将是韩国进军和扩大海外市场的机会。① 另外，对环境安全、能源安全等非传统安全的研究也在不断跟进。

总体来看，韩国国家安全研究主要议题仍然集中于战略研究，具有明显的冷战色彩。其中，地区主义等合作性议题曾使韩国学界的研究议题焕然一新，但很快就消失了，冲突相关的研究仍然是韩国学界安全研究的主流议题。

国际形势及朝鲜半岛安全环境的变化、西方学界的知识霸权、韩国国内政治观念的对立等是影响韩国国家安全研究议题的重要影响因素。其中，在朝鲜半岛安全问题上，本土的安全环境是决定韩国学界研究议题的核心因素。在这方面，韩国学界在议题设置方面比较积极，也试图影响国际学界的讨论。在韩国学界组织的各种国际学术会议交流中，朝鲜半岛安全问题都是核心讨论议题，以此来推动国际学界对该问题的关注。

二 韩国国家安全研究的路径与方法

朝鲜半岛的安全环境塑造了韩国国家安全的问题意识，但在研究这些问题的路径及方法方面，韩国学界深受西方学界的影响。经过多年的探索后，韩国

---

① 김성한 외，『한국의 경제안보 전략』，고려대학교 일민국제관계연구원，IIRI Online Series，No. 100，2022. （〔韩〕金圣翰等：《韩国的经济安全战略》，高丽大学—民国际关系研究院，IIRI Online Series，No. 100，2022 年。）

学界认识到西方范式的局限性，开始强调外交史及区域国别等方面的研究。

（一）对西方研究范式与方法的接受

韩国国家安全研究的范式主要来源于西方国际关系理论。韩国国家安全研究的理论范式的发展可以分为三个阶段。① 第一阶段（20 世纪 50~70 年代）主要是引进、改编和模仿欧美国际关系理论。朝鲜半岛独立后，随着美军政的实施及美国对韩影响的增大，韩国学界开始引进美国国际关系理论。这一时期，韩国主要引进了现实主义理论家的著作。例如，乔治·凯南、爱德华·卡尔（Edward H. Carr）、汉斯·摩根索及基辛格等现实主义学者的著作都在这一时期被介绍到韩国。另外，在这一时期，以联合国为中心的国际机构及国际法相关的自由主义文献在韩国也有引进和推介，但不是主流。这主要与当时的安全及政治环境有关。冷战时期，在全球层面，以美国和苏联两个大国为中心的理念对立和军事竞争；在朝鲜半岛层面，韩国与朝鲜的军事对决持续不断。在这种对立性安全结构下，韩国国家安全研究基本上以现实主义为主要范式，强调权力、结盟等在国家安全中的作用。当时，对于经历过日本殖民统治、朝鲜战争的国际政治学者来说，国际政治就是弱肉强食、适者生存的无政府秩序，在这种无政府状态下，只能发展国力、强化美韩同盟。

第二阶段（20 世纪 80 年代）是两大范式并存的阶段。20 世纪 70 年代中后期，美国出现了依附理论、世界体系论等理论范式，对已有理论构成挑战。这一现象也影响了韩国，尤其是当时的一些青年学者积极接受新的理论范式。另外，20 世纪 70 年代，随着大批在美留学的韩国学者回国，韩国学界大量引进美国学界的理论。有韩国学者评价道，作为冷战的前沿阵地，像韩国这样大量廉价消费"美国制造"的国际政治学的地方不多。②

第三阶段（20 世纪 90 年代以后）是研究范式多元化的时期。这一时期的主要特点是美国当时出现的先进理论几乎同时被介绍到韩国。例如，A. F. K. 奥根斯基（A. F. K. Organsky）的权力转移理论、罗伯特·普特南（Robert D. Putnam）的"双层博弈"（two-level game）理论、罗伯特·基欧汉的"国

---

① 韩国国际关系理论发展的分期，参考 Moon Chung-in and Kim Taehwan，"International Relations Studies on South Korea," *Journal of East Asian Studies*, Vol. 2, No. 1, 2002, pp. 45-68。

② 김달중、박상섭、외 편，『국제정치학의 새로운 영역과 쟁점』，서울：나남출판，1995.（〔韩〕金达中、朴尚燮等编《国际政治学的新领域与争点》，首尔：Nanam 1995 年版。）

际制度"理论等。20 世纪 90 年代后期出版的《国际关系论讲义》翻译并详细介绍了当时美国国际政治学界的主要理论研究成果。① 21 世纪初，韩国国际政治学会出版了《现代国际关系理论与韩国》，进一步对欧美学界的理论进展进行介绍。另外，冷战结束后，随着新的安全威胁的出现，国际安全学界开始重视恐怖主义、经济、环境、政治和社会领域的新威胁因素，在解决国家间安全困境方面，更加重视"共同安全"、"合作安全"以及"人的安全"等概念。这也对韩国学界的安全研究产生了不小的影响。韩国学者重新评价韩国的国际地位，强调"中等强国"的概念，顺应国际秩序和朝鲜半岛安全环境的变化，积极接受"共同安全"和"合作安全"的概念，积极参与东北亚多边安全合作机制等问题的讨论。

经过多年的引进与发展，韩国国家安全研究的理论范式呈现多样化特点。从韩国学界近些年出版和使用范围比较广的国家安全的教科书来看，对国际学界在安全保障领域的研究范式进行了广泛的、及时的介绍，对安全概念的演变、国际关系理论与安全保障等问题开展了深入探究。② 从学界发表论文情况来看，不仅有现实主义范式的安全概念及理论，还有大量建构主义、和平研究、哥本哈根学派等范式的研究，呈现多样化的特点。另外，从各大高校安全研究相关课程计划来看，在理论范式方面，有的从范式的演变史的角度，按照不同范式争论及演变的过程来介绍，也有从几大主流范式横向比较的角度进行介绍。前者强调安全概念的扩展等，后者着重战略研究等。其中，考虑到朝鲜半岛的现实安全环境，战略研究等仍然是大部分课程的主要内容。

在方法论方面，发轫于美国学界的实证主义研究在 20 世纪 60 年代开始进入韩国。70 年代后期韩国学界开始正式在研究中广泛使用实证主义的研究方法。尤其是在学位论文中，强调"提出假设、验证假设"的分析模式。

同其他东亚国家一样，韩国国家安全研究路径与方法受到以美国为中心的西方学界的强烈影响。西方理论范式与方法的体系性为韩国国家安全的研究提供了多样的视角及方法，推动了韩国国家安全研究的规范化及国际化。在韩国国际政治学界，美国国际政治学界的理论话语成为韩国学界研究范式及研究方

---

① 김우상 외，『국제관계론강의』，파주：한울아카데미，1997.（〔韩〕金宇祥等：《国际关系论讲义》，坡州：Hanul Publishing 1997 年版。）

② 함택영，박영준 편，『안전보장의 국제정치학』，서울：사회평론아카데미，2010.（〔韩〕咸泽英、朴荣濬编《安全保障的国际政治学》，首尔：社会评论学院 2010 年版。）

法论的主流，但这也意味着韩国国际政治学研究范式的缺失。

（二）对西方范式的反思

在接受并使用西方国际关系理论范式分析韩国国家安全问题的同时，韩国学界一直在反思西方理论在分析韩国安全上存在的问题。首尔大学外交系教授河英善（Ha Youngsun）与梨花女子大学政治外交系教授闵丙元（Park Byeong-won）指出，韩国的问题意识来源于韩国面临的本土问题，而使用的却是欧美国家国际政治学的认识论与方法论。国际学界的主要安全话语仍然是基于西方的经验，相对来说，反映非西方本体论问题意识的理论范式仍然不足。① 例如，很多留学美国的韩国学者受到 20 世纪 60～70 年代美国学界流行的现实主义的影响，在说明韩国经验的时候，很多韩国国际政治学者都倾向于采用大国中心的现实主义视角，在这种情况下，就出现了"同盟神圣化"，也自然接受了"安全-自主交换"同盟理论。这种以大国为中心的模式在解释小国外交政策时存在明显缺陷，不利于韩国安全政策的制定。②

对此，韩国学界进行反思，提出不同的方法论见解。其中，外交史研究与区域国别研究是两股比较突出的力量。韩国首尔大学申范植教授认为，冷战后全球化潮流带来了进入无限竞争的挑战，同时也提供了走向全世界的机会。在与其他民族、其他国家共存、追求和平繁荣的基调下，韩国要培养对世界不同地区的政治、经济、社会、历史和文化具有专业知识的国际人才，使全球化挑战成为新的跳板。但是，现有的国际政治学教育由于比较侧重于理论领域，失去了很多经验性研究的基础。对此，可以通过外交史、地区研究等经验研究领域的训练，培养综合掌握理论和现实的能力。③

第一，外交史研究与东亚国际政治理论化的尝试。在韩国国际关系研究学界，外交史研究一直处于边缘地位，历史方法也没有得到足够的重视。对于国际关系研究的学者来说，只有撰写以实证主义方法论为基础的"科学"论文

① 민병원，「안보담론과 국제정치：안보개념의 역사적 변화를 중심으로」，『평화연구』，2012 년 가을호，p. 234.（〔韩〕闵炳元：《安全话语与国际政治：以安全概念的历史变化为中心》，《和平研究》2012 年秋季号，第 234 页。）
② 김기정，『한국 외교 전략의 역사와 과제』，서울：서강대학교출판부，2019，p. 104.（〔韩〕金基正：《韩国外交战略的历史与课题》，首尔：西江大学出版部 2019，第 104 页。）
③ 韩国首尔大学外交系申范植教授《地区研究与国际政治理论》的课程说明。

并在英文学术杂志上发表论文，才有利于在高校获得教职，这使得外交史研究人员的处境变得相当困难，专攻韩国外交史的学者也越来越少。① 以韩国重点高校政治外交系专门从事外交史研究的教职为例，首尔大学外交系有 3 名，延世大学政治外交系有 1 名，高丽大学政治外交系则没有专门研究外交史及国际关系史的教职。可以看出，在韩国国际关系及安全研究领域，历史类教职整体上占比非常少。

近期，受国际学界的影响，韩国学界开始推动外交史与国际关系研究之间的对话。冷战后，由于国际关系理论未能预测到冷战的结束，国际学界出现了注重历史反思的趋势。在这种氛围下，韩国国际关系学界也出现了外交史与国际政治理论的对话。一些学者开始对盲目输入西方理论进行反思，他们试图通过韩国外交史和国际政治理论之间的交流，来探索具有韩国特色的国际关系理论。韩国国际政治学会外交史分科委员会组织出版的《韩国外交史与国际政治学》就是这方面的有益尝试，② 这本书主要介绍外交史和国际政治理论之间的学科争论，强调要纠正韩国国际政治学学界忽视历史研究的问题，需要推进外交史研究和国际关系研究的结合。

与此同时，受到"英国学派"等创建本土化理论的影响，同东亚其他国家一样，韩国学界也开始以外交史为基础来推动东亚国际政治及安全研究的本土化理论的研究。首尔大学外交系有外交史研究的传统，以首尔大学外交系教授金容九（Kim Yongku）、河英善等为代表的韩国外交史研究团队，近年来在积极推动韩国外交史理论化的尝试方面做出了有益探索。③ 另外，韩国国立外交院也设立了外交史研究团队，主要依靠外交档案开放的有利资源，致力于新史料的发掘等工作。韩国国史编纂委员会等一些历史研究的代表性研究机构也

---

① 김성배,「한국 근현대 외교사 연구의 평가와 과제」,『한국정치외교사논총』, 제 2017 년 38 집 제 2 호, p.6.（〔韩〕金圣培：《韩国近现代外交史研究的评价与课题》,《韩国政治外交史论丛》2017 年第 2 期，第 6 页。）

② 하영선, 김명섭 편,『한국외교사와 국제정치학』, 서울 : 성신여대출판부, 2005.（〔韩〕河英善、金明燮编《韩国外交史与国际政治学》，首尔：诚信女大出版社 2005 年版。）

③ 하영선, 남궁곤 편저,『변화의 세계정치』, 서울 : 을유문화사, 2007（〔韩〕河英善、南宫坤编《变化的世界政治》，首尔：乙酉文化社 2007 年版）；전재성,『동아시아 국제정치 : 역사에서 이론으로』, 서울 : EAI, 2011.（〔韩〕全在晟：《东亚国际政治：从历史到理论》，首尔：EAI 2011 年版）。

开始注重外交史研究。① 东北亚历史财团最近组织出版了一套韩国外交史研究的系列丛书，分古代篇、近代篇及现代篇。②

第二，对区域国别研究的重视。对西方国际关系理论及方法论的反思还体现在韩国学界对区域国别研究的重视。韩国的区域国别研究是从对"共产主义"国家的研究开始的。由于朝鲜问题是韩国安全研究的重要主题，韩国学界势必要加强对朝鲜的研究，这也推动了区域国别研究在韩国学界的发展。1979年，"韩国共产圈研究协会"成立，后更名为"韩国世界地域学会"。在韩国高校政治外交系的课程中设有"地域学与国际政治理论"相关的理论课程，也有重点国家及区域的专门课程。有的高校还设立了地域学专业。

在韩国的区域国别研究中，朝鲜研究和中国研究是两个重点研究领域。在朝鲜研究方面，除了前文提到的研究议题的广泛性之外，韩国在研究与教学机构等设置上进行了大量投入。除政府的智库机构如统一研究院外，各大高校也纷纷设立了朝鲜研究的相关机构。例如，延世大学设有统一研究院、统一学协同课程以及朝鲜研究期刊《统一研究》与《朝鲜评论》（*North Korean Review*）。梨花女子大学设立朝鲜系及统一研究院。高丽大学设立朝鲜学系。1998年，庆南大学成立朝鲜大学院，2005年独立为朝鲜大学院大学，专门从事朝鲜研究，培养朝鲜研究的硕士与博士。

在中国研究方面，冷战时期，由于意识形态等原因，中国研究在韩国比较受限，学界对中国的研究主要集中于中国史。在政治、外交等现实问题方面，高丽大学亚细亚研究所的作用比较突出。在高丽大学前校长、历史系教授金俊烨（Kim Junyeop）的推动下，该研究所开启了对社会主义国家研究的先河。③

① 韩国外交史研究的代表性学者，如具汏烈、申福龙、金明燮、朴泰俊、李三星、朴明林、李完范等。韩国政治外交史学会网址，http：//www.kpdhis.or.kr/html/。关于韩国外交史研究成果的总结，参见 이완범，「한국외교사 연구의 회고와 전망: 융성-쇠퇴-반성-부흥의 궤적」，『국제정치논총』，2007 년 제 46 집 특별호，pp.67-111 （〔韩〕李完范：《韩国外交史研究的回顾与展望：容成-衰退-反省-复兴的轨迹》，《国际政治论丛》2007 年特别号，第 67~111 页）。

② 〔동북아역사재단 한국외교사편찬위원회，『한국의 대외관계와 외교사: 고대편, 고려편, 조선편, 근대편, 현대편』，서울: 동북아역사재단，2018~2019. （〔韩〕东北亚历史财团韩国外交史编纂委员会：《韩国的对外关系与外交史：古代篇、高丽篇、朝鲜篇、近代篇、现代篇》，首尔：东北亚历史财团 2018~2019 年版。）

③ 日殖时期，金俊烨在华从事抗日运动，参加过光复军。回韩国后任高丽大学教授、校长，兼任高丽大学亚洲问题研究所所长，发起并成立了"韩国中国学会""韩国共产圈研究协会"等，强调对中国的研究。

冷战结束、中韩建交后，尤其是随着中国的崛起，韩国学界对中国问题及中美关系的研究进入新的高潮。大国竞争、中美关系、中国外交等成为韩国学界研究的关键词。各大高校开始增设中国问题相关教职。媒体上中国问题专家的出镜率明显增加，国家安全研究学者也积极将自己的研究主题与中国问题靠拢。例如，之前盛极一时的日本问题专家也不断从中日关系的角度来研究，韩国各大智库纷纷设立中国研究项目等。这一时期，中国外交、中美关系相关的著作及论文大量出现，成为各大刊物重点讨论的问题。

三　韩国国家安全研究的研究力量与研究平台

在学科建设方面，在韩国高校中，国家安全通常作为国际关系研究的一个分支，其学术研究与人才培养也是在国际关系专业下进行的。目前，韩国各高校的政治外交系均设有国家安全研究的教职，并开设相关课程。忠南大学等高校开设了安全研究相关的专门研究生院，培养安全方面的专业人才。在课程方面，以延世大学政治外交系为例，共有四个专业，包括比较政治学、政治思想、国际政治、韩国政治。在国际政治专业方面有安全相关课程，包括"战争与和平""国家安全与情报""国际安全研究""安全政策论""理性选择与安全"等。[①] 从课程计划来看，韩国各大高校基本类似，包括安全概念的变化、安全研究的理论路径以及一些与朝鲜半岛相关的安全问题。为了推动研究与教育的国际化，很多课程采用英文授课。

另外，一些高校还单独设立了安全学系，其中尤其以军事安全为主。除了韩国国防大学，陆军、空军及海军士官大学等之外，地方高校也开设了军事学系。例如，大田大学没有国际政治学系，而是设置了军事学系。该系成立于2002 年，是韩国最早设立军事学系的地方高校。与韩国陆军签署合作协议，为陆军输送人才。教员专业也比较多样，包括政治学、军事学、舆论信息学、经济学、国际政治学以及电脑工学等。从其开设科目来看，主要是军事相关知识，包括军事安全、军事思想、军民关系、武器体系和战争史等。[②] 之后，庆

---

① 延世大学政治外交系开设课程，参见 http：//politics. yonsei. ac. kr/pagegenerater. asp？catalogid ＝politics&language＝ko&pagecode＝gradu01，最后访问日期：2023 年 4 月 6 日。

② 大田大学军事学专业开设课程，参见 https：//www. dju. ac. kr/ms/cm/cntnts/cntntsView. do？mi ＝1719&cntntsId＝1354，最后访问日期：2023 年 4 月 6 日。

南大学、圆光大学、朝鲜大学等于 2005 年设立军事学系。到目前为止，共有 10 多所地方高校与韩国陆海空军合作，成立了军事学系。另外，在军地合作培养人才方面，学军团（Reserve Officers Training Corps）是比较早的军队与高校合作的人才培养项目。各军种在地方高校中选拔学生组建学军团，在普通高校学习期间，定期参加军事训练，毕业后到军队服役 2~3 年。韩国学军团的历史可以追溯到 1959 年，目前合作高校有 100 多所，包括首尔大学、延世大学等一流名校以及诚信女子大学等女子高校。

在教材方面，韩国学界在引进西方，尤其是美国教材的基础上，定期组织相关专家编写国家安全研究教材。近几年，代表性的国家安全教材是 2009 年韩国国际政治学会安全国防分委员会组织编写的《安全保障的国际政治学》，该书于 2010 年出版，截至 2021 年已经印刷四次。全书分四部分，分别是安全的概念与对象、国家政治理论与安全、安全保障的手段、主要国家的安全保障制度与政策。[1]

韩国国家安全研究的专业人员，尤其是高校教员大多有留美的经历，这是韩国国家安全研究在人员构成方面的重要特点。以韩国三所顶尖高校为例，首尔大学外交学系有教员 15 人，其中只有 2 人博士毕业于本土高校（主要从事韩国外交史的教学与研究）；延世大学政治外交系共有 19 名教员，本土博士只有 2 名（从事韩国外交及韩国政治思想史的研究与教学）；高丽大学政治外交系有 18 名教员，全部毕业于欧美高校。尤其是从事国家安全研究与教学的教员基本上都毕业于美国高校，他们在引进美国国家安全研究范式及方法论方面起到了重要作用。同时，在人才培养方面，在韩国本土获得博士学位的研究人员很少能进入高校取得教职，大多进入国策研究机构、高校研究所（大多数为非在编人员）等。

韩国学界比较注重智库的建设。从研究机构的建立主体来看，有高校设立的研究机构、国家设立的智库和财团支援的研究机构。韩国国立外交院外交安全研究所是韩国最具代表性的智库，在韩国国内智库排名中长期位居第一，也是韩国智库唯一进入世界排名前 100 强的智库。[2] 韩国国立外交院成立于 1963

---

① 함택영, 박영준 편, 『안전보장의 국제정치학』, 서울 : 사회평론아카데미, 2010. （〔韩〕咸泽英、朴荣濬编《安全保障的国际政治学》，首尔：社会评论学院 2010 年版。）

② 根据宾夕法尼亚大学 2021 全球智库排名，在除美国之外的全球外交安全领域智库排名中，韩国国立外交院外交安全研究所排第 59 位。

年，作为外交部直属机关，初期负责外务公务员的教育。1965 年，在加强对外交问题的研究功能的同时，改名为外交研究院。1977 年，其将研究领域扩大到国际问题，并更名为外交安全研究院，2012 年 3 月，为加强适合急剧变化的外交环境的人才培养，再次更名为国立外交院（KNDA）。国立外交院关注领域涉及裁军及不扩散等国际安全，朝核及韩朝关系等韩半岛相关问题，韩美同盟和美国及中南美外交安全政策，全球治理、气候变化、公共开发援助、自由贸易协定（FTA）等国际政治与经济问题，人权与领土纠纷等国际法相关问题。此外，国立外交院外交安全研究所还设有中国研究中心和外交史研究中心。

除了国立外交院之外，韩国安全领域代表性的国策研究机构还有统一研究院、国防研究院以及国家安全战略研究院等。随着苏联解体等国际形势的剧变，韩国的统一环境也发生了变化，政府积极推进扩大与社会主义国家的交流和朝韩统一外交。在此背景下，1991 年民族统一研究院成立，后更名为统一研究院。统一研究院作为韩国国策机构之一，主要从事朝鲜研究，为韩国对朝政策、统一提供政策咨询。韩国国防研究院是韩国国策研究机构之一，主要从事国防相关问题的研究，包括安全环境分析、军事力量建设方案、武器系统政策、人力物力资源管理政策、国防信息化方案等国防相关安全领域等。这些国策研究机构会定期组织政策交流会，研判形势、提出政策建议。

另外，高校及各大基金会也支持成立了一批智库，代表性的有峨山政策研究院、济州和平研究院、庆南大学极东问题研究所、延世大学东西问题研究院、高丽大学亚细亚研究所、首尔大学世界问题研究院、成均中国研究所等。庆南大学极东问题研究所成立于 1972 年，是韩国最早的研究朝鲜、统一、和平与安全的高校研究所，在 20 世纪 70 年代首开韩国的社会主义国家研究、马克思主义研究及朝鲜研究。① 成均馆大学的成均中国研究所是近期比较活跃的高校智库之一，积极与中国学界构建学术网络、倡导并实践对华公共外交是该研究所的特点之一。② 峨山政策研究院是韩国近些年新兴的智库之一，在现代集团的支持下，该智库在短短几年的时间内便声名鹊起。该智库强调国际化，比较注重中美关系、朝鲜半岛统一等关乎韩国核心安全利益的问题。③

---

① 极东问题研究所网站，https：//ifes. kyungnam. ac. kr/ifes/index. do。

② 成均中国研究所网站，https：//sics. skku. edu/sics/index. do。

③ 峨山政策研究院网站，http：//www. asaninst. org。

韩国智库除了发布政策评论报告之外，还出版学术刊物，并且比较注重国际影响力。很多研究报告被译成英文，在英文学术刊物上发表。例如，韩国国防研究院的《韩国防务分析杂志》（*Korea Journal of Defense Analysis*）、仁荷大学国际关系研究所的《太平洋焦点》（*Pacific Focus*）等均为 SSCI 收录刊物，提升了韩国研究机构及韩国安全问题研究在国际学界的影响力。另外，各大智库还定期组织大型学术会议，积极构建学术交流网络，提升智库的国际化水平。整体上来看，韩国智库的建设已经具备一定的规模。但是，在研究主题及研究领域上，重复性比较强，各个智库的特色不是很鲜明。例如，学界很难界定在美国、日本、俄罗斯等大国研究中，哪个研究所更具特色。

　　韩国学界重视学术刊物的发行，国家安全研究领域代表性刊物包括韩国国际政治学会发行的《国际政治论丛》、庆南大学极东问题研究所发行的《韩国与国际政治》、世宗研究所发行的《国家战略》，以及韩国政治学会发行的《韩国政治学会报》等。根据不同定位，这些刊物虽然发表国家安全研究论文比例不同，但均能代表韩国国家安全研究水平，也是学界交流的重要平台，在推动韩国国家安全研究的水平提升及规范化方面起到了重要作用。

　　在学界与政府的交流方面，同美国情况相似，韩国国家安全研究人员与政府之间也存在"旋转门"制度。高校及研究机构的人员进入政府部门从事相关事务工作，对政府的政策产生了直接的影响。例如，延世大学政治系教授文正仁（Moon Chungin），曾经担任卢武铉政府时期东北亚时代委员会委员长，在文在寅政府时期任总统安全与统一顾问；首尔大学外交系教授尹永宽（Yoon Younggwan），在卢武铉政府时期任外交通商部长官（2003～2004 年）；成均馆大学政治外交系教授金泰孝（Kim Taehyo），服务于李明博与尹锡悦两届政府。高丽大学国际学部教授金圣翰（Kim Sunghan），曾在尹锡悦政府中任安保室室长，在就任国家安保室室长之前就以高丽大学一民国际关系研究院（IIRI）① 为平台对经济安全等问题进行了系列研究，这与尹锡悦政府对经济安全的重视不无关系。从这些案例中可以看出，韩国国家安全研究专家对政府政策的导向影响很大。但是，很多知名学者在回到高校后，在教学与研究中，他们问题意识的现实感虽然增加了，但并没有能够从理论上做出更为客观的思考。

---

　　① 高丽大学一民国际关系研究院网站，http：//www.iiri.or.kr。

另外，韩国学界注重国际交流。各个智库都积极扩展在国际学界及政界的网络，定期组织学会或组团出国与当地学者及政府人员进行交流。在高校教员的评估中，国际发表占比较高，学校也会配套相关措施，帮助教员在国际刊物上发表文章。

结　语

通过以上梳理可以发现，韩国国家安全研究的问题意识具有明显的本土性，核安全、同盟政治、分裂与统一等议题长期占据韩国学界的主流。但同时，韩国学界分析这些本土问题的主要范式与路径大部分来源于西方国际关系理论与方法论。西方理论范式的系统性给韩国学界提供了大量研究路径的同时，也带来了不少问题。对此，韩国学界也进行了反思，其中，加强外交史研究与区域国别的研究是学界提出的两条重要思路。

经过几十年的发展，韩国国家安全研究的力量得到了很大的发展。大批留美归国博士成为韩国国家安全研究的重要力量，他们紧跟国际学界前沿、积极在国际学界发表观点，这提升了韩国安全研究的国际化水平。另外，通过学科规划、课程设置等方面的调整，韩国国家安全研究的学科体系不断完善，人才培养体系也基本确立。通过国策研究机构、社会智库的发展，学术研究与政策判断之间也基本上形成了有效的交流渠道。

由于材料开放等问题的限制，笔者很难在一篇文章中详尽阐述韩国国家安全研究的所有议题、路径及研究方法。但通过以上梳理，笔者希望可以引起国内学界对韩国国家安全研究的关注，从中吸取经验与教训。

（本文原载于《国际政治研究》2023 年第 2 期，收录本书时略有修改。）

第十五章

"西方前哨国家"澳大利亚的国家安全研究

师小芹

一个国家如何思考自己的安全和威胁，在思考和研究时又采用了何种视角，最后采取了什么样的安全战略和政策，是理解一个国家的安全认知及其安全战略和行为的出发点。当人们谈论"某某国家的国家安全研究"时，作为研究对象的"国家"通常应包括其政界和学界。而作为研究对象的"国家安全研究"则既包括最后成形的国家安全战略，也包括国家安全研究界的思想辩论，以及政学两界认识安全问题的视角和路径。本文拟对澳大利亚国家安全研究的主题、国家安全研究的视角，以及澳大利亚主要科研机构和研究人员的情况进行介绍，然后在此基础上概括澳大利亚国家安全研究的特点。

一 澳大利亚国家安全研究的传统主题

澳大利亚立国较晚，作为英国前殖民地，它于 1900 年获得自治领地位。1926 年，伦敦帝国议会通过《贝尔福宣言》，确认英国与其自治领之间的关系是"英帝国内各自独立的主体、地位平等，在内外事务上不彼此臣属"。实际上，怯于失去母国的保护，1939 年第二次世界大战爆发时，澳大利亚继续积极派军赴欧洲参战，并自称"第二帝国军队"，仍视自己为大英帝国的一部分。① 直至 1942 年 12 月 9 日，澳大利亚才通过《威斯敏斯特法采纳法案》，

---

① 第一次世界大战中澳大利亚派出的协防母国英国的部队称"一战澳大利亚军队"，第二次世界大战中称"二战澳大利亚军队"。

正式成为独立主权国家。①现代澳大利亚国防军（ADF）则直到 1947 年才正式成立。

1942 年 2 月 15 日，英国的新加坡殖民地失陷。英国陷于欧洲战场自顾不暇，远在亚洲的澳大利亚作为一个现代国家第一次直面来自日本的进攻，感到孤立无援，遂转向美国寻求安全保护。在第二次世界大战结束前，澳大利亚与另外一个新生国家新西兰缔结条约，决定在国际事务中携手合作。这是双方独立签署的第一份条约。1946 年，澳大利亚曾经寻求在英联邦内组织一个区域防御集团，但没有取得成果。随着美国调整其太平洋战略设想，澳大利亚于1951 年与美国和新西兰缔结《澳新美安全条约》（The Australia，New Zealand，and United States Security Treaty，ANZUS Treaty），正式成为美国盟友。此后，保持与美国的"伙伴关系"（Mateship）成为澳大利亚外交中的首要原则。

澳大利亚作为独立主权国家诞生于战火之中。诞生之初，就面临着孤立无援的安全处境，并且远居西方世界的末梢，弱小无助的心情油然而生，寻求强大国家的保护就成为势所必然。这个过程决定着澳大利亚时刻关注它的地理位置和能否得到世界上最强大的国家的保护。孜孜不倦地探索"我是谁"的问题，由此成为澳大利亚安全研究的起点，并衍生出澳大利亚国家安全研究的三大传统主题。

（一）国家身份与国家安全

1978 年，原澳大利亚国际事务研究所所长托马斯·米勒（Thomas Miller）在其出版的著作中认为，1901 年至 20 世纪 60 年代中期的澳大利亚战略文化特征是"它的亚洲地理位置与其欧洲历史"间的冲突。该书指出，澳大利亚在地理上属于亚洲，而在文化上属于欧洲，这一特性决定了澳大利亚的安全困境。②"我是谁"的问题，也决定了"我的安全是什么"的答案。1975 年，赫德利·布尔（Hedley Bull）在《澳大利亚与亚洲：安全视角》一文中回答了这一问题。布尔对 1949~1972 年澳大利亚在自由党-乡村党联合执政期间的安全政策与安全认知的关系进行分析。他指出，澳大利亚对"威胁源自北边/亚

---

① Australia Nationhood Foundation，"Australia-Continent for a Nation：The Beginning，" https：// www. nationhood. org. au/australia_continent_for_a_nation，accessed：2023-05-03.

② Thomas B. Millar, *Australia in Peace and War: External Relations since 1788*, 2nd ed., Maxwell Macmillan, 1991, p. 374.

洲"的认知塑造了澳大利亚的世界观。由于毗邻一个人口数量对澳大利亚具有压倒性优势的亚洲，澳大利亚心生恐惧：它以 2682 万人口①占据了面积比欧洲还大的广阔的大陆、坐拥巨量丰富的资源能源、过着比邻居富裕得多的生活——澳大利亚 2023 年人均国内生产总值为 66590 美元，其经济总量居世界第 14 位；② 更何况澳大利亚在文化和社会上与亚洲相比又是如此异质，并对它了解甚少。这种悬殊的情况能否永久持续下去，成为澳大利亚的一块心病。澳大利亚因此而生活在一种时刻都担心被亚洲国家攻击的心态之中。③ 直到1991 年，澳大利亚战略家阿兰·杜邦（Alan Dupont）仍提出疑问：澳大利亚的地理处境如此有利，它高度的不安全感和焦虑究竟源自何处？杜邦的答案是澳大利亚远处大英帝国末端，一直对母国怀有深切的情感，这使它对置身其中的广大亚太社区缺少认同感。与此同时，澳大利亚担心自己地广人稀，容易成为与英国为敌的国家或者其他亚洲国家如日本和中国的觊觎对象，这造就了澳大利亚的"被包围"的心态。④

由此，当澳大利亚在检视其安全环境时，第一步始终是追问自己到底是不是亚洲国家。前澳大利亚默多克大学校长理查德·海格特（Richard Higgott）和加拿大女王大学教授金·理查德·诺萨尔（Kim Richard Nossal）于 1997 年指出，很少有国家像澳大利亚在 20 世纪 80 年代和 90 年代那样持续地、自觉地寻求"再定位"。1983~1996 年，工党政府持续推动澳大利亚"入亚"。但之后执政的自由党-国家党联盟又"摆回"美国身边。两位学者认为，澳大利亚的"位于交接处的尴尬的地理位置/别扭的身份"（liminality）难以改变，只能对其进行管理，应该通过积极外交来平衡这种地理位置带来的限制。⑤

概括来看，澳大利亚对"亚洲"的定义随着地区财富与权力格局的变动而不断发生变化。随着澳大利亚与东北亚和东南亚国家经济联系变得紧密，

① 澳大利亚人口数据见澳大利亚国家统计局 2024 年 3 月发布的数据。Population, Australian Bereau of Statistics, https：//www.abs.gov.au/statistics/people/population, accessed：2024-04-01.

② 国际货币基金组织 2024 年发布的 2023 国别人均国内生产总值报告, https：//www.imf.org/external/datamapper/NGDPDPC@WEO/OEMDC/ADVEC/AUS, 最后访问日期：2024 年 4 月 1 日。

③ Hedley Bull, "Australia and Asia: Security Perspectives," *India International Centre Quarterly*, Vol.4, No.2, 1977, pp. 135-148.

④ Alan Dupond, *Australia's Threat Perceptions: A Search for Security*, Canberra: ANU Press, 1991.

⑤ Richard A. Higgott and Kim Richard Nossal, "The International Politics of Liminality: Relocating Australia in the Asia Pacific," *Australian Journal of Political Science*, Vol.32, No.2. 2010. pp. 169-185.

1997 年，澳大利亚外交部长甚至提出"东亚半球"（East-Asian Semisphere）的说法。2001 年，"9·11"事件后，澳新美同盟被激活。澳大利亚追随美国参加了中东/西亚两场战争。印度经济崛起与印度洋重要性的上升以及中国崛起，又使澳大利亚学界放宽视野，逐渐青睐"印度洋–太平洋"概念，该概念后被澳大利亚和美国政界所采用。①

进入 21 世纪以来，在令人不知所措的"亚洲性"问题上，澳大利亚通过"亚洲–太平洋"和"印度洋–太平洋"这样的新的地理概念来稀释它。2003年，澳大利亚外交和军事史家彼得·爱德华兹（Peter Edwards）和澳大利亚莫纳什大学荣誉教授大卫·戈兹沃西（David Goldsworthy）所主编的《面向北方：澳大利亚与亚洲的世纪交往》一书提出，澳大利亚无须认为自己是亚洲国家，而可以将自身界定为"亚洲–太平洋"国家。如此一来，作为亚太地区的一个次区域国家，澳大利亚应该致力于亚太稳定。对东亚来说，它是安全的南方；对南太平洋国家来说，它是安全的西方；通过澳新美同盟，澳大利亚又可以变成美国与亚太地区的粘合剂。② 同样，"亚洲–太平洋"概念的其中一个使命是使澳大利亚不变成一个"亚洲"国家。澳大利亚用此概念拉近自己作为一个"太平洋国家"与亚洲的距离，而无须先变成一个亚洲国家。由此可以在分享亚洲繁荣发展的同时确保安全。③

2005 年，澳大利亚国防学院讲席教授麦克尔·伊文斯（Michael Evens）认为，澳大利亚的"位于交接处的尴尬的地理位置"这种国家身份导致其安全理论与战略实践失调。伊文斯认为，澳大利亚的安全战略不是基于其地理特性，而是基于地缘政治处境，从而造成澳大利亚在安全观念上首先想要捍卫的是西方议会民主制社会这一身份，而不是着眼于保护国家领土的安全。澳大利亚认为自己是一个岛屿国家而不是一个大陆国家，这造成它在国防战略上经常

① Michael Wesley, "Australian Thinking About Asia," in Daniel Marston and Tamara Leahy, eds., *War, Strategy, and History: Essays in Honour of Professor Robert O'Neill*, Canberra: ANU Press, 2016, pp. 285-300.

② Peter Edwards, "Conclusion," in Peter Edwards and David Goldsworthy, eds., *Facing North: A Century of Australian Engagement with Asia*, Vol.2, 1970s to 2000, Melbourne: Melbourne University Press, 2003, pp. 325-330.

③ David Brewster, "Australia's View of the Indo-Pacific Concept," India Foundation, January 5, 2021, https://indiafoundation.in/articles-and-commentaries/australias-view-of-the-indo-pacific-concept/, accessed: 2023-11-30.

在"前沿防御"（forward defence）还是"大陆防御"（continental defence）之间踌躇。澳大利亚始终不能规避的是运用其有限的人力和经济资源来保护本土还是向海外投送力量以帮助（美国）维护全球战略均衡这一张力。①

大约从 2012 年开始，澳大利亚政府与学界开始提出"印太"概念，建立"印太"框架，并最终以"印太"为中心规划新的战略。② "一个国家改变其首要战略环境的地理界定并不是一件经常发生的事情，但这正是澳大利亚近年来所做的，它拥抱了'印度洋–太平洋'概念。"随着美国于 2018 年将原太平洋战区扩大为"印度洋–太平洋"战区，并开始使用"印太"概念来重构其全球安全态势，③ 澳大利亚与美国保持一致也正式将"印太"作为核心概念之一使用。2019 年，曾经担任过驻印大使、外交通商部常务副部长的昆士兰大学校董会主席彼得·瓦格斯（Peter Varghese）在演讲中评价澳大利亚的这一特性。他认为，"印度洋–太平洋"概念是对澳大利亚所处战略环境的一种"想象上的与承认上的结构性转型"。④ 澳大利亚的安全战略转型再次以对自己的地理位置再定义为开始。⑤

尽管澳大利亚的战略研究是盎格鲁–撒克逊战略研究传统的一部分，但在澳大利亚特色环境中形成了一个独特变体。⑥ 这一变体的澳大利亚特色是其格外突出的"亚洲"主题。罗伯特·奥尼尔（Robert O'Neill）也经由研究战争

① Michael Evans, "The Tyranny of Dissonance Australia's Strategic Culture and Way of War, 1901-2005," Australian Land Warfare Studies Centre, Study Paper No.306, 2005, https：//researchcentre. army. gov. au/sites/default/files/sp306_tyranny_of_dissonance-michael_evans. pdf, accessed：2023-11-27.

② David Scott, "Australia's Embrace of the 'Indo-Pacific'：New Term, New Region, New Strategy?" *International Relations of the Asia-Pacific*, Vol.13, No.3, 2013, pp. 425-448.

③ Jim Garamone, Pacific Command Change Highlights Growing Importance of Indian Ocean Area, DoD News, May 30, 2018, https：//www. defense. gov/News/News-Stories/Article/Article/1535808/pacific-command-change-highlights-growing-importance-of-indian-ocean-area/, accessed：2024-04-01.

④ Peter Varghese, "The Indo Pacific and Its Strategic Challenges：An Australian Perspective," Speech by Mr. Peter Varghese AO, Chancellor of The University of Queensland, to the Institute of South East Asian Studies, Singapore, January 8, 2019, https：//www. uq. edu. au/about/chancellor/speeches-and-articles/indo-pacific-and-its-strategic-challenges-australian-perspective, accessed：2023-11-30.

⑤ Graeme Dobell, "Australia's Indo-Pacific Understanding," ASPI, Aug. 17, 2015, https：//www. aspistrategist. org. au/australias-indo-pacific-understanding/, accessed：2023-11-30.

⑥ Catherine McArdle Kelleher, "The Postwar Evolution of the Field of Strategic Studies：Robert O'Neill in Context," in Daniel Marston and Tamara Leahy, eds., *War, Strategy and History: Essays in Honour of Professor Robert O'Neill*, Canberra：ANU Press, 2016, pp. 91-105.

而"进入亚洲"或者亚洲研究。他关于朝鲜战争、越南战争和亚洲战略格局变迁动力的研究为越战后澳大利亚的战略思考做出了巨大贡献，他的核战略研究和"反叛乱"作战研究，也是以亚洲为背景来进行的。①

是亚洲国家还是欧洲国家、入亚还是不入亚、是亚洲-太平洋国家还是印度洋-太平洋国家，对这些问题的回答极大影响了澳大利亚的国家安全认知。这些认知仍然在变动之中，它对澳大利亚国家安全研究的影响仍在持续。澳大利亚迪肯大学（Deakin University）正在进行一项名为"1901年以来的澳大利亚国家安全概念史"的研究，该项目议题涉及国家安全概念在澳大利亚的演变，及其不同历史时期的特定形式等。②

（二）以同盟问题为中心的安全研究

澳大利亚在研究国际安全时，首先考虑的是它的盟友关系，其次才是战争行为本身。③ 澳大利亚国内战略辩论的一个核心主题就是"同盟、自我依赖（self-reliance）④ 与同盟内的自我依赖（self-reliance within the alliance）"之间的界限。

1976年，澳大利亚的《国防白皮书》首次引入"自我依赖"概念，并称"自我依赖"是澳大利亚国防的首要要求。当时的背景是澳大利亚看到国际安全环境正在剧变。英国自苏伊士运河之东撤退，美国在尼克松提出"关岛主义"之后削减其在东南亚地区的军事介入，要求美国盟友在除非遭受重大进攻的情况下有能力保卫自己。而且美国的利益和使命是如此之多，保护澳大利

---

① Michael Wesley, "Australian Thinking about Asia," in *War, Strategy, and History: Essays in Honour of Professor Robert O'Neill*, 2016, pp. 285-300.

② ARC Discovery Projects 2021, "A Conceptual History of Australian National Security since 1901," Deakin University, https：//research-data. deakin. edu. au/mint/print/detail/05fea72b733d4129852986 da8c13e29e/, accessed：2023-06-07.

③ Thomas Richardson, "The Korean War," in Peter Dean and Tristan Moss, eds., *Fighting Australia's Cold War: The Nexus of Strategy and Operations in a Multipolar Asia, 1945-1965*, Canberra：Australian National University Press, 2021, pp. 75-92.

④ 本文将"self-reliance"翻译成"自我依赖"，而非一般读者所更熟悉的"自力更生"，是考虑到"自力更生"在中文语境中有其历史渊源，它与反对霸权、反对外国控制、反对结盟有紧密的联系；它有一种"做出来给你看"的对立的劲头在里面。而在澳大利亚语境中，最多是用此词汇表达澳大利亚应该加强自身实力，不能百分百依赖盟友的意思。"自我依赖"在情绪上也更温和，不认为结盟和与盟友合作，包括在本土部署盟友部队是民族情感上不能接受的。放弃结盟，完全靠自己不是澳大利亚的意图。

亚不一定是美国的要务。因而，澳大利亚有必要具备一定的自保能力。最初澳大利亚谈论的"自我依赖"主要指具备一定的自主国防工业实力。[①] 1987年、1994年和2000年的《国防白皮书》都把"自我依赖"作为澳大利亚国防政策的首要事务。"自我依赖"对澳大利亚的外交政策、力量结构、联合作战行动和国防工业都产生了影响。[②]

之所以会出现"自我依赖"概念，这与澳大利亚国家安全的历史有关。澳大利亚国立大学荣休教授保罗·狄普（Paul Dipp）对"自我依赖"做了观念史研究。他指出，在澳大利亚的历史上，始终有一种坚固的认识，即澳大利亚是一个脆弱的国家，没有能力保护自己。在殖民地早期，联合起来免受威胁、保障安全就是一个急切的愿望。1901年澳大利亚联邦（Australian Commonwealth）成立后，围绕如何保卫联邦，出现两派关于国防政策的分支思想，一派为"澳大利亚主义者"（Australianists），另一派为"帝国主义者"（imperialists），后来演变成"堡垒澳大利亚"（fortress Australia）与"前沿防御"（forward defence）之分。第二次世界大战期间，日本的入侵威胁使澳大利亚深切感受到没有强大盟友保护的危险，造就战后澳大利亚采取的"前沿防御"战略，即派出远征部队，与盟国并肩在全球征战。美国在越南战争中失败以后，澳大利亚转向自我依赖的"保卫澳大利亚"（defence of Australia）。1976年的《国防白皮书》中使用的"自我依赖"指的就是澳大利亚的对外战略第一次从"前沿防御"转向准备在独立的、没有外援的情况下"保卫澳大利亚"。"自我依赖"概念是澳大利亚对澳美同盟有限性的承认。

"自我依赖"概念招致了很多批评。1996年，罗宾·利姆（Robyn Lim）和麦克伦南（A. D. McLennan）撰文指出，1983~1996年执政期间，在面临消极地专注于大陆防御或积极地维持亚洲的势力均衡选择方面，工党政府采取了一条有意识的战略模糊道路，即所谓的"同盟框架内的自我依赖"。澳大利亚相信，通过这样的道路，一方面可以降低对美国的依赖，另一方面可以在亚

---

① *Australian Defence* (*1976 Defence White Paper*), Parliament of Australia, https://www.aph.gov.au/About_Parliament/Parliamentary_Departments/Parliamentary_Library/pubs/rp/rp1516/DefendAust/1976, accessed: 2024-04-01.

② S. Fruehling, "Australian Defense Policy and the Concept of Self-reliance," *Australian Journal of International Affairs*, Vol.68, No.5, 2014, pp. 531-547.

洲地区赢得更多尊重，而且仍然维持对美同盟。① 2013 年，澳大利亚退役少将、参议员吉姆·莫兰（Jim Molan）撰文批评说，"自我依赖"听起来很聪明，但实行起来不知所云，"自我依赖"可能在概念上有些许意义，但在实际的国防政策中会变成对"搭美国便车"的一种掩护性说辞。他认为，虽然"自我依赖"始终是有限度的，比如在美国核保护伞下从海外购买最好的装备，但如果一定要"自我依赖"，至少澳大利亚要能在本土进行装备维护，即拥有有效的国防工业。"自我依赖"使澳大利亚的作战行动变成"受美国领导、受美国支持，但是美国给澳大利亚赋能"。这是一种自我欺骗，而不是"自我依赖"。②

1987 年的澳大利亚《国防白皮书》宣称"澳大利亚的自我依赖概念必须坚定地置身于同盟框架和地区联合之内"。"自我依赖"指的是不能完全指望盟友保护自己而自己却无所作为。不是把责任的重负交给盟友，也不是完全不要盟友，一切靠自己。西澳大利亚大学国防与安全研究所创始所长，现任职于悉尼大学美国研究中心的彼得·迪恩（Peter Dean）在 2020 年指出，"自我依赖"是有限度的。"自我依赖"不是"自给自足"，也不是单独行动；在情报、后勤、装备和其他领域，澳大利亚仍然是依赖盟友的。③

同盟中的对等忠诚也是澳大利亚国家安全研究的核心主题之一。许多人认为同盟内的对等忠诚是不言而喻的。澳大利亚虽然时常不愿被认为它对美国处于屈从地位，但仍然参与了第一次世界大战以来美国参与的所有战争。澳大利亚以此确保它是美国可靠盟友的信誉，并希望在关键时刻得到美国的同等忠诚回报。但是，澳大利亚也有失望的时刻。比如，在 1999 年东帝汶危机期间，美国总统比尔·克林顿拒绝了澳大利亚提出的美国"至少派一艘军舰或一架飞机"的请求，也拒绝派遣地面部队，只愿意提供一些后勤支持。这被澳大

① Robyn Lim and A. D. McLennan, "Self-Reliance as Panacea: Muddling Strategic Thinking in Australia," *Agenda: A Journal of Policy Analysis and Reform*, Vol.3, No.3, 1996, pp. 267-275.
② Major Gen and Jim Molan, "Defence Policy: Self-reliant or Self-deluded?" *The Interpreter*, Lowy Institute, June 14, 2013, https://www.lowyinstitute.org/the-interpreter/defence-policy-self-reliant-or-self-deluded, accessed: 2023-11-23.
③ Peter Dean, "A New Strategic Song? ANZUS, The 2020 Australian Defence Update, And Redefining Self-Reliance," *War on the Rocks*, Aug. 12, 2020, https://warontherocks.com/2020/08/singing-a-new-strategic-song-anzus-the-2020-australian-defence-update-and-redefining-self-reliance/, accessed: 2023-12-02.

利亚视为美国"对过去（澳大利亚的）忠诚和支持的不良回报"。① 澳大利亚国立大学高级讲师伊恩·亨利（Iain Henry）辩解说，尽管美国回报的忠诚不是对等的，但好过不回报。澳大利亚仍然维持了它对盟友的忠诚，只是对其向美国表达忠诚的方式进行了一定的调整。②

澳大利亚"自我依赖"概念和对同盟忠诚问题的态度受制于同盟盟约。在1951年美国、澳大利亚和新西兰缔结的《澳新美安全条约》中，其界定同盟义务的核心条款第四条是如此陈述的："各方认识到太平洋地区发生的任何对其中一方的武装攻击都威胁到各自的和平与安全，各方宣布它将按照本国宪法程序采取行动以应对共同的危险。"在1997年澳大利亚发布的《战略政策》文件中，澳大利亚是如此解读美国的同盟义务的："危机时期，双方互助，如ANZUS第四条所言'采取行动应对共同危险'。这并不等同于美国对澳大利亚的安全保证。事实上，该条约明确要求各方量力而行。它也不等于危机时期派兵的承诺。但是，它提供了一个合理的基础，使我们可以基于对实质性的、至关重要的来自美国的非作战性支持（non-combant support）③ 的期望制订计划。""我们并不假定我们能够得到这样的帮助。因为这样的期望与我们自我依赖（self-reliant）的态势和我们的联盟义务不一致。"④ 2000年的澳大利亚《国防白皮书》重申，澳大利亚不是依赖美国，而是与美国互助，除了一个例外，即澳大利亚依赖美国提供的"延伸核威慑"来应对针对澳大利亚的可能性很低的核攻击。⑤

同盟的安全困境也是澳大利亚关注的重点。被誉为澳大利亚两大国际关系理论家之一（另一位是"英国学派"的赫德利·布尔）的澳大利亚国立大学国际关系系原研究员克萝尔·贝尔（Coral Bell）在其1984年出版的专著中就

① Iain D. Henry, "Adapt or Atrophy? The Australia-U. S. Alliance in an Age of Power Transition," *Contemporary Politics*, Vol.26, No.2, 2020, pp. 1-18.

② Iain D. Henry, "Adapt or Atrophy? The Australia-U. S. Alliance in an Age of Power Transition," *Contemporary Politics*, Vol.26, No.2, 2020, pp. 1-18.

③ 在现代军事术语中，军事行动可分为战争军事行动与非战争军事行动。相应地，由国防部门提供的支持也分为作战性支持与非作战性支持。如此划分的原因是军队遂行的行动在烈度上和政治目标上有比过去更加细致的分类。

④ "Australia's Strategic Policy," Department of Defence, 1997, http：//repository. jeffmalone. org/files/defence/SR97. pdf, accessed：2022-04-12.

⑤ "Defence 2000," Commonwealth of Australia, p. 36, https：//defence. gov. au/publications/wpaper2000. PDF, accessed：2022-04-12.

深入探讨了澳大利亚作为同盟中的弱势一方，如何校准它与超级大国美国的盟友关系，并在此过程中成长为一个独立的安全行为体。① 贝尔揭示了"同盟的安全困境"，即同盟中内嵌的羁绊与抛弃的张力。② 2001 年"9·11"事件后，克萝尔·贝尔在为澳大利亚战略与政策研究所（ASPI）撰写的研究报告中指出，美国对新型的非国家行为体的反应将削弱美国容许其他国家"搭便车"的意愿。美国权势消散，多极世界出现，澳美同盟的形式可能出现变化。③ 2005 年，保罗·狄普曾指出，澳大利亚"自我依赖"的防御态势对澳美双方安全都做出了贡献。尽管澳美同盟增强了澳大利亚在世界事务特别是在亚洲事务中的地位，但美国不能把澳大利亚的友谊视作理所应当。如果美国对澳大利亚提出一些难题，如在反恐方面给澳大利亚带来难以接受的风险，澳美良好关系就可能面临一些障碍。对澳美同盟来说，潜在的最大挑战可能来自如何看待崛起的中国。④ 2012 年，罗伯特·奥尼尔也再度将"同盟的安全困境"问题提出来。奥尼尔认为澳美同盟中存在双重的恐惧：既怕被抛弃又怕被捆绑。同盟的责任分担、中国与遏制战略的风险、可信度与延伸核威慑等问题，都对同盟构成挑战。澳大利亚应该更积极主动，推动与美国就这些问题进行对话。⑤

澳大利亚也认真探讨过"没有美国"的国家安全问题。2017 年，澳大利亚国立大学荣休教授休·怀特（Hugh White）提出，在亚洲的权势斗争中，美国将输中国将赢，但澳大利亚没能抓住这个变化。2019 年，休·怀特在《如何保卫澳大利亚》一书中认为，澳大利亚将生活一个美国缺席的亚洲，澳大利亚应追求"战略自主"，大规模提高澳大利亚国防实力，致力于在没有美国

① Coral Bell, *Dependent Ally: A Study of Australia's Relations with the United States and the United Kingdom Since the Fall of Singapore*, The Australian National University, 1984.

② William T. Tow, "Coral Bell's Alliance Politics: Practitioner and Pundit," in Desmond Ball and Sheryn Lee, eds., *Power and International relations: Essays in Honor of Coral Bell*, Canberra: ANU Press, 2014, pp. 105-118.

③ Coral Bell, "Living with Giants: Finding Australia's Place in a More Complex World," *Strategy Report*, Australian Strategic Policy Institute, Canberra, April 2005, p. 14, https://www.aspi.org.au/report/living-giants-finding-australias-place-more-complex-world, accessed: 2024-03-30.

④ Paul Dibb, *U. S. Australia Alliance Aelations: an Australian View*, The U. S. National Defence Univeristy, 2005.

⑤ Andrew O'Neill, "The Australia-US Alliance: Addressing Strategic Challenges in the 21st Century," United States Studies Centre, Sydney University, 2012, https://united-states-studies-centre.s3.amazonaws.com/attache/3b/6a/99/95/cf/df/46/d2/5e/11/30/da/fc/5c/48/ec/alliance-21-report-united-states-oneill.pdf, accessed: 2023-11-30.

同盟的情况下保卫自己。① 怀特的观点引起澳大利亚战略界的激烈辩论，被视为对澳大利亚长久的战略思想和同盟战略提出了"激进"建议。②

（三）国家安全研究议题的拓展

什么威胁算国家安全威胁，什么问题可被列入国家安全研究范畴，这一问题在澳大利亚的国家安全研究议程中也一直在变化之中。20 世纪 40 年代末期至 60 年代末期美苏冷战的国际大背景下，澳大利亚也给予核时代的战略和核武器使用相当多的关注。③ 70 年代的石油危机、美苏缓和与中美关系正常化使国家间冲突的前景变得遥远，于是从经济维度思考国家安全在澳大利亚开始流行起来。到 1980 年，美苏关系再度紧张使研究主题再次回到军事研究和战略研究等传统安全主题上。相应地，以同盟为中心的战略研究或者受国际大格局影响的澳大利亚安全研究主题开始消退，转而向以澳大利亚安全为中心的研究过渡。

2012 年，澳大利亚国立大学教授布伦丹·泰勒（Brendan Taylor）提出，澳大利亚的国家安全研究应该超越军事研究和战略研究，应建立以澳大利亚为中心的安全研究。泰勒认为，国家安全理念起源于第二次世界大战后各国对武力与政策间关系的兴趣，以及对于如何协调军事、外交和工业的兴趣。同时，对安全困境的觉察也推动战后人们对制定更审慎的国家安全政策感兴趣。学界也投入精力研究如何在更高的军事安全与更好的经济福利、个人自由之间寻找平衡点。④ 泰勒讨论了澳大利亚国家安全研究的独到之处：一是澳大利亚安全

---

① Hugh White, *How to Defend Australia*, Carlton: La Trobe University Press, 2019.

② Sam Roggeveen, "Book Review: Hugh White's How to Defend Australia," *The Interpreter*, Low Institute, https://www.lowyinstitute.org/the-interpreter/book-review-hugh-white-s-how-defend-australia, accessed: 2023-12-01; Marianne Hanson, "How to Really Talk About Defending Australia," *Australian Outlook*, Australian Institute of International Affairs, Dec. 30, 2019, https://www.internationalaffairs.org.au/australianoutlook/how-to-really-defend-australia, accessed: 2023-12-01; Michael Shoebridge, "Hugh White's Plan for Defending Australia Simply Isn't Viable," *The Stragetist*, ASPI, Jul. 4, 2019, https://www.aspistrategist.org.au/hugh-whites-plan-for-defending-australia-simply-isnt-viable/, accessed: 2023-12-01.

③ Brendan Taylor, "The Evolution of National Security Studies," National Security College Occasional Paper No 3, April 2012, https://nsc.crawford.anu.edu.au/files/uploads/nsc_crawford_anu_edu_au/2017-05/occasional-3-taylor.pdf, accessed: 2023-12-23.

④ Brendan Taylor, "The Evolution of National Security Studies," National Security College Occasional Paper No 3, April 2012, https://nsc.crawford.anu.edu.au/files/uploads/nsc_crawford_anu_edu_au/2017-05/occasional-3-taylor.pdf, accessed: 2023-12-23.

研究对维持国家安全与个人自由之间平衡的关切；二是对"非传统安全"问题的重视。泰勒强调在安全议题的选择上，澳大利亚不应仅仅关注大国关注的安全议题。澳大利亚对于国家安全的理解应该与本国特点相一致。一些对于大国来说可能并没有那么重要的问题对于澳大利亚来说是重大安全问题。比如从20世纪90年代开始，澳大利亚学者就将环境问题视为国家安全问题，因为它可能导致国内冲突和国际冲突。2002年的巴厘岛爆炸事件后，澳大利亚人把恐怖主义视为安全威胁。气候变化、疾病、自然灾害等也逐渐被认可为国家安全问题。①

以上对于国家安全内容的重新定义带来了争论。保罗·狄普认为，如果所有的国际焦虑/忧虑都被视为国家安全问题，那么，涉及生死存亡的那些国家安全问题会被冲淡，比如国际权力转换。但是，狄普也不得不同意，随着人类生活的变化，传统战略研究或者安全研究面临着如何回应新兴的恐怖主义问题、网络安全问题和气候变化问题的挑战。这三个问题都是国家安全关切的问题。狄普忧虑，研究恐怖主义需要具备传统的、基于国家间权力关系的战略研究所没有的智识和方法，需要关于中东宗教、历史及恐怖分子的背景和动机的知识。网络安全研究更是需要十分专业的知识，这是当前学术界所不拥有的。无论公私部门都面临着来自外国政府和个人的网上黑客行动，"这些智识和技术能力与传统学术训练十分不同"。②

狄普拓展了澳大利亚国家安全的研究领域，丰富了国家安全研究的议题。他认为，冷战结束和冷战结束的方式使以核武器、核战略、军事战略为中心议题的战略研究面临剧烈变化，是时候更多关注西方国家内部的排外情绪、被极端宗教恐怖主义袭击破坏的民主、中俄内部不断上升的反西方民族主义情绪等国家安全问题。同时，澳大利亚学界也普遍认识到澳大利亚新的国家安全研究议程应该充分考虑如下议题：一些国家使用武力和强制措施对西方自由主义国际秩序的挑战，恐怖分子对西方文明的挑战等等。而与此同时，狄普警告说澳大利亚知识界进入了一个危险时期，因为知识界在知识上没有为这些新的国家

①　Brendan Taylor, "The Evolution of National Security Studies," National Security College Occasional Paper No. 3, April 2012, https：//nsc. crawford. anu. edu. au/files/uploads/nsc_crawford_anu_edu_au/2017-05/occasional-3-taylor. pdf, accessed：2023-12-23.

②　Paul Dibb, "Conclusion：What Is the Future of Strategic Studies?" in Russelld W. Glenn, ed., *New Direction in Strategic Thinking 2. 0*, Canberra：ANU Press, 2018.

安全问题做好准备。

在狄普影响下，澳大利亚国立大学战略与防务研究中心（Strategic & Defence Studies Centre，SDSC）的研究主题相应做出调整，对人口流动、环境问题、新军事革命、地区防务决策、美日关系、印尼国防发展、中国外交与国防政策、朝鲜的动向、恐怖主义和跨国犯罪等问题都展开了研究。① 其中，气候变化受到特别重视。2016 年的澳大利亚《国防白皮书》和 2023 年的《国防评估》都将气候变化列为威胁的一个来源。

二　澳大利亚国家安全研究的视角转换

以狄普和泰勒为代表的研究思路，仍然是澳大利亚传统安全研究与战略研究向新领域的延伸。这些研究只是澳大利亚国家安全研究分类的扩展，并不涉及研究视角的转换。近年来，在传统视角外，澳大利亚出现了新的审视国家安全的视角，如将人的安全与国家安全整合起来的路径、女权主义视角的国家安全和安全研究路径等。

（一）从"人的安全"视角审视国家安全

进入 21 世纪以来，澳大利亚出现了一些对传统的国家安全研究的反思和批评。2005 年，澳大利亚昆士兰大学教授马特·麦克唐纳（Matt McDonald）指出，现代澳大利亚政府试图推销一种"国家主义的、排他性的和军事化的关于安全的话语"。麦克唐纳批评说，澳大利亚政府在应对 2001 年以来的难民问题、恐怖主义和伊拉克战争时的国家安全思路过于以国家为中心，忽略了人的安全。他提倡澳大利亚应该在国家安全的规范问题上采取一种进步主义的路径。② 2007 年，陆军退役少将米歇尔·史密斯（Michael G. Smith）和亚克利娜·惠兰（Jacqueline Whelan）发文提出"人的安全"。他们认为，虽然"人的安全"是个有争议的战略概念，但在国家与非国家行为体之间的共识正在

---

① Paul Dibb, "SDSC in the Nineties: A Difficult Transition," in Meredith Thatcher and Desmond Ball, eds., *A National Asset: Essays Commemorating the 40th Anniversary of the Strategic and Defence Studies Centre*, The Australian National University, 2006, pp. 101-120.

② Matt McDonald, "Constructing Insecurity: Australian Security Discourse and Policy Post-2001," *International Relations*, Vol.19, No.3, 2005, pp. 297-320.

形成，即"人的安全"提供了用整体主义方式兼容人的安全与国家安全的道路。"人的安全"侧重对人的保护和赋权。对外实施"保护的责任"，强调通过国际法来实现安全，而不是过于依赖通过武力途径来实现国家安全。人的安全承诺将强化治理-安全-发展轴心，治理是通过法治保障社会安全，安全是保护个人与社区，发展是共同体的可持续的福祉。他们呼吁采用更为整体主义的安全观念，将个人安全与国家安全整合起来，实现千年发展目标。具体在政策实践上，他们建议澳大利亚政府在"人的安全"的指引下，采取预防性外交和灾难管理外交。[①]

（二）从女权主义视角审视国家安全

女权主义是一种世界观，它主张通过不同的途径来追求国际和平，实现国家安全。随着女性在公共政策制定领域的崛起，是否有足够的女性参与和领导国家安全研究与政策制定，以及是否从女性视角来理解国家安全，决定着考虑国家安全的基本思路和最终政策。根本上，女权主义国家安全研究要求在国家安全研究和政策领域实现视角转换。新南威尔士大学"未来作战中的女性"倡议项目联合发起人林赛·弗里曼（lyndsay Freeman）认为应该改变国家安全观，改变判断国家安全威胁的依据。她认为，国家更应该投资和平的冲突预防战略，而不是战争。林赛·弗里曼认为，加强澳大利亚的外交需要采用以人为中心的安全和女权主义外交路径的交叉道路，这条交叉道路可以突破男性化的体系和结构限制。[②] 昆士兰大学政治与国际研究学院副教授尼可拉·乔治（Nicole George）批评澳大利亚政府参与的国际和平协议和倡议，认为这些协议和倡议由于缺乏女性视角和女性参与而导致失败。[③] 迪肯大学战略研究讲师夏农·齐默尔曼（Shannon zimmerman）指出澳大利亚应该具有女权主义的国家安全视角。她认为女权主义国家安全研究反对"以追求国家的权力、父权制规则为基础的，国家化的、以军事力量为基础的安全"，赞成对安全的更广

① Michael G. Smith, Jacqueline Whelan, "Advancing Human Security: New Strategic Thinking for Australia," *Security Challenges*, Vol.4, No.2, 2008, pp. 1-22.
② Lyndsay Freeman, "Key to Australia's Strategic Resilience: An Australian Feminist Foreign Policy," National Institute of Strategic Resilience, August 7, 2021, https://www.nisr.org.au/article/the-key-to-australias-strategic-resilience-an-australian-feminist-foreign-policy, accessed: 2023-05-06.
③ Nicole George, "Gender, Security and Australia's 2018 Pacific Pivot: Stalled Impetus and Shallow Roots," *Australian Journal of International Affairs*, Vol.73, No.3, 2019, pp. 213-218.

阔的理解；在追求国家安全的道路上，应该反对现实主义强调的硬权力，拥抱更包容、更合作的国家间关系。①

长期以来，在安全领域从业者的性别归属上，国家安全是一个男性主导的领域。无论是在学术界还是在武装力量部门，无论在公共政策领域还是在私人部门都是如此。在学术界，国家安全课程大多数由男性教师讲授，阅读书目也几乎都是男性作者撰写。安全和战略研究从业者中女性占比极低。在关键岗位上的女性太少，导致在关键的安全政策形成过程中几乎看不见女性。这种性别分布状况导致在何为安全、如何取得安全这些根本性问题上存在着强烈的男性视角。截至 2019 年，澳大利亚发布的 33 部白皮书、政策评估报告和其他重大外交、安全政策文件，无一是在女性领导下完成的。夏农·齐默尔曼认为，《2017 年澳大利亚外交白皮书》对国际环境的描述显示它仍然是零和思维的，要与其他国家在"争夺性的"、"不确定的"和"危险的"政策环境中活动。这种竞争思想自然会强调用军事方法解决相互冲突的政治矛盾，导致形成轻视外交、援助和减贫等女权主义青睐的方法和话语体系的倾向。夏农批评说在这份白皮书中，使用"国家安全"的频率三倍于"外交政策"。这导致决策者难以制定一项更关注可持续、伦理与正义的政策。在他们眼中，世界上其他国家要么是朋友，要么是敌人；国际关系被简化成要么合作要么敌对的简单二元世界。②

目前，澳大利亚国立大学战略与防务研究中心的女性安全研究者正在探索国际安全领域与性别相关的各种前提假设与面临的挑战。该中心与澳大利亚国立大学性别研究所联合举办了"国际安全中的女性：理论与实践"（2018～2019）系列活动。2022 年由个人与 24 家组织联合发起成立的澳大利亚女权主义外交政策联盟呼吁在外交、国防、安全、女性权利、国际发展和其他领域中采取女权主义国家政策，打破澳大利亚外交把性别平等当作次要问题的传统，最终通过消除一切不平等的制度，包括父权制、殖民主义、资本主义等，缔造一个人人自由发展的和平世界。澳大利亚女权主义外交政策联盟倡议"女权主义外交政策将把性别平等作为澳外交政策的中心目标，应将其嵌入国

---

① Shannon Zimmerman, "The Value of a Feminist Foreign Policy," *Women in International Security (WI-IS) Policy Brief*, February 2020, https：//www.wiisglobal.org/wp-content/uploads/2020/02/WIIS-Policy-Brief-Feminist-Foriegn-Policy-February-2020.pdf, accessed：2023-05-06.

② Shannon Zimmeerman, "Australia Needs a Feminist Foreign Policy," *The Interpreter*, https：//www.lowyinstitute.org/the-interpreter/australia-needs-feminist-foreign-policy, accessed：2023-05-06.

家采取的方式和世界观中。它应该在政府各个部门中被制度化，并应接受女性权益组织、澳大利亚第一民族（Australian First Nations，指澳大利亚土著和托雷斯岛民）、① 太平洋与亚洲人民的信息汇集并接受她们监督"。②

三 国家安全研究的主要机构和人物

除了前文中提到的研究者群体，澳大利亚国家安全研究的相关机构也处在蓬勃发展之中。

除成立于 1933 年的澳大利亚国际事务研究所和 1968 年的澳大利亚国立大学战略与防务研究中心外，今天活跃的澳大利亚国家安全相关研究机构都是 2001 年后才成立的。老一代的澳大利亚国家安全研究者有两个特点。一是因为澳大利亚是个新国家，他们或者出生在澳大利亚之外，主要是英国；或者既在澳大利亚受高等教育，又在英国受高等教育；或者在澳大利亚政府部门或学术机构任职，或者在英国学术机构任职。他们的职业生涯和研究主题都有鲜明的跨国特色。第二个特点是由于人数较少（澳大利亚的总人口只有 2600 万），他们在政界与学界之间的"旋转"比较多，这从前述各位研究者的简介中可以看出。新一代研究者以在澳大利亚出生成长的人为多，他们与美国学术界和亚洲学术界的关系更为紧密。而且随着国家安全研究机构的增多，研究职位也大为增加，研究者的数量随之上升，研究主题更趋丰富，专业区分也更细致。专业化趋势带来的另外一个影响是学界与政界之间的"旋转"率一定程度上降低了。这一趋势对未来澳大利亚国家安全政策的影响还有待观察。

澳大利亚历史最悠久的国家安全研究机构是澳大利亚国际事务研究所（AIIA）。它成立于 1924 年，当时是英国皇家国际事务研究所（查塔姆研究

---

① Australian First Nations，指的是澳大利亚土著人和托雷斯海峡岛民。在澳大利亚，一直存在着推动承认这两个民族为先于殖民者生活在澳大利亚的居民的运动。许多人认为仅仅用"土著居民"这样的词还不够，需要强调这些居民是澳大利亚的"第一"居民。该运动是澳大利亚反殖民叙事的一部分，即该国的历史不应仅是讲述殖民者如何定居建国的历史。这一理念已经被澳大利亚社会接受。澳大利亚政府各部门也在这一理念推动下调整其各项政策。比如，增加土著居民担任外交官，以在澳大利亚外交事务中反映土著人的利益和观点，增强澳大利亚外交使团的代表性。它是对于不同国民对国家安全和国家利益有不同认识这一事实的承认，正如承认女权主义视角对国家安全和国家利益有不同于男权主义视角的认识一样。

② Australian Feminist Foreign Policy Coalition, "Advancing Feminist Foreign Policy in Australia," https://iwda. org. au/australian-feminist-foreign-policy-coalition/, accessed：2023-05-06.

所）的澳大利亚分支。1933 年，该研究所更名为澳大利亚国际事务研究所。该机构为独立非营利机构，宗旨是促进澳大利亚人了解、理解和加强与国际事务的关系，强调政治中立和公开辩论。该所出版物《澳大利亚国际事务》（*Australian Journal of International Affairs*）发表关于国际政治、社会、经济和法律事务的高质量学术论文，特别关注亚太地区。该所每五年出版一本《世界中的澳大利亚》（*Australia in the World*），评估澳大利亚的外交政策和国际关系。该所还不定期出版《澳大利亚展望》（*Australian Outlook*）刊物（线上出版物），对澳大利亚外交政策进行简要综述。

同样久负盛名、影响力较大的研究机构是澳大利亚国立大学。澳大利亚国立大学目前有三个学院从事国家安全研究和教学。1968 年成立的"战略与防务研究中心"（SDSC）是澳大利亚安全研究的重镇，领衔澳大利亚国家安全研究的著名人物几乎都与该中心有深厚联系，包括澳大利亚战略界的开拓性人物罗伯特·奥尼尔、托马斯·米勒和赫德利·布尔等。"战略与防务研究中心"在塑造澳大利亚的安全观和安全目标方面发挥着引领作用。2010 年，在澳大利亚国立大学内新成立了国家安全学院（The National Security College），关注国家安全问题和对公务人员的培训。洛伊研究所（Lowy Institute）国际安全项目的创始人罗利·麦得卡尔夫（Rory Medcalf）2015 年 1 月以来担任澳大利亚国立大学国家安全学院的院长。在其带领下，国家安全学院成为在学术界和政府间架起桥梁的机构，促进了国家安全研究的综合性和整体性。2019 年，澳大利亚国立大学又成立了太平洋安全学院（Australia Pacific Security College）。该学院的建立是为了落实太平洋岛国论坛 2018 年通过的《博埃宣言》（Boe Declaration），促进地区安全，推进安全议程扩容，关注气候、环境、人的安全，以及传统安全。① 它由澳大利亚外交通商部资助，为太平洋安全官员提供职业发展课程，包括"国家安全政策"、"战略评估和分析技能"、"性别、和平与安全"和"新兴太平洋安全问题"等。该学院的目标是协助太平洋岛国制订和实施国家安全政策、促进太平洋地区的安全对话。②

在 2000 年之后成立的研究机构中，目前较活跃、有影响力的有 2001 年成

---

① Australia National University, "New Security College to Focus on the Pacific," Nov.13, 2019, https：//www. anu. edu. au/news/all-news/new-security-college-to-focus-on-the-pacific, accessed：2023-05-02.

② 转引自澳大利亚国立大学太平洋安全学院官方网站：https：//pacificsecurity. net/#，最后访问日期：2024 年 4 月 4 日。

立的澳大利亚战略政策研究所（Australian Strategic Policy Institute，ASPI）和 2003 年成立的洛伊研究所。澳大利亚战略政策研究所主要从实务角度研究国防政策，从一个国防机构的角度给政府提供专业建议和政策选项。它自我定位为独立、非党派智库，但其接受澳大利亚政府资助，有时也接受美国政府的资助。该所认为，无论在澳大利亚还是在国际上，特别是在"印太"地区，它都是战略政策领域权威的声音之一，且论点已经在公共讨论中被广泛引用。澳大利亚战略政策研究所拥有出版物《战略家》（*The Strategist*），提供评论与分析，宗旨是为澳大利亚国防和战略政策选择提供批判性观点，并鼓励在战略研究界和公众中展开讨论和辩论。[①] 洛伊研究所定位为"具有全球视野的澳大利亚智库"。其研究范围广泛，自称"我们的研究兴趣就像澳大利亚的利益一样宽广"，但作为一家澳大利亚智库，该研究所特别关注亚太地区。目前，洛伊研究所已发展成为澳大利亚外交政策和国家安全辩论的中心。其年度演讲是其标志性活动，每年都会邀请重量级嘉宾就澳大利亚在世界上的地位和世界对澳大利亚的影响做演讲。自从成立以来，每一任澳大利亚总理和外交部长都在该研究所发表过演讲。每年洛伊研究所还会发布被广泛引用的澳大利亚公共舆论调查报告、"全球外交指数"（The Global Diplomacy Index）、"亚洲权力指数"（The Asia Power Index），以及"太平洋援助地图"（The Pacific Aid Map）等。其旗舰出版物《洛伊研究所简讯》（*Lowy Institute Papers*）在澳大利亚国家议程设置方面发挥着重要影响力。洛伊研究所的电子出版物《解读者》（*The Interpreter*）是外交政策智库中该类出版物的先锋。

其他澳大利亚大学也有与国家安全研究相关的研究与教学部门，如 2006 年成立的悉尼大学国际安全研究中心（Centre for International Security Studies），主要分析澳大利亚、亚太和世界安全问题。该中心设有"迈克尔·辛策（Michael Hintze）国际安全讲席"，以进行创新性研究和展开关于安全的教育项目。该中心的研究领域包括生物安全、生态安全、性别安全、地缘政治安全、信息安全和地区安全，该中心强调跨学科研究方法，重视与政策界、非政府组织和公众的互动。[②] 另外一些研究机构也从事与国家安全相关的研究，例如，

---

① 转引自澳大利亚战略政策研究所官方网站：https：//www.aspistrategist.org.au/about-the-strategist/，最后访问日期：2024 年 4 月 4 日。

② 转引自悉尼大学官方网站：https：//www.sydney.edu.au/arts/our-research/centres-institutes-and-groups/centre-for-international-security-studies.html，最后访问日期：2024 年 4 月 4 日。

悉尼大学美国研究中心、位于西澳大利亚珀斯的美国研究中心、新南威尔士大学的人文与社会科学学院，以及澳大利亚国防学院，等等。

结　语

　　与其他国家一样，澳大利亚的国家安全认知、国家安全战略和国家安全研究始终受国际局势的变迁影响，但独特的地缘政治位置和立国历史仍然使得澳大利亚的国家安全研究有诸多与众不同之处。基于自身即是一个大陆的客观情况，澳大利亚将自己视为"孤悬"于亚洲的"西方文明的前哨"，这一认知可谓根深蒂固。澳大利亚在国际关系中的这个"元条件"造就了其矛盾的心态，一方面是其安全感的极度缺失，另一方面又认为享受着难得的安全，这种矛盾心态变成影响澳大利亚安全研究的"无形之手"，所有从事这项工作的人，无论是政界还是学界，或隐或显都受到这只"无形之手"的制约。在它感觉"不安全"的一面，它非常关注"我是谁"，关注与大国的盟友关系；在它感觉"安全"的一面，它对于非传统国家安全问题的关注度比较高，如环境安全。在这样的背景下，研究国家安全的新视角在澳大利亚发展得较好，比如从"人的安全"视角研究国家安全，从女权主义视角研究国家安全等。澳大利亚的国家安全研究在这一领域与加拿大、瑞典、挪威等中等国家的发展趋势比较一致，也是它与美国、中国、法国、德国、日本等大国的国家安全研究不太一样的地方。

　　澳大利亚的国家安全研究使人们看到国家安全的多样性和国家安全研究的多样性。澳大利亚研究者通过对其国家身份、同盟问题和澳大利亚特色安全主题的持久关注，在各国国家安全研究中展示了它独具一格的特色。澳大利亚国家安全研究既遵从和回应大国国家安全研究的框架和主题，也一直试图开辟中等国家安全研究的新路径，强调在大国国家安全研究中往往处于边缘位置的环境安全、性别视角的国家安全等。在未来，澳大利亚的国家安全研究仍将在这两个层面持续展开，既受制于全球地缘政治和经济格局的发展，又将持续努力为思考和研究国家安全提供新的主题和新的视角。

　　（本文原载于《国际政治研究》2024年第2期，收录本书时略有修改。）

第十六章

"人的安全"与地区主义：太平洋岛国地区安全研究

陈晓晨

以传统视角看，主体由太平洋岛国（Pacific Island Countries，PICs）① 构成的太平洋岛国地区（Pacific Islands Region，PIR）② 并不属于国家安全研究的范畴。该地区整体位于大洋中央，"水体的阻遏"和"距离的暴政"保护了这个岛屿地区的和平。太平洋战争（1941～1945 年）结束后，该地区从未爆发过国家之间的战争或军事冲突。大多数太平洋岛国不设军队，③ 有的国家连警察也"整天无所事事"。④ 然而，该地区独特的地理、自然环境、历史与政治使其面临着严峻的非传统安全威胁乃至生存威胁，包括气候变化、自然灾害、海洋环境变化、生物多样性衰退、资源枯竭、族群冲突、失业、社会治

① 太平洋岛国目前包括帕劳、密克罗尼西亚联邦（密联邦）、马绍尔群岛、基里巴斯、瑙鲁、巴布亚新几内亚（巴新）、所罗门群岛、瓦努阿图、斐济、图瓦卢、汤加、萨摩亚、库克群岛与纽埃，这个名单可能因新国家的创建而增加。亦称"南太平洋岛国"或"南太岛国"。近年来，学界多使用"太平洋岛国"，但"南太平洋岛国"或"南太岛国"也在广泛使用。参见汪诗明、王艳芬《如何界定太平洋岛屿国家》，《太平洋学报》2014 年第 11 期。

② 又称"南太平洋地区"（South Pacific Region，SPR）。近年来，学界多使用"太平洋岛国地区"，但"南太平洋地区"或"南太地区"也在广泛使用。参见陈晓晨《南太平洋地区界定新论：太平洋岛国何以构成地区》，《太平洋学报》2020 年第 8 期。

③ 目前，该地区仅有巴新、斐济和汤加 3 个国家有正规军，瓦努阿图有一支规模约 300 人的准军事组织"瓦努阿图机动部队"，其他国家均无军事力量。笔者曾对太平洋岛国高级军官赴华研修班学员进行过集体培训，并与他们就太平洋岛国面临的安全问题以及如何深化中国与太平洋岛国的安全合作进行讨论。

④ "What Changes in the Police Ministry Are Needed?" *Samoa Observer*, March 20, 2017, p. 11. 笔者 2019 年 11 月在库克群岛实地调研时发现，该国全国只有约 100 名警察，其中绝大多数不配备枪支。

安、性别暴力，以及 2020 年以来爆发的严重公共卫生威胁及其次生灾害等。基里巴斯、图瓦卢等低平珊瑚礁小岛屿国家首当其冲，直接面临海平面上升导致领土丧失的现实威胁。2022 年 1 月，汤加火山爆发、海啸及救援的难度，充分暴露了这些小岛屿国家的地理孤立性与安全脆弱性。但由于国力弱小、可用资源匮乏等，该地区国家普遍缺乏应对这些安全威胁的能力。这些因素构成了太平洋岛国地区安全研究在 21 世纪兴起的现实背景。

在研究对象方面，本地区安全是太平洋岛国地区安全研究的首要层次，其重要性超越了国家层次上的安全研究，有多重原因。第一，太平洋岛国存在较多的共同特性，面临相似的安全威胁，具有共同的安全利益，在很多情况下，这种共性超越了不同岛国之间的差异性，从而削弱了岛国之间的排他性，强化了太平洋岛国地区作为一个整体对其他国家（例如，澳大利亚、新西兰）的排他性。第二，地区主义的发展塑造了地区互动模式，特别是近年来太平洋岛国自主的地区安全机制正在发挥越来越大的作用，地区安全已经不仅是学理上的分析层次，更是实践中不断巩固的安全共同体。第三，太平洋岛国地区认同得到凝聚，形成较为一致的地区安全观与叙事。第四，在太平洋岛国地区安全实践中，国家安全战略仍然是地区安全治理框架下的新事物。在当前太平洋岛国地区安全治理框架的核心文件——《关于地区安全的博埃宣言》（Boe Declaration on Regional Security，以下简称《博埃宣言》）的要求和指导下，太平洋岛国才开始制定各自的国家安全战略，然而，只有所罗门群岛（2019年）、瓦努阿图（2020 年）和帕劳（2022 年）三个国家完成了这项工作。因此，本文将地区安全研究作为重点考察对象。

在研究者方面，从整体上看，西方发达国家的太平洋岛国研究基础深厚，特别是澳、新、美、欧、日等研究实力雄厚，目前仍然是全球太平洋岛国研究学术共同体的主导力量。[①] 不过，近年来太平洋岛国机构与学者在对其本地区的研究中的话语权呈上升趋势，正在形成嵌套在更大的学术共同体中的小型学术共同体。特别是安全研究，虽然起步晚，但发展快，逐渐形成自身特色，而且与该地区安全实践形成互动。本文将研究者限定在来自太平洋岛国的机构或学者，主要考察来自太平洋岛国的机构或学者的太平洋岛国地区安全研究。

---

① 陈晓晨、王海媚：《21 世纪以来中国的太平洋岛国研究：历史、现实与未来——陈晓晨研究员访谈》，《国际政治研究》2020 年第 4 期。

一 太平洋岛国地区安全的理论视角

太平洋岛国地区面临独特而严峻的安全威胁，但是，包括现实主义和自由主义在内的西方传统理论，却难以解释太平洋岛国地区的安全问题并提供解决方案。在这种情况下，新兴尤其是本土的太平洋岛国地区安全研究，一方面以现实需求为导向，将该地区需求强烈的具体问题领域作为突破口；另一方面在西方传统理论以外寻找新的理论视角。

（一）"人的安全"：太平洋岛国地区安全研究的首要视角

"人的安全"（human security）是太平洋岛国地区安全研究中最具独特性的理论视角之一。① 不同于主流安全研究仅将"人的安全"视为非传统安全下的一个类别或研究主题，② 在太平洋岛国地区安全研究中，"人的安全"已经成为具有统领性的首要视角，乃至有学者将其上升为一种范式。③

"人的安全"概念源于联合国开发计划署 1994 年发布的《人类发展报告》，该报告将作为个体的个人、作为集体的群体和作为整体的人类作为安全的指涉对象，提出"人的安全"内涵是"免于匮乏的自由"与"免于恐惧的自由"的总和，还列举了"人的安全"的外延——经济安全、粮食安全、公共健康安全、环境安全、人身安全、共同体安全和政治安全。④

"人的安全"概念在提出后不久就进入太平洋岛国地区安全研究议程。长期研究太平洋岛国地区主义、现任南太平洋大学（University of South Pacific, USP）兼职教授的格雷格·弗莱（Greg Fry）是最早将"人的安全"引入太平洋岛国地区并试图建立范式的学者之一。⑤ 在此后的 20 余年里，"人的安全"

---

① 又作"人类安全"，参见余潇枫《跨越边界：人类安全的现实挑战与未来图景——统筹传统安全与非传统安全解析》，《国家治理》2022 年第 Z1 期。

② 余潇枫主编《非传统安全概论：世界为什么不安全》（第三版·上卷），北京大学出版社，2020，第 225~246 页。

③ Vijay Naidu, "Human Security in the Pacific: A Personal Reflection," *Development Bulletin*, No. 82, 2021, pp. 79-84.

④ United Nations Development Programme, *Human Development Report 1994*, Oxford: Oxford University Press, 1994.

⑤ Greg Fry, "South Pacific Security and Global Change: The New Agenda," *Working Paper* (Australian National University Dept. of International Relations), 1999/1, June 1999.

逐渐成为太平洋岛国地区安全研究的首要视角，理论与现实得到了结合。

第一，在研究对象上，"人的安全"从根本上摒弃了国家中心主义的安全观，强调"人的安全"的主体是太平洋岛民，而非仅限于国家，更非域外或半域外大国。

第二，在研究目标上，"人的安全"研究旨在保护太平洋岛民，使他们免受安全威胁，提升他们的安全福利，服务对象从排他性的、聚焦国家行为体扩展到涵盖整个地区，覆盖不同社会群体，最终扩展到"所有太平洋岛民的安全"。

第三，在研究主题上，"人的安全"对"不安全由何而来"给出了明确回答，认为太平洋岛国地区主要面临自然环境给太平洋岛民带来的威胁，以及社会领域的人与人之间的关系对个体带来的威胁。在此背景下，太平洋岛国地区安全的外延不仅超越了传统安全范畴，甚至将传统安全议题在某种程度上"边缘化"，而将气候变化、自然灾害、海洋、生物多样性、就业、性别，以及公共卫生等设置为安全研究的重点议题。

第四，在研究路径上，"人的安全"研究的现实意义是为该地区国家（包括域内国家和域外国家）、地区组织、国际组织、非政府组织等行为体更好承担其对太平洋与太平洋岛民的责任义务，形成聚焦"人的安全"的安全战略与政策，解决导致"人的不安全"（human insecurity）的诸多问题，提升复原力（resilience）。[①]

在研究与政策的密切互动下，"人的安全"在该地区被广泛接受，成为具有统领性的首要视角，其统领性体现在以下四个方面。

第一，"人的安全"研究成为太平洋岛国地区安全研究的主流并占据话语权。越来越多的机构和学者转向"人的安全"研究，其中既包括传统上从事国际关系研究的机构，如南太平洋大学政府、发展与国际事务学院等，以及斐济学者斯蒂芬·拉图瓦（Steven Ratuva）等国际关系学者，也包括传统上从事综合社会科学教学研究的机构和学者，如南太平洋大学法学与社会科学学院，以及南太平洋大学社会学协调人萨拉·阿明（Sara Amin）等从事社会学、人类学研究的学者。

第二，"人的安全"研究衍生乃至指导该地区具体问题领域的安全研究。

---

① David Chandler, "Resilience and Human Security: The Post-interventionist Paradigm," *Security Dialogue*, Vol. 43, No. 3, 2012, pp. 213-229.

气候安全、海洋安全、生物安全、经济安全、社会安全和性别安全等问题领域均出现了以"人的安全"为理论出发点的研究成果。

第三，"人的安全"研究成为该地区安全研究难以回避的主题。即使是从其他范式与视角出发的安全研究，包括现实主义地缘政治的，乃至抱有强烈意识形态色彩的安全研究，也无法回避"人的安全"。也有国家中心主义的传统安全研究借"人的安全"名义进行。①

第四，"人的安全"研究对该地区安全战略与政策制定的实践产生影响。上述这些研究成果通过委托研究、政治咨询、观念扩散，以及直接参与地区政治过程等方式影响了该地区安全行为体的决策。② 在此视角影响下，太平洋岛国地区安全战略和一些国家业已制定的安全战略将"人的安全"提到战略与政策目标的高度。③

当然，"人的安全"在太平洋岛国地区安全研究中仍然是一个持续发展的、不断调整的视角。有批评者认为，"人的安全"概念过于宽泛，缺乏对重点议题的聚焦。正因如此，近年来，"气候安全"在太平洋岛国地区语境下越发从"人的安全"范畴中脱离，成为独立的乃至与"人的安全"并列的研究主题。由此产生了"人的安全"外延的广义与狭义之分：广义的"人的安全"包含气候安全、防灾减灾等领域，狭义的"人的安全"仅包含人在社会领域的安全。这种概念变化主要反映了现实政策对气候安全、防灾减灾等议题的强调，反过来也影响了学界的概念界定。④

---

① 澳大利亚国立大学国家安全学院高级研究员戴维·布鲁斯特（David Brewster）在澳大利亚战略政策研究所（ASPI）发布报告，称介入太平洋岛国的卫生安全是澳大利亚国防军在澳大利亚"太平洋升级"战略下一步的角色。See David Brewster, "Next Step in the Step Up: The ADF's Role in Building Health Security in Pacific Island States," April 8, 2021, https://www. aspi. org. au/report/next-step-step-adfs-role-building-health-security-pacific-island-states, accessed: 2022-07-28.

② 例如，太平洋岛国资深记者、独立学者尼克·麦克莱兰（Nic Maclellan）向澳大利亚议会提交了关于气候变化与澳大利亚国家安全的提案，阐述了太平洋岛国特别是澳大利亚近邻岛国"广义的人的安全"与澳大利亚紧密相关。See Nic Maclellan, "Implications of Climate Change for Australia's National Security-Submission 19," https：//www. aph. gov. au/DocumentStore. ashx？id = 64dc3e39-83dd-4188-b134-5a58669cdeb4&subId = 514597, accessed：2022-07-28.

③ 瓦努阿图国家安全战略将"为了所有人的强有力的人的安全"列为国家安全战略的目标之一。Government of Vanuatu, "Vanuatu National Security Strategy: Secure and Resilient," https://www. gov. vu/images/publications/Vanuatu_National_Security_Strategy. pdf, accessed: 2022-07-28.

④ Vijay Naidu, "Human Security in the Pacific: A Personal Reflection," *Development Bulletin*, No. 82, 2021, pp. 79-84.

在当前太平洋岛国地区受到地缘政治形势紧张与新冠疫情的双重冲击背景下，一些学者开始思考"人的安全"研究的"范式转变"，重新思考"人的安全"旗帜下太平洋岛国与太平洋岛民之间的关系，更加强调太平洋岛国作为"大海洋国家"（large ocean states）的施动性，将"太平洋岛国与太平洋岛民的复原力"置于研究的核心。①

（二）太平洋岛国地区安全研究的其他理论视角

除了"人的安全"视角外，太平洋岛国地区安全研究还有其他理论视角。这些视角之间并非相互排斥，而是可以相互补充、相互结合，目标都是回应太平洋岛国与岛民面临的现实安全威胁。

第一，安全化理论。安全化理论认为，安全威胁来源于某个或某些问题通过主体间互动被建构的过程。② 尽管巴里·布赞（Barry Buzan）本人质疑"人的安全"概念，称其为"还原主义的、空想的观念"，③ 但是，安全化理论能够很好地阐释"人的安全"为何能够成为太平洋岛国地区安全议题乃至主导议题，以及成为安全议题的过程。如斯蒂芬·拉图瓦所说，尽管安全化理论还存在一些不足，但它为阐明太平洋岛国地区安全的特定聚焦方面提供了有用的工具。④ 近年来，随着太平洋岛国地区层面和国家层面安全战略的制定，一些研究运用安全化理论阐释太平洋岛国地区安全政策制定与议程设置。其中，气候变化被定义为太平洋岛国地区安全问题的过程，特别是从作为"人的安全"的一部分，到被定义为"对太平洋人民的生命、安全与福祉的唯一最大威胁"，⑤ 是安全化理论在太平洋岛国地区安全研究中的重要案例。⑥ 另外，近年

---

① Danielle Watson, et al., "Rethinking Human Security in the Pacific: Is It Time for a Paradigm Shift," March 15, 2022, https://www.policyforum.net/rethinking-human-security-in-the-pacific/, accessed: 2022-07-28.

② Barry Buzan, et al., *Security: A New Framework for Analysis*, Boulder: Lynne Rienner, 1998.

③ Barry Buzan, "A Reductionist, Idealistic Notion That Adds Little Analytical Value," *Security Dialogue*, Vol. 35, No. 3, 2004, pp. 369-370.

④ Steven Ratuva, *Contested Terrain: Reconceptualising Security in the Pacific*, Canberra: ANU Press, 2019, p. 24.

⑤ Pacific Islands Forum, "Boe Declaration on Regional Security," September 5, 2018, https://www.forumsec.org/2018/09/05/boe-declaration-on-regional-security/, accessed: 2022-07-28.

⑥ 一些研究认为，"气候安全"是被建构的概念，太平洋岛国地区组织在其中发挥了关键作用，参见 Marc Williams and Duncan McDuie-Ra, *Combatting Climate Change in the Pacific: The Role of Regional Organizations*, Cham: Palgrave Macmillan, 2018, pp. 63-86。

来，全球范围内安全研究出现的"传统安全转向"也影响到太平洋岛国，一些学者研究了中国在太平洋岛国的战略存在如何被安全化乃至"军事化"，尤其关注澳大利亚政府与媒体在其中的作用。① 在此问题上，太平洋岛国学者和一些澳大利亚、新西兰学者认为，学术与政策研究本身也是安全化的一部分，澳大利亚政府决策被持传统安全观念的人影响，太平洋岛国问题专家被"边缘化"，是澳大利亚与太平洋岛国紧张关系的其中一个原因。②

第二，后殖民主义视角。后殖民主义安全观认为，安全威胁来源于"西方中心主义"通过权力、知识与话语对"东方"的塑造。萨拉·阿明、南太平洋大学太平洋地区警务项目协调人丹妮尔·沃森（Danielle Watson）、南太平洋大学讲师克里斯蒂安·吉拉德（Christian Girard）、南太平洋大学兼职教授克莱尔·斯拉特（Claire Slatter）等学者认为，除殖民主义、新殖民主义和新自由主义外，太平洋岛国与岛民不安全的来源还有"北半球的军事主义"、经济全球化及澳、新推行的大洋洲经济一体化。因此，要脱离"全球北方"的地缘政治和地缘战略利益才能探讨太平洋岛国地区安全，强调太平洋岛国社区与国家在定义、重新定义和提升其自身安全上的施动性。③ 近年来，太平洋岛国学者普遍越发反感被西方尤其是澳大利亚强加于他们身上的"失败国家"和"不稳定弧"（arc of instability）等标签，反对澳大利亚或其他西方国家将其当作"势力范围"（sphere of influence）或"自家牧场中的空地"（our patch），认为这些叙事无助于太平洋岛民的"人的安全"；更有学者指出，这就是爱德华·萨义德（Edward Said）的"东方主义"（orientalism）在太平洋岛国地区的表现。④ 作为回应，太平洋岛国学者近年来集中引用汤加学者、诗

① Michael O'Keefe, "The Militarisation of China in the Pacific: Stepping Up to a New Cold War?" *Security Challenges*, Vol. 16, No. 1, 2020, pp. 94-112.

② Joanne Wallis, "Contradictions in Australia's Pacific Islands Discourse, " *Australian Journal of International Affairs*, Vol. 75, No. 5, 2021, pp. 487-506.

③ Sara N. Amin, Christian Girard and Danielle Watson, "Security, Resilience, and Resistance in the PICs: Aligning Priorities and Relocating Responsibility, " in Sara N. Amin, Danielle Watson, and Christian Girard, eds. , *Mapping Security in the Pacific: A Focus on Context, Gender and Organisational Culture*, London: Routledge, 2020, p. 231.

④ Paul J. Carnegie and Victor T. King, "Mapping Circumstances in Oceania: Reconsidering Human Security in an Age of Globalisation, " in Sara N. Amin, et al. , eds. , *Mapping Security in the Pacific: A Focus on Context, Gender and Organisational Culture*, London: Routledge, 2020, pp. 15-29; Wesley Morgan, "Large Ocean States: Pacific Regionalism and Climate Security in a New Era of Geostrategic Competition," *East Asia*, Vol. 39, No. 1, 2022, pp. 48-49.

人、南太平洋大学人文学科创始人之一埃佩利·豪欧法（Epeli Hau'ofa）的"我们的岛屿之海"（our sea of islands）和"我们中间的大洋"（the ocean in us）等作为"反叙事"（counter-narratives），[①] 强调太平洋岛国与岛民在地区事务中的主体性，自视为广袤海洋的拥有者和守护者。[②] 基里巴斯学者、艺术家卡特琳娜·蒂瓦（Katerina Teaiwa）还将太平洋岛国文学艺术的视角带入安全研究，支持这种"反叙事"。[③] 所罗门群岛学者塔西休斯·卡布陶拉卡（Tarcisius Kabutaulaka）和斯蒂芬·拉图瓦等进一步认为，西方对当前中国与太平洋岛国加强合作的负面安全解读，可以溯源至西方殖民者对美拉尼西亚岛民"卑贱的野蛮人"（ignoble savages）的形象建构和对中国人所谓的"黄祸论"（yellow peril），从而对当前西方话语针对太平洋岛国地区的"中国威胁论"安全观进行了解构。[④]

另一些学者虽然没有有意识地将后殖民主义作为理论视角，但同样重视以话语叙事视角研究太平洋岛国地区安全叙事。有研究运用了叙事理论，认为叙事是"行为体将世界合理化并以特定方式有序组织起来的配置工具"，[⑤] 构成具有"情节"（plot）的，往往由"坏人"（villain）、"受害者"（victim）、"困难"（problem）、"英雄"（hero）和"道义评判"（moral judgement）五个环节串联起来的完整故事，为特定行为提供合法性解释，通过传播形成地区安

① Epeli Hau'ofa, "Our Sea of Islands, " *The Contemporary Pacific*, Vol. 6, No. 1, 1994, pp. 148-161; Epeli Hau'ofa, "The Ocean in Us, " *The Contemporary Pacific*, Vol. 10, No. 2, 1998, pp. 392-410; "反叙事"是指由人们讲述并经历的，或直白或含蓄地反抗主导叙事的叙事，参见 Molly Andrews, "Opening to the Original Contributions Counter-Narratives and the Power to Oppose, " in Michael Bamberg and Molly Andrews, eds. , *Considering Counter-Narratives: Narrating, Resisting, Making Sense*, Amsterdam: John Benjamins Publishing, 2004, p. 1。

② Tarcisius Kabutaulaka, "Mapping the Blue Pacific in a Changing Regional Order, " in Graeme Smith and Terence Wesley-Smith, eds. , *The China Alternative: Changing Regional Order in the Pacific Islands*, Canberra: ANU Press, 2021, pp. 41-69.

③ Katerina Teaiwa, "Our Rising Sea of Islands: Pan-Pacific Regionalism in the Age of Climate Change, " *Pacific Studies*, Vol. 41, No. 1, 2018, pp. 26-54; Katerina Teaiwa, "On Decoloniality: A View from Oceania, " *Postcolonial Studies*, Vol. 23, No. 4, 2020, pp. 601-602.

④ Tarcisius Kabutaulaka, "Re-Presenting Melanesia: Ignoble Savages and Melanesian Alter-Natives, " in Stewart Firth and Vijay Naidu, eds. , *Understanding Oceania*, Canberra: ANU Press, 2019, pp. 193-227; Steven Ratuva, "The Politics of Imagery: Understanding the Historical Genesis of Sinophobia in Pacific Geopolitics, " *East Asia*, Vol. 39, No. 1, 2022, pp. 13-28.

⑤ Christian Bueger and Frank Gadinger, *International Practice Theory*, Second Edition, Cham: Palgrave Macmillan, 2018, p. 70.

全规范。① 2017 年以来，"蓝色太平洋"（Blue Pacific）以太平洋岛国论坛决议的方式成为地区认同"新叙事"（new narrative），成为学界从话语叙事角度研究地区安全观的关注重点。

第三，地区主义既是太平洋岛国地区安全的治理实践，又是安全研究的理论视角。由于太平洋岛国整体进入威斯特伐利亚体系较晚，国家建构进程滞后，地区主义发展与国家建构进程同步进行（甚至多数国家的独立晚于主要地区组织的创立），地区层次的行为体（如地区组织）与地区合作在一定程度上填补了国家在维护安全上的薄弱环节。然而，以欧洲为中心的地区主义理论并不适用于这个地区，② 这构成了研究中的理论缺失。近年来，比较地区主义的兴起为填补这种缺失提供了有益的理论视角。特别是阿米塔·阿查亚（Amitav Acharya）提出地区主义研究要超越"欧洲中心主义"，将施动性引入地区主义与地区秩序研究，主张重点关注非西方的中小国家以及"人的安全"，关注地区主义的"过程"。③ 反过来，对太平洋岛国在地区安全治理架构中的施动性的研究也有助于为比较地区主义的发展提供更多案例。

二 太平洋岛国地区安全研究的议题

在独特的现实背景与理论视角塑造下，太平洋岛国地区安全研究的议题也独具特色。在层次上，地区层次的安全治理架构与叙事是研究重点，既关注太平洋岛国在地区安全治理上的施动性，又关注域外国家地缘政治对地区安全叙

---

① 应用这套理论对太平洋岛国地区环境安全治理的研究，可参见 Ashlie Denton，"Voices for Environmental Action？Analyzing Narrative in Environmental Governance Networks in the Pacific Islands，" *Global Environmental Change*，Vol. 43，2017，pp. 62-71。

② 2006 年，长期研究该地区地区主义的塔斯马尼亚大学副教授理查德·赫尔（Richard Herr）根据他从事地区主义实践与研究 30 年的经历写道："一大堆非常小的国家和领地，分布在辽阔的地理空间，资源和能力非常有限，很难适合有效、机制化合作的理论模型。"参见 Richard Herr，"Pacific Island Regionalism：How Firm the Foundations for Future Cooperation？"in Michael Powles，ed.，*Pacific Futures*，Canberra：Pandanus Books，2006，p. 184。

③ Amitav Acharya，*Constructing Global Order: Agency and Change in World Politics*，Cambridge：Cambridge University Press，2017. 其在太平洋岛国地区安全研究中的应用，参见 Tim Bryar and Anna Naupa，"The Shifting Tides of Pacific Regionalism，" *The Round Table*，Vol. 106，No. 2，2017，pp. 155-164；Helen Leslie and Kirsty Wild，"Post-hegemonic Regionalism in Oceania：Examining the Development Potential of the New Framework for Pacific Regionalism，" *The Pacific Review*，Vol. 31，No. 1，2018，pp. 20-37。

事的影响；在领域上，以气候安全为统领，也广泛关注"人的安全"框架下各问题领域的非传统安全议题。

（一） 地区安全治理架构与叙事

地区主义是太平洋岛国地区安全治理的重要场域。近年来，太平洋岛国地区安全治理架构经历了新发展：一方面，西方仍然影响力巨大且还在不断强化存在；另一方面，太平洋岛国自主的地区安全机制与议程正在发挥越来越大的作用。在此背景下，太平洋岛国地区安全研究也在不断发展，与近年来太平洋岛国地区安全新架构的建立发展是同步的、相互影响的过程：研究直接或间接为地区政策制定提供智力支持；反过来，地区政策制定的过程与影响也是研究的重点议题。

2018 年，在太平洋岛国论坛上通过的《博埃宣言》是当前太平洋岛国地区安全治理架构的核心文件之一，也是安全研究的重点议题。《博埃宣言》指出，"气候变化是对太平洋人民的生命、安全与福祉的唯一最大威胁"，提出了"蓝色太平洋"框架下"扩展的安全概念"（expanded concept of security），将"人的安全"、环境与资源安全、跨国犯罪和网络安全列为"扩展的安全概念"强调的四个重点，并在此框架下制定各国的国家安全战略。[①] 这在很大程度上体现了太平洋岛国的安全观。以格雷格·弗莱为代表的一派学者认为，近年来太平洋岛国主导推动的地区主义"范式转变"，或曰"太平洋岛国新外交"，是地区安全新架构的前因，太平洋岛国对地区气候安全的治理需求是"游戏规则改变者"。[②] 格里菲斯亚洲研究所太平洋中心高级研究员特丝·牛顿-凯恩（Tess Newton-Cain）等活跃在太平洋岛国地区的政治咨询师则通过观察议程设置过程，强调这是太平洋岛国方面主张的"人的安全"，特别是气候安全与澳大利亚方面主张的良治、网络安全等安全议题相互妥协的结果。[③] 当然，在南太平洋大学政府、发展与国际事务学院院长桑德拉·塔特（Sandra Tarte）等学者看来，《博埃宣言》既是近年来太平洋岛国在地区主义中主导性

[①] Pacific Islands Forum, "Boe Declaration on Regional Security," September 5, 2018, https://www.forumsec.org/2018/09/05/boe-declaration-on-regional-security/, accessed: 2022-07-28.

[②] Greg Fry, *Framing the Islands: Power and Diplomatic Agency in Pacific Regionalism*, Canberra: ANU Press, 2019, pp. 275-303.

[③] Tess Newton Cain, "Let's Hear It for the Boe," *Security Challenges*, Vol. 16, No. 1, 2020, p. 33.

上升的结果，又体现了在"印太战略"压力下的妥协与调和。①

为了保障《博埃宣言》的落实执行，2019 年 8 月，太平洋岛国论坛官员委员会地区安全附属委员会（FOC Sub-Committee on Regional Security）建立，该委员会附设"太平洋安全对话"（Pacific Security Dialogue），形成了具有包容性的地区安全合作与对话机制，南太平洋大学等研究机构是该机制的法定参与方。② 不过，也有研究认为，如果以欧盟或东盟为标准，太平洋岛国地区尚未出现统一的地区安全架构，也未形成巴里·布赞理论中的"地区安全复合体"，因为仍有多个由域外国家参与乃至主导的双多边安全机制未被太平洋岛国论坛官员委员会地区安全附属委员会及其附设的"太平洋安全对话"纳入，《蓝色太平洋 2050 战略》的出台延宕多时，即使出台其效力也还有待观察。③

美国等西方国家在太平洋岛国地区实施"印太战略"，以及它与太平洋岛国地区安全新架构产生的矛盾，是该地区安全形势与安全治理面临的不确定外部因素。应对乃至"推回"中国在太平洋岛国不断增长的影响力是"印太战略"在该地区的重要目标，在太平洋岛国地区宣扬"中国威胁论"已成为美国等西方国家的官方行为。④ 在这种情况下，太平洋岛国对被卷入大国对抗乃至冲突战争的恐惧感上升，传统安全成为近年来太平洋岛国地区安全研究中的重要议题。不过，太平洋岛国学界并非全盘接受西方的传统安全观和现实主义逻辑，而是重点研究不同安全观叙事之间的关系。不少研究认为，当前太平洋岛国地区安全叙事的主线是太平洋岛国主张的以广义的"人的安全"为基础的"蓝色太平洋"叙事与西方的传统安全叙事尤其是"中国威胁论"叙事之

---

① Sandra Tarte, "Reconciling Regional Security Narratives in the Pacific," *East Asia*, Vol. 39, No. 1, 2022, pp. 29-43.

② "2019 Pacific Islands Forum Foreign Ministers Meeting: Outcomes," July 26, 2019, https://www. dfat. gov. au/sites/default/files/2019-pacific-islands-forum-foreign-ministers-meeting-outcomes, accessed: 2022-8-9.

③ Joanne Wallis, et al., "Security Cooperation in the Pacific Islands: Architecture, Complex, Community, or Something Else?" *International Relations of the Asia-Pacific*, Vol. 23, No. 2, 2022, pp. 1-34. 2022 年 7 月，《蓝色太平洋 2050 战略》得到太平洋岛国论坛领导人的认可，获得通过。

④ U. S. Department of Defense, "Indo-Pacific Strategy Report: Preparedness, Partnerships, and Promoting a Networked Region," June 1, 2019, https://media. defense. gov/2019/Jul/01/2002152311/-1/-1/1/DEPART-MENT-OF-DEFENSE-INDO-PACIFIC-STRATEGY-REPORT-2019. PDF, accessed: 2022-08-12.

间的话语冲突与调和。① 这些研究考察了"印太战略"对太平洋岛国地区安全叙事的复杂影响，一方面，认为前者挤占了后者的地区议程；另一方面，也看到前者可以成为后者的机会。特别是以安娜·纳乌帕（Anna Naupa）为代表的太平洋岛国论坛秘书处（PIFS）研究人员关于如何在复杂地缘政治形势下利用"印太战略"推行以"人的安全"为核心的太平洋岛国安全议程的研究成果，不仅有学术价值，而且有较强的地区政策导向。②

（二）气候安全

将气候变化视为最突出的安全议题，单列"气候安全"加以重点研究，乃至具有一定统领性，这是太平洋岛国地区安全研究与其他国家和地区的安全研究相比最突出的特色之一。该地区气候安全研究的任务不仅是研究气候变化的科学问题，更重要的是对科学研究进行概括总结与适当使用，并将其抽象表述为该地区面临的安全问题。这是太平洋岛国独特自然环境塑造的安全需求。

第一，气候变化对太平洋岛国与人民的生存造成直接威胁。其中，最直接、最显而易见的威胁是海平面上升，导致海岸线退后、国土资源流失、海水淹没岛礁乃至全国沉入水下。即使对所罗门群岛这样陆地国土面积相对较大的太平洋岛国来说，海平面上升也已经造成了严重的国土安全问题。③ 对基里巴斯和图瓦卢这样的低海拔珊瑚礁岛国来说，海平面上升更是直接的生存威胁。④ 在这个意义上，主流学界所称的非传统安全与传统安全在太平洋岛国这

---

① Wesley Morgan, "Oceans Apart? Considering the Indo-Pacific and the Blue Pacific," *Security Challenges*, Vol. 16, No. 1, 2020, pp. 44-64; Tarcisius Kabutaulaka, "Mapping the Blue Pacific in a Changing Regional Order," in Graeme Smith and Terence Wesley-Smith, eds., *The China Alternative: Changing Regional Order in the Pacific Islands*, Canberra: ANU Press, 2021, pp. 41-69.

② Anna Naupa, "Indo-Pacific Diplomacy: A View from the Pacific Islands," *Politics and Policy*, Vol. 45, No. 5, 2017, pp. 902-917; Anna Naupa and Derek Brien, *Fostering Peaceful Sustainable Development in the Pacific under the 2030 Agenda*, WP/18/02, United Nations ESCAP, May 2018, https://www.unescap.org/sites/default/files/publications/WP18_02%20Fostering%20peaceful%20sustainable%20development%20in%20the%20Pacific%20under%20the%202030%20Agenda.pdf, accessed: 2022-07-30.

③ Walter Leal Filho, et al., "Climate Change Adaptation as a Development Challenge to Small Island States: A Case Study from the Solomon Islands," *Environmental Science and Policy*, Vol. 107, 2020, pp. 179-187.

④ Tauisi Taupo and Llan Noy, "At the Very Edge of a Storm: The Impact of a Distant Cyclone on Atoll Islands," *Economics of Disasters and Climate Change*, Vol. 1, No. 2, 2017, pp. 143-166.

个特殊环境下交织在一起。

太平洋岛国地区安全研究在自然科学研究的基础上更进一步，为维护太平洋岛国在气候变化下的领土安全提供了具有前瞻性的智力支持。例如，受该地区主要地区组织之一太平洋岛国发展论坛（Pacific Islands Development Forum，PIDF）委托，南太平洋大学法学院研究团队起草了《太平洋气候条约》（Pacific Climate Treaty）草案，以法律形式提出了岛屿国家的"永久主权"（permanent sovereignty）主张，认为岛国对某一基线年拥有的领土和专属经济区权利具有永久性，即使将来气候变化、海平面上升使得岛国的某些乃至全部领土丧失，也不影响岛国在国际法意义上的主权。① 在此推动下，划定各岛国的专属经济区外延成为《博埃宣言行动计划》具体措施的重中之重和首先着手的工作，作为太平洋岛国为"永久主权"的主张乃至声索进行实际准备的重要一步。②

第二，气候变化对太平洋岛国地区的自然环境造成威胁。热带飓风与海啸等自然灾害是太平洋岛国地区面临的另一类安全威胁。自然灾害虽然是太平洋岛民千百年来生活的一部分，并非完全由人类进入工业化以来的气候变化直接导致，但气候变化加剧了自然灾害发生的可能性、频率与强度。有研究指出，瓦努阿图和汤加是全世界自然灾害风险最高的两个国家。③ 正因如此，防灾减灾和气候变化两个议题在太平洋岛国的特殊环境下天然地联系在一起。④ 南太平洋大学研究团队参与撰写的《太平洋地区可复原性发展框架：应对气候变化与灾害风险管理的整合方法》提出，要加强对适应气候变化和防灾两个议题的整合，以提升应对气候变化和灾害的复原能力，得到 2016 年太平洋岛国

① Margaretha Wewerinke, et al. , *Thinking Globally, Acting Regionally: The Case for a Pacific Climate Treaty*, Suva: Pacific Islands Development Forum, 2016.

② Linda Mottram, "Australia, Don't Fail Your Neighbours, " September 10, 2018, https://www. abc. net. au/radio/programs/pm/dont-fail-your-neighbours-dame-meg-taylor-on-climate-change/10224562, accessed: 2022-07-30.

③ Anna Naupa and Derek Brien, "Fostering Peaceful Sustainable Development in the Pacific under the 2030 Agenda", WP/18/02, United Nations ESCAP, May 2018, https://www. unescap. org/sites/default/files/publications/WP18_02%20Fostering%20peaceful%20sustainable%20development%20in%20the%20Pacific%20under%20the%202030%20Agenda. pdf, accessed: 2022-07-30.

④ Anand Chand and Tauisi Taupo, "Impact of Natural Disasters and Climate Change on National Security in the Pacific: Case Studies of Kiribati and Tuvalu, " in Sara N. Amin, Danielle Watson, and Christian Girard, eds. , *Mapping Security in the Pacific: A Focus on Context, Gender and Organisational Culture*, London: Routledge, 2020, pp. 59-72.

论坛波纳佩峰会的采纳。①

　　第三，气候变化对太平洋岛国地区的社会环境造成威胁。渔业安全、粮食与营养安全、水资源安全、土地资源安全等与"人的安全"高度相关，且相互作用。例如，气候变化带来的风向与洋流模式的改变给海洋生物的活动带来新因素，使渔业发展受到影响；② 珊瑚对海洋气候变化异常敏感，珊瑚的大规模死亡加剧了珊瑚礁岛国的国土资源流失与生态环境恶化，加剧了粮食与其他食品供应危机；由于蒸发效应加剧，一些小型岛屿内部河流干涸，海水倒灌，海岸乃至内陆土地盐碱化，加剧了水资源安全问题、营养安全与公众健康问题；气候变化引发的干旱造成大规模饥饿乃至死亡；长期缺乏蔬菜加剧了太平洋岛民本已严重的肥胖问题等。③ 气候移民（包括国内移居和向国外移民）是另一个已经被纳入"人的安全"范畴的议题。④ 气候移民的极端情况就是海平面上升致使全国被迫整体移民，虽然基里巴斯、图瓦卢等岛国政府坚称这是"最后选项"，然而，相关讨论已经在学界、政策界和媒体中开展。⑤ 气候变化还影响政治稳定与社会秩序。例如，2015 年，在连遭飓风、旱灾、粮食歉收和三次里氏 6.0 级以上地震等打击下，瓦努阿图发生政治动荡，乔·纳图曼（Joe Natuman）领导的政府倒台。也有研究认为，气候变化是所罗门群岛 2021年 "11·24" 骚乱的背景之一。⑥

①　Pacific Community (SPC), Secretariat of the Pacific Regional Environment Programme (SPREP), Pacific Islands Forum Secretariat (PIFS), United Nations Development Programme (UNDP), United Nations Office for Disaster Risk Reduction (UNISDR) and University of the South Pacific (USP), "Framework for Resilient Development in the Pacific: An Integrated Approach to Address Climate Change and Disaster Risk Management (FRDP), 2017-2030", http://tep-a. org/wp-content/uploads/2017/05/FRDP_2016_finalResilient_Dev_pacific. pdf, accessed: 2022-07-30.

②　Joeli Veitayaki, "Securing Costal Fisheries in the Pacific: Critical Resources for Food, Livelihood and Community Security, " *Development Bulletin*, No. 82, 2021, pp. 56-60.

③　Steven Crimp, et al. , "COVID-19 and Climate: Threat Multipliers to Pacific Food and Nutrition Security, " *Development Bulletin*, No. 82, 2021, pp. 41-46.

④　Tim Westbury, *Navigating Human Security and Climate Mobility in the Pacific Sea of Islands*, The International Organization for Migration (IOM), PUB2022/083/R, April 2022.

⑤　Natalie Sauer, " ' Imperialist' Citizenship Idea Sparks Spat between Australia and Pacific Islanders, " February 18, 2019, https://www. climatechangenews. com/2019/02/18/imperialist-citizenship-idea-sparks-spat-australia-pacific-islanders/, accessed: 2022-07-30.

⑥　Harman Singh, "Trouble in Paradise with Climate Increasing the Stress: Solomon Islands, " December 24, 2021, https://www. planetarysecurityinitiative. org/news/trouble-paradise-climate-increasing-stress-solomon-islands#, accessed: 2022-07-30.

（三）其他具体问题领域

在"人的安全"视角影响下，太平洋岛国地区安全研究涉及面广泛，领域相互交叉，除气候安全外，还包括以下重点议题。

（1）海洋安全：针对海洋污染、渔业资源枯竭、非法捕鱼、海底资源无序开发、海洋生物多样性衰退等问题。[1]

（2）粮食、食品与营养安全：针对粮食供应不足、供应链不畅、食品污染、营养健康不均衡（特别是长期以来蔬菜摄入严重不足导致太平洋岛民肥胖率过高）等问题。[2]

（3）社会安全：针对社会秩序与治安、有组织犯罪、城市化带来的诸多问题、收入不平等、失业等问题。[3]

（4）性别安全：针对性别暴力、性别不平等、跨国人口贩卖与性剥削、女性社会参与不足等问题。[4]

此外，还有研究涉及后殖民主义背景下的去殖民化（特别是新喀里多尼亚、法属波利尼西亚等岛屿政治实体的去殖民化）、民族分离主义（包括西巴布亚问题、布干维尔问题、马莱塔问题等）、族群冲突、经济安全等诸多

---

[1] Office of the Pacific Ocean Commissioner, *Blue Pacific Ocean Report: A Report by the Pacific Ocean Commissioner to the Pacific Islands Forum Leaders*, Suva: Office of the Pacific Ocean Commissioner, 2021.

[2] Rita Roshni, et al., "Enhancing Leafy Foods' Intake for Optimal Nutrition and Human Security in the South Pacific," *The South Pacific Journal of Natural and Applied Sciences*, No. 32, 2014, pp. 27-32; Nichole Georgeou, et al., "Food Security and Small Holder Farming in Pacific Island Countries and Territories: A Scoping Review," *PLOS Sustainability Transformation*, Vol. 1, No. 4, 2022, https://doi.org/10.1371/journal.pstr.0000009.

[3] Danielle Watson and Sinclair Dinnen, "Contextualising Policing in Melanesia: History, Adaptation and Adoption Problematised," in Sara N. Amin, et al., eds., *Mapping Security in the Pacific: A Focus on Context, Gender and Organisational Culture*, London: Routledge, 2020, pp. 161-173; Danielle Watson, et al., "Transnational and Organised Crime in Pacific Island Countries and Territories: Police Capacity to Respond to the Emerging Security Threat," *Development Bulletin*, No. 82, 2021, pp. 151-155.

[4] Melissa Bull, et al., "The Virtues of Strangers: Policing Gender Violence in Pacific Island Countries," *Policing and Society*, Vol. 29, No. 2, 2019, pp. 155-170; Sharon Bhagwan Rolls and Alisia Evans, *Feminist Peace and Security in Pacific Islands*, September 2020, https://oxfamilibrary.openrepository.com/bitstream/handle/10546/621056/dp-feminist-peace-security-pacific-islands-210920-en.pdf, accessed: 2022-07-30.

问题。①

另外，新冠疫情给太平洋岛国地区带来了巨大的直接和间接安全挑战，充分暴露了地理上的孤立性和海洋性带来的安全红利（如边境防控较易、病毒传播总体较慢等）与安全弊端（防疫物资供应不畅、疫苗不足不均、对依赖旅游业和侨汇的岛国经济打击巨大、失业显著增加、性别暴力上升等），影响到"人的安全"的方方面面，成为近两年太平洋岛国地区安全研究的重点议题。②

三　太平洋岛国地区安全研究力量与路径方法

太平洋岛国地区安全研究力量与路径方法既由该地区的现实情况塑造，又与该地区安全研究的理论视角与主要议题相契合。

（一）太平洋岛国地区安全研究力量

由于前述各种因素影响，太平洋岛国地区尚未形成完整的国家安全学科。特别是，作为整体由小岛屿发展中国家（SIDSs）组成的、总人口仅 1000 多万人的地区，太平洋岛国地区欠缺国家安全学科建设与研究所需的人力、财力等各方面资源。另外，太平洋岛国地区面临着独特的安全威胁，产生紧迫的安全研究需求。这种矛盾促使太平洋岛国地区学界必须按照自身情况构建安全研究力量，分散研究与资源整合是两大特点。

太平洋岛国地区安全研究力量非常分散。从总量来看，该地区智库数量很少，在美国宾夕法尼亚大学《2020 年全球智库索引报告》统计的全球 11175家智库中，太平洋岛国地区仅有 7 家，其中，4 家来自斐济、2 家来自巴新、1家来自萨摩亚。③ 从国别上看，该地区内部并无明显的科研力量上的领导国

① Claire Slatter, "Neo-Liberalism and the Disciplining of Pacific Island States: The Dual Challenges of a Global Economic Creed and a Changed Geopolitical Order, " in Stewart Firth and Vijay Naidu, eds. , *Understanding Oceania*, Canberra: ANU Press, 2019, pp. 153-178.

② Steven Ratuva, "Rethinking Human Security: COVID-19 and Social Solidarity Economy in the Pacific, " *Development Bulletin*, No. 82, 2021, pp. 16-22; Henry Ivarature, "COVID-19: Reconfiguring Human Security Relations between the State and Society, " *Development Bulletin*, No. 82, 2021, pp. 75-78.

③ James G. McGunn, "2020 Global Go to Think Tank Index Report, " January 27, 2021, https:// repository. upenn. edu/cgi/viewcontent. cgi?article = 1019&context = think_tanks, accessed: 2022-08-12.

家，虽然巴新和斐济高等教育与科研力量比其他岛国相对充裕，但远不能满足需要，更无法与澳、新等国相比。从研究者来看，既有高等学校，也有政府机构和地区组织常设机构（如太平洋岛国论坛秘书处），还有非政府组织、教会、政治咨询公司等各种主体参与研究工作，涉及供职于域内外的太平洋岛国学者，构成非常多元。本文对理论视角和研究议题的文献回顾也体现了这种分散特征。

南太平洋大学是将这些分散的研究力量整合起来的机构之一。南太平洋大学的组织形式在世界上独一无二。它为 12 个太平洋岛国（帕劳和密联邦未加入）共有，其 14 个校区、10 个研究中心分布在 12 个国家，号称"世界上分布面积最广的大学校园"。它具有高等教育机构、科研机构、智库和地区组织四重性质。作为高等学校，其 14 个校区和远程教育共有 3 万名学生；作为科研机构，其来自 30 多个域内外国家（包括中国）的 300 多名教职人员在 14 个校区从事教学研究工作，还设有多种兼职教研职位以利于远程工作，本文引用文献的不少作者来自南太平洋大学；作为智库，它制度性和经常性地向各岛国和地区决策者提供政策建议，承担委托研究；最为独特的性质是，南太平洋大学是一个以 12 个岛国为成员国的正式地区组织，是太平洋地区组织理事会（CROP）成员。[①] 这种既是研究机构又是地区组织的双重性给了南太平洋大学参与地区安全治理以独特优势。例如，南太平洋大学是《博埃宣言》框架下的"太平洋安全对话"机制的正式参与方。

南太平洋大学的治校机制也有利于政策导向。该校校长由各成员国元首或政府首脑轮流兼任，学校日常工作由执行副校长负责，学校管理委员会是学校的决策机构，该委员会由各成员国政府、师生代表、合作方代表、太平洋岛国论坛等主要地区组织代表和美、英、澳、新等主要域外捐助国政府代表组成。一方面，这样的架构使得该校具有天然的政治导向；另一方面，这有利于南太平洋大学成为扮演研究供给与政策需求两端的桥梁角色。[②] 总之，南太平洋大学是太平洋岛国地区安全研究的重要而独特的平台。

另一个将地区组织机构与研究平台合二为一的是太平洋岛国论坛秘书处。

---

① Vijay Naidu, "A Commentary on the 50-Year History of the University of the South Pacific," in Stewart Firth and Vijay Naidu, eds., *Understanding Oceania*, Canberra: ANU Press, 2019, pp. 11-33.

② Vijay Naidu, "A Commentary on the 50-Year History of the University of the South Pacific," in Stewart Firth and Vijay Naidu, eds., *Understanding Oceania*, Canberra: ANU Press, 2019, pp. 11-33.

该机构的历史可追溯至 1968 年建立的太平洋岛屿种植业秘书处办公室，后者从建立起就既是一个地区组织，也是一个研究机构。《太平洋岛屿种植业通讯》是太平洋岛屿种植业秘书处办公室最早发布的研究产品，其主体、名称与形式几经变更，延续至今。本文中的不少引证文献来自太平洋岛国论坛秘书处的研究通讯产品。秘书处目前有 20 余名专职研究人员，包括研究官员、具体领域专家、项目官员、项目专家、数据专员、研究助理等多个岗位，在秘书处政策组和各个项目组工作。① 这种设置有利于将学术研究、政策研究与项目实践紧密结合，并直接将研究成果转化为地区组织与领导人的决策参考。太平洋岛国论坛秘书处还是唯一进入《2020 年全球智库索引报告》排名榜的太平洋岛国地区智库。②

（二）太平洋岛国地区安全研究路径与方法

太平洋岛国地区安全研究在路径与方法上也具有独特性。

第一，多个学科、多类范式和多种方法并举的路径。从学科上看，既有与传统意义上的安全研究关联紧密的国际关系等学科，也有社会学、人类学、艺术学、气象学等多种学科，学科交叉特征明显。从范式上看，既有结构主义，也有个体主义。研究方法也较为多元。南太平洋大学作为重要研究平台，其自身发展历史就是以跨学科综合研究为传统特色。南太平洋大学自建立之初就设有三个跨学科的学院；虽然此后经历了西方影响下的学科化院系改革，改为以聚焦单一学科的系为主要单位，但近年来又出现了跨学科综合研究的回潮，通过学部、学院、研究中心等正式架构，以及研究协调人、研究项目等多种灵活方式组织多学科、跨学科研究。③

第二，研究、政策与实践相互结合、相互推动的路径。"人的安全"视角内在要求安全研究要落实到具体的"人"，各种理论视角指导下的研究的最终价值还是要解决这个地区面临的严重安全挑战，形成地区、国家和社区等各层

① "Forum Secretariat Staff，" https://www.forumsec.org/latest-forum-secretariat-staff/#1498188023648-124da6cf-14b9，最后访问日期：2022 年 8 月 11 日。另参见笔者对太平洋岛国论坛秘书处的实地调研与采访，2019 年 5 月 14~16 日，苏瓦。

② James G. McGunn，"2020 Global Go to Think Tank Index Report，" January 27, 2021, https://repository.upenn.edu/cgi/viewcontent.cgi?article=1019&context=think_tanks, accessed: 2022-08-12.

③ Vijay Naidu, "A Commentary on the 50-Year History of the University of the South Pacific，" in Stewart Firth and Vijay Naidu, eds., *Understanding Oceania*, Canberra: ANU Press, 2019, pp. 11-33.

次上的政策与解决方案。在太平洋岛国地区这样一个"小规模熟人社会"，学界与政府、地区组织、非政府组织等密切互动，加上南太平洋大学、太平洋岛国论坛秘书处等研究平台的设置，客观上也容易将研究成果从学理延伸到政策与实践。而政策与实践反过来为研究提供了样本。

第三，话语文本分析是太平洋岛国地区安全研究的重要研究方法。这既符合安全化理论、后殖民主义和叙事理论等理论视角，也契合这个地区的现实情况。这个地区已经很长时间没有经历过战争冲突，地区会议与文件制定就是应对该地区安全危机的主要路径。因此，话语叙事作为"武器化的语言"（weaponized words），[①] 既是太平洋岛国地区的政治现实，也是安全研究的方法。

第四，案例研究也是太平洋岛国地区安全研究的常见方法。地区层次的安全研究既要研究地区整体与共性，也要考虑不同岛国、不同岛屿乃至不同社区的差异。因此，案例研究有助于将地区层次上的讨论落到具体案例上；而因为不同岛国之间面临安全问题的相似性，案例研究也可能产生适用于地区整体的解决方案。

结　语

太平洋岛国地区安全研究是国外的国家安全研究中的独特组成部分，其独特性集中体现在：第一，研究层次聚焦地区安全；第二，理论视角独具一格，以"人的安全"为统领，多种理论视角相互补充、相互结合；第三，研究议题非常广泛，但以本地区安全治理架构和气候安全为重点；第四，研究力量与路径方法均注重研究与政策相结合，符合该地区的特点。

当然，这些独特性也导致了太平洋岛国地区安全研究的诸多弱点。在"人的安全"视角下，安全研究的外延扩展到各个方面，造成了一定程度的泛化，分散了本就薄弱的研究力量。将很多问题归因于气候安全，固然有助于提升关注度、占领道义制高点，但也因此欠缺对其他安全问题的研究与对现实中安全短板的充分聚焦。此外，对整个地区安全问题共性的强调，使得对具体国家的差异化安全问题有所忽视。虽然太平洋岛国本地区的安全研究近年来有了

---

① Kurt Braddock, *Weaponized Words: The Strategic Role of Persuasion in Violent Radicalization and Counter-Radicalization*, Cambridge: Cambridge University Press, 2020, p. 39.

很大进展，但仍没有从根本上改变西方在整体上对太平洋岛国地区安全研究的巨大影响力。

尽管如此，太平洋岛国地区安全研究还是取得了就其规模来说显著的成绩。对其进行梳理总结，有助于丰富对国外安全研究多样性的认知，更深入地理解安全研究与当地环境之间的关系，考察"人的安全"研究特别是气候安全研究，为我国与太平洋岛国深化安全合作提供参考，其独特研究路径特别是与政策相结合的方式也能为我国国家安全学科建设带来一些启示。

（本文原载于《国际政治研究》2022 年第 5 期，收录本书时略有修改。）

第十七章

差异性与多样性：东南亚国家
对国家安全的认知

赵　毅

随着最近一轮全球化高潮进入尾声，世界多数国家都在更新自己的国家安全理念，这使国家安全再次成为热门话题。当前大国关于国家安全理解的基本趋势是由过去主要关注外部安全向关注内部安全延伸，这在美国、俄罗斯公布的新版国家安全战略报告中有明显体现。俄乌冲突爆发后，以中小国家为主体的发展中国家的安全危机感普遍加剧，维护国家安全的措施手段更加多样和丰富。一般来看，广大发展中国家由于各国国情不同，历史背景复杂，其安全问题更具多样性和复杂性特点。与发达国家相比，广大发展中国家对国家安全的理解表现出强烈的独特性，即使地处同一个地区也是如此。东南亚地区尤其典型，虽然同处一域，但差异性十分明显。从宗教方面看，这里汇聚世界主要宗教，马来西亚、文莱、印尼三国尊崇伊斯兰教，菲律宾以天主教为主，泰国、缅甸以佛教为主；从经济发展水平看，东南亚各国可分成中上、中等、中等偏下和贫穷四个等级；从政治体制方面看，这里既有政教合一的国家，也有君主立宪制国家、议会制国家、总统制国家和共产党执政的国家等。因此，东南亚各国所面临的国家安全威胁因素多种多样，内战、族群骚乱、领土海洋争端、自然灾害，以及包括疾病蔓延在内的公共卫生灾难等，都不同程度威胁着东南亚各国的安全。正因如此，从国家安全角度研究东南亚各国并非易事，同它们多样化的国情一样，其对国家安全的理解也千差万别。

本文主要以东盟主要国家为研究对象，以相关国家公布的文件为基础，结合考察东南亚各国独立后的基本国情，对东南亚主要国家关于国家安全的认知理解进行探索。大致来看，东南亚各国对国家安全的认知可分为内外兼顾型、以内部安全为主型和特殊型三种类型。

一　内外兼顾型的国家安全思想

在东南亚地区，第二次世界大战后以武装斗争方式获得独立的国家，指导其国家安全的思想或理论都有内外兼顾型特点。这些国家具有一定水平和规模的国防力量，在对外交往时独立性较强，其中，以越南和印度尼西亚两国最为明显。

（一）越南：外防侵略干涉，内反"和平演变"

越南作为地处中南半岛的社会主义国家，经过多年的武装斗争实现独立，防御外来侵略是其维护国家安全的基本内容之一。同时，由于意识形态的因素，越南必须把坚持社会主义制度、维护共产党的领导地位视为维护国家安全的根本，因而，多年来，越南坚持认为国家安全的威胁内外皆有，而且至今没有明显改变。

2021年1月，越共十三大指出，过去一直认定的四种威胁仍然存在，有些方面甚至变得更加严重。关于这四种威胁的具体内容，越共十三大报告是这样表述的，"落入中等收入陷阱的落后风险依然较大。出现不充分注重确保社会主义定向发展、文化发展、社会福利保障、在市场经济中实现社会公平进步，尚未确保各地区按照比较优势和特殊经济社会条件而制定的总体协调发展等现象。贪污浪费、官僚主义、政治思想和道德作风的蜕化、内部的'自我演变'和'自我转化'等问题以及各种社会矛盾依旧复杂变化。敌对势力继续加强对我党、政府和国家的反抗。捍卫独立、主权、统一和领土完整，维护和平稳定环境及适应气候变化是迫切需要，同时是我国未来的重大挑战"。[①]从以上表述看，越南共产党认为，越南目前和未来的安全威胁主要来自经济、社会、政治和主权安全四个领域，前三个领域主要指向国内问题，第四个则指向外部世界，从内容看，涵盖了传统安全与非传统安全问题，既有传统的主权

[①] 《越南共产党第十三次全国代表大会文件汇编》（电子版），河内：真理国家政治出版社，2021，第46页，https://thuviencoso.vn/ViewBook.aspx? eid=615#，最后访问日期：2022年2月13日。

领土安全内容，也包括经济、社会等非传统安全问题。

越南对国家安全威胁判断具有如下特征：一方面，要保证具有足够能力抵御外来侵略干涉；另一方面，又要时刻提防国内反政府势力内外勾结、推翻共产党的领导地位。2019年，越南公布了新版《国防白皮书》（2019 Viet Nam National Defence），把这种内外威胁兼具的特点表达得更直接、更清楚。白皮书指出，"与国内反动分子和政治投机者串谋的敌对力量没有放弃反对越南革命的阴谋，他们重点在政治和意识形态上废除越南共产党的领导地位和社会主义政权，使越南人民军'非政治化'，制造民族分裂，离间越南人民和越共、越南人民军之间的关系"。① 应该说，越南政府和越南共产党的这种认识符合当前现状。近年来，虽然越南与美国相互靠近，但美国对越南的渗透并没有停止，越南的警惕性也丝毫没有放松。

（二）印度尼西亚：全面发展的国家安全理念

印度尼西亚的国家安全基本理念在1945年公布的第一部宪法里就确立了，通常被称作"建国五基"或"潘查希拉"（Pancasila），即信仰神道、人道主义、民族主义、民主主义和社会公正。在这种理念支持下，印尼一直坚持不结盟政策，全国上下都为本国的不结盟运动创始成员国地位而自豪，即使苏联解体后不结盟运动的影响力下降，印度尼西亚也丝毫不改变其不结盟政策。②

在具体问题上，印尼政府对国家安全的理解有独特之处。印尼国防部于2015年11月发布的《国防白皮书》（Indonesian Defence White Paper 2015）是至今最具权威性的与国家安全有关的文件。该白皮书认为，从2016年起，未来五年，印尼将面临现实威胁（factual threat）和非现实威胁（non-factual threat）两类威胁。现实威胁指"人所共知的、随时可能发生的威胁"，首要的是"恐怖主义、极端主义、分离主义和武装叛乱、自然灾害、偷渡、海盗和自然资源盗窃、疾病、网络攻击和间谍，以及人口贩卖和药品滥用"；③ 而

① Ministry of National Defence of Viet Nam, *2019 Viet Nam National Defence*, Hanoi: National Political Publishing House, 2019, p. 18.
② Jonah Blank, "Regional Responses to U. S-China Competition in the Indo-Pacific: Indonesia, "Rand Corporation Research Report, June 3, 2020, https: //www. rand. org/t/RR4412z3, accessed: 2022-01-16.
③ Ministry of Defence of the Republic of Indonesia, "Indonesian Defence White Paper 2015," p. 24. https: //www. kemhan. go. id/wp-content/upload/2016/05/2015-INDONESIA-DEFENCE-WHITE-PAPER-ENGLISH-VERSION. pdf, accessed: 2022-01-16.

非现实威胁是指"公开的武装冲突或者一国反对另一国的常规战争"。① 白皮书没有对这种威胁做过多阐述，表明这种威胁对印尼影响不大。尽管如此，作为一个有巨大潜力的国家，印尼需要保持警惕。基于这样的分析，白皮书对印尼的国家安全做了界定，认为"稳定的国家安全是顺利推动国家发展规划的前提条件。在这个范围内，国家安全就是动态的国家利益。影响国家安全的动力来自战略环境的变化和国家本身的因素，即经济发展、教育、公共福利、政治变化和社区间的互动"。② 由此可见，印尼政府把内部安全和外部安全都置于国家安全的考虑之内，体现出国家安全指导思想内外兼顾的特征。

从内外两方面思考国家安全符合印尼的现实境况。作为世界上最大的群岛国，印尼内部的安全形势较为特别。第一，在地理上，印尼各岛屿之间的联系较陆地困难，还有大量的岛屿无人居住，天然的地理条件使民族分离主义者、恐怖主义组织和极端组织很容易找到栖息地，例如，亚齐地区的分离运动一直困扰着印尼政府，"无论哪一届印尼政府都决不允许亚齐分裂出去"。③ 所以，印尼政府对国内的自治要求保持高度警惕。2002 年，巴厘岛爆发恐怖袭击后，印尼政府投入巨大资源和精力清剿境内的极端组织，尤其是境内的分离势力与境外宗教极端势力相互勾连时，印尼政府更加警惕。2017 年 6 月，正值菲律宾全力打击本国南部的恐怖主义势力，印尼军方警告说，极端主义已蔓延到印尼几乎所有省份，印尼必须加强应对，"由于菲南城市马拉维的战争仍在持续，印尼军方已加强其苏拉威西边界的安全措施"。④ 第二，印尼有 10 个陆海邻国，几乎与所有邻国均存在领土纠纷和海洋划界争端，印尼政府面临很大的维护主权的压力，近年来印尼与越南、马来西亚和新加坡等国的海上争议连续不断，如印尼与越南、马来西亚围绕捕鱼权的纠纷就引发多次危机，与新加坡围绕马六甲海峡内的岛屿归属也有分歧。第三，印尼是个自然灾害频发的国

---

① Ministry of Defence of the Republic of Indonesia, "Indonesian Defence White Paper 2015," p. 24. https://www.kemhan.go.id/wp-content/upload/2016/05/2015-INDONESIA-DEFENCE-WHITE-PAPER-ENGLISH-VERSION.pdf, accessed：2022-01-16.

② Ministry of Defence of the Republic of Indonesia, "Indonesian Defence White Paper 2015," p. 29. https://www.kemhan.go.id/wp-content/upload/2016/05/2015-INDONESIA-DEFENCE-WHITE-PAPER-ENGLISH-VERSION.pdf, accessed：2022-01-16.

③ 陈衍德等：《全球化进程中的东南亚民族问题研究：以少数民族的边缘化和分离主义运动为中心》，厦门大学出版社，2008，第 95 页。

④ 苏玉兰：《印尼军方：极端主义已蔓延至所有省份》，《联合早报》2017 年 6 月 13 日，https://www.zaobao.com/realtime/world/story20170613-770857，最后访问日期：2022 年 10 月 27 日。

度，地震、海啸、台风持续不断，每年都遭受程度不同的损失，如 2004 年的印度洋大海啸使印尼损失惨重，政府不得不宣布全国进入紧急状态。上述三个方面使印尼的国家安全压力十分严重，不得不同时从内外两个方面筹划国家安全。

二　以内部安全为主的国家安全思想

在东南亚，相当一部分国家从国内角度来考虑国家安全，这既与它们的历史紧密相关，也与第二次世界大战后冷战对抗的国际环境相关，还与东亚地缘政治的发展密不可分。总的来看，菲律宾、马来西亚、泰国、老挝、缅甸、柬埔寨等国家的国家安全思想以关注内部安全为主要内容，以下将以菲律宾、马来西亚、泰国的国家安全思想为例进行分析。

（一）菲律宾：打击消灭国内各支反政府武装

自独立以来，菲律宾面临的最大安全挑战是整合消化国内的反政府组织及其控制的武装力量。独立伊始，菲律宾在意识形态上与其宗主国美国完全一致，对第二次世界大战中英勇抵抗日本法西斯的菲律宾共产党及其领导的武装力量展开清剿行动。20 世纪 40~70 年代，历届菲律宾政府都把菲律宾共产党及其领导的武装视为最大的安全威胁。1972 年，马科斯政府宣布全国实施军管后，菲律宾境内的反政府力量形成多元化态势。一是菲律宾共产党及其领导的武装新人民军（New People's Army，NPA）的影响力始终存在，"在 20 世纪 80 年代中期马科斯政权垮台前夕，新人民军在全国 72 个省中的 63 个省拥有游击队。1986 年马科斯流亡时，军方估计这支力量拥有的游击队达 2.8 万人，半民半兵的数量更多，有 200 万的群众基础"。[①] 目前，菲律宾境内的"新人民军"力量仍然不可小视。二是棉兰老岛地区兴起的穆斯林武装力量日益壮大。1972 年，菲律宾境内的摩洛族激进分子为了建立以棉兰老岛为核心的独立政府，创立了"摩洛民族解放阵线"（Moro National Liberation Front，MN-LF）。1976 年，另一支武装力量从这个组织中分离出来，被称作"摩洛伊斯兰

---

① Luis H. Francia, *A History of the Philippines: From Indios Bravos to Filipinos*, New York: The Overlook Press, 2014, p. 246.

解放阵线"（Moro Islam Liberation Front，MILF）。除这两支武装力量外，还有"邦萨摩罗解放组织"（Bangsa Moro Liberation Organization，BMLO）。1991 年，"摩洛民族解放阵线"内又产生了以阿布萨耶夫为首的恐怖主义组织和武装，即"联合伊斯兰运动"（United Islamic Movement）。国内反政府组织及其武装力量的发展使菲律宾政府不得不把内部安全稳定视为国家安全的首要目标，从20 世纪 60 年代开始，菲律宾历届政府都把主要战略资源投入镇压国内的各支反政府力量，各方之间打打谈谈，问题始终难以得到彻底解决。

由于国内政治因素的作用，菲律宾一直缺乏有关国家安全的权威性政府文件，这种状况到阿罗约总统时期才逐渐改变。2001 年，菲律宾相关部门陆续发布有关国家安全的文件。当年 6 月，时任总统阿罗约签署第 21 号行政令，决定建立一个维护国内安全的跨政府机构，成员涵盖了多个政府部门领导，该机构的重要职责之一是制定《国家内部安全规划》（National Internal Security Plan，NISP）。[1] 2010 年，阿基诺三世执政后，菲律宾首次公开了关于促进内部安全稳定的政府文件。当年 12 月，菲国防部发布了《内部和平与安全计划》（Internal Peace and Security Plan，IPSP）。该计划承认，过去几十年来，菲律宾内部遭受多个组织及其武装的威胁，菲武装力量发动无数次军事行动，但是"尽管它们的能力受到重创，叛乱组织人数减少，但内部武装威胁仍然持续至今"。[2] 报告提出，过去数十年已经证明军事手段不足以有效应对这些安全威胁，未来几年内菲武装力量需要在授权范围内转换维护国家安全的方式，将执行以"人民为中心的安全战略"，[3] 就是把人民的福祉作为军事行动的中心任务。

2011 年 6 月，菲律宾国防部发布《国家安全政策 2011～2016》（National Security Policy 2011-2016）报告，该报告认为国家安全由 7 个要素组成，包括社会-政治稳定、领土统一、经济稳定、生态平衡、文化团结、民心认同与和

---

① https://www.officialgazette.gov.ph/2001/06/19/executive-order-no-21-s-2001/, accessed: 2021-12-11.

② Armed Forces of the Philippines, "Internal Peace and Security Plan," 2011, https://www.army.mil.ph/home/images/bayanihan.pdf, accessed: 2022-12-18.

③ Armed Forces of the Philippines, "Internal Peace and Security Plan," 2011, https://www.army.mil.ph/home/images/bayanihan.pdf, accessed: 2022-12-18.

平和谐。[1] 从内容看，菲律宾政府把国内安全看作国家安全的核心内容，这份文件也成为菲律宾政府关于国家安全的基础性文件。

2016 年，新上任的杜特尔特总统要求制定新版国家安全政策。2017 年 4 月，菲律宾发布《国家安全政策 2017～2022》（National Security Policy 2017-2022，NSP），作为杜特尔特任期内的国家安全指导性文件。新版国家安全政策把国家安全视为一种状态，即"人民的福利、生活方式、政府及其机构、领土主权完整和核心价值观得到加强和保护"。[2] 2018 年 5 月，菲律宾总统签署并公布《国家安全战略》（National Security Strategy，NSS），它是在《国家安全政策 2017～2022》的指导下制定的。文件指出，"新世纪以来，菲律宾对国家安全概念的理解有很大变化。现在不仅指传统的国防和政权生存，也包括全体居民的幸福、提高经济发展水平、保护环境和自然资源"。[3] 从政策发展到战略，反映了菲律宾关于国家安全的思想发展路径，显示了菲律宾作为一个中小国家，对国家安全的认知由局部走向全面、由单一走向多元。

值得注意的是，2018 年版的《国家安全战略》把菲律宾的国家安全威胁分为内部威胁和外部威胁两类，而外部威胁主要指中美竞争引发的不确定性，包括南海地区局势变化。这显示菲律宾对国家安全的认知由以内为主的特点逐渐向内外并重的趋势发展。但总体来看，菲律宾对国家安全的认识主要还是从内部考虑的。

（二）马来西亚：以维护国内的稳定为首要任务

马来西亚独立前就在宗主国英国的统治下实施"紧急状态"，打击马来亚共产党及其领导的武装力量。独立后，马来西亚政府又实施"第二阶段紧急状态"，直到 1989 年 12 月马共与马来西亚政府签署和解协议后，政府才宣布结束紧急状态。虽然在打击共产党力量方面取得重大进展，但马来西亚境内的极端武装力量从未被彻底消灭，1965～2015 年，马来西亚警方"确定了至少 22 个在本土生长起来的武装集团，它们具有各种各样的意识形态倾向和动机，

---

[1]　https://www.officialgazette.gov.ph/downloads/2011/08aug/NATIONAL-SECURITY-POLICY-2011-2016.pdf, accessed: 2022-12-18.

[2]　https://nsc.gov.ph/attachments/article/NSP/NSP-2017-2022.pdf, 最后访问日期: 2022 年 1 月 4 日。

[3]　https://www.officialgazette.gov.ph/downloads/2018/08aug/20180802-national-security-strategy.pdf, accessed: 2022-01-04.

另外还有 12 个地区性武装集团、6 个全球性武装集团在马来西亚境内活动"。① 因此，尽管马来西亚独立后曾与菲律宾、印尼等邻国围绕领土划分问题发生过冲突，但马来西亚政府的安全考虑重点仍放在国内。马来西亚政府在 1960 年就颁布了《国内安全法》（Internal Security Act，ISA），根据该法令，如果政府出于维护国家安全需要，有权不经审讯直接对个人实施拘禁。该法产生于马来西亚实施"紧急状态"时期，尽管有较多弊端，但马来西亚至今仍在执行。"9·11"事件后，马来西亚深受宗教极端主义和分离主义的困扰，在"伊斯兰国"势力最猖獗时期，马来西亚内部高度紧张，担心极端分子里应外合分裂国家。2015 年初，马来西亚政府认为，藏匿在东马地区的分离主义势力很有可能被"伊斯兰国"势力渗透，企图把东马分裂出去，马来西亚政府决定加大对东马的安全保护力度。2016 年 4 月，马来西亚政府决定从美国购买 6 架武装直升机，"部署在沙巴州，以巩固和加强当地的防御工作"。② 从以上分析可以看到，马来西亚政府始终把内部的稳定统一视为维护国家安全的首要目标。

2019 年 7 月，马来西亚政府颁布新版《国家安全政策》（National Security Policy，NSP）。这份文件认为，当前马来西亚的国家安全是指"核心价值观免受内部或外部威胁的一种状态"。核心价值观包括 9 项内容：①领土主权与完整；②社会政治稳定；③国家统一；④良好治理；⑤经济强大；⑥社会公平；⑦可持续发展；⑧人民安全；⑨国际承认。③ 这份文件是指导马来西亚政府推动国家安全工作的基础性文件。《国家安全政策》虽然从内外两个方面清晰阐明了马来西亚的国家安全观，但从历史与现实看，马来西亚强调内部安全高于外部安全。因此，基本上可以认为它是以内部安全为主的国家安全思想指导。

（三）泰国：以维护君权为核心的国家安全

泰国虽是君主立宪制国家，但在走向现代政治的道路上，始终无法摆脱军

---

① Ahmad EL-Muhammady, "External Conflicts and Malaysia's National Security: The Case of Daesh," *The Journal of Defence and Security*, Vol. 8, No. 1, 2017, p. 44.

② 邓开平：《马政府购六武装直升机加强沙巴保安》，《联合早报》2016 年 4 月 19 日，https：// www. zaobao. com/realtime/world/story20160419-607144，最后访问日期：2022 年 8 月 19 日。

③ https：//www. pmo. gov. my/wp-content/uploads/2019/07/English-National_Security_Policy. pdf，accessed: 2020-02-16.

人干政的阴影。在泰国，除了国王的地位不可撼动之外，任何政治力量都无法长期执政，泰国的武装力量经常在国家的政治生活中发挥颠覆性作用，所以，泰国是"当今世界上政变最为频仍、政府更迭最为频繁的国家之一"。①与此同时，泰国在国际上很少与其他国家发生瓜葛，与周边国家的边界领土矛盾也极少，几乎在所有国际问题上都保持不偏不倚的立场。外部相对稳定的环境与内部激烈频繁的政治动荡形成强烈对比，也迫使泰国将国家安全重点放在国内，所有政府为了维护自身的合法性，首先必须得到国王的支持或默许，同时压制社会中的反对派力量，两者缺一不可。因此，泰国的国家安全思想是以维护王权为根本，以内部安全为目标。

现任泰国政府于2014年5月通过政变上台，同样沿袭了泰国政坛一贯的发展路径，即发动政变→接管政府→废除宪法→组成看守政府→制定新宪法→组织大选→胜选上台。2018年，泰国政府公布了第一份长期发展战略，即《国家战略2018~2037》（National Strategy 2018-2037），这份报告提出泰国未来的发展前景是"国家安全、人民满意、经济持续增长、社会公平和自然资源可持续"。②为实现这个愿景，泰国要推动执行六大战略，其中第一项战略是"国家安全战略"。在国家安全战略框架下，确定了发展目标、衡量标准、战略指导三项内容。其中，战略指导包括维护国内和平、解决现在的安全问题和提前预防与国家安全有关的问题、增强能力应对影响国家安全的威胁、在东盟区域内实行一体化安全合作、发展全面安全管理机制。

2019年9月，泰国议会通过了由政府制定的《国家安全政策与计划2019~2022》（The National Security Policy and Plan，2019-2022）。这份报告认为，泰国的国家安全要符合两种状态，第一种状态是"国家的独立、主权、领土完整、宗教体系、君主制体系、公共安全及和平生活状态免受威胁，这些威胁会影响到国家利益和以国王为首的民主政府体制"；第二种状态是"国家做好充分准备应对各样的威胁态势"。③从表面看，这份报告从内外两个方面明确了泰国的国家安全，体现出内外兼备的特点，但实际上，泰国的国家安全重点依

① 段立生：《泰国通史》，上海社会科学院出版社，2019，第250页。
② https://nscr. nesdb. go. th/wp-content/uploads/2019/10/National-Strategy-Eng-Final-25-OCT-2019. pdf, accessed: 2022-04-13.
③ Document from Office of the National Security Council, Thailand, *The National Security Policy and Plan (2019—2022)*, November 19, 2019, p. 10.

然放在国内，特别是强调维护以国王为首的君主制体制。此报告专门指出当前泰国君主制政体受到挑战，"国内国外的政治运动不断削弱君主制，这些运动通过制造虚假声明来诬蔑或引起对君主制的误解，谋取自己的利益，这都是容易在泰国内部各个群体引发冲突的敏感问题。泰国人与国王之间的密切联系不断弱化，尤其泰国年轻一代，他们不能理解认识君主制作为统一国家振奋人心之核心点的重要作用"。① 由此可以看出，泰国政府把保护君主制作为首要的国家安全目标，报告固然也强调了其他安全因素，但"可以肯定，这份报告关于内部安全挑战的部分与官方 60 多年来坚持的思想完全一致，即在国家安全问题上突出保护君主制"。② 可以认为，尽管泰国政府在国家安全的表述上做到了内外兼顾，但其本质仍以维护内部安全为主。

三　特殊类型的国家安全思想

与上述国家不同，东南亚还有部分国家对国家安全的理解有独特之处，这些国家的危机感比其他国家更深刻，对国家安全问题更敏感，以下将以新加坡和文莱两国的国家安全思想为例进行分析。

（一）新加坡：高度强调生存的理念

在东南亚，新加坡的国家安全指导思想显得很特别。一般来说，一个发展中国家在刚刚独立时比较注重生存安全，一旦局面稳定时会做相应的调整，安全观会趋向综合全面，但新加坡不是这样，而是从建国以来一直强调"生存"。新加坡国小民少，经济上无法自给自足，这个基本的国情始终印刻在新加坡人的内心里。新加坡政府始终考虑的是要在瞬息万变的世界站住脚，这是头等大事。这个意识在新加坡可谓人人皆备，即使跨入高收入国家、成为东南亚最发达的经济体，情况也没有改变，"生存是新加坡面临的基本挑战之一"。③ 开国总理李光耀晚年曾担忧地说，"100 年以后，新加坡还会存在吗？

---

① Document from Office of the National Security Council, Thailand, *The National Security Policy and Plan (2019—2022)*, November 19, 2019, p. 5.
② Michael Montesano, "National Security and 'Immunizing' Thais to Political Conflict," December 4, 2019, https://www.newmandala.org/national-security-and-immunising-thais-to-political-conflict/, accessed: 2022-2-17.
③ 〔新加坡〕马凯硕、孙合记：《东盟奇迹》，北京大学出版社，2017，第 181 页。

我实在不敢说。美国、中国、英国、澳大利亚，这些国家在百年后都还会存在"。① 强烈的生存观促使新加坡政府把任何风吹草动都紧紧地与国家安全联系到一起，无论是国内问题还是国际问题。与恐怖主义、大国战略调整等宏观问题一样，住房、居民储蓄、人口等微观问题都曾作为影响新加坡国家安全的重大战略问题被加以考虑。因此，新加坡的国家安全指导理念虽有延续性，但表现更多的是游离性和多样性。

独特的国家安全思想使新加坡始终持有深深的危机感。1984 年，新加坡政府提出"全体防卫"（Total Defence）的理念，就是把所有新加坡人都"组织起来保卫祖国，反对各种军事的和非军事的攻击。全体防卫包括心理防卫、社会防卫、经济防卫、民事防卫和军事防卫"。② 这就是后来总结的五个"全体防卫"支柱，它们在面对不同的威胁时发挥各自的功能。例如，军事防卫抵御外来威胁，民事防卫应对危机和灾难，经济防卫推动国民经济持续发展，社会防卫确保新加坡公民生活和谐、互相帮助，心理防卫保证新加坡作为一个国家有决心、有毅力渡过难关。在这种思想指导下，新加坡社会始终保持高度组织化，法规的操作性极强，不太容易出现疏漏。例如，"9·11"事件发生后，面对恐怖主义的严重威胁，新加坡政府公布了《反对恐怖主义的国家安全战略报告》（*The Fight Against Terror: Singapore's National Security Strategy*），动员全国战略力量与资源阻击恐怖主义对新加坡的威胁。报告认为，面对跨境恐怖主义的蔓延，新加坡国家安全形势发生了重大变化，国家安全面临的结构性挑战需要"动员、协调和领导政府机构、商业团体和广大公众使新加坡更安全，应对系列威胁更有准备、更有反应能力"。③ 该报告要求新加坡全社会认真执行"全体防卫"的要求，各负其责，确保国家安全。这份报告是 21 世纪以来新加坡推行的第一份践行"全体防卫"理念的指导性文件，也体现了新加坡的国家安全观的特殊性。

---

① 〔新加坡〕李光耀：《李光耀观天下》（中文本），新加坡《联合早报》新闻出版集团，2014，第 197 页。

② "Fact Sheet-About Total Defence," The Ministry of Defence, Singapore, https://www. nas. gov. sg/ar-chivesonline/data/pdfdoc/MINDEF_20040207001_2/MINDEF_200402070003. pdf, accessed: 2022-02-13.

③ National Security Coordinator Center, Singapore, *The Fight Against Terror: Singapore's National Security Strategy*, 2004, p. 32.

（二）文莱：宗教虔诚是国家安全不可缺少的内容

文莱是东南亚地区一个十分年轻的国家，也是东亚地区唯一的政教合一的国家。近年来，文莱既努力寻求维护和保持宗教纯洁性，又积极推动国家在高水平基础上继续发展繁荣稳定。2007 年，文莱政府公布了《文莱愿景 2035》（Wawasan Brunei 2035）规划，其目标是到 2035 年要成为世界上教育水平最高的国家，生活质量进入世界前 10 位，人均收入进入世界前 10 位。① 根据这项规划，文莱需要 13 项具体的战略，关于国家安全，该文件指明文莱国防部是负责制定国家安全战略的机构。从大安全角度说，当代背景下仅由国防机构负责制定国家安全战略已经不符合维护国家安全的需要了，这也从反面说明，文莱对国家安全的认知具有较强的独特性。

2021 年 6 月，文莱公布新版《国防白皮书》（Defence White Paper 2021），该白皮书认为，东南亚地区的安全形势决定了文莱的安全环境，因此文莱要建设一支"令人敬畏而又可依赖"的国防力量。白皮书提出文莱国防力量的使命是"保卫我们的主权和领土完整，强化宪法和马来人的伊斯兰君主制人生信念"。② 可以认为，该白皮书的这个界定是文莱国家安全思想的核心内容。

文莱国小但民富，实行政教合一体制且大体保持社会和谐，经济发达但结构不平衡，奉行中立外交但高度依赖外部力量保证其国家安全，这些独特的国情使文莱对国家安全的认识理解必须考虑两方面内容。第一，必须高度关注外部形势特别是本地区形势的发展，作为特殊小国，规避外部风险是维护国家安全的首要考虑。第二，必须维护苏丹的绝对权威和统治，文莱自独立以来一直致力于维护伊斯兰教的地位，把伊斯兰教作为政府制定政策的准则，整个文莱成为一元化的社会，文莱苏丹处于社会的最顶层。在全球思想大交汇的时代，强化伊斯兰教信仰保证苏丹的绝对领导地位，不仅需要在物质方面实现，更需要在精神层面强化民众的思想认识。特别是进入 21 世纪，借助新的通信技术，西方文化在东南亚的影响更加深入，文莱也难以避免受其影响，因此，坚持伊斯兰教信仰是维护文莱国家安全不可缺少的部分。可以认为，文莱的国家安全思想与其宗教信仰密不可分。

---

① https://www.gov.bn/SitePages/Wawasan%20Brunei%202035.aspx?msclkid=5b33122cb0c111ec89 49a67b4e9afa77, accessed: 2022-02-12.

② Ministry of Defence of Brunei Darussalam, Defence White Paper 2021, p. 52, https://www.mind-ef.gov.bn/Defence%20White%20Paper/DWP%202021.pdf, accessed: 2022-02-12.

结 语

以上分析表明了东南亚各国对国家安全认知的多样性与差异性。通过考察国家安全的概念可以发现，从它诞生至今，其内涵在不断变化发展。从第二次世界大战结束到20世纪60年代末，国家安全主要关注军事和政治安全内容。从20世纪70年代初开始，由于第四次中东战争和石油危机的影响，经济问题被纳入国家安全研究的视野，国家安全的内涵实现了突破。[①] 冷战结束后，气候变化、恐怖主义、贫困、瘟疫、毒品走私、跨国犯罪等非传统安全问题统统被纳入国家安全范畴，从而使国家安全的内涵又一次扩大。东南亚国家自独立后不久就普遍接受了国家安全的概念，但是，由于文化传统与政治制度上的不同，它们对国家安全的认知与理解千差万别。冷战结束后，伴随着国家安全内涵的拓展，由传统领域向纷繁复杂的非传统安全领域延伸，东南亚各国在国家安全认知上的差异性更加明显，从而呈现出多样性与差异性的显著特点。如果从具体的国家安全问题来认识东南亚国家，很难发现它们关于国家安全的共同性因素，这也从一个侧面证明了国家安全内涵不断丰富扩大的基本逻辑和国家安全概念的复杂性。

国家安全概念本属于西方话语体系，如今在整个世界传播，其内容必然纳入更广泛的因素，突破西方之囿。从现实角度看，东南亚各国作为发展中国家和弱小国家的群体，终究要突破西方话语体系关于国家安全的认知，[②] 需要根据本国国情和历史来考虑国家安全大局，确定国家安全重点，在此基础上，形成自己独特的国家安全理念，这是一个必然的过程。这对丰富国家安全内涵，打破发达国家的话语垄断权都很有帮助。

（本文原载于《国际政治研究》2022年第5期，收录本书时略有修改。）

[①] Jessica Tuchman Mathews, "Redefining Security," in Glenn Hastedt and Kay Knichrebm, eds. , *Toward the Twenty-First Centruy: A Reader in World Politics*, New Jersey: Prentice-Hall Inc. , 1994, p. 182.

[②] 国家安全的概念首先在美国被提出，美国学者曼戈尔德指出，第二次世界大战后美国战略学界为适应战后变化的国际形势而运用了"国家安全"这个术语。Peter Mangold, *National Security and International Relations*, London and New York：Routledge, 1990, p. 2.

| 第十八章 |

化边缘为中心：非洲的跨境安全研究

张 春

冷战结束以来，非洲始终是全球范围内安全形势最为严峻的地区。为改善非洲各国安全治理状况，早在 2004 年，非洲联盟（African Union，AU，以下简称"非盟"）就呼吁其成员国"通过全面咨询和参与，以民主原则、人类安全需求、尊重人权和国际人道主义法为基础，出台界定良好的国家安全战略"。[①] 尽管如此，迄今为止，绝大多数非洲国家并没有出台国家安全战略，仍有超过 3/4 的非洲国家从未发布过国防白皮书或国防政策。[②] 缘何非洲各国对发展和完善自身的国家安全战略如此消极？在非洲绝大多数国家的安全治理能力赤字之外，对这一问题的更好回答或许在于，鉴于其独特的历史背景，非洲各国安全互动关系复杂，使跨境安全研究的重要性甚至超过国家安全研究的重要性。或者说，在非洲，跨境安全研究的学科基础事实上超过了国家安全研究。

从客观威胁看，自冷战结束后特别是 21 世纪以来，非洲大陆所面临的安全威胁的基本性质和具体表现均发生重大变化，即安全概念日益超越国家安全和政权安全，转向以个体安全即"人类安全"（human security）为中心，而这些问题大多具有跨国跨境性质。[③] 英国政府的一项委托研究显示，1946~2000

---

① African Union, *The Solemn Declaration on Common African Defense and Security Policy*, Addis Ababa: The African Union, 2004, p. 14.

② Youngju Yun, et al. , "Military Expenditure Transparency in Sub-Saharan Africa, " *SIPRI Policy Paper*, No. 48, November 2018, " Summary, " p. Ⅵ, https://www.sipri.org/sites/default/files/2018-11/sipripp48.pdf, accessed: 2022-01-10.

③ Luka Kuol and Joel Amegboh, "Rethinking National Security Strategies in Africa, " *International Relations and Diplomacy*, Vol. 9, No. 1, 2021, pp. 1-17.

年，在非洲所发生的各类冲突中，最主要的是所谓"社会战争"（societal war），涉及种族、革命、社区、谋杀等，其中相当比例的冲突属于跨境安全；相比之下，非洲的国家间战争主要是反对前殖民宗主国的独立战争；而真正的非洲国家间战争不仅数量极少，持续时间较短，且均涉及领土或跨境问题。①非洲各国已认识到，传统上仅聚焦双边性的边境合作，在面临复杂的安全挑战时明显不够；边境安全不只是国家能力不充分的问题，更是地区合作不充分的问题。当各个相互依赖的体系缺乏协调时，就可能导致安全真空，并为地区内的非法行为体创造条件。因此，需要多边性的跨境方法来应对非洲所面临的新威胁。②

从研究力量看，非洲主要的安全研究机构均聚焦具有泛非性质的议题，对国别性或国家安全的研究明显不足。根据美国宾夕法尼亚大学《全球智库报告 2020》（2020 Global Go To Think Tank Index Report），撒哈拉以南非洲智库总数为 679 家，仅占全球的 6.07%；即使加上北非智库也只占全球的 8.2%。在该报告所列的非洲智库 100 强中，专门聚焦安全问题的仅 7 家，即使将涵盖安全研究的综合性智库和涉及民主发展、治理等专门性智库纳入，其数量也不超过 20 家。在所有涉及安全研究的智库中，位于阿尔及利亚的非洲恐怖主义研究中心（African Centre for the Study and Research on Terrorism，ACSRT）和位于埃塞俄比亚的和平安全研究所（Institute for Peace and Security Studies，IPSS）均主要服务于非盟；而总部位于南非的安全研究所（Institute for Security Studies，ISS）因在塞内加尔、肯尼亚和埃塞俄比亚均有分支机构，被计算为 4 家。整体而言，上述智库多聚焦整个非洲大陆的安全问题，较少仅关注特定国家的国家安全问题。③ 在智库型研究机构外，也有部分高校设有安全研究机构，但力量相当薄弱且多有名无实，因其研究人员往往由智库人员兼任。在各国的军队内部特别是军事院校中有一定的安全研究力量，但同样力量薄弱且不

---

① Monty G. Marshall, "Conflict Trends in Africa, 1946-2004: A Macro-Compartative Perspective," Report prepared for the Africa Conflict Prevention Pool (ACPP), Government of UK, October 14, 2005, http://www. systemicpeace. org/africa/AfricaConflictTrendsMGM2005us. pdf, accessed: 2022-01-10.

② Querine Hanlon and Matthew M. Herbert, "Border Security Challenges in the Grand Maghreb," *Peace Works*, No. 109, United States Institute of Peace, May 2015, pp. 42-45.

③ James G. McGann, "2020 Global Go to Think Tank Index Report," *TTCSP Global Go to Think Tank Index Reports*, No. 18, January 28, 2021, https://repository. upenn. edu/think_tanks/18, accessed: 2022-01-20.

够透明，更多侧重军事特别是与战争、冲突相关的安全问题。①

因此，可以大致地认为，非洲的国家安全研究或学科建设仍远不充分，而对非洲各国而言具有共性的跨境安全却因成为主流关注而更具学科发展潜力。例如，即便是更多从属于国家安全范畴的边疆学（Border/Boundary Studies），其研究重点也正从殖民遗留问题和国内问题，转向区域一体化、跨境合作等，其力量同样不够强大且多为欧美理论、方法甚至研究力量所主导。② 更为重要的是，由于认识到国家层次的力量薄弱，非盟正全力推动跨境合作，跨境安全研究获得了远超过国家安全研究的制度性支撑。为更深入地剖析跨境安全研究在非洲的发展，本文将首先考察该学科在非洲得以发展的现实根源，并以此为基础分析非洲跨境安全研究的理论视角、议题领域以及治理实践。

一　非洲跨境安全研究的现实根源

如果说欧洲的跨境安全研究侧重于拓展欧洲一体化的边界和防御外来移民威胁，北美的跨境安全研究侧重美国与墨西哥边境的非法移民管控，那么，非洲的跨境安全研究则有着更为复杂的根源。在非洲，跨境安全问题不仅因相关国家治理能力低下而得以凸显，更因跨境地区迥异的时空逻辑、发展-安全关联（development-security nexus）等，而使跨境地区形成消极的安全复合体；跨境安全治理成为一种战略必须，而非战略选择。

第一，非洲各国的边境治理能力低下，是跨境安全研究的根本原因。

尽管已独立60余年，但非洲国家整体治理能力特别是安全治理能力仍相对低下。世界银行所发布的"世界治理指数"（Worldwide Governance Indicators）设计了6个指标以衡量各国治理水平，其中"政治稳定与不存在暴力/恐怖主义"指标主要涉及安全。该指标显示，2020年，非洲54个国家中仅有9个国家得分为正（得分区间为-2.5~2.5，分数越高越稳定），仅8个国家超

---

① Michael J. McNerney, et al. , *Defense Institution Building in Africa: An Assessment*, Santa Monica, Calif. : RAND Corporation, 2016, pp. 51-60.

② Anthony I. Asiwaju, "Centring the Margins: Fifty Years of African Border Studies, " *Africa Review of Books*, Vol. 7, No. 2, 2011, pp. 4-6.

过全球平均水平。[①] 非洲互查机制（Africa Peer Review Mechanism，APRM）于2019 年初发布《非洲治理报告》，很大程度上并未就非洲安全治理的表现加以评价，而是识别出非洲冲突和不稳定的七个原因：一是贫困与不稳定间的强烈关联；二是剧烈转型，包括民主化转型和逆向倒退；三是缺乏民主或民主问责；四是人口不均衡和社会与经济排斥；五是部分国家久拖未决的暴力；六是"坏邻居"的溢出效应；七是治理不良，影响前述六个要素。[②] 需要强调的是，第六个原因直接导致跨境安全挑战，其他原因几乎都或直接或间接地导致跨境安全问题。

由于整体的治理能力特别是安全治理能力低下，非洲国家的边界往往是"易渗透的"（porous）。其一，非洲国家的治理能力仍与距离密切相关：距离首都越远，政府威信和治理能力越弱，因为政府往往缺乏用以发展边疆区域的资源。[③] 其二，非洲是世界第二大陆，拥有长达 17 万公里的国际边界，但估计只有 35%的边界得到正式划分；非洲今天仍有 109 段国际边界存在争端。[④] 划界纠纷使一国的不稳定因素极易外溢至相邻国家，这在大湖地区（Great Lakes Region）、西非和非洲之角（Horn of Africa）都表现得相当明显。其三，令跨境安全问题更为严峻的是，在如此长的国际边界上，仅有 414 条国际公路——其中 69 条没有任何海关管理机构，20 条跨境铁路和水上通道；仅有约 350 个官方口岸/过境点。[⑤] 因此，尽管非洲有大量冲突，但仍主要集中于四个跨境冲突区，即马诺河（Mano River）地区、大湖地区、非洲之角及萨赫勒/马格里布（Sahel/Maghreb）地区。[⑥]

[①] 笔者根据世界治理指数（Worldwide Governance Indicators，https：//info. worldbank. org/govern-ance/wgi/，最后访问日期：2022 年 1 月 20 日）数据计算得出。

[②] The Africa Peer Review Mechanism（APRM），*The Africa Governance Report: Promoting African Union Shared Values*，Addis Ababa: African Union，January 2019，p. 42.

[③] 〔美〕彼得·图尔钦：《历史动力学：国家为何兴衰》，陆殷莉、刁琳琳译，中信出版社，2020，第 20~21 页。

[④] African Union，*Draft African Union Border Governance Strategy*，Addis Ababa: African Union，November 2017，p. 8.

[⑤] Agnes Ebo'o，"Organised Crime in Africa/Ten Years of AU Border Programme，" ENACT，April 5，2018，https：//enactafrica. org/enact-observer/ten-years-of-au-border-programme，accessed：2022-01-10.

[⑥] Festus B. Aboagye，ed. ，*A Comprehensive Review of African Conflicts and Regional Interventions*，Addis A-baba: AU Commission and African Peace Support Trainers Association（APSTA），2016.

第二，非洲国家建构进程相对落后，边界的领土化和再领土化效应使得跨境安全问题持续不断。

众所周知，民族国家制度是被欧洲殖民帝国强行引入的，集中体现在1884~1885年柏林会议对非洲的瓜分中。瓜分非洲不仅为非洲引入了主权国家体制，更野蛮地改变了既有的边界安排，完全没有考虑既存社会经济模式和网络。因此，当非洲各国独立后，事实上面临两类边界：一是由前殖民帝国强加的法律和政治意义上的边界；二是非洲当地原有的经济、社会乃至文化边界。这使作为现代社会地理容器的民族国家，在非洲面临政治边界与经济、社会和文化边界相互脱节甚至相互冲突的状态，非洲各国不得不面临一个长期乃至充满冲突的领土化和再领土化过程。[①]

很显然，这是一个艰难的过程。作为民族国家概念的基本要素，边界有着深刻的政治和社会意义：它是一个社会建构的时间和空间边界，不只是相邻国家间的政治和司法边界，更是将邻国政治、社会、文化及象征体系等视作"他者"产物的持续生产和再生产的历史与地理边界。[②] 换句话说，边界是一种社会建构的产物，国家和地方的叙事往往被赋予独立的功能和意涵。尽管如此，由于政治边界是外部强加的，在非洲国家具备相应的治理能力前，生活在边境地区的普通公众往往难以感受到政治边界的实质性影响。例如，由于洛齐帝国（Lozi Empire）早已存在，因此，英国与德国于1890年签署《赫利戈兰-桑给巴尔条约》（Heligoland-Zanzibar Treaty），将帝国一分为二即纳米比亚和赞比亚后，很长时间里都未对当地人民生活造成实质性影响。[③] 尽管如此，非洲新兴的民族国家并未选择退让，而是试图将政治边界予以落实，进而引发了政治边界与经济、社会、文化边界的持续冲突，大致可分为三种类型：一是民族国家维护政治边界的国家间战争，如摩洛哥与阿尔及利亚于1963年爆发

① John Agnew, "The Territorial Trap: The Geographical Assumptions of International Relations Theory," *Review of International Political Economy*, Vol. 1, No. 1, 1994, pp. 53-80.

② Joren Jacobs and Kristof Van Assche, "Understanding Empirical Boundaries: A Systems-Theoretical Avenue in Border Studies," *Geopolitics*, Vol. 19, No. 1, 2014, pp. 182-205; Anssi Paasi and Eeva-kaisa Prokkola, "Territorial Dynamics, Cross-border Work and Everyday Life in the Finnish-Swedish Border Area," *Space and Polity*, Vol. 12, No. 1, 2008, pp. 13-29; Anssi Paasi, "Boundaries as Social Practice and Discourse: The Finnish-Russian Border," *Regional Studies*, Vol. 33, No. 7, 1999, pp. 669-680.

③ Wolfgang Zeller, "Neither Arbitrary nor Artificial: Chiefs and the Making of the Namibia-Zambia Borderland," *Journal of Borderlands Studies*, Vol. 25, No. 2, 2010, pp. 6-10.

的战争；二是民族国家对传统边界的执着，典型是索马里一直试图重现大索马里，使与埃塞俄比亚和肯尼亚的领土纠纷长期延续；三是传统精英对政治边界的利用，如在1919年边界协议确定后，乍得与苏丹达尔富尔地区的酋长们设法利用划界问题实现自身政治图谋。[①]

第三，边境地区的发展差异诱发明显的跨境发展－安全关联，在跨境地区制造出新的安全真空并为跨境安全威胁滋生创造了条件。

冷战结束后，发展－安全关联逐渐变得重要，正如联合国前秘书长科菲·安南（Kofi Annan）所说，没有安全便没有发展，反之亦然，没有发展便没有安全。[②] 而2001年的"9·11"恐怖主义袭击更是凸显出发展与安全之间的紧密关系：越是贫困的国家和地区，越是容易滋生不安全因素。换句话说，随着冷战结束后安全政策与发展政策的日益紧密结合，发展与安全之间的良性或恶性互动均日益明确。例如，根据联合国开发计划署2020年的人类发展指数（Human Development Index，HDI），非洲绝大多数国家的得分较低：毛里求斯排名全球第66位，是非洲得分最高的，但却是高水平中的最后一位；整个非洲仅9个国家得分在0.7分以上（较高水平），其余国家均处于中等水平以下，其中，有29个国家处于低等水平。[③] 相应地，非洲的安全风险也是全球最高的。根据美国和平基金（Fund for Peace）2021年的脆弱国家指数（Fragile States Index），在最为脆弱的前50个国家中有37个来自非洲。[④] 这充分印证了发展与安全之间的高度关联性。

发展－安全关联在跨境地区特别是相关国家治理能力均较差的跨境地区变得格外明显。各国发展水平和治理能力的差异，意味着大量"安全洼地"存在于跨境地区并导致重大的安全风险：对不法分子而言，他们可以利用国家边界作为护身符，跨越边界到更有利可图的邻国为非作歹，然后回到安全治理能力较差的一侧逃避惩罚；而对那些生计困难或向往更好生活的普通人而言，发

---

① Christopher Vaughan, "Violence and Regulation in the Darfur-Chad Borderland c. 1909-56: Policing a Colonial Boundary," *The Journal of African History*, Vol. 54, No. 2, 2013, pp. 177-195.

② Quoted from Ann M. Fitz-Gerald, "Addressing the Security-Development Nexus: Implications for Joined-up Government," *Policy Matters*, Vol. 5, No. 5, 2004, pp. 7-8.

③ "Human Development Index 2020," *UNDP Human Development Reports*, https://hdr. undp. org/en/content/human-development-index-hdi, accessed: 2022-01-10.

④ "Fragile States Index 2021," The Fund for Peace, https://fragilestatesindex. org/global-data/, accessed: 2022-01-10.

展更好、更加安全的邻国边疆地区有着强烈吸引力，加上其与邻国同族人民的历史性亲缘关系，极易催生非法移民、非法劳工、商品走私等现象。例如，鉴于"牛文化"在非洲大多数国家的重要性，偷牛往往成为一个跨境安全问题。如果说历史上的偷牛行为更多是身份建构的一个手段，那么，在邻国相互间的经济发展水平拉开后——如东非地区的肯尼亚经济领先于乌干达和坦桑尼亚，偷牛就演变成为一种获利手段，使传统的身份冲突逐渐发展为经济乃至暴力冲突。①

第四，前述因素的复杂结合，使非洲诸多的跨境地区形成了消极的区域安全复合体。

区域安全复合体（regional security complex）概念是国际安全研究"哥本哈根学派"（Copenhagen School）代表人物巴里·布赞（Barry Buzan）和奥利·维夫（Ole Waver）所提出的，旨在讨论特定地理范围内的各国所发展出的实现生存、提升安全的结构性关系网络，换句话说，区域安全复合体是指一个在安全上相互依赖的国家群体。② 区域安全复合体理论提出后迅速得到广泛应用，但布赞和维夫对该理论应用于非洲的前景并不看好，认为绝大多数非洲国家的国家建构尚未取得成功，难以发挥正常的政治、安全、经济及社会功能。③ 尽管如此，仍有不少学者认为，由于其国家脆弱性，非洲各国往往对各类内外挑战采取安全化操作，以确保其政权和国家生存。因此，区域安全复合体理论完全可用于分析非洲各国的结构性关系。④ 有学者应用区域安全复合体理论考察非洲各地区的安全与外交差异，认为北非各国足够强大以抵御安全威胁，推动区域安全复合体得以形成；但在西部非洲和非洲之角则较为消极，中

---

① Michael Fleisher, *Kuria Cattle Raiders: Violence and Vigilantism on the Tanzania/Kenya Frontier*, Ann Arbor, MI: The University of Michigan Press, 2000, pp. 1-3; Frank Muhereza, "Violence and the State in Karamoja: Causes of Conflict, Initiative for Peace," *Cultural Survival Quarterly*, Vol. 22, No. 4, 1998, pp. 43-46.

② Barry Buzan and Ole Waever, *Regions and Powers: The Structure of International Society*, Cambridge: Cambridge University Press, 2003, pp. 40-82.

③ Barry Buzan and Ole Waever, *Regions and Powers: The Structure of International Society*, Cambridge: Cambridge University Press, 2003, p. 211.

④ Barney Walsh, "Revisiting Regional Security Complex Theory in Africa: Museveni's Uganda and Regional Security in East Africa," *African Security*, Vol. 13, No. 4, 2020, pp. 300-324.

部非洲和大湖地区尚未发展出安全复合体。[①] 有学者甚至认为，区域安全复合体理论可应用于非洲的选举管理，尽管这更多是国内问题。[②]

尽管围绕区域安全复合体理论的应用存在争论，但可以确定的是，区域安全复合体对距离与安全的关系高度重视：威胁或风险的短距离扩散相对更加容易，地理上相邻的地区和国家之间的安全相互依赖更为明显。就此而言，有着不同的发展水平和治理能力的跨境地区的安全相互依赖关系，完全可被视作安全复合体的变种；在非洲，这在很大程度上是消极的。例如，在西非多国猖獗已久的恐怖主义组织"博科圣地"（Boko Haram）利用了相关国家的治理能力不足，以某种程度上可被视作"无主地"的森林地区作为掩护，通过偷牛、劫持人质、走私轻小武器等"战争经济"手段维持其活动，已成为西非地区乃至整个非洲最为严重的跨境安全威胁。[③]

二　非洲跨境安全研究的理论视角

严峻的现实威胁使跨境安全研究变得迫切，甚至在某种程度上压倒了国家安全研究。尽管如此，非洲并未发展出逻辑一致的理论方法。更为重要的是，与非洲政治、经济和社会发展态势相似，泛非主义与国家主义同样对非洲跨境安全研究产生了分裂性的影响。换句话说，从非洲大陆或地区的角度看，跨境安全问题更多是系统性挑战，因此，多采用地区一体化或系统主义的理论视角；但从国家层次看，跨境安全不仅从属于国家安全，更是推进国家建构、强化国家安全的重要手段。

第一，传统地区主义理论成为非洲跨境安全研究的首要视角且很大程度上得到官方应用。现代意义上的国家边界，是将一国与另一国分隔开来的政治和地理界线，因其位于政治单元的地理边缘，因此，可发挥物理和心理上的隔离作用。但边界远非物理意义上的线段，更是一个区域，在这些区域中，各国的

① Stephen Burges, "Regional Security Complexes and African Foreign Policies," *Journal of Indo-Pacific Affairs*, Special Issue, 2021, pp. 65-92.
② Thomas Otieno Juma, "Application of Regional Security Complex Theory in Electoral Management, a View of East African Region," *Trends in Technical & Scientific Research*, Vol. 4, No. 2, 2020, pp. 19-25.
③ Al Chukwuma Okoli, "Boko Haram Insurgency and the Necessity for Trans-Territorial Forestland Governance in the Lower Lake Chad Basin," *African Journal of Conflict Resolution*, Vol. 19, No. 1, 2019, pp. 37-56.

多元行为体通过地方、区域、国家乃至超国家的网络持续互动，进而形成具有社会互动性质的跨境网络。① 这一跨境网络兼具安全与不安全因素。从推动非洲实现整体性的可持续发展与安全角度，地区一体化和系统主义往往是动员或利用跨境网络的安全因素、解决或至少缓解非洲跨境安全挑战的重要手段。

地区一体化乃至联邦主义一贯是泛非主义的追求。自 20 世纪 60 年代独立以来，非洲地区一体化进程大致经历了三个阶段。独立之后，无论是以恩克鲁玛为代表主张激进一体化的卡萨布兰卡集团，还是以尼雷尔为代表强调渐进主义的蒙罗维亚集团，都试图推动非洲实现团结自强目标，而非洲统一组织（以下简称"非统"）的成立则是渐进力量获胜的结果。② 冷战结束后，以利比亚为代表的激进派和由尼日利亚与南非所代表的渐进派分别提出新的地区一体化倡议，《非洲发展新伙伴计划》（New Partnership for Africa's Development，NEAPAD）很大程度上是三方妥协的产物。进入 21 世纪第二个十年后，基于对非洲政治、经济发展使命的评估，非盟推出了《2063 年议程》（AU 2063 A-genda），设定非洲发展的"第一个百年目标"，非洲地区一体化进程迈入第三个发展阶段。

跨境安全挑战始终是非洲地区一体化的重要障碍。早在其成立第二年即1964 年，非统就通过了《非洲国家间边界争端的开罗决议》（Cairo Resolution on Border Disputes between African States），要求非洲各国尊重独立时的国家边界。换句话说，这要求非洲各国承认前殖民宗主国所划定的边界而不做变动，以避免更多争议甚至冲突。2007 年，非盟出台了具有里程碑意义的《非盟边境计划》（African Union Border Programme，AUBP），承诺于积极的边界议程，承认边界治理对和平、安全、一体化、资源共享、贸易促进，以及边境地区的包容性增长和可持续发展的积极贡献。2014 年，《非盟跨境合作公约》（African Union Convention on Cross-Border Cooperation）即《尼亚美公约》（Niamey Convention）得以通过，强调其目标是"促进地方、次地区和地区层次的跨境合作；把握源于共享边境的机遇并应对相应挑战；促进国家间边界的划定与确

---

① James Anderson and Liam O'Dowd, "Borders, Border Regions and Territoriality: Contradictory Meanings, Changing Significance," *Regional Studies*, Vol. 33, No. 7, 1999, pp. 593-604; Eiki Berg, "Deconstructing Border Practices in the Estonian-Russian Borderland," *Geopolitics*, Vol. 5, No. 3, 2000, pp. 78-98.

② Julius K. Nyerere, "A United States of Africa," *Journal of Modern African Studies*, Vol. 1, No. 1, 1963, p. 4.

认；促进边界争端的和平解决；确保有效的整体性的边界管理；将边界地区转化成为非洲大陆增长、社会经济和政治一体化的催化剂；通过预防冲突、大陆一体化和深化团结而促进和平稳定"。① 为发展出指导地区、次地区和国家的边界政策协调的更好框架，非盟与成员国经过密切磋商后，将各国边疆治理政策与《2063 年议程》相对接，于 2020 年再次升级其边境治理战略为《更好的整合性边境治理战略》（Strategy for a Better Integrated Border Governance）。

第二，在地区一体化理论之外，非洲跨境安全研究往往采用系统主义理论，即通过提供共同语言和框架以实现专业知识共享、更好的预测和决策支撑，从而解决现实中的复杂问题和不确定性。每个系统都包含三个要素，即目的、手段和战略。② 因此，跨境安全治理体系是指通过跨境安全合作促进跨境地区一体化，最终实现跨境安全合作的目的。就此而言，系统主义视角下的跨境安全研究的核心在于跨境合作，即两个及以上国家在边境地区的公共和/或私人机构间的各类协调行动，往往意味着相邻国家的地方政府间的制度化合作，其主要目的是解决共同面临的问题或管理共享性资源，从而加强邻国间关系。③ 在系统主义理论内部，结构功能主义理论也偶尔被应用于非洲跨境安全研究。该理论将社会视作一个由多个要素社会性建构起来的整体，所有要素都被认为应相互依赖且逻辑一贯地发挥功能，从而使社会内部得以维持均衡与和平。任何要素的变化都可能影响整个结构。功能主义认为，如果政府及其机构的某些基本功能未能有效履行，国家生存就将面临危机。④ 该理论具有明显的静态气质，往往拒绝变化。而在跨境地区，往往需要通过改变才能促进安全威胁的化解，因此，该理论的适用性并未得到普遍认可。

第三，对跨境安全问题的关注发端于欧洲，因此，欧洲相对成熟的多层次治理（multi-level governance）理论也成为非洲跨境安全研究的重要参考。跨境安全治理往往被认为是跨越国家司法管辖范畴的网络性治理体系，以便在跨

---

① African Union, *African Union Convention on Cross-Border Cooperation (Niamey Convention)*, Addis Ababa: African Union, 2014, p. 3.

② Ross D. Arnold and Jon P. Wade, "A Definition of Systems Thinking: A Systems Approach," *Procedia Computer Science*, Vol. 44, 2015, pp. 669-678.

③ Luis De Sousa, "Understanding European Cross-Border Cooperation: A Framework for Analysis," *Journal of European Integration*, Vol. 35, No. 6, 2013, pp. 669-687.

④ Eunice S. A. Jeje and Moses M. Ilim, "The Moribund State of Industries and the Challenge of Insecurity in Nigeria," *Journal of Political Inquiry*, Vol. 2, No. 2, 2016, pp. 254-265.

越国界的公私行为体之间建立更多横向的参与性和协商性的多层次治理架构。① 多层次治理本身是个动态概念，因其设法在中心与外围、国内与国际、国家与社会之间架起桥梁。多层次治理概念的主要价值在于，它允许理解层次间的复杂性；多层次治理既有水平维度——处理国家间、行为体间关系，也有垂直维度——处理从超国家到国家再到次国家的各类公私伙伴关系。② 但有批评者认为，欧美流行的多层次治理理论难以适用于非洲，因为混合治理（hybrid governance）才是非洲的客观现实。混合治理模式根本上源于，由于资源缺乏，非洲国家往往通过外援将大量政府功能"外包"给国际行为体。③ 混合治理模式为非洲跨境安全治理带来两大困难：一是以援助为纽带，非洲国家机构及其政策的开放度和国际化水平极高，使区分国内和国际行为体相对困难；二是传统权威与公共职能的合并，导致政府机构异化乃至权力私有化。④ 需要强调的是，混合治理模式意味着跨境地区的身份和社会关系的等级制混乱或去中心化态势。因此，在欧洲适用的多层次治理，应用到非洲就极易蜕化变质。尽管如此，多层次治理理论的重要操作原理即辅助性原则仍在非洲跨境治理中得到广泛应用，因为辅助性原则要求决策在最适当的层次做出，进而要求在决策过程中从全球到地区、国家直至地方政府、社区等的相互合作，确保决策合理性。⑤

第四，鉴于非洲跨境安全治理能力不足，集体冲突管理理论也时常被提及。该理论的假设是，非洲大陆和地区行为体往往缺乏必要资源管理自身政治不稳定和安全，因此有必要纳入第三方资源。如果大陆或地区性治理机构可实

① Andrea Noferini, et al., "Cross-Border Cooperation in the EU: Euroregions amid Multilevel Governance and Re-Territorialization," *European Planning Studies*, Vol. 28, No. 1, 2020, pp. 35-56.

② Paul Stubbs, "Stretching Concepts too Far? Multilevel Governance, Policy Transfer and the Politics of Scale in South East Europe," *Southeast European Politics*, Vol. 6, No. 2, 2005, p. 67.

③ Niagale Bagayoko, et al., "Hybrid Security Governance in Africa: Rethinking the Foundations of Security, Justice and Legitimate Public Authority," *Conflict, Security & Development*, Vol. 16, No. 1, 2016, pp. 1-32.

④ Thomas Hüsken and Georg Klute, "Emerging Forms of Power in Two African Borderlands. A Theoretical and Empirical Research Outline," *Journal of Borderlands Studies*, Vol. 25, No. 2, 2010, pp. 107-121.

⑤ Cristina Ares Castro-Conde, "The Europeanization of Regional Governance in Post-Lisbon EU: The Role of Regional Legislative Assemblies," in Ioan Horga, et al., eds., *Regional and Cohesion Policy: Insights into the Role of the Partnership Principle in the New Policy Design*, Oradea: University of Oradea Press, 2011, p. 35.

现与诸如联合国或全球、地区大国等域外行为体合作，非洲的跨境安全治理能力将得到明显提升，因为结合联合国、美国、欧盟等域外行为体与本地区的资源可更大程度地发挥二者的比较优势。①

第五，从国家层次看，"通过非洲方式解决非洲问题"（African Solution to African Problem）观念似乎更加合理。需要强调的是，边界是一国防御恐怖主义的第一道防线，同时也是国家领土完整的最后一道防线。因此，尽管从非洲大陆或各地区的角度看，一体化是跨境安全治理的更好选择，但从国家角度看却并非如此。依据相邻国家间关系及由此而来的边疆地区互动水平，存在四种类型的跨境关系：除相互密切监视之外没有实质性接触的"相互疏离型"（alienated borderland）、冲突结束后从相互疏离迈向具有最低稳定性的"和平共处型"（coexisted borderland）、长期稳定且相互往来密切的"相互依赖型"（interdependent borderland）和实现了长期稳定、人员与商品自由往来的"一体化型"（integrated borderland）。② 由于非洲跨境安全面临严峻挑战，因此，结合前现代、现代和后现代视角的理论更能理解非洲国家的跨境安全认知和治理逻辑。首先，非洲各国的国家建构和民族建构在很大程度上尚未完成，边界地区往往面临国家认同与部落认同——往往具有跨国性——的竞争，跨境安全问题往往与国家主权统一、领土完整密切相关，非洲各国参与跨境安全合作往往有着政权安全、国家建构等前现代性关切。其次，即使不考虑国家建构与民族建构的问题，跨境安全挑战的确是国家安全的现实威胁，要实现国家稳定与发展，就必须侦测、预防和消除此类安全威胁和风险，非洲各国参与跨境安全治理有其必然的现代性关切。最后，结合非盟及各地区的一体化规划，非洲各国参与跨境安全治理的确有着促进经济发展和地区主义的后现代性关切。或许更为重要的是，地区一体化或从经济、社会角度思考跨境安全治理的后现代立场，在很大程度上是以强调在场意义的前现代性关切、强调安全意义的现代性关切为前提的；后现代性关切能否实现本身并不重要，最基础的是要通过在场性的参与保持"警觉"，监控其他国家在跨境安全中的意图及其变化。这样，

---

① Virginia P. Fortna, "Regional Organizations and Peacekeeping: Experiences in Latin America and Africa," *Occasional Paper*, No. 11, The Henry L. Stimson Center, 1993, p. 33; Abiodun J. Oluwadare, "The African Union and the Conflict in Mali: Extra-Regional Influence and the Limitations of a Regional Actor," *Journal of International and Global Studies*, Vol. 6, No. 1, 2014, p. 106.

② Oscar J. Martinez, "The Dynamics of Border Interaction: New Approaches to Border Analysis," in Clive H. Schofield, ed. , *Global Boundaries: World Boundaries*, London: Routledge, 1994, pp. 1-15.

"通过非洲方式解决非洲问题"的观念就更受欢迎，原因包括：非洲人更有动力防止地区不稳定和维持地区稳定；非洲人有更为紧密的当地联系进而管理效率更高；非洲人更易理解非洲危机和冲突根源而更有能力解决争端；非洲人对自身语言、习俗、传统和文化更了解和更敏感；非洲人调解更易被冲突各方所接受；等等。①

三　非洲跨境安全研究的议题领域

边界使原本平静的地理空间具备了重大的政治和社会意义，从而成为一个控制体系：一方面是控制人员与物品流动，另一方面则是控制"自我"与"他者"建构。② 这意味着，国家利益和战略优先往往赋予边界纳入与排斥的功能。同时，非洲国家边界源起于殖民列强的野蛮划定，使前现代、现代和后现代力量在同一地理空间相遇，塑造出高度复杂的跨境安全复合体。尽管如此，仍可借鉴汉斯·摩根索（Hans Morgenthau）对国家权力要素的分类方法，即依照其属人、属物及人物结合的差异进行区分。③ 从属人的角度看，非洲跨境安全研究主要涉及人口的合法与非法移动及由此带来的群体间互动，具体包括牧民流动及由此而来的农牧民冲突，出于经济或安全原因的跨境移难民问题，恐怖主义团体的跨境活动等。属物角度的跨境安全主要涉及河流、土地及资源等的竞争或共享，以及诸如气候变化、流行性疾病等自然因素。在跨境地区尤其是地理环境复杂的边远山区、森林地带或河流水域，此类属物因素往往因治理能力过弱被视作"无主物"或"无主地"。因此，属物因素的跨境安全问题往往需要属人因素的介入，导致了诸如非法走私——商品、毒品、武器乃至人口等，涵盖恐怖主义、海盗、强盗等的盗匪活动，以及出于国家利益关切

---

① Vijay K. Jetley, "Peacekeeping by Regional Organisations," *ASPJ Africa & Francophonie*, Vol. 1, No. 3, 2010, pp. 29-30; Rodrigo Tavares, *Regional Security: The Capacity of International Organizations*, London and New York: Routledge, 2010, p. 13; Raymond C. Taras and Rajat Ganguly, *Understanding Ethnic Conflict: The International Dimension*, New York and London: Longman, 2006, p. 111.

② Eiki Berg and Piret Ehin, "What Kind of Border Regime Is in the Making? Towards a Differentiated and Uneven Border Strategy," *Cooperation and Conflict: Journal of the Nordic International Studies Association*, Vol. 41, No. 1, 2006, p. 54.

③ 〔美〕汉斯·摩根索：《国家间政治：寻求权力与和平的斗争》，徐昕等译，中国人民公安大学出版社，1990，第152~203页。

的邻国干预等。限于篇幅，本部分将就非洲跨境安全研究的主要关注领域，按属人、属物、人物结合的次序加以简要介绍。

第一，因气候变化而加剧的跨境农牧民冲突。由于地理与气候原因，非洲游牧民人口在 2 亿左右，占全球游牧民人口的 50%~60%，主要分布在撒哈拉沙漠的南部边缘地带，横贯非洲东西——从非洲之角一直延伸至西部非洲，进而也产生了世界上最长的农牧民冲突带。游牧社会的经济和社会生活根本上是由牲畜和环境所决定的，对土地面积和水草肥美的要求很高，有着很强的季节性迁移需求。在民族国家制度被强加于非洲之前，游牧民因季节性迁移而缺乏土地所有权概念；而在民族国家制度建立之后，游牧民又因季节性迁移而经常缺席正式的土地确权机制。其结果是，在制度化的土地所有权面前，游牧民往往是弱势的，尤其当其面对拥有固定土地的农耕民时。[1] 这样，农牧民的冲突便可能季节性地发生。事实上，这早已成为非洲大陆的重要国内、跨境乃至国际安全问题。游牧民的土地所有权弱势又因全球气候变化而进一步加剧，[2] 使既有的农牧民冲突进一步加剧。例如，位于乍得、尼日利亚、喀麦隆和尼日尔交界的乍得湖，是非洲第四大湖泊。1854~1870 年的多次探测结果显示，乍得湖的雨季面积可达 2.2 万~2.5 万平方公里，但到 1973 年时下降到 1.6 万平方公里，到 1990 年时进一步降至 1.45 万平方公里。进入 21 世纪后，乍得湖面积进一步缩小，枯水期面积甚至不到 2000 平方公里。[3] 这样，气候变化导致的湖区面积缩小迫使乍得湖盆地和其他西非萨赫勒国家的游牧民向南迁移，游牧民对水草、农耕民对土地的差异性需求之间的缓冲地带日益丧失，双方冲突

① 围绕非洲游牧民土地权力问题有大量讨论，参见 L. E. Birgegard, *Natural Resource Tenure: A Review of Issues, Experiences with Emphasis on Sub-Saharan Africa, Rural Development Studies*, Swedish University of Agriculture Science/International Rural Development Center: Uppsala, 1993; E. Fratkin, "Pastoral Land Tenure in Kenya: Masai, Samburu, Boran and Rendille Experiences, 1950-1990," *Nomadic Peoples*, Vol. 34, No. 35, 1994, pp. 55-68; Michaela Pelican and Andreas Dafinger, "Sharing or Dividing the Land? Land Rights and Herder-Farmer Relations in a Comparative Perspective," *Canadian Journal of African Studies*, Vol. 40, No. 1, 2005, pp. 127-151。

② Leif V. Brottem, "Environmental Change and Farmer-Herder Conflict in Agro-Pastoral West Africa," *Human Ecology*, Vol. 44, No. 5, 2016, pp. 547-563.

③ Abdel-Aziz A. Mahamat, et al., "Change Detection of Lake Chad Water Surface Area Using Remote Sensing and Satellite Imagery," *Journal of Geographic Information System*, Vol. 13, 2021, pp. 561-577; Jacques Lemoalle, et al., "Recent Changes in Lake Chad: Observations, Simulations and Management Options (1973-2011)," *Global and Planetary Change*, Vol. 80-81, 2012, pp. 247-254.

持续升级。[①]

第二，主要源于经济或安全原因的跨境移难民问题。出于国内冲突、治理不良、经济困难、气候变化等多重因素的复杂驱动，非洲移民数量巨大，但其中占多数的仍是在非洲大陆的内部流动。根据国际移民组织（International Organization for Migration，IOM）的数据，2020 年，生活在另一个非洲国家的非洲移民数量达到 2100 万人，这一数字在 2015 年时为 1800 万。相比之下，非洲人移居非洲之外的数量也有明显增长，从 2015 年的 1700 万人增至 2020 年的 1950 万人。尽管如此，非洲移民中多数仍是从相对不安全的国家向周边邻国移动，如刚果（金）、苏丹和南苏丹、乍得、马里等是主要的移出国。在非洲 15 个最大的移出国中，有 9 个陷于国内冲突，包括埃及、南苏丹、苏丹、索马里、刚果（金）、尼日利亚、布基纳法索、马里和埃塞俄比亚。[②] 非洲国家内乱往往导致大量的国际难民和国内流离失所者（internal displacement）。同时，非洲绝大多数的国际难民和庇护申请者都被邻国接收。例如，南苏丹是非洲最大的难民和庇护申请者来源国，高居全球第四位，其中，绝大多数都被邻国乌干达所接收。刚果（金）和索马里是非洲第二和第三大难民输出国，同样绝大多数被邻国接收。乌干达是非洲最大的难民收容国，数量达到 140 万人，主要来自南苏丹和刚果（金）。[③] 由于非洲各国的边境管理能力薄弱和边疆地区不安全系数低，移民往往引发明显的跨境安全问题，如非法移民与当地公民的就业、经济和资源竞争，非法贸易乃至各种走私活动，社会治安与贪污腐败等。[④] 而往更远地方迁移过程中，往往会形成特定的中转站，如非洲之角自 2019 年以来便成为世界上最繁忙的海上非法移民中转站，[⑤] 由此也会带来大量安全问题。

① Zebulon Suifon Takwa, "Addressing the Climate Change Insecurity Challenge in Nigeria and the Lake Chad Basin," *UNDP Issue Brief*, No. 22, 2020, p. 3; UNOWAS, *Pastoralism and Security in West Africa and the Sahel: Toward Peaceful Coexistence*, Abuja: UN Office of West Africa, August 2018.

② IOM, *World Migration Report 2022*, Geneva: IOM, 2021, p. 61.

③ IOM, *World Migration Report 2022*, Geneva: IOM, 2021, p. 66.

④ Temitope F. Abiodun and Marcus T. Akinlade, "Illegal Cross-Border Engagements and Undocumented Migration: Obstacles to Border Security in Nigeria and West African Sub-Region," *IAR Journal of Humanities and Social Science*, Vol. 2, No. 1, 2021, pp. 31-39.

⑤ Tsion Tadesse Abebe and Mohamed Daghar, "A Dangerous Road Home for Horn of Africa Migrants," *ISS Today*, May 25, 2021, https://issafrica.org/iss-today/a-dangerous-road-home-for-horn-of-africa-migrants, accessed: 2021-05-30.

　　第三，跨境资源纠纷与管理。非洲是世界上各类自然资源最丰富的大陆，而开发不充分更使其重要性进一步上升。由于资源的地理分布往往与国家边界并不对应，跨境资源纠纷与管理便成为非洲跨境安全的重要议题。例如，随着新兴大国群体性崛起而来的重大资源需求，非洲被视为全球最后的油气资源储藏地。伴随勘探技术发展且开采力度加大，曾被认为油气资源储量相对较小的非洲却发现大量的油气田，尤其是非洲西海岸、东海岸及东非大裂谷地带。但持续发展的油气资源到底会带来相应国家和地区的发展，还是更多纠纷乃至冲突？[1] 以东非为例，在发现大规模油气资源的同时，该地区还存在诸多边界争端，如埃塞俄比亚-厄立特里亚、厄立特里亚-吉布提、苏丹-肯尼亚、肯尼亚-乌干达、乌干达-刚果（金）、索马里-埃塞俄比亚-肯尼亚、苏丹-乍得-刚果（金）-乌干达等。这意味着一旦被发现的油气及其他资源在地理上与边界争端相重叠，既有争端的升级往往难以避免。[2] 在地理位置相对固定的资源之外，水资源对非洲而言尤其重要，也引发了大量的跨境安全风险。新近的典型是埃塞俄比亚、埃及和苏丹三国围绕埃塞俄比亚复兴大坝（Grand Ethiopian Renaissance Dam，GERD）的争端。埃塞俄比亚于 2011 年启动复兴大坝建设，其主要争议在于大坝建成后对下游国家尤其是对埃及水资源的潜在影响。由于涉及重大的地缘政治及经济发展、民族主义等要素，三国围绕复兴大坝的争端极可能长期化，因为这涉及尼罗河水资源分享的长期合理方案的重塑。

　　第四，跨境走私活动。非洲各国边境管理能力差，而由传统而来的跨境地区社会、经济联系仍相当紧密，因此存在大量跨境经济、社会互动，其中很多属于非法走私行为，涉及从普通商品、毒品到人口甚至武器等诸多领域。例如，联合国非洲经济委员会（UN Economic Commission for Africa，UNECA）于 2010 年发布的一份报告显示，在非洲的跨境地区，正式就业机会较为稀缺，而非法走私或非正式贸易所提供的就业机会超过 70%，[3] 非洲的非正式跨境贸

① Adiodun Alao, *Natural Resources and Conflict in Africa: The Tragedy of Endowment*, New York: University of Rochester Press, 2007, pp. 21-29.

② Wafula Okumu, "Resources and Border Disputes in Eastern Africa," *Journal of Eastern African Studies*, Vol. 4, No. 2, 2010, pp. 279-297.

③ UNECA, *Assessing Regional Integration in Africa IV: Enhancing Intra-African Trade*, Addis Ababa: UNECA, 2010, pp. 143-144.

易在全非跨境贸易中也占据重要地位，部分商品的非正式贸易量甚至超过半数。① 毒品、人口、武器等走私活动也是非洲面临的重大跨境安全威胁。例如，联合国犯罪与毒品办公室（UN Office on Drugs and Crime，UNODC）认为，非洲的毒品走私活动仍在持续上升，海洛因主要通过东非海岸，可卡因则主要通过西非部分国家进入欧洲市场。② 又如，整个非洲有 924 万人被贩卖和奴役，占全球的 23%，其中，撒哈拉以南非洲有 780 万人，占全球的 19%。导致人口贩卖和奴役的主要原因是经济发展落后、暴力冲突和领土占领及人道主义与环境危机。③ 再如，英语区的分离运动，使喀麦隆成为各类轻小武器的新兴市场，据估计至少有 12 万件轻小武器在全国非法流通。④ 正是虑及非洲所面临的严峻的跨境走私威胁，联合国犯罪与毒品办公室结合联合国 2030 年可持续发展目标、非盟《2063 年议程》及自身战略，制定了旨在改善非洲跨境走私活动的《联合国犯罪与毒品办公室非洲 2030 年战略愿景》（UNODC Strategic Vision for Africa 2030）。

第五，跨境盗匪威胁。边境地区的治理不良对各类犯罪和暴力活动来说无疑是逃避惩罚的天堂。正因如此，非洲的恐怖主义组织日益从国内活动向跨境活动转型。根据武装冲突地点与事件数据项目（Armed Conflict Location & Event Data Project，ACLED）的数据，2012 年，非洲的恐怖主义活动主要发生在索马里、肯尼亚、尼日利亚、马里和阿尔及利亚等国境内，仅索马里和肯尼亚两国存在为数不多的跨境恐袭活动。但自 2015 年起，以索马里沙巴布（Al-Shabaab）、尼日利亚"博科圣地"为主的恐怖主义组织的跨境恐袭活动明显增加。此后，"伊斯兰国"逐渐渗入西非地区，进一步加剧了非洲恐怖主义组织的跨境活动。到 2021 年，非洲的恐怖主义活动主要集中在五个区域，其中三个是典型的跨境区域，即萨赫勒西部地区、乍得湖盆地和索马里-肯尼亚地区。例如，2021 年整个非洲的恐怖主义活动相比 2020 年上升了 10%，但萨赫

---

① World Bank, *Monitoring Small-Scale Cross-Border Trade in Africa: Issues, Approaches, & Lessons*, Washington D. C.: World Bank, 2020, p. 13.

② UNODC, *UNODC Strategic Vision for Africa 2030*, Vienna: UNODC, 2021, p. 11.

③ "Human Trafficking Trends in Sub-Saharan Africa," ASEC, January 5, 2021, http://asec-sldi.org/news/current/human-trafficking-sub-saharan-africa/, accessed: 2022-01-10.

④ Oluwole Ojewale, "Cameroon Alone Can't Stop Illicit Arms Flooding into the Country," *ISS Today*, August 26, 2021, https://issafrica.org/iss-today/cameroon-alone-cant-stop-illicit-arms-flooding-into-the-country, accessed: 2021-08-30.

勒西部地区增长近一倍，使乍得湖盆地和北非地区近 30% 的降幅黯然失色。[①]
在恐怖主义组织之外，非洲各国边境地区往往活跃着多样化的盗匪团体，从事
前述的各种非法走私活动，有时也被称作"有组织犯罪"。而在陆上的跨境盗
匪活动之外，非洲的海盗活动尤其是几内亚湾海域的海盗，也具有明显的跨境
性质，需要多国联合加以解决。

第六，相邻国家相互卷入对方内部冲突。利用邻国的虚弱介入，从而强化
自身的地区地位，似乎已经成为非洲地区、次地区国际关系的重要特征。例
如，自 20 世纪 60 年代至今，伊加特（Intergovernmental Authority on Develop-
ment，IGAD）的 8 个成员国共发生过 10 余次内部冲突，其中，埃塞俄比亚和
苏丹均发生 2 次以上的内战，除肯尼亚外，其他国家的内部冲突都遭到邻国介
入干预。部分与此相关，自 20 世纪 60 年代至今，伊加特成员国相互间采取的
军事行动已超过 10 次。这一互动关系的最新体现是在 2020 年 11 月埃塞俄比
亚内战爆发后，厄立特里亚的卷入，当然主要集中在边境地区。非洲邻国间相
互干预的典型可能是 1998~2003 年的第二次刚果（金）战争，多达 9 个非洲
国家参与其中，被称作非洲的"第一次世界大战"，直接或间接导致超过 400
万人死亡。直至今天，卢旺达和乌干达仍在刚果（金）东部的动荡中有着重
要影响力。联合国曾在 2001 年的一份报告中指出，布隆迪、卢旺达和乌干达
对刚果（金）资源的非法开采"达到如此程度，使在刚果（金）的战争变成
了一件非常有诱惑力的事情"。[②]

四 非洲跨境安全治理的机制与实践研究

鉴于跨境安全对非洲的整体性影响，地区性的跨境安全治理努力远较国别
性努力更为系统。如前所述，无论是非统还是非盟，都高度重视跨境安全治
理，并发展出一系列的治理机制和实践。因此，治理机制与实践也是非洲跨境

---

① "Surge in Militant Islamist Violence in the Sahel Dominates Africa's Fight against Extremists," Africa
Center for Strategic Studies, January 24, 2021, https://africacenter. org/spotlight/mig2022-01-surge-
militant-islamist-violence-sahel-dominates-africa-fight-extremists/, accessed: 2022-02-10.

② United Nations Security Council, *Report of the Panel of Experts on the Illegal Exploitation of Natural Re-
sources and Other Forms of Wealth of the Democratic Republic of the Congo*, S/2001/357, New York: U-
nited Nations, April 12, 2001, p. 6.

安全研究的重要对象，主要分为地区和国别两个层次。

非洲跨境安全治理的机制和实践主要集中在大陆层次，尽管各地区也有相应的设置和实践。非盟强调，边界应被理解为促进和平、安全与稳定的工具，同时也应被理解为促进区域一体化和可持续发展的区域。因此，国家维护主权的政治、经济和战略选择必须确定一个能够结合国家、地区和大陆利益的边界制度。由此而来，边界可有两种功能：一是联系、枢纽和桥梁的功能，强调以多种方式共享边境服务，提升跨境合作和一体化水平，是实现跨境地区一体化、繁荣和合作的关键；二是隔离、控制和保护功能，特别是预防和应对各类安全挑战，如恐怖主义、暴力极端主义、跨境运输非法货物、非法移民、海上不安全和海盗、非法开采和破坏自然资源，以及走私和偷牛等。① 非盟的跨境安全治理指导文件《更好的整合性边境治理战略》设定了五个支柱或目标，具体如下。②

支柱一：发展边境治理能力。具体内容包括：一是促进地区、国家和地方层次遵循辅助原则和伙伴关系原则的能力；二是深化决策者、边境工作人员及边境地区人员对边境治理和跨境合作的理解；三是发展综合性的研究和培训议程，使地区和大陆性的边境治理标准相互协调。

支柱二：冲突预防与解决边境安全和跨国威胁。包括以下举措：一是阻止、管理和解决边界冲突；二是划定和确认所有陆上与海上边界；三是管理与跨境资源相联系的冲突；四是采用边界管理合作的原则和措施，改善边界安全管理；五是拓展社区参与和边疆地区安全；六是强化围绕安全、威胁和犯罪的双边、地区和国际合作；七是追踪海上不安全、海盗、有毒废弃物倾倒、非法捕捞，以及对共有资源的非法开采。

支柱三：人口流动、移民与贸易促进。具体内容包括：一是建立一站式边境口岸，通过非洲大陆自贸区建设促进非洲内部贸易；二是通过降低交易成本，促进小规模非正式贸易正式化；三是促进跨境合法移民与人口流动；四是建立安全的边境以缓解对边境社区人员流动的限制。

支柱四：边境管理合作，包括改善边境管理机构的国内协调和跨国合作，

---

① African Union, *Draft African Union Border Governance Strategy*, Addis Ababa: African Union, November 2017, pp. 15-16.

② African Union, *Border Governance in Africa: An African Union Strategy*, Addis Ababa: African Union, 2020, pp. 12-17.

强化与私营部门及边境社区的合作。

支柱五：边疆社区发展，包括通过跨境合作培育跨境地区的和平与好邻居关系，促进跨境地区的发展和投资，保护跨境地区的自然资源等。

尽管并未直接使用"跨境安全"这一术语，但非洲大陆性的边境管理战略将相当篇幅用于跨境安全问题。这为各地区乃至次地区层次的相似努力提供了指导框架，尤其明显地体现在各地区有关贸易一体化、人口或移民流动等议题的相应协定或行动计划中。

需要强调的是，尽管多层次治理理论能否应用于非洲仍存在争议，但与该理论密切相关的辅助性原则得到了明确应用，具体涵盖三个层次。第一，从正式落实机制来看，非盟跨境安全治理战略包括一个由国家、区域经济共同体、非盟和国际社会组成的体制框架。非盟强调，各国政府应为其边界治理建立规范、制度、合作和财务框架。各国负有保护其人民、领土和确保其边界安全的首要责任。这些责任需要采取措施维护边境的实际安全，也包括公民特别是边境地区民众的人身安全，以及维持和平的跨境关系。[①] 虽然成员国对有效的边境治理负有主要责任，但国际社会、非盟和非洲地区经济共同体也负有协助非洲国家的关键责任。它们必须发挥国家无法承担的重要作用，特别是在制定大陆或区域规范或应对跨国威胁时。因此，辅助性和互补性原则的有效落实是非洲跨境安全治理战略实施的基础。

第二，辅助性原则高度强调地方参与的重要性。跨境治理被认为涉及整个跨国社区，需要有能力的地方政府、政治领导和该地区的排他性行政管理体系来创建联合结构、实施共同流程并建立相互问题的联系，在人类安全、经济繁荣、社区政治赋权和社会结构强化等方面取得最佳成果。[②] 2014 年发布的《关于权力下放、地方治理和地方发展的价值观和原则的非洲宪章》（African Charter on the Values and Principles of Decentralization, Local Governance, and Local Development）规定了辅助性原则以及社区的包容和参与。国家作用也应得到地方当局和社区的辅助；地方当局和社区是威胁的第一反应者，且应首先

---

① African Union, *Draft African Union Border Governance Strategy*, Addis Ababa: African Union, November 2017, p. 13.

② Tony Payan, "Crossborder Governance in a Tristate, Binational Region," in K. Staudt, C. M. Fuentes, and J. Monarrez Fragoso, eds., *Cities and Citizenship at the U. S. -Mexico Border: The Paso del Norte Metropolitan Region*, New York: Palgrave Macmillian, 2010, pp. 224-226.

关注边境地区的发展。利益攸关方参与各级干预是边境治理获得成功的先决条件，地方和社区参与应被视为通过权力下放实施辅助性原则的延伸。国家需要促进辅助性和伙伴关系，并加强中央、地区、地方乃至社区各级的能力培养。[①]

第三，非盟也欢迎各类志愿性的辅助努力，尤其是临时性安全联盟（ad hoc security initiative alliance）。早在 2014 年，随着马里政治安全危机在利比亚卡扎菲政权被推翻后持续上升、非盟应对能力不足，五个次地区国家建立了萨赫勒五国组织（Sahel G5）；随着 2016 年非盟在该地区部署武装力量的计划取消，萨赫勒五国组织又于 2017 年建立了联合部队。[②] 又如，2021 年 6 月底，南部非洲发展共同体（Southern African Development Community，SADC）特别峰会批准向莫桑比克德尔加杜角（Cabo Delgado）部署军队，以应对该地已持续四年且造成超过 3000 人死亡的恐怖主义活动。事实上，卢旺达在南部非洲发展共同体做出决议之前就已向该地派遣了约 1000 人的部队。[③] 这些临时性安全联盟都得到了非盟的授权，某种程度上意味着对辅助性原则的补充或与时俱进的发展。

为有效掌握非洲跨境地区安全动态，非盟以非洲和平安全架构（African Peace and Security Architecture，APSA）为核心建立了一系列机制，如非盟边界信息系统（AU Border Information System，AUBIS），以伊加特冲突早期预警与响应机制（Conflict Early Warning and Response Mechanism，CEWARN）为模板的大陆早期预警系统（Continental Early Warning System，CEWS），《非洲移民政策框架与行动计划（2018~2030 年）》，以及《非盟自然与自然资源保护公约》等。在地区层次，多个地区采取了与非盟整体战略和机制相配套的措施，如西非经济共同体（ECOWAS）曾通过人员自由流通协定，伊加特因应新冠疫情建立了地区性的跨境公共卫生倡议（Cross Border Health Initiative）等。

---

① African Union, *Draft African Union Border Governance Strategy*, Addis Ababa: African Union, November 2017, pp. 13-14.

② Alassane Camara, "The G5 Sahel: Security Implementation and Challenges," *Open Journal of Political Science*, Vol. 10, 2020, pp. 493-506.

③ Marko Svicevic, "Concurrent Military Deployments in Mozambique and Their Permissibility under SADC Treaty Law," *Africa Law*, July 28, 2021, https://africlaw.com/2021/07/28/concurrent-military-deployments-in-mozambique-and-their-permissibility-under-sadc-treaty-law/, accessed: 2021-12-28.

　　与地区性努力相比，非洲国别性的跨境安全治理努力相对欠缺，尽管每个国家都有其边境管理部门。例如，与非统/非盟所通过各类条约、公约、协定等相比，2014年通过的《非盟跨境合作公约》的签署和批准情况可谓"惨淡"：截至2019年7月5日，该公约仅得到17个国家签署、5个国家批准。①整体而言，非洲国别层次的跨境安全治理呈现三个特征。

　　一是防御性，即边界更多被视作"屏障"而非"桥梁"。对非洲各国而言，由于殖民帝国强加的政治边界极易引发冲突，涵盖邻国间的政治边界纠纷、中央政府与边境社区的矛盾以及国家与非国家的暴力行为体间的冲突。②因此，对非洲国家而言，边境安全更多是对人员、商品及其他相关活动的非法跨国流动的监测与预防性安排，包括利用军队或边界巡逻力量对边界的地理性控制，通过内部执法的移民管控，控制跨国人员流动的移民，改善移民法，强化监控等。这一理念导致非洲邻国间的跨境安全合作难以实现，相反可能主动破坏跨境合作，冒险进入邻国开展各类跨境行动，使跨境安全挑战变得更加严峻。这样，尽管存在地区性的努力，但边界往往成为邻国间相互猜疑的重要源泉，参与跨境安全合作——如果不是不可能的——也更多是为了防范他国"阴谋"，进而成为一种止损机制而非获利机制。

　　二是单一性，即往往是官方主导的，辅助性原则在国别层次的跨境安全治理中难以适用。其根本原因在于，由于缺乏针对性的边境治理措施，恐怖主义、海盗、人口贩卖、非法移民、毒品走私和轻小武器走私等安全威胁持续蔓延。更为根本的是，这使国家政治边界与边境地区的经济、社会乃至文化边界之间的错位日益明显，国家与民间行为体的相互信任日益难以维系。因此，辅助性原则难有发挥作用的空间，而单一的官方主导极有可能进一步加剧中央与地方、官方与民间的疏离感，推动跨境安全挑战的恶性循环持续生产和再生产。

　　三是技术性，即主要强调治理术（governmentality），相对忽视治理（governance）和行政权能（governableness）。治理往往是通过改善治理术——也可称作"政府理性"（government rationality）或"治理技术"（technologies of

---

①　African Union, "OAU/AU Treaties, Conventions, Protocols & Charters," https://au.int/en/treaties/status, accessed: 2022-01-10.

②　African Union, *Draft African Union Border Governance Strategy*, Addis Ababa: African Union, November 2017, p. 8.

governance），即通过各种策略实现特定结果的方法，[1] 提升行政权能即整合多元行为体和利益攸关方间的多层次关系的治理能力，[2] 从而得以实现。[3] 但由于整体的政治环境难以改善，非洲国别层次上的跨境安全治理更多强调治理技术改善，尤其是通过运用各类新技术应对边境非法活动。非盟强调，其政策重点是通过机构改革和利用智能技术来加强能力建设。例如，肯尼亚、埃塞俄比亚、苏丹、南非和突尼斯等国采用无人机技术来加强边界监控，以打击走私枪支和毒品。又如，非洲各国已广泛应用车辆监控跟踪系统，以加强对非法商品走私的监控和预防。

结　语

随着冷战结束后全球化的发展，民族国家发展进入新的时期，次国家和超国家的空间重组成为重要特征，并在某种意义上质疑民族国家的根本意义。[4] 全球化导致与既有司法管辖空间不一致的新政治空间出现，由此而来的全球性领土重组诱发了重大且广泛的跨境问题。在这些新的开放但不稳定的治理空间内，各种既相互依赖但又联系松散的行为体正日渐成为主角。在非洲大陆，令局势更加复杂的是，源于殖民历史的政治边界与经济、社会、文化边界的分裂早已存在。由此而来，非洲跨境安全问题及其治理都混杂着前现代、现代和后现代关切，进而使相对传统的地区一体化和系统主义的理论和方法成为首选，尽管国家层次的关切差异造成了重大的理论、机制和实践差异。值得强调的是，非洲跨境安全研究仍处于初生阶段，根本原因在于非洲自身的知识体系、学科建设的发展不够充分：一方面，非洲跨境安全研究仍为西方理论、方法及

---

① Michael Foucault, *Technologies of the Self: A Seminar with Michel Foucault*, Amherst: University of Massachusetts Press, 1988, p. 19.

② Jan Kooiman, "Exploring the Concept of Governability," *Journal of Comparative Policy Analysis: Research and Practice*, Vol. 10, No. 2, 2008, pp. 172-173; Jean-Baptiste Harguindéguy and Sánchez Almudena Sánchez, "European Cross-Border Regions as Policy-Makers: A Comparative Approach," *Journal of Borderlands Studies*, Vol. 32, No. 2, 2017, pp. 249-265.

③ Halyna Lytvyn and Andriy Tyushka, "Rethinking the Governance-Governmentality-Governability Nexus at the EU's Eastern Frontiers: The Carpathian Euroregion 2.0 and the Future of EU-Ukrainian Cross-Border Cooperation," *Eastern Journal of European Studies*, Vol. 11, 2020, pp. 146-183.

④ Timothy W. Luke, "Postmodern Geopolitics: The Case of the 9.11 Terrorist Attacks," in John Agnew, et al., eds., *A Companion to Political Geography*, Oxford: Blackwell Publishing, 2003, p. 221.

机构和人员所主导，其中，又以国际危机组织（International Crisis Group）为最，当然还有大量的西方高等院校研究机构和智库；另一方面，鉴于国家和民族建构进程仍不完善，非洲解决跨境安全问题的传统智慧和机制某种程度上受到压抑。例如，尼日利亚在非洲边界研究中居于核心地位，尼日利亚拉各斯大学（University of Lagos）于 2001 年创设非洲地区一体化与边界研究中心（Centre for African Regional Integration and Border Studies，CARIBS），后于 2007年创设非洲边境研究网络（African Borderlands Research Network，ABORNE），迄今拥有超过 300 位学术成员，但该网络的生存和发展始终面临重大的可持续性挑战。就此而言，非洲跨境安全研究的学科建设仍任重道远。但也应看到，非洲地区和国家层次应对跨境安全挑战的丰富经验，以及非洲地区意识特别是地区一体化和地区自主性意识的提升，不仅使跨境安全研究超越国家安全研究成为非洲学科建设的区别性关切，更可能开创具有非洲特色的学科建设努力。

（本文原载于《国际政治研究》2022 年第 3 期，收录本书时略有修改。）

图书在版编目（CIP）数据

世界主要国家和地区的国家安全研究：历史、理论
与实践 / 于铁军，庄俊举主编 . -- 北京：社会科学文
献出版社，2024.8
（北大国际关系理论创新丛书）
ISBN 978-7-5228-3585-3

Ⅰ.①世…　Ⅱ.①于…　②庄…　Ⅲ.①国家安全-研
究-世界　Ⅳ.①D815.5

中国国家版本馆 CIP 数据核字（2024）第 085147 号

·北大国际关系理论创新丛书·

世界主要国家和地区的国家安全研究：历史、理论与实践

主　　编 / 于铁军　庄俊举

出 版 人 / 冀祥德
组稿编辑 / 高明秀
责任编辑 / 常玉迪　许玉燕
责任印制 / 王京美

出　　版 / 社会科学文献出版社·区域国别学分社（010）59367078
　　　　　 地址：北京市北三环中路甲 29 号院华龙大厦　邮编：100029
　　　　　 网址：www. ssap. com. cn
发　　行 / 社会科学文献出版社（010）59367028
印　　装 / 三河市龙林印务有限公司

规　　格 / 开　本：787mm×1092mm　1/16
　　　　　 印　张：26.75　字　数：462 千字
版　　次 / 2024 年 8 月第 1 版　2024 年 8 月第 1 次印刷
书　　号 / ISBN 978-7-5228-3585-3
定　　价 / 138.00 元

读者服务电话：4008918866

版权所有 翻印必究